Hans Georg Prager

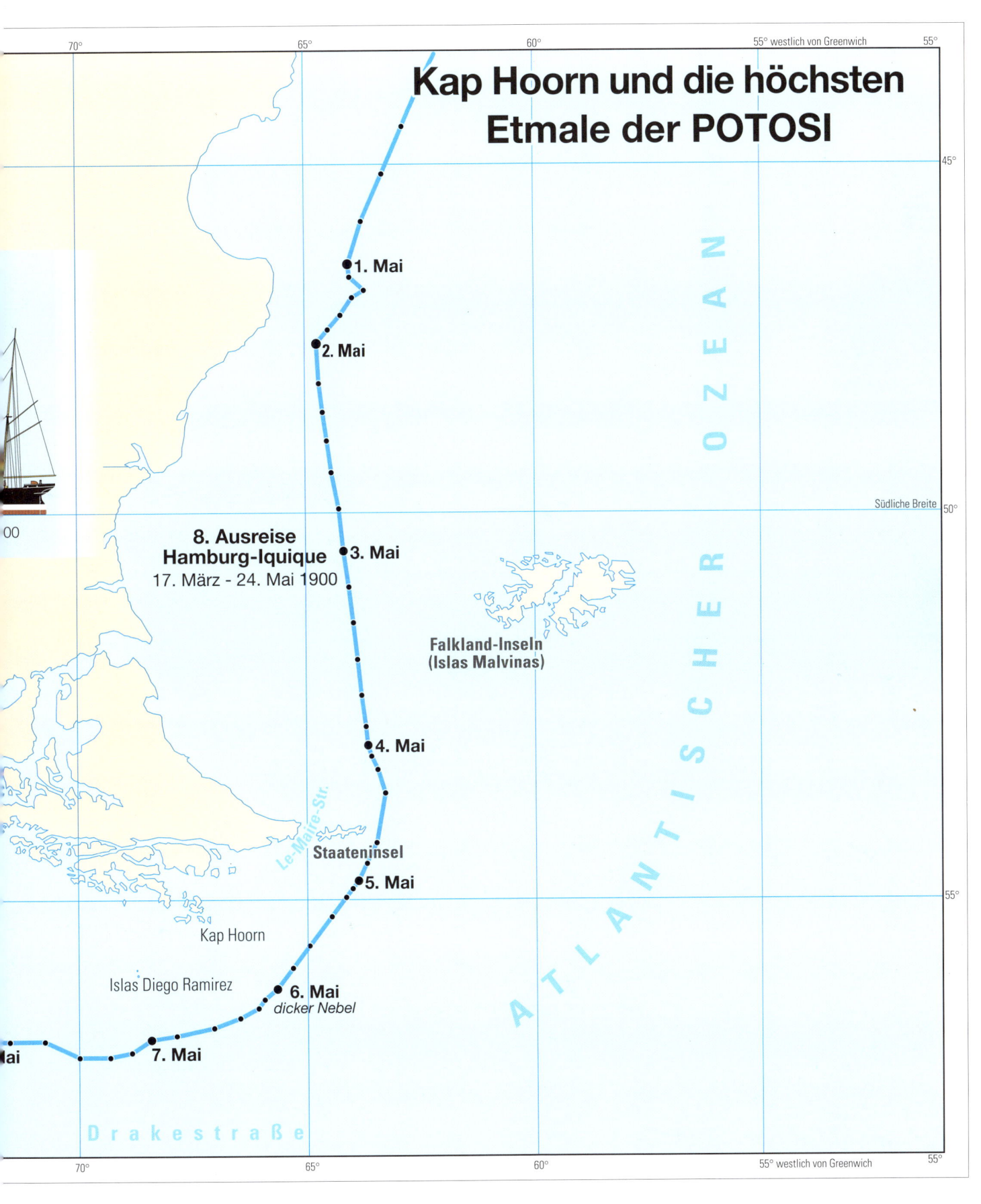

Hans Georg Prager

REEDEREI F. LAEISZ

Von den Großseglern zur Containerfahrt

Bildnachweis:

Schutzumschlag/Vorderseite:
Gestaltet nach einem Tiefflug-Luftbild von FotoFlite, Ashford/Kent.

Schutzumschlag/Rückseite:
Zeichnung Ulrich Rittler, Hamburg.

Vorsatzpapiere:
Die Karte der Potosi-Etmale (vorn) und der Senator-Lines-Containerschiffsrouten (hinten) zeichnete Dipl.-Ing. (FH) Bernd Jocham, Hörlkofen.

Gemälde:
Wissenschaftliches Institut für Schiffahrts- und Marinegeschichte, Professor Peter Tamm, Hamburg (9), Privatbesitz Reederei F. Laeisz (4) und Stiftung Seefahrtsdank, Hamburg (1) sämtlich fotografiert von Alf Völckers; weitere Gemälde (6) aus dem Kunstband »Marinemaler Johannes Holst«, Verlagsgruppe Koehler/Mittler; Jürgen Meyer »Hamburgs Segelschiffe 1795–1945« (1); Archiv »Hamburg Gesellschaft« (1).

Farbfotos:
Alf Völckers (8); FotoFlite, Ashford/Kent (8); Hans Georg Prager (5); Alfred-Wegener Institut, Bremerhaven (5); Dietmar Hasenpusch, Hamburg (4); Hanjin Shipping Company (4); Nikolaus W. Schües (4); Horst Liebelt (2); Werkfoto Bremer Vulkan (2); Ralph Witthohn (2); Werkfoto Flensburger Schiffsbaugesellschaft (2); Hamburgische Seehandlung (2); Dorfmüller + Kröger/Musikhalle Hamburg (1); Michael Pasdzior (1); Scandlines (1); Werkfoto MTW Wismar (1); Kranich-Informationszentrum/Kranichschutz Deutschland (1); Werkfoto Norsk Hydro ASA (1); Foto Renard, Kiel (1); Brigitte Götze (1); Heinrich Bohn (1); Studio Eickhorst, Weyhe (1); Foto von Bassewitz, Rostock (1). Norbert Fred Sauermilch fotografierte die Briefmarken (36).

Schwarzweißfotos:
Archiv Dr. Jürgen Meyer (6); Wissenschaftliches Institut für Schiffahrts- und Marinegeschichte, Professor Peter Tamm, Hamburg (2); F. Schöning + Co + Gebr. Schmidt, Lübeck (1).

Schiffsskizzen:
Gerd-Dietrich Schneider, Bremerhaven (38); Lieselotte Prager (11); Blohm & Voss AG (2); D. W. Kremer Sohn, Elmshorn (1).

Generalpläne:
Deutsche Werft AG, Hamburg-Finkenwerder; Hyundai Heavy Industries, Ulsan/Korea.

Kartografie:
Ernst A. Eberhard (6).

Faksimiles:
Archiv Reederei F. Laeisz (2); Afrikanische Frucht-Compagnie (AFC), Hamburg (2); Bundesamt für Seeschiffahrt und Hydrographie (1); Stadtarchiv Hansestadt Rostock (1).

Bibliografische Information Der Deutschen Bibliothek
Die Deutsche Bibliothek verzeichnet diese Publikation in der Deutschen Nationalbibliografie; detaillierte bibliografische Daten sind im Internet über http://dnb.ddb.de abrufbar.

ISBN 3-7822-0880-3
© 4., überarbeitete und erweiterte Auflage,
2004 by Koehlers Verlagsgesellschaft mbH, Hamburg
Alle Rechte, insbesondere das der Übersetzung, vorbehalten
Produktion: Anita Krumbügel
Gesamtherstellung: Druckerei zu Altenburg, Altenburg
Printed in Germany

Inhaltsverzeichnis

Zum Geleit 7
Es begann – mit Zylinderhüten 9
Frühe Aktivitäten in Übersee 12
Erste »Gehversuche« als Reeder 13
Endgültiger Weg in die Schiffahrt 16
Blickrichtung Fernost 19
Krise und Wachstum 22
Das »dritte Bein«: Assekuranz 26
Neue technische Aspekte 28
Mäzen der Notleidenden 31
Wie ein holländischer Schiffer 34
Der Dritte im Bunde – fast professoral 35
Die nautischen Voraussetzungen 38
Vier schwierige Zonen 40
Das Fortissimo – Kap Hoorn 43
Gezielter Schiffbau 48
Streben nach Perfektion 54
Die viel gerühmte POTOSI 62
Die PREUSSEN als Höhepunkt 64
Vom Kollisionspech verfolgt 68
Das Ende war wie ein Symbol 71
Die »Frucht mit dem Reißverschluß« 73
Das große Verhängnis 78
Paul Ganssauges Geniestreich 80
Mit neuem Mut 84
Später Glanz 87
Zurück nach Übersee 92
Ein Wrack und zwei Fischkutter 98
Neue Kühlschiffe 100

Bananenfahrt im Wandel 107
Der Kreis rundete sich 109
Die moderne Massengutfahrt 113
Der Schritt zur Größe 115
Das Container-Zeitalter 116
Man muß sich nur zu helfen wissen 121
Wollen – Wissen – Können 124
PURITAN revolutioniert die Bananenfahrt 130
Auf neuen Kursen 133
Im Zeichen des Mars 137
Containerdienst rund um die Welt 140
Rückkehr ins angestammte Fahrtgebiet 142
Laeisz-Schiffe als Retter 146
Der Erdrutsch von 1989 150
Harte Zeiten, neue Wege 153
Mit voller Kraft durch bewegte See 159
Ein Schiff wird zum Vulkan 163
Die Ostsee – Brücke der Völker 166
Völlig neue Dimensionen 171
Wie Castor und Pollux 174
Kooperationsvertrag mit der Marine 178
Führend in der Polarforschung 180
Feste antarktische Station(en) 184
Naturschönheit pur 188
Aller guten Dinge sind drei 191
Das weltweite Netz 194
Bekannte FL-Kapitäne 198
Die Seeschiffe der Reederei F. Laeisz 201
Quellenverzeichnis 251

*Von allen Gewerbezweigen erfordert die
Schiffahrt am meisten Energie, persönlichen
Mut, Unternehmungsgeist und Ausdauer –
Eigenschaften, die offenbar nur
in der Luft der Freiheit gedeihen können.*

                                                Friedrich List

Zum Geleit

Diesem neu gestalteten und erweiterten Buch über die Geschichte der Reederei F. Laeisz möchten wir die Worte von Joseph Conrad, Kapitän auf Großer Fahrt und Dichter der See, aus seinem schönen Werk »Spiegel der See« voranstellen:

»Stürme haben ihre persönliche Eigenart, und vielleicht ist das nach alledem gar nicht sonderbar; denn letzten Endes sind es Gegner, deren Tücken man vereiteln und deren Ungestüm man widerstehen muß, und mit denen man dennoch Tag und Nacht eng vertraut zu leben hat.«

Stürme des Zeitgeschehens und der Märkte muß jede Generation von Inhabern immer von neuem meistern – genauso wie jeder Kapitän sein Können auf jeder neuen Reise beweisen muß.

Wir sehen mit großer Zuversicht in die Zukunft, denn die Leistungen unserer Vorgänger sind uns Verpflichtung und Ansporn zugleich.

Hamburg, im November 2003

Nikolaus W. Schües　　　　　　　　　　　　　　　　*Nikolaus H. Schües*

Es begann – mit Zylinderhüten

Am 24. März 1824 begann der von Wanderschaft zurückgekehrte junge Buchbindergeselle und angelernte Hutmacher Ferdinand Laeisz in Hamburg die handwerkliche Herstellung farbiger Zylinderhüte, die mit Velpel, d.h. pelzartig langhaarigem Seidensamt, bespannt waren.

Er hätte sich gewiß nicht träumen lassen, daß sich aus diesem bescheidenen Beginn bis zum Jahre 1913 die größte Privatreederei Hamburgs, die weltberühmt gewordene »Flying P-Line«, entwickeln würde. Noch weniger konnte er ahnen, daß anderthalb Jahrhunderte später das Haus F. Laeisz und die dazugehörige Firmengruppe den Tag der Arbeitsaufnahme ihres Junghandwerker-Vorfahren offiziell als Gründungsdatum feiern würde.

Welche Zeit war das Jahr 1824 …
Mit der Schlacht von Waterloo und dem endgültigen Sieg über Napoleon war zehn Jahre vorher eine Periode zu Ende gegangen, die 1789 mit dem Sturm auf die Bastille begonnen hatte. Ein schweres Beben der Geschichte war vorüber, aber seine Folgen waren noch nicht verkraftet. Napoleons Kontinentalsperre hatte Schiffahrt und Handel zum Erliegen gebracht und eine Vielzahl von Firmen ruiniert. Der Hamburger Hafen war jahrelang von seinen überseeischen Verbindungen abgeschnitten. Hamburg war von 1806–14 besetzt, seit 1810 als Teil des »Departements Elbmündungen« von Frankreich annektiert. Nach vorübergehender Befreiung durch den russischen General Tettenborn wurde die Stadt von den rachedurstigen Franzosen zurückerobert. Nun wurden mehrere Vororte mit rigorosen Mitteln planiert. Im Dezember 1813 belagerten die Verbündeten die Stadt. Monatelanges Durcheinander, neue Gewalttaten und Scharmützel folgten, ehe im Mai 1814, erst sieben Monate nach der Völkerschlacht bei Leipzig, Hamburg endgültig befreit werden konnte.

Der verwaiste Hafen kam nur langsam wieder in Gang. Die wirtschaftlichen und politischen Sorgen wichen noch lange nicht von der Elbe. Das Deutsche Reich blieb Vergangenheit. An seine Stelle war ein Bündnis von »souveränen Staaten« ohne Macht und einheitliches Ziel getreten. Es war jene Zeit, in der ein englischer Staatsmann einem preußischen Gesandten mit entwaffnender Offenheit ins Gesicht sagen konnte: »Ihr seid eine entmannte Nation!«

Das Land war von Zollgrenzen zerstückelt, obwohl Friedrich List schon 1819 seinen Handels- und Gewerbeverein, Wegbereiter des späteren Deutschen Zollvereins, gegründet hatte. Die Binnenzölle machten einen Güteraustausch in Deutschland höchst schwierig, auch wenn 1821 wenigstens die Elbschiffahrtsakte die Zahl der Zollstellen zwischen Hamburg und Böhmen von 48 auf 14 verringert hatte.

Politisch rangen die restaurativen und nationalen Kräfte miteinander. Die erste Welle der »Demagogenverfolgungen« hatte eingesetzt. Die aufbegehrende akademische Jugend stand zwischen dem Wartburgtreffen und dem Hambacher Fest.

Aber in die Politik Europas war Bewegung gekommen. Faktoren wie Liberalisierung und Demokratie, soziale Gleichberechtigung und erwachendes Nationalbewußtsein bestimmten endgültig die Szenerie.

Es ließ sich nicht leugnen: Die Zeit des Merkantilismus war vorüber. Seit 1823 war Liberalismus ein Begriff, mit dem man alle Forderungen persönlicher, wirtschaftlicher und politischer Rechte zusammenzufassen pflegte. Die starke Veränderung der Arbeitswelt und Umwelt war die tiefgreifende Ursache für diese Bewegung.

Seit hellenistischer Zeit war die Zivilisation in ihrer technischen Entwicklung weitgehend konstant gewesen, sie beruhte auf der Arbeitskraft des einzelnen Menschen, einigen physikalischen Grunderfahrungen und Anwendung der Naturkräfte. Gegen Ende des 18. Jahrhunderts aber begann der große Wandel durch Dampfkraft und Industrialisierung. Auf allen Gebieten regte sich Erfindergeist. Welch Wunder, daß sich Wirtschaftstheorien einander jagten. Wo lag die Patentlösung – in Dirigismus, freiem Unternehmertum, Freihandel oder Schutzzöllen?

Es war eine seltsame, zwiespältige Zeit. Im Reich des Geistes waren die Deutschen frei, ebenbürtig, hier und dort überlegen – im Kampf ums Dasein, um die Märkte der Welt waren sie beiseite geschoben und zurückgedrängt. Aber Idealismus, Romantik, Neuhumanismus verliehen gerade dieser Epoche mit der Fülle ihres geistigen Lebens einen besonderen Glanz. Die Klassiker der Dicht- und Tonkunst wurden die Interpreten der allgemeinen Bewegung.

Die Welt war im Umbruch. Die nordamerikanische Kolonie hatte sich längst von der britischen Krone losgesagt. Spaniens südamerikanische Kolonien waren unter Simon Bolivar dabei, sich vom Mutterlande zu lösen. Auf afrikanischem Boden entstand 1822 aus Monrovia, einer Ansiedlung freigelassener nordamerikanischer Afrikaner-Sklaven, der Staat Liberia und damit der erste autonome Staat des Schwarzen Erdteils.

Aber der große Wandel in der Welt verringerte die Sorgen des Hamburger Kaufmanns Johann Hartwig Laeisz um keinen Deut. Dieser Sohn eines schwäbischen Wahlhamburgers und Zimmermannes hatte es vor der Kontinentalsperre und Franzosenherrschaft zu einem gutgehenden Geschäft und überseeischen Verbindungen gebracht. Aber die »Kriegsläufe« hatten alles zunichte gemacht. Der Wohlstand der Familie Laeisz – die ihre eigenartige Namensschreibweise lediglich der Nachlässigkeit damaliger Standesbeamter zu verdanken hatte – war dahingeschwunden. Der Verlust an Ladungen, die von den Franzosen und ihren Verbündeten gekapert worden waren, war nicht wieder wettzumachen. Die englischen Versicherungen verweigerten Schadenszahlungen selbst für neutrales Gut. Und der deutsche Kaufmann war dazumal ohnehin rechtlos geworden. Johann Hartwig Laeisz war Vater von zehn Kindern. Es gelang ihm nur mit Mühe, seinen Zahlungsverpflichtungen nachzukommen. Mit dem Vertrieb holländischer Waren hielt er sich knapp über Wasser.

Bittere Armut in den Jahren nach Napoleon war durchaus kein Einzelfall. Um 1820 setzten die deutschen Auswanderungen ein, deren Wellen binnen 70 Jahren rund fünf Millionen Deutsche nach Übersee führten.

Ferdinand Laeisz, eins von den zehn Kindern des eben erwähnten Kaufmannes, wollte unbedingt Seemann werden. Aber seine Fahrzeit auf dem bald havarierten Schoner ELISABETH war allzu kurz. Die Schiffahrt lag noch so darnieder, daß eine neue Heuer nicht zu bekommen war. Ferdinand Laeisz ging deshalb in die Buchbinderlehre und begab sich 1819 als Wandergeselle auf die damals übliche »Walze« – über Bremen–Hanno-

Selfmademan im wahrsten Sinne des Wortes: Ferdinand Laeisz stieg durch eigene Tüchtigkeit vom gelernten Buchbinder und Hutmacher zum Produzenten und Überseekaufmann auf.

ver nach Kassel, schließlich nach Frankfurt, Darmstadt, Mainz, Mannheim, Straßburg, Trier, Aachen, Koblenz, Bonn, Köln, Elberfeld, Münster, Osnabrück, Magdeburg, Dresden und Breslau – alles zu Fuß, wie sich das für einen »fahrenden Gesellen« seinerzeit geziemte. Im Sommer 1821 nahm Ferdinand Laeisz in einem größeren Berliner Betrieb mit 30 Handwerkern Arbeit an. Diese Firma verfertigte auch Galanteriewaren, darunter die in Mode gekommenen Seidenhüte – farbige Zylinderhüte, die zum modischen Attribut des Biedermeier wurden. Der junge Buchbinder Laeisz erlernte auch die Anfertigung solcher Kopfbedeckungen, was ihm bald zugute kommen sollte. Nach zweijähriger Tätigkeit in Berlin wanderte der fahrende Geselle über Rostock, Wismar und Lübeck in seine Geburtsstadt Hamburg zurück. Dort zog Ferdinand Laeisz am besagten 24.3.1824 im väterlichen Hause Herrlichkeit Nr. 29 die Produktion von Seidenhüten auf, die sich unerwartet gut anließ. Das dahinkümmernde Geschäft des Vaters bot überhaupt keinen Vergleich zu diesem Erfolg, den der junge Hutmacher auf Anhieb errang. Sobald die ersten zwei Dutzend seidener Hüte fertig waren, inserierte Ferdinand Laeisz und wurde den ganzen Posten für zehn Mark das Stück los. Das war damals ein beachtlicher Preis. Und die Nachfrage blieb bestehen. Laeisz sagte von sich: »Ich ging mit aller Macht an die Arbeit, so daß ich im Laufe des ersten Jahres kaum zehn Sonntage unbeschäftigt war und mir auch nachts nur den nötigsten Schlaf gönnte. Ich arbeitete deshalb so anstrengend, weil man allgemein der Meinung war, daß es mit den seidenen Hüten als einem Artikel vorübergehender Mode bald wieder vorbei sein würde, und auch weil ich keinen Gehilfen finden konnte, welcher sich auf die Arbeit verstand.«

Aber der Boom blieb. Bald setzte Laeisz größere Posten Hüte auch nach Bremen ab. Er konnte seinem Geschäft eine größere Basis geben und lernte nun doch mehrere Gehilfen an. Im Jahre 1825 wagte es der junge Unternehmer, durch einen befreundeten Kapitän erstmalig eine Partie Hüte über See nach Buenos Aires zu schicken. Er erzielte damit einen solchen Ertrag, daß er auf den Gedanken kam, es müsse sich noch besser lohnen, an überseeischen Plätzen eigene Geschäfte zu gründen. Nach Ausdehnung seiner Tätigkeit auf die gesamte Hutmacherei wurde Ferdinand Laeisz am 26.5.1826 Hutmachermeister und Hamburger Bürger. Im selben Jahre schloß er die Ehe mit der Tochter des Hutmacher-Ältermannes Creutzburg, die ihm 1828 seinen einzigen Sohn Carl schenkte.

Im Jahr der Laeisz-Eheschließung wurde in Hamburg der Gesandte des soeben unabhängig gewordenen Staates Kolumbien großartig aufgenommen. Die Hansestadt hatte als erster deutscher Staat die von Simon Bolivar bewirkte Unabhängigkeit südamerikanischer Staaten als Faktum anerkannt.

Ein Jahr später (1827) schickten die Hansestädte Hamburg und Bremen gemeinsam eine Sondergesandtschaft nach Rio de Janeiro. Der damalige Syndikus Karl Sieveking und ein Bremer Senator erreichten in monatelangen Verhandlungen die zollpolitische Gleichstellung der beiden Hansestädte mit England. Die prunkvolle gelbe Kutsche der beiden hansischen Gesandten – mit zwei Vorreitern in weißer Livree mit hamburgischer Kokarde an den Hüten und mit vier Mauleseln bespannt – war damals ein stadtbekanntes Gefährt in Rio. Und diese Repräsentation hatte sich ausgezahlt. Es war nun endgültig der Weg frei für den Handel mit Brasilien. Auch dortigen Firmengründungen stand nichts mehr im Wege. Das wurde schon ein Jahr später für Ferdinand Laeisz bedeutsam. Der junge Unternehmer sagte von sich: »Nachdem ich so viel verdient hatte, daß ich mich auf weiterschauende Unternehmungen einlassen konnte, machte ich den ersten Versuch, ein eigenes Geschäft über See aufzusetzen, indem ich einen entfernten Verwandten namens Bonne, welchen ich für einen fähigen und zuverlässigen jungen Mann hielt, mit drei Gehilfen nach Bahia schickte und daselbst eine Faktorei etablierte, welche teils selbst Hüte anfertigte, teils die von mir hinausgesandten mit etlichen Nebenartikeln verkaufte.«

Frühe Aktivitäten in Übersee

Die in Bahia etablierte Faktorei wurde ein gutes Geschäft. Sie erzielte bis zu Bonnes Tod im Jahre 1838 glänzende Resultate.

Ferdinand Laeisz zog deshalb in Caracas ein ähnliches Unternehmen auf, das jedoch infolge Unregelmäßigkeiten des Geschäftsführers ein Fehlschlag wurde. Aber der agile Hutmacher war nicht mehr zu bremsen. Er begann 1830 erste Aktivitäten in Chile – jenem Land, mit dem das Haus F. Laeisz später als Reederei so eng verflochten werden sollte.

Mit dem Segler PRINCESS LOUISE schickte Ferdinand Laeisz drei Gehilfen nach Valparaiso. Zwei Jahre später gründete er in Lima eine weitere Firma – unbeeindruckt davon, daß 1831 ein weiteres Geschäft in Pernambuco durch Mißwirtschaft des damit Beauftragten ähnlich kaputtgegangen war wie das in Caracas.

Der Gesamtertrag der Unternehmen in Hamburg und in Übersee war so, daß Rückschläge verkraftet werden konnten. Ferdinand Laeisz war wohlhabend geworden. Er wurde zum Konsul der Republik Peru in Hamburg ernannt und schickte 1831 eine »Expedition« nach Havanna, die sich für fremde Rechnung dort etablierte. Das Haus in Bahia aber gründete ein Tochterunternehmen in Rio Grande do Sul.

Ferdinand Laeisz gab 1832 das väterliche Ladengeschäft auf und zog in das Bürohaus Grimm Nr. 32 um. Er war mittlerweile nolens volens nicht nur Hutexporteur, sondern auch Importkaufmann geworden, denn viele Erträge der überseeischen Verkäufe wurden in Naturalien »remittiert«, insbesondere in Baumwolle und Zucker. Diese Artikel galt es nun, in Deutschland an den Mann zu bringen. Die Firma Laeisz wurde das, was sie lange geblieben ist: ein Handelshaus für den Export und Import.

Der neue Firmensitz, die Straße namens Grimm war ein besonders malerisches Stück Alt-Hamburg. Joachim Maass beschreibt diesen Straßenzug in seinen Jugenderinnerungen recht anschaulich: »Lange schwarze Wasserzüge, die Fleete, durchschnitten das dichtbebaute Viertel, spiegelten in ihrer unbewegten Flut bald hohe rote Speicherwände, bald die schwarzweißen Rückfronten altersschiefer Fachwerkhäuser und manchmal auch, wo sie an freiere Ufer kamen, in idyllischer Versunkenheit Baumgrün und Wolkenweiß.

Von einer Fleetbrücke aus konnte man hineinsehen in den Grimm. Fast undurchdringlich für Lastwagen, Handkarren und Fußgängerverkehr senkte sich von hier aus schmal, kopfsteingepflastert und ohne Bürgersteig diese Straße abwärts.

Muschel- und Säulenportale aus grauem Sandstein, darin die schweren, barock geschnitzten Türen mit Engelsgesichtern und dicken Messingklinken, darüber in mehrfachen Reihen, vom Alter gekrümmt, die vielen kleinen Fenster und darüber wieder die gähnenden Luken der Lagerräume unter dem Dache – so neigten einander die Kaufherrenhäuser ihre jahrhundertmüden Stirnen entgegen, so daß zwischen ihnen kaum ein Spalt mit Himmelsblau und segelnder Wolke offenblieb. Bündel von Säcken, Kisten und Fässern schwebten und glitten traumhaft an den Wänden aufwärts und abwärts, fast lautlos in ununterbrochenen, sanften Gassentreiben.

Hier war man im Herzen der Stadt, und die tausenderlei Gerüche bekundeten, daß sie aus allen Weiten der Erde zusammenholten, wessen sie zu Leben und Handel bedurften: die strenge Wildheit der Tierhäute, die niesreizende Schärfe des Pfeffers, die Milde von Rosinen und Johannisbrot, die Aromen des Kaffees aus Arabien und Timor, Essigsäure, Tran und Majoran – das alles duftete abenteuerlich in dieser verfangenen Atmosphäre aus wärmlicher Jute- und Wasserfäule und dem eisigen Schimmeldunst steinerner Kellergewölbe …

Die Straße mündete auf einen runden Platz mit Bäumen ringsum; zwischen ihrem frischen Laub hob sich mit rotem Mauerwerk und schiefergrünem, mehrfach gezwiebeltem und oben goldgeziertem Turm die Katharinenkirche – im Rücken vom Zollkanal und rechts vom schmalen Katharinenfleet gesäumt – die schönste Kirche der Stadt.«

Erste »Gehversuche« als Reeder

Das also war die Atmosphäre der neuen Wirkungsstätte von Ferdinand Laeisz, dessen weitere kaufmännische Erfolge nicht zuletzt auch von der politischen Entwicklung begünstigt wurden. Der von Friedrich List initiierte Deutsche Zollverein wurde Wirklichkeit. Am 1.1.1834 fielen die meisten Binnenschlagbäume in Deutschland – mit Ausnahme jener des britischen Königreichs Hannover und der von England wirtschaftlich abhängigen drei Hansestädte. Aber der Einfuhrhandel in die deutschen Staaten war doch bedeutend erleichtert worden. Erst jetzt erholte sich das Land endgültig von den Folgen des Napoleonischen Krieges. Die Bettelarmut konnte schnell überwunden werden, wozu das Aufkommen der ersten Eisenbahnen und des Telegrafen, die immer weiter verwirklichte Freiheit der Schifffahrt auf den Flüssen und Strömen und die Verbesserung des Straßennetzes wesentlich beitrugen.

Der Aufschwung des Hamburger Hafens spiegelte diese Entwicklung deutlich wider. Ende der 20er Jahre des 19. Jahrhunderts waren erst 92 Segelschiffe in Hamburg registriert. Im Jahre 1845 gab es bereits 203, im Jahre 1865 gar schon 509 Segelschiffe mit Heimathafen Hamburg! Ferdinand Laeisz, der 1836 nach England, später nach Belgien, Frankreich und Rußland reiste, hatte seine Jugendneigung zur Seefahrt immer beibehalten. Sie war durch eigene, geschäftliche Seereisen verstärkt worden. Das bewog den Geschäftsmann, sich nun auch nach eigener Tonnage umzusehen. Er gab 1839 bei der Werft J. Meyer in Lübeck die hölzerne Brigg CARL in Auftrag. Dieses nach seinem Sohn benannte Schiff wurde mit 96 Commerzlasten vermessen, was rund 220 Bruttoregistertonnen entspricht.

Die Brigg CARL war ein ausgesprochen schmuckes Schiff. Mit ihrem weißen Portenband um den schwarzen Rumpf – imitierte Stückpforten enthaltend – und gesetzten Leesegeln glich sie äußerlich beinahe einem englischen Clipper. Der Segler hat 42.000 Mark Banco gekostet. Die »Mark Banco« war bis 1873 die Rechnungsvaluta des Hamburger Großhandels, die Zahlungseinheit der 1619 gegründeten Hamburger Bank – als Währung, die eine unbedingt sichere Grundlage bot und nicht der Abnutzung unterlag. Sie lief nicht als Münze um, war aber durch Silberbarren gedeckt. Gezahlt wurde – zum ersten Mal in der Geschichte des deutschen Bankwesens! – mit »Gutschriften«, die unseren heutigen Giroschecks entsprachen.

Erstling in der Reedereigeschichte des Hauses F. Laeisz: Die hölzerne Brigg CARL, benannt nach Carl Laeisz, dem Sohn des Gründers der Firma.

Eine »Mark Banco« hatte 16 Schillinge zu je 12 Pfennigen. Sie entsprach 1,244 Mark Hamburger Courant. Es ist schwer, den Geldwert der damaligen Hamburger Münzwährung exakt in heutige Währungsrelationen umzusetzen. Ferdinand Laeisz hatte sich also für 42.000 Mark Banco die Brigg CARL bauen lassen. Aber eine Schwalbe macht noch keinen Frühling – und ein einzelnes Segelschiff nicht unbedingt einen erfolgreichen Reeder.

Von den Seefahrt-Aktivitäten des frischgebackenen Schiffseigners Laeisz ist wenig überliefert. Allzu glücklich scheinen sie nicht verlaufen zu sein, denn bereits fünf Jahre später wurde der Segler CARL für 22.000 Mark Banco wieder verkauft. Es sieht nach heutigen Abschreibungs-Prinzipien so aus, als seien die ersten reederischen Gehversuche des Hauses Laeisz »plus minus null« ausgegangen. Das Reedereigeschäft war für den Kaufmann Ferdinand Laeisz ein allzu neues, fremdes Sachgebiet.

Außerdem war das Schiffahrtsgewerbe damals mit Schwierigkeiten verbunden, die heute kaum noch vorstellbar sind. Stauereibetriebe und Kaianlagen mit Hafenkränen waren noch weitgehend unbekannt. Das Laden und Löschen mußte – sogar im heimatlichen Hamburger Hafen, erst recht draußen in Übersee – die Schiffsmannschaft selbst besorgen. Das Schiff lag dabei an den Pfählen »im Strom«. Die Seefrachtgüter konnten nur mit Schuten zum Schiff gebracht oder dort abgeholt werden. Bei diesem Bord-zu-Bord-Umschlag hatten die Seeleute nur simple Taljen als Hebezeuge zur Verfügung, also weder Ladebäume noch etwa Dampfkraft. Und es ist grotesk, daß unter diesen Umständen zum Beispiel südamerikanische Zuckerkisten ein Gewicht von 15–20 Zentnern hatten. Andere Kaufmannsgüter waren zumeist nicht minder unhandlich. Aber nicht das Laden und Löschen allein waren die Ursache für die damals extrem langen Hafenliegezeiten der Schiffe.

Überseeische Agenturen waren weitgehend noch Zukunftsmusik, deshalb gab der Schiffseigner oder Kaufmanns-Reeder seinen Kapitänen Order, nach eigenem Ermessen Ladung zu kaufen oder zu verkaufen – es sei denn, er beauftragte einen Ladungsbevollmächtigten oder »Compradore«, der die Ladung nach Übersee begleitete und sie dort gegen Gewinnbeteiligung losschlug. Anschließend mußte freilich auch dieser eine Heimreise-Ladung erst mühsam zusammenkaufen.

Mehrere Faktoren bewirkten also, daß ein Schiff allenfalls zwei ausgedehnte Ostseereisen pro Jahr zustandebrachte und höchstens eine New-York-Reise.

Diese Zustände änderten sich erst, als nach der Jahrhundertmitte feste Liniendienste einge-

Der Hamburger Hafen um die Mitte des 19. Jahrhunderts beim Baumhaus, das früher den schwimmenden Sperrbaum bewachte. Damit sollte auf der Wasserseite das Eindringen unerwünschter Fremder in die vorher befestigt gewesene Stadt verhindert werden.

führt wurden. Erst zu dieser Zeit begann die Trennung von Handel und Reedereigeschäft. Die mühselige Ladungsbeschaffung durch den Kapitän oder den Compradore entfiel fortan.

Vor diesen aufgezeigten Hintergründen müssen die nicht erfüllten Erwartungen mit dem Segler CARL gesehen werden. Es ist freilich nicht mehr bekannt, in welchem Maße Ferdinand Laeisz seinem Kapitän Visser bei der Ladungsbeschaffung völlig freie Hand ließ. Möglicherweise waren die überseeischen Niederlassungen von »FL« bereits in die Ladungsbeschaffung eingeschaltet. Von den Reisen der Brigg CARL sind nur zwei verbürgt. Die erste führt mit Stückgut, einer Partie Hanftauwerk und Seidenhüten nach Pernambuco und Rio. Eine weitere Reise ging mit ähnlicher Ladung nach Guayaquil/Ecuador, wo Ferdinand Laeisz 1842 durch befreundete Kaufleute ein weiteres Handelshaus gründen ließ. (Andere, weniger einträgliche Expansionen folgten in Rio und Manila.)

Nach dem Verkauf des Schiffes sollte es übrigens neun Jahre dauern, ehe Laeisz sich abermals zu einem Engagement im Reedereigeschäft entschloß, bei dem er dann allerdings im besten Sinne des Wortes »reüssierte« oder, wie man in Hamburg so nett sagt, »zu Potte kam«. Das Experiment mit der schmucken Brigg CARL fiel übrigens in jene Zeit, in der die Hutfabrikation aufhörte, der Hauptgeschäftszweig des einstigen Buchbindergesellen und Hutmachermeister zu sein. »FL« war endgültig als Außenhandelskaufmann etabliert. Und seine neuen Gründungen in Ecuador, Brasilien und auf den Philippinen bewiesen – wenn auch mit unterschiedlichem Erfolg – das Festhalten an einem von Anbeginn als richtig erkannten Weg: Die Seele eines reibungslos funktionierenden Außenhandelsgeschäftes ist die Schaffung fester, überseeischer Stützpunkte.

Kurz vor dem Auslaufen des Seglers CARL nach Guayaquil brach das Verhängnis des großen Brandes vom 5.5.1842 über die Hansestadt herein. Binnen dreieinhalb Tagen wurden – im Zeitalter von Dampfmaschine, Eisenbahn und Telegraf! – zwei Drittel von Hamburg in Schutt und Asche gelegt. Eine nicht mehr unter Kontrolle zu bringende Feuersbrunst fraß sich jeden Tag 500 Meter weiter. 4.000 massive Gebäude fielen der Vernichtung anheim, 20.000 Menschen wurden obdachlos. Man beklagte 57 Todesopfer und 120 Verletzte. Der Sachschaden hatte eine für damalige Verhältnisse astronomische Größenordnung. Der Stadtkern von Hamburg war praktisch ausgelöscht.

Kontorhaus und Warenlager von Laeisz am Grimm waren in höchster Gefahr. Die wertvollen Güter dort waren nur schwach versichert. Ferdinand Laeisz bot alles auf, seine ganze Habe in Schuten zu verladen und zur unversehrten Seite der Stadt zu schaffen. Diese Evakuierung gelang. Mit Kaltblütigkeit und Tatkraft verteidigte Laeisz sein Kontorhaus und schließlich auch das Nachbarhaus zur Rechten, dessen Besitzer geflüchtet war, gegen die Flammen. Die Besatzung des im Hafen liegenden Seglers CARL war zu Hilfe geholt worden. Rumfässer, mit Wasser gefüllt, wurden mit der Speicherwinde auf den obersten Dachboden geschafft. In jedem Fenster des Hauses wurde ein Mann mit einem Eimer Wasser postiert, der die aufzüngelnden Flammen sofort abzulöschen hatte. Es gelang tatsächlich, die beiden Gebäude zu halten und damit zugleich das Kirchspiel von St. Katharinen zu retten.

Wenn auch das Handelshaus die Brandkatastrophe ohne Verluste überstand, so ging eine weitere neue Überseeaktivität – wenig später – recht negativ aus. Die Ursache für das Debakel waren neue Kriegswirren im Raum Hamburg.

Tran und Leuchten ersetzten damals mehr und mehr die allzu dürftigen Rüböllampen in den Wohnstuben. Tran als Beleuchtungsbrennstoff war deshalb stark gefragt. Ferdinand Laeisz interessierte die Tran-Großfirma Tietgens & Robertson für die Gründung eines Südsee-Walfangunternehmens. Mit einer Beteiligung von 20.000 Mark Banco beteiligte sich Laeisz, ebenso wie Carl Woermann, an der 1843 gegründeten »Südsee Fischerey Compagnie zu Hamburg«, deren erste Gesellschafterversammlung 1844 von Laeisz eröffnet wurde. Gemeinsam mit einem erfahrenen Kapitän und einem bekannten Schiffbaumeister wählte er, als der eigentliche »Motor« des Unternehmens, die für den Walfang vorgesehenen Schiffe aus – eine Bark und ein Vollschiff, die auf die Namen HAMBURG und ELBE umgetauft wurden. Aber die Gesellschaft kam bald in die roten Zahlen, sie löste sich nach fünf Jahren ihres Bestehens mit einem Verlust von einem Viertel ihres Kapitals auf.

Der Deutsch-Dänische Krieg und die Blockade der Elbe durch die dänische Flotte waren Hauptursache der geschäftlichen Misere. Eins der beiden Walfangschiffe mußte mit voller Ladung und Besatzung monatelang in England festliegen und warten, bis der Krieg zu Ende ging.

Endgültiger Weg in die Schiffahrt

Um so erfolgreicher wurde ein anderes Schiffahrtsunternehmen. Zusammen mit 40 weiteren Hamburger Firmen gründete Ferdinand Laeisz, als Großaktionär, im Jahre 1847 die »Hamburg-Amerikanische Packetfahrt Aktiengesellschaft« (HAPAG). Ferdinand Laeisz, Adolph Godeffroy und Ernst Merck wurden ins Direktorium gewählt. Dieses Direktorium zog zunächst mit vier HAPAG-Seglern einen Nordamerika-Verkehr auf. Man brachte 1854 die beiden ersten Seedampfer HAMMONIA und BORUSSIA in Fahrt. Bis zum Jahr 1914 entwickelte sich die HAPAG zur größten Reederei der Welt. Sie ist 1970 in der Hapag-Lloyd AG aufgegangen, die abermals zu den größten Schiffahrtsunternehmen zählt.

Es ist fast in Vergessenheit geraten, daß Ferdinand Laeisz einer der drei ersten HAPAG-Direktoren gewesen ist.

Ferdinand Laeisz tat einen guten Griff, als er im Jahre 1852 seinen einzigen Sohn Carl als Teilhaber in seine Firma aufnahm. Der junge Kaufmann organisierte den Handel mit Gegenerlös-Importwaren, insbesondere Zucker und Baumwolle, ganz neu. Er brachte eine originelle Systematik in den Vertrieb und erwies sich als so umsichtig, daß Vater Ferdinand unbesorgt auf weitere Geschäftsreisen nach Dänemark, Spanien, Italien, England, Frankreich, Nordamerika, in die Levante und auf die Krim gehen konnte, um neue Beziehungen anzuknüpfen.

In der deutschen Seeschiffahrt gab es kräftigen Aufwind, seitdem England im Zuge der Liberalisierung im Jahre 1849 die seit Oliver Cromwell (1651) bestehende Navigationsakte vollständig aufhob. Dieses Gesetz besagte, daß Waren von oder nach England einschließlich der britischen Überseebesitzungen grundsätzlich nur auf englischen Schiffen transportiert werden durften.

Endlich war auch für deutsche Schiffe der Weg zum direkten Güteraustausch mit den überseeischen Kolonien der britischen Krone frei. Neue Rohstoffquellen öffneten sich in Übersee – und neue Absatzmärkte entstanden dort. Außerdem setzte nach der Revolution von 1848 und ihrem für viele Freigeister enttäuschenden Ausgang ein besonders starker Auswandererstrom nach Übersee ein, so daß Schiffstonnage überall gefragt war. Auch die unabhängig gewordenen Staaten Südamerikas und die Besiedlung Australiens boten sich zum Aufbau neuer Schiffahrtsverbindungen an. Ab 1850 setzte außerdem die »goldene Zeit des Chinahandels« ein. Der junge Außenhandelskaufmann Carl Laeisz hatte diesen Zug der Zeit in seiner ganzen Tragweite erfaßt. Er drängte energisch zur Wiederaufnahme des Reedereibetriebes. Ferdinand Laeisz folgte diesem Rat – Vater und Sohn stiegen bald in die erste Reihe der Hamburger Reeder auf.

In zunächst vorsichtigem Anfang kauften sie 1856 den Schuner SOPHIE UND FREDERIKE an, ein Holzschiff von kaum 26 Meter Länge. 1857 erwarben sie außerdem von Godeffroy & Sohn die hölzerne Brigg ADOLPH. Die Erträge dieser beiden Schiffe waren so positiv, daß Ferdinand und Carl Laeisz sich auch gleich zu einem Neubau entschlossen. Sie gaben noch 1857 bei der Stülcken-Werft Hamburg eine Bark von 194 Commerzlasten in Auftrag. An diesem Schiff war der Hamburger Geschäftsfreund Wilhelm Reimers zur Hälfte beteiligt.

Schuner SOPHIE UND FREDERIKE (ex GLADIATOR)

Das in Stettin gebaute Schiff war in der FL-Fahrt nach Chile, Venezuela und Neufundland eingesetzt (1856–60). Zählte zur Kategorie der Toppsegelschuner (Rahsegel am Fockmast).

Das neue Schiff erhielt den Spitznamen von Carls junger Frau, die wegen ihrer krausen Haare »Pudel« genannt wurde. Die nach ihr benannte Bark PUDEL bewirkte eine besondere Tradition. Nach dem Vorbild ihres Anfangsbuchstabens wurden später sämtliche Laeisz-Schiffe nur noch mit Namen getauft, deren Anfangsbuchstabe ein »P« war. Die Reederei, ihrer schnellen Seglerreisen wegen später im internationalen Seemannsjargon voller Hochachtung »Flying P-Line« genannt, hat an diesem Brauch auch nach dem Ersten und Zweiten Weltkrieg festgehalten. 76 von insgesamt 84 Seglern sowie sämtliche Dampfer und Motorschiffe der Laeisz-Flotte erhielten P-Namen – bis hin zu den heutigen Einheiten der wohldurchdacht zusammengestellten Flotte unterschiedlicher Kategorie und Aufgabenbereiche.

Die nach dem Neubau PUDEL angekauften Schiffe folgten diesem Brauch der P-Namensgebung zunächst noch nicht. Die 1858 in die Laeisz-Flotte eingereihte Brigg SCHILLER behielt ihren Namen ebenso bei wie die 1860 beschafften Barken INDIA und COSTA RICA. (Im selben Jahr kam freilich noch die Brigg PACIFIC hinzu, deren zufälliger P-Name noch nichts mit der späteren Tradition zu tun hatte.) 1861 folgte ihr noch die Bark REPUBLIC.

In dem Standardwerk »Windjammer« von Jochen Brennecke lesen wir über Laeisz in den sechziger Jahren des vorigen Jahrhunderts:

»Das Jahr 1862 überraschte durch zugleich vier Ankäufe, nämlich mit der in Ueckermünde am Kleinen Stettiner Haff vom Schiffbaumeister Wittenberg geschaffenen Bark NEPTUN mit 195/220 CL (Commerzlasten), mit der Brigg PERU mit 120/110 CL – einem Geestemünder Kind – mit

Die später zum Traditionsvorbild der Schiffe mit dem Anfangsbuchstaben »P« gewordene Bark PUDEL 1858 im hölzernen Schwimmdock der Werft H. C. Stülcken, dem ersten seiner Art in Hamburg. (Ölgemälde, Signatur L. Petersen & P. C. Holm, 1859)

*Bark DON JULIO,
H.C. Stülcken, Hamburg*

der Bark PANAMA mit 178 CL, die als MARBS für J. Marbs in Hamburg das Licht der Welt erblickte, und mit der in Brake erbauten, 176 CL großen PERSIA.

Drei Schiffe mit dem Buchstaben »P« als Anfangsbuchstaben scheinen zwar kein Zufall mehr, doch Gesetz der Reederei war das auch jetzt noch nicht. Aber der Anfang zu einer echten, stolzen Flotte war gemacht. Und wo viel ist, kommt viel hinzu, eine Binsenwahrheit.

Während die ersten Ankäufe abgestoßen wurden, kamen neue, modernere und größere Segler unter die FL-Kontorflagge: 1863 waren es drei, 1864 zwei, 1865 einer, 1866, einer und 1867 gleich sechs der sieben Segler, welche bis dato die Hamburger Reederei J.T. Bahr besaß.«

Mit der Firma Julius Theodor Bahr hatte es eine besondere Bewandtnis. Dieses Unternehmen verfügte über sehr enge Geschäftsbeziehungen in die Länder Chile und Peru. Eine vermögende Südamerikanerin namens Doña Carolina Garcia de la Huerta hatte in Hamburg durch Vermittlung des Herrn J.T. Bahr bei der Stülcken-Werft Hamburg eine Reihe stattlicher Barken in Auftrag gegeben, die während des Deutsch-Dänischen Krieges von 1864 ungehindert die dänische Blockade durchbrechen konnten. Sie segelten nämlich unter chilenischer Flagge und trugen sämtlich spanische Namen, die auch Laeisz nach dem Erwerb der sechs Schiffe (MERCEDES, ROSSA Y ISABEL, CAROLINA, HENRIQUE, THEODORO, RICARDO und DON JULIO) beibehielt.

Immerhin verdoppelte sich durch diesen Ankauf die Laeisz-Flotte beinahe. Und die guten Verbindungen der Firma Bahr zur Westküste Südamerikas hatten auch für Laeisz als Käufer der sechs Schiffe einigen Nutzen gebracht. Die Barken waren in Chile und Peru bereits wohlbekannte und wohlgelitten.

Und ein weiteres Zitat:

»Betrachten wir die gefahrenen Routen und FL-Segler, so darf das Jahr 1862 ein Meilenstein in der Reederei genannt werden.

Zum ersten Male lief ein Laeisz-Segler einen chilenischen Hafen – den von Valparaiso – an. Das war der Auftakt zu den sich später entwickelnden, so regelmäßigen Westküstenreisen in der Salpeter- und Guanofahrt. Noch aber, das heißt bis Anfang der 80er Jahre, wurden FL-Segler überwiegend in freier Fahrt, auch Trampfahrt genannt, beschäftigt. Sie beförderten Waren nach Gelegenheit und Bedarf und daneben, bereits im regelmäßigen Transport, auch eigene Waren nach Übersee.« Soweit nochmals Jochen Brennecke.

*Brigg SCHILLER,
Werft v. Somme,
Hamburg*

Zunächst unter deutscher Flagge, segelte ab 1859 unter holländischer Flagge auf Laeisz-Rechnung in der China- und Japan-Fahrt und war Pionier im Ostasien-Seeverkehr. Ursprünglich nur mit einfachen Bramrahen gebaut.

Blickrichtung Fernost

Schon sehr früh haben Vater Ferdinand und Sohn Carl Laeisz die Vorgänge im Fernen Osten mit besonderem Interesse verfolgt. Sie sammelten begierig jede verfügbare Nachricht über die noch allzu unbekannten Länder China und Japan. Mit sicherem Instinkt für sich anbahnende Entwicklung witterten sie dort neue Chancen und Gegebenheiten. Sie wurden tatsächlich Pioniere der deutschen Ostasienfahrt. Nach dem Opiumkrieg 1839–42 erzwang der Vertrag von Nanking die Öffnung einiger Häfen Chinas für den Welthandel. Fremde durften sich in Kanton, Amoy, Futschau, Ningpo und Shanghai ansiedeln. 1843 erklärte Peking die Gleichberechtigung aller westlichen Nationen. Der »schlafende Riese« wurde zum Erwachen gebracht.

Der Nationalökonom Friedrich List sagte darüber: »Der Friede von Nanking ist ein großes Ereignis, ein größeres vielleicht als die Entdeckung Amerikas.«

Vor dem Opiumkrieg war der deutsche Handelsverkehr mit China kaum der Rede wert. In den Jahren 1826–35 sind nur 46 Schiffe aus China im Hamburger Hafen angekommen. 1832 hatte erst ein einziger, 1834 hatten drei Hamburger Segler Kanton angelaufen und dort die Flagge mit den drei Türmen gezeigt. Jetzt wurde der China-Verkehr lebhafter. Ostasien rückte ein wenig näher an Hamburg heran, seitdem 1830 in Kanton ein erstes hamburgisches Konsulat als erste deutsche Vertretung in Ostasien überhaupt – durch einen damit beauftragten Engländer – eröffnet wurde und außerdem bald gut organisierte Kutschwagendienste mit Pferdewechsel-Relaisstationen, später sogar eine Eisenbahnlinie über die Landenge von Suez hinwegführten. Sie brachten schon lange vor Eröffnung des Suezkanals (1869) Mittelmeer und Rotes Meer miteinander in Verbindung, ein Brief von Hamburg nach Batavia war »nur noch« 48–50 Tage unterwegs. Das war freilich eine kurze Zeit gegenüber jener, die bei der Beförderung von Schiffspost ums Kap der Guten Hoffnung zwangsläufig benötigt wurde.

Die Königliche Seehandlung Berlin, die 1822–42 sechs preußische Kauffahrteischiffe nach Kanton geschickt hatte, formulierte einen Bericht über künftige Möglichkeiten deutscher Handelshäuser und Reedereien in China. Interessant waren demnach vor allem der deutsche Export von Manufakturwaren, Bernstein, Gold- und Silberwaren sowie Wein. Im Laeisz-Kontor zog man aus diesen Mitteilungen Konsequenzen. Die Laeisz-Segler Carolina, Costa Rica, Panama (2), Papa, Patria, Peru, Persia, Princess, Pudel, Pyrmont und Republic haben nachweisbar China-Reisen unternommen.

Die aus dem »Land der Mitte« nach Europa transportierten Seefrachtgüter waren in erster Linie Tee, Roh- und Fertigseide, Porzellan, Ingwer, Quecksilber.

In den Pioniertagen der deutschen Fernostfahrt wurde die Reederei Laeisz von ihrem ersten Totalverlust betroffen. Seit November 1865 ist die Bark Republic unter Kapitän Lottge auf der Reise von Cheefo/China nach Amoy/China spurlos verschollen. Möglicherweise fiel sie einem Taifun zum Opfer. 1870 ging, ebenfalls in der Chinasee, die Brigg Peru mit Mann und Maus verloren. Schiffsführer war Kapitän Truelsen. Die Chinafahrt war jedoch nur ein Teil der ostasiatischen Ambitionen des Hauses Laeisz. Ganz besondere Aufmerksamkeit erregten dort alle Nachrichten aus Japan.

Das Inselreich Nippon trat verhältnismäßig spät ins Bewußtsein des Abendlandes. Zwar hatten die Portugiesen in den Jahren 1541–43 vorübergehend auf dessen Boden Fuß gefaßt. 1559 begann der Jesuit Franz Xaver sogar mit der Christianisierung des Landes. Der christliche Glaube breitete sich schnell aus, bis 1587 die fremden Geistlichen durch ein Dekret verbannt wurden. Blutige Christenverfolgungen setzten ein. Für den christlichen Glauben wurde schließlich offiziell die Todesstrafe eingeführt. 1622 kam es zu regelrechten Massenexekutionen japanischer Christen. 1637 wurden die letzten Fremden ausgewiesen.

Japan verfiel in eine mehr als 200 Jahre lange selbstgewählte Isolation. Nur die Holländer behielten auf der kleinen künstlichen Insel Deshima vor Nagasaki eine Niederlassung. Sie wurden dort freilich wie Gefangene behandelt. Die Shogune oder Kronfeldherren des feudalistisch regierten Japan hielten die Abschnürung des Landes von der übrigen Welt für notwendig. Japan kam zwar innerlich zur Ruhe und kulturell zur Blüte. Aber mit der Zeit wurde doch nur der Rückschritt konserviert. Die Shogunats-Militärdik-

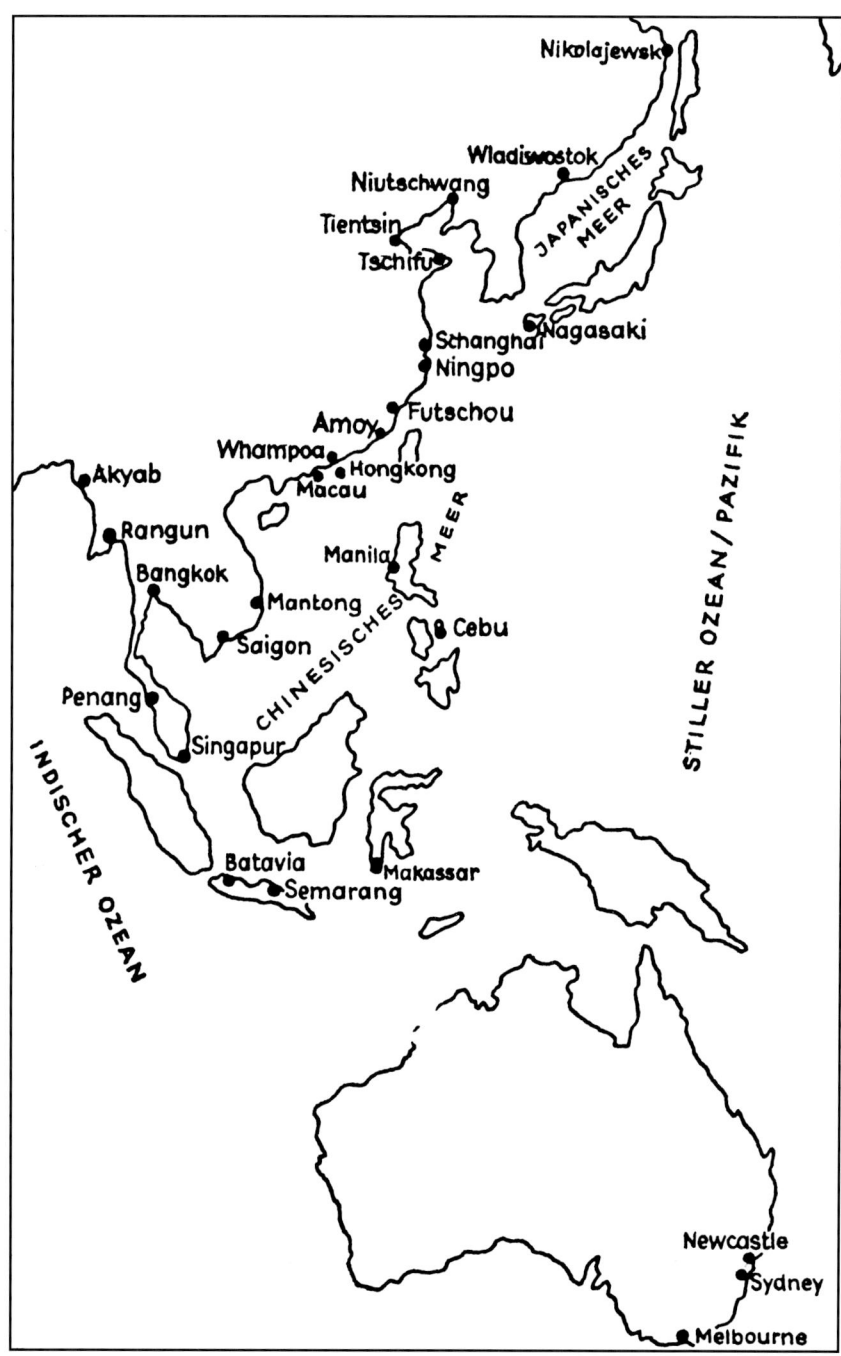

Das Fahrtgebiet Ostasien, in dem sich Laeisz schon in den fünfziger Jahren des vorigen Jahrhunderts engagierte. Alle auf der Karte angegebenen Häfen wurden von den FL-Seglern CAROLINA, COSTA RICA, PANAMA (2), PAPA, PATRIA, PERSIA, PERU, PRINCESS, PUDEL und PYRMONT angelaufen. Zwei von den Seglern blieben sogar längere Zeit in der chinesischen Küstenfahrt (CAROLINA und REPUBLIC). Europäische Segelschiffe waren damals in China willkommen, weil sie gegen den Wind zu kreuzen und einen ganzjährigen Seeverkehr aufzuziehen vermochten. Chinesische Dschunken waren dazu außerstande. Sie waren als »Raumwind-Segler« auf die Monsune angewiesen.

tatur erstarrte zur bloßen Bürokratie. 1853 erschien der amerikanische Kommodore Matthew Calbraith Perry mit vier Kriegsschiffen in der Bucht von Edo (Tokio). Perry erzwang 1854 mit dem Vertrag von Kanagawa eine Teilöffnung des Landes gegenüber den Vereinigten Staaten; bald wurden auch den Briten und Russen Handelsrechte eingeräumt und die der Holländer erweitert.

Gleich nach Perrys Intervention setzten hamburgische Versuche ein, mit dem neuen Markt Japan ins Geschäft zu kommen. Ohne dahinter stehende politische Macht wurde der Flagge Hamburgs noch keine Anerkennung zuteil. »Ausflaggen« ist keine Erfindung unserer Tage: Die 1858 durch Laeisz aus dem Besitz von John R. Möller erworbene Brigg SCHILLER wurde 1859 in Batavia formell an die Holländer verkauft, um künftig auf FL-Rechnung unter holländischer Flagge in der Fahrt nach China sowie in der Cross-Trade-Fahrt zwischen China und Japan eingesetzt werden zu können.

Im Spätsommer 1860 gingen drei preußische Kriegsschiffe – die Korvette ARCONA, die Fregatte THETIS und der Schoner FRAUENLOB – sowie das Transportschiff ELBE in der Bucht von Edo vor Anker. An Bord befand sich eine klug zusammengestellte Mission unter Leitung des Gesandten Graf Eulenburg, der drei namhafte Attachés, außerdem Gelehrte und Künstler wie der Geologe Ferdinand von Richthofen, der Maler Berg, der Zeichner Heine sowie die Kaufleute Wolf und Spieß angehörten.

Nach langwierigen Verhandlungen konnte tatsächlich am 24.1.1861 zwischen Preußen und Japan ein Handels- und Schiffahrtsvertrag unterzeichnet werden, obwohl Graf Eulenburg mit heftigen Widerständen konkurrierender anderer Nationen und auch zunächst mißtrauischer japanischer Kreise zu kämpfen hatte.

Die Pionierzeit des Japanhandels war unvorstellbar hart. Noch war kein Geldwechsel möglich. Die wenigen Europäer wurden mißtrauisch betrachtet, zum Teil sogar schikaniert. Die Kaufleute hausten in Baracken, sie schliefen bei ihren Waren. Das damalige Fischerdorf Nagasaki war als erste Niederlassung für sie freigegeben worden.

Dort hatte der Düsseldorfer Louis Kniffler, der 1853 nach Batavia gegangen war, im Jahre 1859 das erste deutsche Handelskontor eröffnet. Und Ferdinand Laeisz stellte 1860 beim Hamburger Senat offiziell den Antrag, eben jenen Louis Kniffler als ersten hamburgischen Konsul in Japan anzuerkennen. Diesem Antrag stattzugeben, wurde jedoch von der japanischen Regierung abgelehnt, in der noch heftige Zwistigkeiten wegen der Öffnung Japans zur westlichen Welt ausgetragen wurden.

Louis Kniffler hatte vor der Ausreise nach Ostasien persönliche Beziehungen zu Ferdinand Laeisz angeknüpft. Er war damals Stadtreisender des Kaufmannes Bollenhagen, der mit Laeisz im selben Hause Neueburg Nr. 14 (wohin Laeisz bald nach dem großen Brand von Hamburg umgezogen war) sein Kontor hatte.

Diese Verbindung zahlte sich nun für beide Seiten aus. Bald nach Unterzeichnung des preußisch-japanischen Handelsabkommens erwarben Ferdinand und Carl Laeisz die drei Jahre vorher in Schweden gebaute Bark CECILIA und tauften sie auf den Namen LOUIS KNIFFLER um. Durch einen Scheinverkauf mit Hilfe des Sekretärs vom preußischen Generalkonsul in Hamburg brachten sie das Kunststück fertig, diese Hamburger Bark in Stettin registrieren und unter preußischer Flagge laufen zu lassen!

Die Bark LOUIS KNIFFLER genoß damit jenen Schutz, den Japan der Flagge seines Handelspartners Preußen zuteil werden ließ. Und es steht historisch fest, daß dieses Laeisz-Schiff den Direktdienst zwischen Deutschland und Japan überhaupt eröffnet hat. Es blieb ausschließlich in dieser Linienfahrt – ein weiterer Beweis für damaliges »Ausflaggen«.

Dem Betreiben ihres damaligen Direktors Ferdinand Laeisz ist es übrigens zu verdanken, daß auch die HAPAG schon seit 1856 ihre Flagge in ostasiatischen Gewässern zeigte. Dahinter stand nicht allein das besondere Interesse von Ferdinand Laeisz an diesem Raum. Er hatte außerdem das Bestreben, die in der Nordatlantikfahrt der HAPAG durch Übergang auf Dampferbetrieb frei werdenden Segelschiffe in solchen Gebieten zu beschäftigen, in denen fürs erste noch nicht mit der Konkurrenz der Dampfschiffe zu rechnen war.

Krise und Wachstum

Wir von zwei Weltkriegen heimgesuchten und krisengeplagten Zeitgenossen von heute sind immer geneigt, das 19. Jahrhundert und besonders die eigentlichen Gründerjahre mit einer »guten, alten Zeit« zu verwechseln. Die Wirklichkeit sah anders aus. Der rauhe Wechselwind von Hausse und Baisse bestimmte auch damals das Auf und Ab der Wirtschaft. Kriege, politische und wirtschaftliche Erschütterungen wechselten einander ab. 1857 wurde die Weltwirtschaft durch eine von Nordamerika ausgehende Handelskrise bis in die Grundfesten erschüttert. Schon 1856 hatte es ein Warnsignal gegeben, das uns Kindern der beiden unruhigen beiden Jahrhunderte allzu vertraut geworden ist: Die Banken setzten ganz plötzlich den Diskont beträchtlich herauf.

Anfang 1857 entstand eine fast hektische Spekulationswelle, wobei die wichtigsten Börsenartikel Baumwolle, Kaffee, Zucker, Tabak gewaltige Preissteigerungen erlebten. Doch in der zweiten Jahreshälfte brach ein Markt nach dem anderen zusammen – in den USA, in England, Frankreich, Deutschland und Österreich. Die Hansestadt Hamburg wurde unter allen Handelsplätzen Europas am schwersten von dieser größten Wirtschaftskrise des Jahrhunderts betroffen. Alte, gut renommierte Handelshäuser standen plötzlich vor dem Konkurs. Ferdinand Laeisz schrieb darüber: »Das waren Tage der Trauer und des Elends in Hamburg, fast schlimmer noch als diejenigen des großen Brandes (von 1842), als jede Stunde neue Hiobsposten von großen Zahlungseinstellungen brachte. In dem allgemeinen Unglück hatte ich zeitweise so sehr den Kopf verloren, daß es der ganzen Geistesgegenwart meines Sohnes bedurfte, mich zu überzeugen, daß unsere Stellung ungefährdet sei und uns nichts passieren könne ... Allmählich verzogen sich dann auch die Wolken, und wir konnten froh sein, mit verhältnismäßig geringen Verlusten davongekommen zu sein.« Der Selfmademan Ferdinand Laeisz hat mehrfach eingestanden, daß erst mit dem Eintritt seines Sohnes und Teilhabers Carl in die Firma eine regelrecht ausgebildete und rationell organisierende kaufmännische Kraft das Ruder in die Hand bekommen hatte.

Carl Laeisz' Umsicht und Organisationstalent hatten die Krise von 1857 für das Unternehmen glimpflich ausgehen lassen. Aber Carl Laeisz ließ es nicht bei der Rettung der eigenen Interessen bewenden. Auf sein Betreiben hin beteiligte sich die Firma F. Laeisz in hervorragendem Umfange an der Gründung der Hamburgischen Garantie-Disconto-Kasse. Dieses Gemeinschaftsunternehmen hamburgischer Handelshäuser hatte das Ziel, das gesunkene geschäftliche Vertrauen wiederherzustellen. Das Eingreifen dieser Kasse wurde in den Jahren nach 1857 ausschlaggebend für den Neuaufbau des Hamburger Handels, weil es wirklich kreditwürdigen Unternehmen mit Stützungsbeträgen zu neuen Initiativen verhalf.

Friedlich waren auch die folgenden Jahre und Jahrzehnte nicht zu nennen. Dem eben erst zu Ende gegangenen Krimkrieg zwischen England/Frankreich und Rußland (1854–56), dem österreichisch-italienischen Einigungskrieg nach dem Garibaldi-Aufstand (1860) folgten der amerikanische Bürgerkrieg (1861–1865), der Preußisch-Dänische Krieg (1864) und der Preußisch-Österreichische Krieg (1866), schließlich der Deutsch-Französische Krieg von 1870–71. Was das alles für ein Hamburger Handelshaus und eine Reederei bedeutete, läßt sich schon daraus ermessen, daß die Elbmündung 1864 ebenso von den Dänen blockiert wurde wie 1848–49, als die »Südsee-Fischerey Compagnie« deswegen in Schwierigkeiten geriet. Auch Frankreich blockierte 1870 zeitweise die Elbmündung und legte den Seehandel lahm. Außerdem fiel ein Laeisz-Schiff dem Deutsch-Französischen Kriege zum Opfer: Die Bark Don Julio wurde am 30.11.1870 von französischen Seestreitkräften als Prise gekapert. Ihre Besatzung wurde in ein Gefangenenlager im Innern Frankreichs transportiert.

Trotz solcher Mißhelligkeiten war endgültig das Zeitalter des Kaufmannes angebrochen. In der Festschrift des Ostasiatischen Vereins Hamburg-Bremen heißt es darüber treffend: »Die Jahre von 1850 bis zum Ausbruch des Ersten Weltkrieges gehören zu den wichtigsten und erregendsten Epochen der Menschheitsgeschichte. In Europa war in den Wirren des Jahres 1848 die lange Zeit der Restauration zu Ende gegangen. Italien und Deutschland, denen die bisherige

Entwicklung die Möglichkeit des Zusammenschlusses auf nationaler Ebene versagt hatte, wurden in den Einigungskriegen neue großräumige Staatsgebilde, deren Bewohner mit gestärktem Selbstbewußtsein in den niemals endenden Wettbewerb der Nationen um Rang und Ansehen eintraten. In den 60er Jahren des vergangenen Jahrhunderts setzte die große Freihandelsperiode ein, die das Gesicht der Welt so entscheidend veränderte. Wie kein anderes Prinzip im Völkerleben hat es die liberale Idee vermocht, die größte zusammenhängende Friedensperiode zu schaffen, die erst mit dem verhängnisvollen Jahr 1914 endete.«

Neue Schiffahrtslinien und Reedereien schossen damals förmlich aus dem Boden. Und wenn wir die Geschichte der hamburgischen Schiffahrt aufmerksam durchforsten, fällt uns auf, daß der Name Laeisz unter den Gründern und Ziehvätern vieler Schiffahrtsunternehmen – abgesehen von der bereits erwähnten HAPAG – zu finden ist. Laeisz war:

1874 Beteiligt an Gründung der Hamburg-Calcutta Linie mit Carl Laeisz als Vorsitzendem. Die Reederei wurde ein Fehlschlag. Sie mußte 1897 von der HAPAG übernommen werden.

1881 Ferdinand Laeisz und August Bolten betreiben Gründung der (1893 nach Übernahme ihrer neun Dampfer durch die HAPAG liquidierten) Dampfschiff-Rhederei »Hansa«, die nur in der Trampfahrt tätig war. Carl Ferdinand Laeisz Vorsitzender des Aufsichtsrates.

1884 Carl Laeisz Mitbegründer der »Vereinigten Bugsier- und Frachtschiffahrts-Gesellschaft Hamburg«, die nach 1918 in der bekannten Bugsier-, Reederei- und Bergungs-Aktiengesellschaft Hamburg aufgegangen ist.

HAPAG

Hamburg-Süd

Deutsche Afrika-Linien

»Bugsier«

Dt. Levante-Linie

1855 Beteiligt an Gründung der Dampfschiffahrtsreederei Gebrüder Schiller & Co., die im Liniendienst nach England engagiert war.

1857 Beteiligt an Gründung der Hamburg-Brasilianischen Dampfschiffahrts-Gesellschaft. Ferdinand Laeisz im Direktorium, Carl Laeisz Mitglied des Aufsichtsrates.

1871 Beteiligt an Gründung der Hamburg-Südamerikanischen Dampfschiffahrtsgesellschaft (Hamburg-Süd). Ferdinand Laeisz im Verwaltungsrat, Carl Laeisz Vorsitzender (bis 1901).

1872 Beteiligt an Gründung der Transatlantischen Dampfschifffahrts-Gesellschaft (Adler-Linie). Ferdinand Laeisz im Aufsichtsrat. Das Unternehmen wurde 1875 nach scharfem Wettbewerb gegen die HAPAG von dieser übernommen.

1872 Beteiligt an Gründung der Dampfschiffahrts-Gesellschaft »Kosmos«, Liniendienst zur Westküste von Südamerika durch die für Segler unpassierbare Magellan-Straße. Ferdinand Laeisz im Aufsichtsrat, später sein Enkel Carl Ferdinand Laeisz.

1886 Laeisz beteiligt sich an der Umwandlung des Schiffahrtsdienstes der Firma C. Woermann in die Sondergesellschaft »Afrikanische Dampfschiffahrts-Gesellschaft (Woermann-Linie)«. Carl Laeisz im Aufsichtsrat. Ab 1895 Woemann-Linie GmbH unter weiterer Beteiligung von Laeisz.

1888 Beteiligt an Gründung einer Dampferlinie Hamburg–Australien, die sofort mit der von Robert M. Sloman jun. und der Deutschen Bank ins Leben gerufenen Australien-Linie verschmolzen wurde. Daraus entstand die Deutsch-Australische Dampfschiffahrts-Gesellschaft. Carl Ferdinand Laeisz im Aufsichtsrat.

1889 Beteiligt an Gründung der Deutschen Levante-Linie. Carl Laeisz im Aufsichtsrat.

1890 Beteiligt an Gründung der Deutschen Ost-Afrika-Linie. Carl Laeisz im Aufsichtsrat.

Die großen deutschen Reedereien HAPAG, Hamburg-Süd sowie die zusammengefaßten Deutschen Afrika-Linien, die Bugsier-, Reederei- und Bergungs-AG sowie die Deutsche Levante-Linie, deren Schornsteinfarben in unseren Häfen Hamburg und Bremen noch immer ein vertrauter Begriff sind, wurden also vom Hause F. Laeisz mitbegründet und teilweise in den Anfangsjahren von einem Laeisz geführt. Diese Unternehmungslust bei der Gründung von Firmen ist Symptom dafür, daß man im Kontorhaus Neueburg Nr. 14 mit den Abschreibungsparagraphen der Steuergesetzgebung sehr wohl umzugehen verstand.

Eine drollige humoristische Zeichnung ist aus jenen Tagen überliefert: Carl und Carl Ferdinand Laeisz (von letzterem wird noch die Rede sein) stehen – entsprechend kostümiert – in einer mittelalterlichen Alchemisten-Küche und »züchten den Abschreibungs-Bazillus«.

Die vorstehend aufgeführten Gründungen machen an ihren Daten deutlich, daß die Gründungswelle in den Jahren nach 1871 ihren Höhepunkt erreichte. Das war damals im ganzen neugegründeten Deutschen Reich so. Der siegreiche Ausgang des Krieges gegen Frankreich und der Zufluß der französischen Kriegskontributionen führten zu jener Vielzahl von mehr oder weniger soliden Gründungen.

Einige dieser Laeisz-Mitgründungen sind nicht ohne Kuriosität gewesen.

Mit der Schaffung der schon erwähnten Adler-Linie im Jahre 1872 machte Ferdinand Laeisz der von ihm selbst gegründeten und bis 1858 sogar mitgeleiteten HAPAG unversehens auf gefährliche Weise Konkurrenz. Diese neue Reederei bot mit acht großen Dampfern wöchentlich einen Dienst nach New York. Das wurde für die damals noch so genannte »Hamburg-Amerikanische Packetfahrt« (HAPAG) Beginn eines Kampfes auf Leben und Tod. Er wurde durch die 1874 in den Vereinigten Staaten einsetzende langfristige neue Wirtschaftskrise verschärft. Der Auswanderer- sowie der Güterverkehr gingen erheblich zurück, die Frachtraten sanken auf nie dagewesenen Tiefstand.

Hans Jürgen Witthöft schreibt darüber: »In den Kampf war die Adler-Linie als die finanziell stärkere hineingegangen. Dagegen konnte die HAPAG über mehr Schiffe verfügen, die außerdem niedriger zu Buche standen als die teuren Neubauten des Newcomers … Während also die Lage der HAPAG als durchaus prekär zu bezeichnen war, ging es mit der Adler-Linie zu Ende … Sie mußte schließlich Kontakte zur HAPAG aufnehmen wegen einer Fusion.«

Herbert Wendt verdanken wir in seinem Buch »Kurs Südamerika« folgende Information über eine andere Laeisz-Mitbegründung – die erwähnte Hamburg-Brasilianische Dampfschiffahrts-Gesellschaft: »Zwei Dampfer – TEUTONIA und PETROPOLIS – wurden sogleich (1857) angeschafft, ein dritter – PRINZESSIN VON JOINVILLE – zum Bau in Auftrag gegeben. Hinzu kam ein englischer Charterdampfer, die GOLDEN FLEECE.

Ziel der Hamburg-Brasilianischen Dampfschiffahrts-Gesellschaft: Ablenkung des Auswandererstromes nach Brasilien, der sich bisher vorwiegend in die Vereinigten Staaten ergossen hatte – und Einschaltung in das brasilianische Kaffeegeschäft. Nun würde es sich zeigen, so meinten die Gründer – darunter Ferdinand Laeisz –, wer für den Wettlauf nach Südamerika besser gerüstet sei, Dampfer oder Segler.

Es kam aber anders, als es sich die Herren der neuen Gesellschaft gedacht hatten. Boltens Segler hielten das Rennen wider Erwarten ausgezeichnet durch. Pünktlich vollzogen die wackeren Schiffe ihren Dienst – auch dann noch, als im Jahre 1858 ein Erlaß des preußischen Finanzministers von der Heydt das ganze Auswanderergeschäft praktisch unterband. Die Segler konnten auch dann noch genügend Fracht erhalten. Die Konkurrenz unter Dampf dagegen … erlitt durch das von der Heydtsche Reskript einen vernichtenden Schlag. Die Hamburgisch-Brasilianische Dampfschiffahrts-Gesellschaft hatte noch nicht einmal alle Aktien untergebracht und war hohe Verbindlichkeiten eingegangen. Sie mußte jetzt erleben, daß Boltens Segler ihr den Kaffee und auch die übrige Fracht wegschnappten, als das »lebende Gut« ausblieb. Zu alldem erwiesen sich die Dampfer als unrentabel, da sie so viel Kohle mitführen mußten, daß kaum noch Platz für die Ladung übrigblieb … (außerdem fraßen die primitiven, leistungsschwachen Niederdruckmaschinen noch eine Unmenge Platz. Noch war ja die Dreifach-Expansions-Dampfmaschine nicht erfunden. D. Verf.) Schon nach der achten Südamerika-Reise mußte die Hamburg-Brasilianische Dampfschiffahrts-Gesellschaft Konkurs anmelden. Bolten hatte den Wettlauf gewonnen. Diesmal triumphierten die Segler noch über die Dampfer.«

Diese Pleite im Jahre 1860 schärfte das Auge des Aufsichtsratsmitgliedes Carl Laeisz für die besonderen Möglichkeiten der Segelschiffahrt im Südamerika-Verkehr. Über Carl Laeisz, »der schon in jüngeren Jahren als Personifizierung der deutschen Segelschiffahrt galt«, sagt Herbert Wendt:

»Schon frühzeitig erkannte Carl Laeisz, daß Dampfer und Segler nebeneinander bestehen konnten und sich nicht unbedingt Konkurrenz zu machen brauchten. Im normalen

Schon 1884 erwarb die Reederei F. Laeisz das Vollschiff PLUTO für die Südamerika-Fahrt. Der Segler ist elf Jahre später auf der Reise nach Iquique/Chile verschollen. (Gemälde Johannes Holst)

Passagier- und Frachtverkehr war der Dampfer dem Segler überlegen, für Massenladung aber war Seglerfracht nach wie vor billiger als Dampferfracht.«

Bei der Gründung der »Hamburg-Süd« (1871) saßen übrigens die beiden namhaften Segelschiffsreeder Carl Laeisz und Martin Garlieb Amsinck einträchtig nebeneinander im Vorstand der neuen Reederei, obwohl sie doch eigentlich Konkurrenten waren. Sie leiteten von 1886–96 deren Geschicke gemeinsam. Und es muß ein köstlicher Anblick gewesen sein: »Laeisz, der den Vorsitz im Verwaltungsrat innehatte, trug zum Überfluß noch die gleiche Haarfrisur und den gleichen Backenbart wie Amsinck.«

Schiffahrtsgeschichtlich interessant sind die Motive, die Carl Laeisz bewogen, gemeinsam mit 18 Hamburger Kaufleuten die »Vereinigte Bugsier- und Frachtschiff-fahrts-Gesellschaft« (die heutige Bugsier-, Reederei- und Bergungs-Gesellschaft mbH & Co.) zu gründen: Zweck dieses Unternehmens war zunächst die Überführung der Leichter von den Unterelb-Reeden Krautsand und Brunshausen nach Hamburg durch Schleppdampfer von ausreichender Stärke. Bis Mitte der achtziger Jahre mußten nämlich größere Seeschiffe dort ableichtern, ehe sie das unzulängliche Fahrwasser bis hinauf nach Hamburg passieren konnten. Wenn allerdings steifer Ostwind damals den Schulauer Sand und den Blankeneser Sand freilegten, wurde die Schiffahrt ganz unmöglich.

Erst nach 1885 konnte mit Hilfe von Dampfbaggern die künstliche Vertiefung des Elbfahrwassers bewerkstelligt werden. Ferdinand Laeisz hatte sich dafür immer wieder massiv eingesetzt, vor allem auch in der Bürgerschaft.

Das »dritte Bein«: Assekuranz

Es ist jedoch nicht möglich, die Chronik des Hauses F. Laeisz zu schreiben, ohne auch dem dritten »Bein« gerecht zu werden, auf dem – neben Handel und Schiffahrt – das Unternehmen bald stand. Es ist das Assekuranzwesen, und zwar speziell das Schiffskasko- und Warenversicherungsgeschäft.

Ferdinand Laeisz wurde schon sehr früh – Anfang 1847 – Mitglied des »Vereins Hamburger Assekuradeure« (VHA), mit der Mitgliedsnummer 1, die heute noch der F. Laeisz Versicherung A.G. gehört.

»Mit wechselndem Glück, aber doch meist mit beträchtlichem Erfolg hat sie die Tätigkeit eines Privatversicherers ausgeübt und in Anzahl und Höhe der übernommenen Risiken mit mancher Gesellschaft konkurriert … In der Hauptsache handelte es sich dabei um Kasko-Versicherungen von Schiffen in der Fahrt nach Kalifornien, Australien, Indien, der Westküste von Zentral- und Südamerika, nach China und den Mittelmeerländern. Neben dem Risiko, wie es eine Reise für das Schiff selbst und seine Ausrüstung mit sich bringt, kann selbstverständlich die Ladung versichert werden (Cargo-Versicherung). Weiter werden versichert die Fracht-Einnahmen, Passagegelder und auch der imaginäre Gewinn an Gütern, welche die Ladung des Schiffes ausmachen.«

»Man begreift ohne weiteres, daß eine erfolgreiche Tätigkeit als Versicherer ein hohes Maß kaufmännischer Einsicht, gründlicher Kenntnis des Weltmarktes und auf Erfahrung gegründeten, von Klugheit gesteuerten Wagemutes voraussetzt«, schrieb Dr. Paul Rohrbach in seinem längst vergriffenen Buch »FL – die Geschichte einer Reederei«.

Tatsächlich war das Naturtalent Ferdinand Laeisz eine anerkannte Kapazität auf dem Fachgebiet Assekuranz. Sein Sohn Carl und sein Enkel Carl Ferdinand standen ihm später nicht nach. Deren Jahrhundert führte zum steilen Aufstieg der Seeversicherung, denn immer größer und damit wertvoller wurden die Schiffe, immer kostbarer ihre Ladungen. Das technische Zeitalter brachte es mit sich, daß immer mehr Investitionsgüter nach Übersee versandt wurden – Maschinen, Bauteile, Großwerkzeuge.

Paul Rohrbach über die zweite Hälfte des 19. Jahrhunderts:

»Ganze Schiffsladungen von Stab- und Stangeneisen, von Trägern, Blechen und Schienen gingen hinaus für die Hafenbauten in Amerika und Australien, für die Anlage von Eisenbahnen und Werkstätten, dort, wo früher nur Steppe und Urwald gewesen waren.«

Man kann annehmen, daß F. Laeisz um die Mitte der fünfziger Jahre mindestens eine halbe Million Mark Banco im Versicherungsgeschäft investiert hatte – mehr als in der Reederei-Abteilung dieser Firma bis Ende der sechziger Jahre. Und damals wie heute waren Rückversicherungsketten unumgänglich. Eine größere Anzahl namhafter Versicherungsfirmen deckte gemeinsam zu große Risiken. Die Firma F. Laeisz war ihrerseits an einer ganzen Reihe von Versicherungsfirmen beteiligt:

1891   Gründung der Allgemeinen Seeversicherungs-Gesellschaft, Carl Laeisz im Aufsichtsrat. Schwere Verluste durch die verheerenden Stürme des Winters 1894–95.

1895   Gründung der Nordwestdeutschen Versicherungsgesellschaft auf Betreiben von Carl Laeisz.

1896   Gründung der Mit- und Rückversicherungs-Gesellschaft »Kosmos«.

Schon vorher hatte man Anteil genommen an der Direktion des Versicherungsvereins von 1863, an der Globus-Assekuranz-Compagnie, an der Assekuranz-Compagnie »Teutonia« und der Assekuranz-Compagnie »Alemannia«.

Carl Laeisz wirkte ferner bis zu seinem Ableben als Aufsichtsratsmitglied in der Leitung der Hanseatischen Seeversicherungs-Gesellschaft sowie der Allgemeinen Seeversicherungs-Gesellschaft. Zitieren wir ein weiteres Mal Dr. Paul Rohrbach: »Geraume Zeit blieb … im Hause Laeisz neben dem Exportgeschäft der Versicherungsmarkt das Hauptbetätigungsfeld der Firma. Erst im Laufe der Jahre trat neben diesen beiden Abteilungen die Reederei ganz allmählich in den Vordergrund. Doch selbst dann, als um die Jahrhundertwende die Bedeutung der Privat-Assekuradeure durch das Eindringen des Großkapitals merklich zurückging, konnte die Firma F. Laeisz ihre festbegründete Stellung auf dem Versicherungsmarkt behaupten.

Form. Nr. II.
Ausgehende Police.

Seeversicherungspolice auf Güter.

Gedruckt bei
Lütcke & Wulff

für Rechnung wen es angeht

auf   **Waren**, *zu taxieren und zu deklarieren:*

auf Grundlage des Fakturawertes zuzüglich aller Kosten bis an Bord, der Versicherungskosten und _____10__% imag. **Gewinn**;

ferner auf **Frachtvorschuss**, *beziehentlich auf* **im voraus bezahlte Fracht**.

Die Deklarierung des wie vorstehend festgestellten imaginären Gewinnes ist selbst bei inzwischen erfolgter glücklicher Ankunft der bezüglichen Güter **obligatorisch**. *D__er_____ Herr Versicherungsnehmer soll jedoch berechtigt sein, auch einen höheren imaginären Gewinn bei der Aufgabe zu deklarieren, falls bis dahin keine ungünstigen oder präjudizierlichen Nachrichten bekannt geworden sind.*

Unterschrift (Rückseite der Police)   Hamburg, 1. Januar 1912

ppa. F. LAEISZ

Längst war im Kreise der Hamburger Seeversicherer der Wunsch aufgetaucht, möglichst alle Kontore der Mitglieder des Vereins räumlich zu vereinigen ... Die Firma Laeisz war es, die diese Idee aufgriff. Im Jahre 1897 errichtete sie den imponierenden Bau an der Trostbrücke (Nr. 1), in den viele der bedeutendsten Seeversicherer jener Zeit ihre Geschäftsräume legten, und so wurde der »Laeiszhof« (heute fast originalgetreu restauriert) bald zum Brennpunkt des hamburgischen Seeversicherungsmarktes.«

Die Rolle von Laeisz unter den Assekuradeuren ist noch immer bedeutend.

Die Laeisz-Versicherung wurde 1976 gemäß EU-Bestimmungen in eine private Aktionärs-Gesellschaft verwandelt, deren alleiniger Aktionär die Reederei F. Laeisz GmbH ist. Die Geschichte treibt bisweilen seltsame Spiele: Der Manager der Laeisz-Versicherungsabteilung war in den siebziger Jahren nach 1870 der junge, in den Kreisen der Versicherer angesehene Oscar Schües. Er wurde in den achtziger Jahren Partner in der einschlägig tätigen Carstens-Gesellschaft.

Die Tätigkeit wurde unter dem Firmennamen Carstens & Schües fortgesetzt. Carstens hatte keine Kinder. Oscar Schües übernahm nach dessen Tod die Firma allein. Er war der Urgroßvater jenes Nikolaus W. Schües, der 1973 Mitinhaber der Laeiszgruppe wurde und heute, zusammen mit seinen Kinder, deren Alleininhaber ist.

Neue technische Aspekte

In England hatte man versuchsweise schon im Jahre 1805 kleine Flußkähne aus Eisen gebaut, die zur Überraschung aller Zweifler tatsächlich schwammen. Bald setzten sich im englischen Schiffbau eiserne Rümpfe und Dampfantrieb gleichermaßen durch. Es war jene Zeit, in der die steigenden Förderleistungen der Kohlengruben und die wachsende Produktion der Eisenhütten diesen Wandel möglich machten, der freilich noch lange Zeit auf England beschränkt blieb.

Im Jahre 1823 wurde mit der AARON MANBY ein vollständig eisernes Dampfschiff für den Seeverkehr gebaut, das auf der Route von London nach Le Havre eingesetzt wurde.

Das Beharrungsvermögen in der deutschen Seefahrt war hingegen noch groß. Hierzulande wollte man von dem »neumodischen Kram« des Eisenschiffbaues Jahrzehnte hindurch noch nichts wissen.

Die wenigen damals in Fahrt gebrachten eisernen Dampfer waren sämtlich in England gebaut worden. Erst 1857 wagte sich die Reiherstieg-Werft Hamburg an den Bau des ersten in Deutschland auf Kiel gelegten eisernen Schiffes heran. Es war der Segler DEUTSCHLAND (II) für die HAPAG. Das dreiköpfige Direktorium, darunter Ferdinand Laeisz, hatte sich zu diesem damals viel beachteten Schritt entschlos-

Bark PROFESSOR ex FLOTTBEK
Reiherstieg Schiffswerft & Maschinenfabrik, Hamburg.

Das erste eiserne Segelschiff der Reederei, die Bark PROFESSOR, hat unter FL-Flagge zwei Jahrzehnte lang (1869–89) bemerkenswerte Reisen unternommen. Birma, Peru, Westmexiko und schließlich Chile waren die Fahrtgebiete (Bestzeit Kanal–Valparaiso = 84 Tage).

Die Erfolge ermutigten Sir Fairbairn, gleich vier eiserne Dampfer in Serie aufzulegen und 1835 in Südengland die erste Spezialwerft für Eisenschiffe zu eröffnen.

Eine schottische Werft hatte zu diesem Zeitpunkt ebenfalls einen Eisendampfer für den Liniendienst in der Irischen See erbaut. Der Zufall wollte es, daß dieses Schiff namens GARRY OWEN einmal gemeinsam mit einigen hölzernen Fahrzeugen strandete. Die Holzschiffe mußten nach der Abbergung sämtlich abgewrackt werden, während das eiserne Fahrzeug wieder flottgemacht wurde. Es hatte seine Robustheit bewiesen, indem es praktisch unbeschädigt geblieben war. Dieses Anschauungsbeispiel überzeugte die englischen Reeder. Der Siegeszug des Eisenschiffbaues hatte jenseits des Kanals begonnen.

sen. Es ist aber bezeichnend, daß die Reiherstieg-Werft bis zum Jahre 1870 die einzige deutsche Werft blieb, die – auch bei weiteren Aufträgen – den Mut zum Eisenschiffbau hatte.

Im besagten Jahr 1870, bei Ausbruch des Deutsch-Französischen Krieges, bestand die Laeisz-Flotte aus fünfzehn kleinen Barken – also Dreimastern – und einer Brigg. Nach der Schiffszahl lag die Reederei in Hamburg bereits an fünfter Stelle. Bis zu diesem Zeitpunkt waren fünf Laeisz-Segler auf See verlorengegangen.

Die hauptsächlichen Fahrtgebiete der FL-Segelschiffe waren noch immer die Westküste von Südamerika, Mittelamerika, Indien und Ostasien. Und mit dem Ankauf der Bark FLOTTBEK, die in PROFESSOR umbenannt wurde, hatte Ree-

FL-Segler verkehrten nachweisbar zu den mexikanischen Häfen Acapulco, Alat, Boca de Apiza, Guaymas, La Paz, Manzanillo, Mazatlan, Raza-Islas, San Blas, Sihuatanejo. Auch heute sind Häfen dieser Karte Reiseziel von FL-Schiffen: Puerto Barrios/Guatemala, Esmeraldas und Guayaquil/Ecuador.

derei F. Laeisz kurz zuvor (1869) erstmalig ein eisernes Segelschiff in Fahrt gebracht. Aber auch die erfreulichen Reise-Ergebnisse (Bestzeit Kanal–Valparaiso = 84 Tage) der PROFESSOR brachen das Eis noch nicht. Offensichtlich überwog die Skepsis noch für geraume Zeit. Es gab keinen plötzlichen, sondern einen gleitenden Übergang von hölzernen zu eisernen Laeisz-Segelschiffen. 1874 ließ Laeisz zwar auf der Reiherstieg-Werft Hamburg mit der POLYNESIA, dem ersten Vollschiff der Reederei, einen eisernen Neubau erstellen, aber erst 1880 kaufte man mit der Bark PONCHO ein weiteres Eisenschiff.

Dazwischen aber wurden nach wie vor hölzerne Segler erworben oder als Neubauten in Auftrag gegeben: Die kleinen hölzernen Barken HUNSINGO (1871 in Holland erworben) und ISABELITA (1866 in Hamburg gebaut, 1873 in Spanien erworben, umbenannt in PACHA), die Barken PATAGONIA (Neubau, 1873), HENRIETTE BEHN (1875 von Hamburger Vorbesitzer angekauft), PARADOX (Neubau, 1876), PALADIN (Neubau, 1877), PANDUR (Neubau, 1877) und PARNASS (Neubau, 1890).

Die HENRIETTE BEHN war 1875 endgültig das letzte Laeisz-Schiff, dessen Name nicht mit einem »P« begann. Und die für ihre Zeit recht schnelle PARNASS (1883 = 80 Tage vom Kanal nach Valparaiso) war der letzte hölzerne Segler. Mit dem schon erwähnten Ankauf der eisernen Bark PONCHO (1880) hatte endgültig die Zeit des Holzschiffbaues bei Laeisz ein Ende gefunden.

In der Firma war inzwischen eine erwähnenswerte Veränderung eingetreten: Ferdinand und Carl Laeisz hatten 1879 auch noch Carls Sohn als Teilhaber in die Firma aufgenommen. Mit diesem Junior Carl Ferdinand Laeisz waren bis zum Tode des Firmengründers Ferdinand (1887) drei Laeisz-Generationen gemeinsam in der Firma tätig: Großvater, Vater und Sohn. Es wurde ein höchst aktives Triumvirat, denn der 1853 geborene Carl Ferdinand Laeisz hatte wiederum Format.

Ein Jahr vor seinem Eintritt in die Firma, im Jahre 1878, hatte die Reederei F. Laeisz den Liniendienst nach Chile aufgenommen. In diesem Fahrtgebiet wurde sie wenig später weltberühmt, ja sie gilt bis heute als Inbegriff für Kap-Hoorn-Reisen von Großseglern nach Chile.

Die nach Chile ausreisenden »Salpeterklipper« nahmen entweder Stückgut oder aber Kohlen- bzw. Koksladungen an Bord, bevor sie ihre Ausreise antraten. Hier eine Konsulatsfaktur für 200 t Koks aus dem Jahre 1922.

Ab 1878 ging zunächst alle vier Wochen ein FL-Segler von Hamburg, alle acht Wochen ein solcher von Antwerpen auf die Reise, um in Säcke verpackten Chile-Salpeter für die deutsche Wirtschaft zu holen.

Es ist das Verdienst von Carl Laeisz, die Bedeutung des damals neuartigen Salpetergeschäftes von vornherein richtig erkannt zu haben. Eine revolutionäre Entdeckung der Chemie wurde somit entscheidend für die weitere Entwicklung der Reederei F. Laeisz:

Freiherr Justus von Liebig (1803–73), einer der vielseitigsten und bedeutendsten Chemiker, hatte 1840 als Professor für Chemie an der Universität Gießen – nach intensiven Studien über den Stoffwechsel von Pflanze und Tier – die Einführung des künstlichen Düngers als vielversprechend erkannt und damit die Agrikulturchemie begründet. Er hat die moderne Landwirtschaft mit ihren ungleich höheren Erträgen überhaupt erst möglich gemacht. Liebigs Erfindung hat das Emporwachsen einer ganz neuen Industriesparte bewirkt. Und diese Kunstdüngerindustrie benötigte zur Herstellung von Stickstoffdünger in steigendem Umfang jenes farblose, hygroskopische und oxydierende Salz, für das Chile wegen seiner natürlichen Vorkommen ein Weltmonopol besaß: Natriumnitrat oder Natronsalpeter, ein Rohstoff, der auch für die Sprengstoffherstellung sowie in der Farbstoff-, Glas-, Metall- und Emailindustrie benötigt wurde. Dieser chilenische Salpeter kam in der Atacama-Wüste in dem Rohstoff Caliche vor. Er konnte im Spreng-Tagebau hereingewonnen werden. Der daraus gewonnene, in Säcke verladene Chile-Salpeter wurde ein unentbehrliches Massengut. Und es galt, dieses möglichst rationell nach Europa zu verschiffen. Der Chile-Salpeter war es, der nach rund sechstausend Jahren Segelschiffahrt dem windgetriebenen Schiff zur letzten Blütezeit und zu ihrem eigentlichen Höhepunkt verhalf.

Mäzen der Notleidenden

Bevor wir uns der Salpeterfahrt um Kap Hoorn zuwenden, ist es reizvoll, die drei Persönlichkeiten Ferdinand, Carl und Carl Ferdinand Laeisz, die zeitweilig als Großvater, Vater und Sohn miteinander in der Firma wirkten, noch einmal in ihren Eigenschaften zu vergleichen.

Der Firmengründer Ferdinand, durch Fleiß, Umsicht, Freude am Risiko aus dem Handwerkerstand zum Kaufmann und Reeder emporgestiegen, war der Typ des mit eigener Hand zupackenden Prinzipals geblieben, der die Dinge nahm, wie sie gerade kamen und dem stets die Gabe der Improvisation zu eigen war. Ein wenig bohemisch mag manches in seinem Geschäftsbetrieb gewirkt haben, denn Improvisationen können auch nachteilig sein.

Aus Ferdinand Laeisz' Augen blitzte immer ein bißchen der Schalk. Dem Manne war nichts Menschliches mehr fremd, seitdem er in der Franzosenzeit schon als Zehnjähriger aus dem damals britischen Helgoland in die Elbmündung eingeschmuggelte Briefe höchst wichtigen Inhalts an die Empfänger weiterexpediert und überdies den wild blühenden Schmuggel seiner Zeit mit angesehen hatte. Seine durchaus handfesten Jugendstreiche kompensierten vielleicht die Düsternis jener Jahre, in denen er wegen der bedrängten wirtschaftlichen Verhältnisse als Elfjähriger zeitweilig hatte Hilfsdienste bei einem Trunkenbold verrichten, Mülltonnen leeren, Straßen fegen und Schläge einstecken müssen.

Seine außerordentlich rege Phantasie hatte Ferdinand Laeisz der Buchbinderlehre wenig Geschmack abgewinnen lassen, aber eben diese Phantasie war es, die nachher zum Geschäftserfolg führte. Ideenreichtum ist nun mal alles, wenn man neue Märkte erkennen und erschließen will.

Sicher ist, daß »FL« auch als Angehöriger der Oberschicht Hamburgs und Träger eines Konsultitels seine Handwerkerherkunft niemals verleugnet hat. Es bereitete ihm sogar Stolz und einiges Vergnügen, »erbgesessene« Hamburger mit einem Schuß Aggressivität herauszufordern.

Er nahm vor allem in der Bürgerschaft, in die er immer wieder ohne Gegenstimme gewählt wurde, nie ein Blatt vor den Mund. Wir würden heute sagen, er stand politisch »etwas links von der Mitte«. Er war Demokrat seit Handwerkertagen und konnte Zorn »über den Hochmut bevorzugter Klassen« empfinden. Er begrüßte deshalb auch die Volkserhebung von 1848 spontan – war aber Realist genug, ihre unsinnige Ausuferung und Konzeptlosigkeit sehr früh zu erkennen. Er schloß sich deshalb der »Patriotischen Partei« an. Später trat er als Vertreter der Fraktion »Linkes Zentrum« für das Abschneiden zahlreicher Zöpfe ein, zu denen die noch immer obligatorische Stadttorsperre und das längst zur bloßen Dekoration gewordene Bürgermilitär gehörten. Bezeichnend aber ist, daß sich Ferdinand Laeisz in der Bürgerschaft mit Vehemenz für Volksküchen, Volksbadeanstalten, Arbeiterwohnungen, für eine Seemannskasse und eine hamburgische Seemannsschule eingesetzt hatte. Für die zeitweilig in Frage gestellte Einrichtung des 1882 gegründeten Hamburger Freihafens konnte »FL« sozusagen auf die Barrikaden gehen. Und seit 1871 war er Alterspräsident der Hamburger Bürgerschaft und außerdem Generalkonsul von Haiti.

Bei seinem 80. Geburtstag würdigte ihn der Senat als den »verdienstvollen Mitbürger, … den biederen Menschenfreund, dessen offenes Herz und offene Hand für alles Gute und Schöne, für alles Nützliche und Wohltätige so oft erprobt und stets bewährt erfunden« wurde.

Zu festlichen Anlässen werden zwar immer freundliche Komplimente gewechselt. Die Worte des Senats aber halten auch kritischer Nachprüfung stand, denn das tiefverwurzelte soziale Verständnis und Gerechtigkeitsempfinden des keineswegs immer bequemen, bisweilen durchaus »grantigen« Geburtstagskindes hat deutliche Spuren hinterlassen. Als damaliger HAPAG-Direktor war Ferdinand Laeisz vom Untergang des »Packetfahrt«-Dampfers AUSTRIA nachhaltig erschüttert worden. Auf der Reise Hamburg–New York war dieses Schiff 1858 in Brand geraten und gesunken. Von den 420 Passagieren und Besatzungsmitgliedern konnten nur 89 gerettet werden. Auch Kapitän Heidtmann hatte den Tod gefunden.

Laeisz spendete nicht nur sofort einen namhaften Betrag für die Hinterbliebenen, sondern er ließ unter dem Eindruck

Linke Seite: Die Laeisz-Medaille samt Urkunde für tapfere Rettung aus Seenot – am Bande verliehen in Bronze, Silber und Gold.

dieses Schocks außerdem, auf eigene Kosten, ein Gebäude mit 50 Freiwohnungen für vom Unglück bedrängte Mitmenschen bauen. Senat und Bürgerschaft gaben den Bauplatz für dieses Laeisz-Stift gratis her, das 1861 eingeweiht werden konnte. Die davorliegende Straße wurde vom Senat Laeiszstraße benannt. Das noch heute vorhandene Stift wird von der Laeisz-Stiftung unterhalten.

Seine von Herzen kommende Menschlichkeit bewog Ferdinand Laeisz noch zu einem anderen Schritt, der Geschichte machen sollte: Er trat energisch für den Kampf gegen die Seenot ein und gründete im selben Jahr 1861 den »Hamburgischen Rettungsverein«, dessen Vorsitz er zusammen mit Generalkonsul von Merck und Bankbesitzer Nölting übernahm. Diese durch Laeisz-Spenden mitfinanzierte Organisation errichtete bald in Cuxhaven-Duhnen und auf Neuwerk Rettungsstationen und ging später in der 1865 vom Nationalökonom Dr. Arwed Emminghaus gegründeten Deutschen Gesellschaft zur Rettung Schiffbrüchiger auf, deren Rettungsmänner ein Schweizer als »die nobelste Gilde der Seeleute« bezeichnet hat. Außerdem plädierte Konsul Ferdinand Laeisz dafür, die deutschen Leuchttürme ans Telegrafennetz anzuschließen, damit Seenotfälle unverzüglich gemeldet werden könnten. Laeisz wurde damit tatsächlich der Vater des deutschen Seenotmeldenetzes.

Die enge Verbundenheit des Hauses Laeisz mit dem Rettungswerk blieb bis zum heutigen Tage Tradition. Auch für die nachfolgenden Firmeninhaber war die tatkräftige Förderung der Deutschen Gesellschaft zur Rettung Schiffbrüchiger (DGzRS) stets selbstverständliche Ehrensache.

Noch bis 1977 war der Laeiszhof mietfrei Sitz der Hamburger Landesgeschäftsstelle der DGzRS. Der jetzige Senior-Inhaber der Laeisz-Gruppe gehört dem Aufsichtsrat der DGzRS in Bremen an und ist Vorsitzender des Bezirksvereins Hamburg dieser Gesellschaft. Außerdem verleiht die Deutsche Gesellschaft zur Rettung Schiffbrüchiger alljährlich Rettungsmedaillen in Bronze, Silber und Gold – an deutsche und ausländische Seeleute, die sich bei der Rettung deutscher Schiffbrüchiger besonders ausgezeichnet haben. Diese Medaille ist aus der 1862 gestifteten Laeisz-Medaille für Rettung aus Seenot hervorgegangen.

Die Förderung des Seenotrettungsgedankens bewies abermals, daß Ferdinand Laeisz längst eine Kapazität in Schiffahrtsfragen geworden war. Er eröffnete darum auch am 18.2.1869 die erste Generalversammlung des Deutschen Nautischen Vereins, der bis zum heutigen Tage die maßgebliche Körperschaft von Nautikern und Vertretern aller an der Seeschiffahrt und der Verbesserung ihrer Verhältnisse interessierten Wirtschaftskreise und Behörden darstellt.

Auch in dieser Hinsicht weiß man bei F. Laeisz der Tradition gerecht zu werden: Im Januar 1973 wurde der nachherige Alleininhaber der Firma, der Reeder Nikolaus W. Schües, zum 1. Vorsitzenden des Nautischen Vereins zu Hamburg und damit des renommiertesten Gremiums dieser Art in Deutschland gewählt. Einer seiner Vorgänger war der 1959 verstorbene Erich F. Laeisz.

Das FL-Unternehmen wurde auch zum Stifter der Motorrettungsboote FERDINAND LAEISZ, CARL LAEISZ und CARL LAEISZ (II).

Carl Laeisz unterschied sich auch äußerlich von seinem Vater Ferdinand, dessen Gesichtszüge schärfer, fast wie gemeißelt wirkten. Der »Junior« Carl hingegen hatte eine durch und durch volle Statur, bis hin zum Doppelkinn. Der mit dem Spitznamen »Korl« belegte Mann war eine lebende Hamburgensie schlechthin. Ein Zeitgenosse schildert ihn mit den Worten: »Er sah aus wie ein holländischer Schiffer, groß, schwer, breitschultrig, mit gerötetem, gesundem Gesicht, umrahmt von dem englischen Backenbart alter Tradition. Zu Hause, im Kontor oder auf seinen Schiffen sprach der alte bärbeißige Reeder nur Plattdeutsch. Wer nicht mit ihm »snacken« wollte, den schätzte er glatt vorbei. Wenige Ausnahmen machte er bei Leuten, die »von buten rin« kamen. Seine Grobheit war sprichwörtlich. Als er einmal an der Börse in ein Gespräch vertieft war, machte man ihn darauf aufmerksam, daß in der Nähe ein Bankdirektor darauf wartete, mit ihm sprechen zu können. Korl knurrte nur: »Das ist ein Streber, der Esel kann warten.««

Wie ein holländischer Schiffer ...

Und doch war »CL« eben jener Mann, der mit seinen in Bremen, Frankreich und England erworbenen kaufmännischen Kenntnissen und mit seiner durchdachten Systematik aus der zwar angesehenen und schon erfolgreichen, aber doch noch nicht übermäßig weit bekannten Firma »ein Welthaus ersten Ranges« gemacht hat. Carl Laeisz gehörte bis zu seinem Tode – kurz nach der Jahrhundertwende – dem Vorstand des Vereins Hamburger Reeder an, was wiederum dafür spricht, welches Ansehen er in Schiffahrtskreisen genoß. Seine zahlreichen Reedereigründungen sind ja bereits bekannt. Mit der Bärbeißigkeit von Carl Laeisz scheint es unterschiedlich gewesen zu sein, ihr Ausmaß war wohl eher ein Gradmesser für die Wertschätzung oder Ablehnung eines Gesprächspartners, denn die »Hamburgische Börsenhalle« widmete »CL« nach seinem Tode (1901) einen Nachruf, in dem es heißt: »An der Hamburger Börse war Carl Laeisz eine sämtlichen Besuchern wohlbekannte und hochverehrte Erscheinung. Seine Bonhomie war geradezu sprichwörtlich geworden, zumal dahinter einer gelegentlich scharf erscheinenden Ausdrucksweise sich das teilnahmsvollste und hilfsbereiteste Herz verbarg. Der »alte Laeisz« ... wurde allenthalben mit Freude begrüßt, und ohne viel Umschweife wußte er auf an ihn gerichtete Fragen geschäftlichen Inhalts stets mit knappen Worten den Nagel auf den Kopf zu treffen.«

Die schon 1558 gegründete Börse war übrigens die älteste Börse Deutschlands und Nordeuropas, sie war das Herz des Hamburger Handels. Hamburg gehörte bald – neben London und Amsterdam – zu den führenden Handelsplätzen Europas. Und die Börse, der »Markt ohne Waren«, war »weder ein Tummelplatz habgieriger Spekulanten und dunkler Ehrenmänner, wie sie sich in Romanen und linksradikalen Darstellungen malte, noch eine reine Wertpapierbörse« (Ascan Kleé Gobert). Sie war genauso, wie sie Courtins schon 1834 geschildert hatte: »Ein öffentliches, geräumiges Gebäude, in welchem sich zu gewissen Stunden Kaufleute, Schiffer, Papierspekulanten, Wechsler, Mäckler usw. versammelten, teils um über Geschäfte sich zu besprechen und Nachrichten, welche für den Handelsverkehr von Wichtigkeit sind, zu erfahren, teils um über Waren-, Wechsel-, Staatspapier- und Geldgeschäfte, Kauf- und Verkaufskontrakte, Frachten und Assekuranzen usw. miteinander abzuschließen.«

Bis auf »Muster« von Kaffee, Öl-, Getreide-, Wollsorten gab es eigentlich keine angebotene Ware in dieser Spielart des Marktes, die das Barometer für Überseehandel und Weltmarkt, Weltpolitik und Seefrachtenmarkt war.

Carl Laeisz war bald ein lebendes Stück Inventar der Hamburger Börse – und man traute dem Geschäftsmann kaum hochherziges Mäzenat zu. In seinem Testament fand sich eine Klausel, nach der er dem Hamburger Staat eine namhafte Summe zur Erbauung der Laeiszhalle, einer Musikhalle, die nach 1933 in »Hamburger Musikhalle« umbenannt wurde, vermachte. Seine Witwe Sophie Laeisz hat die dafür vorgesehene Bausumme um einen bedeutenden Betrag erhöht und damit eine über die Ursprungsplanung hinausreichende Gestaltung ermöglicht.

Der oft bärbeißig erscheinende, am liebsten Plattdeutsch sprechende Carl Laeisz hat der Reederei Weltgeltung verschafft.

Der Dritte im Bunde – fast professoral

Der sensiblere, vom Aussehen her einem Professor ähnelnde Carl Ferdinand Laeisz ergänzte mit seiner geschliffenen Bildung, seinem charmanten Humor, seinen vorzüglichen fremdsprachlichen Kenntnissen und seiner Eloquenz seinen Vater Carl und Großvater Ferdinand auf ideale Weise, die ihm gegenüber wie urwüchsige, unkomplizierte Originale wirkten. Jochen Brennecke sagt darüber: »Der 1879 in die Leitung der Firma eingetretene Enkel Carl Ferdinand Laeisz war ebenfalls ein guter Kenner der Segelschiffahrt … Von Natur mit Geist, Witz und Liebenswürdigkeit beschenkt, stand »CFL« im Mittelpunkt des damaligen hamburgischen sowie internationalen Versicherungs- und Wirtschaftslebens.«

Carl Ferdinand Laeisz war zeitweilig Präses (Präsident) der Hamburger Handelskammer. Außerdem wurde er 1887 zum Vorstand der See-Berufsgenossenschaft gewählt.

In jenem Jahr hatte Bismarcks Sozialgesetzgebung die Grundlagen für die Unfallversicherung der Seeleute und der übrigen bei der Seeschiffahrt tätigen Personen geschaffen. Deshalb schlossen sich alle Reeder genossenschaftlich zusammen. Diese dadurch entstandene See-Berufsgenossenschaft hat Carl Ferdinand Laeisz bis zu seinem Tode verwaltet – und damit stand schon wieder ein Träger des Namens Laeisz an der Spitze einer heute noch vorhandenen, bedeutenden Institution der Schiffahrt. »CFL« hat höchstpersönlich die erste Fassung der Unfall-Verhütungsvorschriften (UVV) für die Seeschiffahrt verfaßt und diese nach und nach erweitert, denn Unfallverhütung ist eine der wichtigsten Aufgaben der See-BG überhaupt.

1892 sprach sich unter dem Einfluß von Carl Ferdinand Laeisz die Hamburger Handelskammer für die Anlage einer deutschen Versuchsstation zur Ermittlung des Widerstandes bei der Fortbewegung von Schiffen im Wasser aus. Ausdrücklich wurde in dem Gutachten hervorgehoben, eine solche Forschungsstätte werde von hohem Wert für die Übernahme von Schiffbauten durch deutsche Werften sein. Der »dritte Laeisz« gehört also zu den geistigen Wegbereitern der später (1913) gegründeten und heute Weltruf genießenden Hamburgischen Schiffbau-Versuchsanstalt, deren hydrodynamische Teste im Modellschleppkanal und Manövrierbecken die Voraussetzungen auch für den späteren Bau der schnellen Dampfer und Motorschiffe der Laeisz-Flotte schufen.

Aber noch etwas ist Carl Ferdinand Laeisz zuzuschreiben, was ihm die Dankbarkeit vieler Seeleute eingebracht haben dürfte: die Einrichtung eines eigenen Heuerbüros. Das war eine wesentliche soziale Maßnahme, denn damit wurde wenigstens im Bereich der eigenen Reederei dem dunklen Treiben fragwürdiger Heuerbaase Einhalt geboten.

Damals – noch in den achtziger Jahren – konnte es allzu leicht geschehen, daß ein Greenhorn aus dem Binnenland auf der Suche nach einem Schiff an den Falschen geriet und von solchen Hafen-Haien schändlich »vershanghait« wurde. Auch wer nach einer Abmusterung seine Heuer verjubelt hatte oder »achteraus gesegelt« war (das Schiff verpaßt hatte), war einem solchen Baas auf Gedeih und Verderb ausgeliefert. Er wohnte vielleicht wochenlang bei ihm und ließ Verzehr und Miete notge-

Carl Ferdinand Laeisz, schon im Alter von 47 Jahren an einer schweren Krankheit gestorben, war der geistig hochstehende Initiator und Förderer bedeutender Institutionen.

drungen ankreiden, bis die Rechnung hoch genug aufgelaufen war. Dann winkte der Baas »endlich« mit einer neuen Heuer. Mit Freuden anerkannte Hein Seemann als »das sechsthalb Fuß hohe, ewige Wickelkind« (Zitat Fred Schmidt) die gesalzene Vermittlungsgebühr, die hohen Schulden – abermals im Anschreibeverfahren – und setzte überdies noch seinen Vorschuß auf die nächste Reise in »Naturalien« um. Er war buchstäblich total »in der Kreide« und froh, überhaupt wieder an Bord zu kommen, um dort die nächste(n) Reise(n) hindurch erst einmal seine finanzielle Bürde abzuarbeiten. Er ahnte ja nicht, daß Schiffseigner und Heuerbaas beim Betrug der jungen Salzhaut gemeinsame Sache machten. Er rackerte sich womöglich gratis ab und wurde damit das Opfer einer modernen Sklaverei.

Carl Ferdinand Laeisz hat dazu beigetragen, daß diese Praktiken bei der Anmusterung von Seeleuten bald endgültig aufhörten. Und sein eigenes Heuerbüro bot überdies viel bessere Möglichkeiten für die persönliche Auswahl des fahrenden Personals.

Runden wir die Charakterisierung von Carl Ferdinand Laeisz mit dem nochmaligen Hinweis darauf ab, wie vollendet sich dieser Mann auf gesellschaftlichem und diplomatischem Parkett zu bewegen vermochte. Seine brillanten Reden als Handelskammerpräses wurden von allen Zuhörern als Höhepunkte empfunden. Ihre Kernsätze zierten so manches Mal das »Hamburger Fremdenblatt«, die »Hamburger Nachrichten« und »Die Börsenhalle«. Sie machten die Runde auch im Deutschen Städtetag.

100 Jahre später wählte das Plenum der Handelskammer Hamburg Nikolaus W. Schües zum Präses, der dieses Ehrenamt sechs Jahre lang (1996–2002) ausübte.

Auch Carl Ferdinand Laeisz war Mitglied der Hamburger Bürgerschaft und wirkte damit in der gesetzgebenden Körperschaft der Hansestadt mit. Diese Tradition wurde ebenfalls von zwei der späteren Inhaber fortgesetzt. Der Reeder Willi Ganssauge und Wolf-Jürgen v. Mitzlaff waren nach 1945 Mitglied der Bürgerschaft.

Dem Geisteswesen besonders zugetan, fand »CFL« in jeder Lebenslage bei seinen Lieblingsautoren Goethe und Byron, Dante, Wilhelm v. Humboldt und Wordsworth Trost und Zuspruch. Der frühvollendete Mann – er starb bereits im Jahre 1900 im Alter von erst 47 Jahren an einer schweren Krankheit – ist der Initiator der Witwen- und Waisenversorgung der deutschen Seeschiffahrt gewesen. Wenig bekannt ist, daß er als weit über Hamburgs Grenzen hinaus geachtete Kapazität Mitglied im »Wirtschaftlichen Ausschuß des Deutschen Reiches« war.

Als Vorsitzender des Aufsichtsrates der bereits erwähnten, im Jahre 1893 liquidierten Dampfschiff-Rhederei »Hansa« und der »Deutsch-Australischen Dampfschiffsgesellschaft« sowie als Aufsichtsratsmitglied der »Deutschen Dampfschifffahrts-Gesellschaft Kosmos« war er ebenso geschätzt wie als Kuratoriumsmitglied der Deutschen Reichsbank, des Aufsichtsrates der Norddeutschen Bank sowie des Fachausschusses der Hamburger Auswandererbehörde.

Vor allem aber in seiner eigenen Firma war dieser rastlose Mann mit Weitblick und recht kühnen Planungen tätig – getreu seiner Devise »Kraft, Arbeit und Fürsorge«.

Carl Ferdinand Laeisz zählte zu den ganz wenigen Ausländern, die Mitglied von »Lloyds« in London gewesen sind. Außerdem gehörte er – als Nicht-Schiffbauer! – der exklusiven internationalen Vereinigung der »Naval Architects« sowie der »Association for the Codification of Law of Nations« an.

Den Angelsachsen wurde schnell klar, welche Impulse der Schiffbau großer Werften an Elbe und Weser durch »CFL«-Ideen bekommen hatte, vor allem die damals zu »Hauswerften« von F. Laeisz gewordenen renommierten Großbetriebe Blohm & Voss, Hamburg, und Joh. C. Tecklenborg, Geestemünde.

Jeder Berufsdiplomat wäre vor Neid erblaßt, wenn er die souveräne Sicherheit seiner aus dem Stegreif gehaltenen Erwiderungsrede gehört hätte, die »CFL« 1898 bei der Tagung der internationalen Vereinigung der »Naval Architects« in Glasgow auf die an ihn gerichtete Anrede des Präsidenten und des Lord Provost (Oberbürgermeisters) von Glasgow hielt.

Carl Ferdinand Laeisz, der vier Fremdsprachen sicher beherrschte, reihte so gekonnte englische Wortspiele aneinander, daß eine Pointe auf die andere folgte. Die Briten und die internationalen Gäste waren entzückt von dem geistvollen Humor des Deutschen, der allen deutsch-englischen Rivalitäten jener Zeit die Spitze abbrach und gelöste, heitere Tagungsatmosphäre möglich machte. Niemand konnte unser Land in Glasgow besser repräsentieren als der geborene Diplomat »CFL«.

Nach dem Tode des universell begabten Carl Ferdinand Laeisz, dem vor allem ein brillantes technisches und nautisches Einfühlungsvermögen nachgesagt wird, fand man in seinem Schreibtisch die fertig ausgearbeiteten Pläne für die

PREUSSEN vor. Vater Carl Laeisz, der seinen Sohn kaum ein Jahr überlebte, hat deren Realisierung noch in die Wege leiten können.

Aber auch der »alte Laeisz« hat die Fertigstellung dieses größten, je von der Reederei F. Laeisz in Auftrag gegebenen Seglers – des einzigen frachttragenden Fünfmastvollschiffes der Weltschiffahrt – nicht mehr erlebt.

Die PREUSSEN war technisch der absolute Höhepunkt der Salpeterfahrt ums Kap Hoorn. Und diese ganze großartige Epoche kann nicht betrachtet werden, ohne daß dem eine Charakterisierung und Würdigung der drei Reeder Ferdinand, Carl und Carl Ferdinand Laeisz vorausging.

In der »pluralistischen Gesellschaft« von heute ist es »nicht opportun«, einen auch jetzt noch unverändert gültigen Satz offen auszusprechen:

Am Anfang jeder großen Idee und Leistung müssen stets ein Wille, ein Kopf und ein Plan stehen.

Reeder und Kapitäne, Kapitäne und Besatzungen mußten sozusagen ein Ganzes sein, wenn so etwas in Bewegung gesetzt werden sollte wie die in allen Kontinenten mit Verwunderung registrierte Salpeterfahrt der »Flying P-Line«.

Allerdings auch Neuerungen im Schiffbau entstehen nicht von ungefähr. Am Anfang steht in der Regel zunächst eine richtungweisende Konzeption des Auftraggebers.

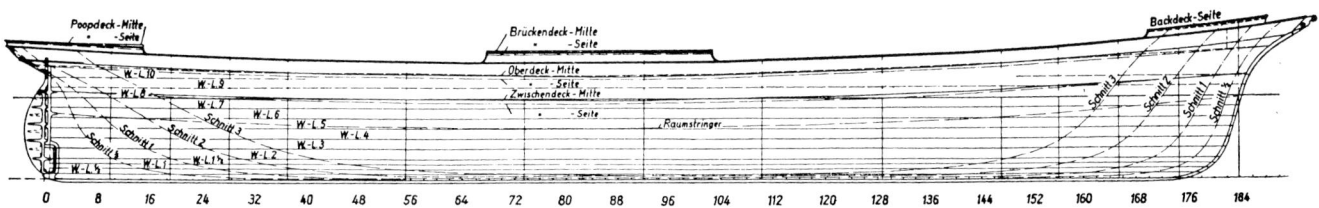

Der Linienriß des Fünfmastvollschiffes PREUSSEN nach den Ideen von Carl Ferdinand Laeisz – angefertigt von Georg W. Claußen, dem Technischen Direktor von Joh. C. Tecklenborg, Geestemünde.

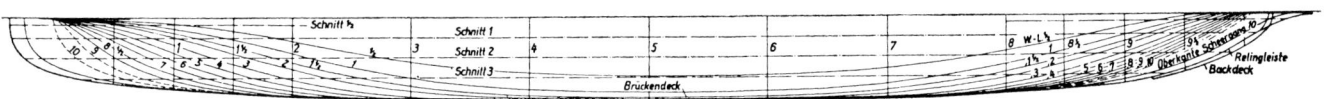

Aus dem Buch von Horst Hamecher »Königin der See – Fünfmastvollschiff PREUSSEN« mit freundlicher Genehmigung vom Verlag Egon Heinemann, Hamburg-Norderstedt 1969.

Die nautischen Voraussetzungen

Die Präzision der Laeisz-Großseglerreisen ums Kap Hoorn wären jedoch trotz bestem Zusammenspiel von Reedern, Kapitänen, Besatzungen und Schiffbauern unmöglich gewesen, wenn nicht auch neue meteorologische und ozeanographische Kenntnisse die wissenschaftliche Grundlage dafür geliefert hätten. Die Salpeterreisen waren nicht mehr mit »Kratzen am Mast als Fürbitte um Wind« und ähnlichem Aberglauben zu erzielen. Die oft gerühmte Windschnupper-Nase auch des ältesten Seebären hätte nicht mehr genügt. Die moderne Physik wußte inzwischen mehr.

Im Jahre 1857 hat der Holländer Buys-Ballot nach intensiven Wetterbeobachtungen, Messungen und Forschungen in den Niederlanden das Buys-Ballotsche Gesetz formuliert, das über »Winde als Ausgleichsbewegungen zwischen Zonen verschiedenen Luftdruckes« folgendes aussagt:

»An der Erdoberfläche weht der Wind stets so, daß er den hohen Druck zur Rechten, den tiefen Druck zur Linken läßt und dabei die Isobaren unter einem bestimmten Winkel von etwa 30° schneidet, indem er ins Tief hineinweht.

Dies gilt für die Nordhalbkugel. Für die Südhalbkugel erfolgt die Ablenkung im umgekehrten Sinne.«

Diese inzwischen »simple« Weisheit muß heute jeder Sporthochseeschiffer kennen, wenn er sein Examen an der Fachhochschule Seefahrt bestehen will. Im vorigen Jahrhundert aber war diese Erkenntnis eine umwälzende Neuheit, die der Segelschiffahrt ganz neue Chancen verschaffte. Ohne das Buys-Ballotsche Gesetz wäre vermutlich nicht ein einziger Großsegler anders als zufällig um das gefürchtete Kap Hoorn herumgekommen.

Deshalb waren tieferes Verständnis der meteorologischen Gegebenheiten auf See, genauere Kenntnis der Luftdruckverteilung und der vorherrschenden Gegebenheiten verschiedener Klimazonen Voraussetzung für die letzte Windjammer-Blütezeit.

In den dreißiger Jahren des 19. Jahrhunderts hatte der amerikanische Marineleutnant Matthew Fontaine Maury begonnen, auf eigene Faust meteorologische Beobachtungen von Schiffen zu sammeln und auszuwerten, eigene Messungen vorzunehmen und zu registrieren und so oft wie möglich auf seinen Reisen zu loten. Maury war besessen von der Idee einer systematischen Erforschung der Meere sowie ihrer großen Wind- und Stromsysteme. Er war sich darüber im klaren, daß nur möglichst lückenloses Wissen davon die Segelschiffahrt weitgehend vom Gesetz des Zufalles befreien und zu einer »meteorologischen Navigation« hinführen konnte.

Eben jener Maury gilt heute als einer der Väter unserer heutigen Hydrographie und Ozeanographie. Wahrscheinlich war er tatsächlich ihr entscheidender Wegbereiter.

Die Marineleitung der U.S. Navy griff seine richtungweisenden Ideen sehr bald bereitwillig auf. Maury konnte ab 1845 die ersten, im Laufe der Zeit immer weiter verbesserten Wind- und Strömungskarten der Ozeane herausbringen und die Fahrtdauer verkürzende Seerouten empfehlen. Maurys Idee strahlte schließlich auch in andere Länder aus. Auch in Deutschland hatte man sich mehr und mehr der Hydrographie und schließlich der Ozeanographie angenommen, seitdem bereits 1815 das preußische Handelsministerium deren Notwendigkeit grundsätzlich anerkannt hatte. Den ersten Seevermessungen in der Ostsee folgte 1841–43 immerhin schon ein »Preußen-Atlas« mit Segelkarten und Küstenkarten, die sich allerdings nur mit heimischen Gewässern befaßten. Erst die wissenschaftlichen Weltumsegelungen der deutschen Korvette GAZELLE (1874–76) und der österreichischen Fregatte NOVARA (1874–76) lieferten hierzulande wertvolle neue Erkenntnisse von den Weltmeeren. Mittlerweile war längst auch ein Erfahrungsaustausch nautischer Art durch die »Nachrichten für Seefahrer« in Gang gekommen, dessen Anfänge auf das Jahr 1849 zurückgehen. Auch die ersten Handbücher für einzelne Seegebiete folgten bald.

Der Mathematiker und Naturwissenschaftler Wilhelm Adolf von Freeden, derzeit Rektor der Großherzoglich-Oldenburgischen Navigationsschule Elsfleth, konnte 1867 die Handelskammern von Hamburg und Bremen sowie 28 deutsche Reedereien – darunter selbstverständlich und ohne Zögern F. Laeisz – für die Gründung der »Norddeutschen

Für die Bewältigung der extrem schwierigen Kap-Hoorn-Umsegelung waren die Lehren von Maury und von Freeden von größter Bedeutung. Auf diesem Schnars-Alquist-Gemälde kämpft sich 1889 die eiserne Bark PAPOSO vorwärts, die bis 1904 unter FL-Flagge in der Chile- und Mexiko-Fahrt stand.

Seewarte« gewinnen, die Anfang 1868 ihren Einmannbetrieb aufnahm, der freilich schon sehr bald um einige Assistenten erweitert werden konnte.

Die Auswertung von zahlreichen Beobachtungen deutscher Schiffsoffiziere über ozeanische Strömungen und Winde, Gezeiten, Kompaßmißweisungen und meteorologische Erscheinungen sollten künftig die Seewege abkürzen und sichern. Man arbeitete ganz im Sinne Maurys weiter. Wilhelm von Freedens »Segelanweisungen« erwiesen sich bald für deutsche Segelschiffsreeder als nützlich und vorteilhaft. Verkürzte Reisen bedeuteten Kostenersparnis, die Meidung bestimmter Zonen bisweilen auch heile Segel oder Zeitgewinn durch Flauten-Umgehung. Die Reederei F. Laeisz hat nie bereut, zu den Mitbegründern der Norddeutschen Seewarte gezählt zu haben, die 1875 in der Reichsbehörde »Deutsche Seewarte« aufging, später – nach Gründung der Bundesrepublik Deutschland – im Deutschen Hydrographischen Institut Hamburg (DHI), dem heutigen Bundesamt für Seeschiffahrt und Hydrographie (BSH), zum anderen auch im Seewetteramt Hamburg. Im Archiv des Seewetteramts Hamburg sind heute noch die Wetterbeobachtungsbücher der Laeisz-Großsegler erhalten, die zum Teil auch immer mal wieder ausgewertet werden. Neue Forschungsreihen machen oft genug den Rückgriff auf alte Beobachtungen notwendig.

Vier schwierige Zonen

Die Laeisz-Segler waren »Obs-Schiffe«, sie dienten zusätzlich der observatorischen Registrierung des Wettergeschehens und lieferten dadurch wertvolle Aufschlüsse für die Vervollkommnung der seemeteorologischen Erkenntnisse. Es sei vorweggeschickt, daß später auch Fruchtkühl- sowie Containerschiffe unter der FL-Flagge diese Tradition fortsetzten und Obs-Schiffe wurden. (Ihre empfindliche Ladung wird durch meteorologische Navigation am wirksamsten geschont.)

Nicht nur einmal sind Laeisz-Kapitäne von den Wissenschaftlern für ihre emsige Kleinarbeit bei der meteorologischen und hydrographischen Beobachtung ausgezeichnet worden. So empfing Kapitän Jürs, der sechs große FL-Segler geführt hat, im Jahre 1934 die bronzene Medaille der Hamburger Seewarte. Der als Seewarte-Mitarbeiter unermüdliche Kapitän Robert Hilgendorf war früher sogar zweimal ausgezeichnet worden.

Die Aufgeschlossenheit im Hause Laeisz für Meteorologie und Hydrographie hat sich in einer Wechselwirkung ausgezahlt. Die immer perfekteren Erkenntnisse der »Wetterfrösche« machten immer bessere Durchschnittsreisen der FL-Segler möglich, erst recht nachher, in der Zeit der Funktelegrafie.

Die »Salpeter-Klipper« hatten auf jeder Reise zwischen Europa und Chile oder umgekehrt vier schwierige Zonen zu überwinden – wenn man vom Englischen Kanal mit seiner Verkehrsdichte und Kollisionsgefahr einmal absieht. Die erste Problemzone meteorologischer Art war auf der Ausreise von Europa das launische Rauhbein Nordatlantik mit seinen jahreszeitlich wechselnden Tücken. Sein Westwind ist »ein guter Freund und ein gefährlicher Feind, gegen untaugliche Schiffe und kleinmütige Seeleute kennt er keine Gnade«. (Joseph Conrad)

Die zweite Zone war der Kalmengürtel, mit dem die Natur sozusagen Nord- und Südatlantik voneinander trennt. Diese im Äquatorbereich gelegenen Kalmen oder Doldrums ergeben einen mehr oder weniger breiten, in seinen Abgrenzungen nicht ganz beständigen Gürtel schwacher, veränderlicher Winde und häufiger Windstille – eine Situation, von der Stevenson sagte: »Wir schwimmen im Augenblick

Die Seewartmedaille

in einer ungesunden Stille und einer hohen, schmierigen See, die sich träge bricht wie schäumendes Öl.«

Die See ist in dieser bleiernen Flaute tatsächlich fast immer genauso bewegt wie bei Sturm, weil sich in der hohen Dünung die Wellenbewegungen aus benachbarten stürmischen Regionen fortsetzen. Der Kalmengürtel war zwar nicht der unbequemste Teil der Reise, aber er stellte besondere Anforderungen an die Seeleute – nicht zuletzt an ihre Geduld. Die ältesten Segel wurden angeschlagen, weil sie in diesem Seegebiet wenigstens noch zu irgend etwas nutze waren. Und die Kapitäne mußten schon vorher die Entscheidung treffen, wie sie den zeitfressenden Kalmen am ehesten entrinnen wollten. Es gab dazu zwei Möglichkeiten: Entweder segelte man mehr nach Westen, dann wurde der Kalmengürtel schmaler, aber auch windstiller. Versuchte man dagegen, mehr »Ost zu machen«, dann hatte man zwar größere Hoffnung, ab und zu einen Windstrich anzutreffen. Dafür war jedoch der Kalmengürtel dort breiter.

Kamen die Kap-Hoorn-Segler schließlich nach Durchlaufen des Südost-Passates und der südlichen Roßbreiten auf die Höhe von Kap Frio in Brasilien, dann mußten sie höllisch aufmerksam die Wolken und eventuelle charakteristische Winddrehungen beobachten, die einen Pampero ankündigten – ein »Naturphänomen dramatischer Wildheit«, das Junggraden auf ihrer ersten Chilereise einen Vorgeschmack davon geben konnte, was sie »an der Hoorn« erwartete.

Kapitän Hans Berber-Credner, jahrzehntelang Vorstandsmitglied der Deutschen Gesellschaft zur Rettung Schiffbrüchiger, hat über einen Pampero, einen jener fallwindartigen Gewitter-Wirbelstürme – aus der Pampa kommend – anschaulich berichtet:

»Die Luft ist geladen mit Unheil. Wir fühlen alle, daß irgend etwas kommt – aber was? Große, libellenartige Fliegen sind da und breiten schillernde Flügel aus. Wo kommen sie her – wir sind doch weit von der Küste ab?

Brütende, drohende Ruhe.

Plötzlich gellt die Pfeife über Deck. Unnötig laut und schrill durchschneidet sie die Stille: »Alle Mann an Deck – Royals, Ober- und Unterbramsegel weg – festmachen!«

Im Nu ist überall Leben. Taljen kreischen, und die Läufer rauschen durch die Blöcke. In den Masten senken sich die schweren Rahen, und die Segel schnüren sich zusammen.

Ganz langsam nimmt das Schiff wieder Fahrt auf. Im Südwesten steht plötzlich eine schwarze Wand. Und immer noch diese unheimliche, bedrückende Stille, diese dumpfe, feuchte Luft. Wieder gellt die Pfeife: »Untersegel auf, Obermarssegel und Klüver nieder.«

Wieder Läufer, Rufe und Schreien und das Kreischen der Marsfallen – und rings bleierne Stille und seltsam flimmerndes Licht. Die Nerven sind angespannt bis aufs letzte.

Der Nordwind ist wieder eingeschlafen, und die Wand im Südwesten steigt mit rasender Geschwindigkeit am Himmel hoch – schwarz und drohend, von Blitzen durchzuckt.

Zu den Laeisz-»Salpeterklippern« gehörte auch die 1902 in Glasgow gebaute Viermastbark PARMA. Das Gemälde von Roger Chapelet zeigt diesen »Glattdecker« so, wie er seit 1911 unter FL-Flagge gesegelt ist.

Wir liegen auf der Rahe, nur im Hemd und Hose, der Schweiß läuft uns übers Gesicht. Wir arbeiten fieberhaft, um die Segel festzubekommen.

Schwefelgelb ist jetzt der Himmel unter der von Blitzen durchzuckten, pechschwarzen Pamperowolke, die jetzt schon fast im Zenit steht. Ein Brausen geht durch die Luft, steigt an, wird zum Sausen und Pfeifen – und mit voller Gewalt fällt der Pampero das Schiff an.

Was geschieht, vollzieht sich ohne Reihenfolge – im Zeitraum weniger Sekunden – und spottet jeder Beschreibung. Ein Inferno ist losgebrochen, unerhört und grandios. Tosend und quirlend bricht die Luft über uns zusammen. Regen peitscht wolkenbruchartig nieder, Bündel von Blitzen zucken um uns, begleitet von ununterbrochenem ohrenbetäubendem Donner. Die See selbst scheint zu kochen. Schneeweiß ist sie von Schaum. Unregelmäßige, spitze, geifernde Wellen zucken empor, und der Sturm faßt den Gischt und reißt ihn mit sich. Es ist wie ein Schneetreiben. Sich tief überlegend, rast das Schiff vorwärts. Das Großsegel, das nicht mehr festgemacht werden konnte, peitscht knallend in großen Ballons und fliegt aus den Lieken. Nur ein paar Streifen knattern noch im Sturm.

Die Orkane vor Kap Hoorn sind furchtbar und erdrückend mit ihren langen, gewaltigen Wogengiganten, schaumgekrönt, grünglasig.

Hier ist es ganz anders. Ein Pampero ist ein Wutanfall des Himmels. Das Meer windet sich wie in grenzlosem Entsetzen unter den wütenden Schlägen des Pampero – ein wilder, wahnsinniger Aufruhr.

Eine halbe Stunde – es könnten ebensogut drei gewesen sein – dann zieht der Sturm weiter, ebenso plötzlich, wie er kam. In wenigen Minuten wird es hell. Wind und Regen lassen nach und hören ganz auf. Die Pamperowolke zieht nach Norden ab. Ein leichter Südwest setzt ein. Strahlend blau dehnt sich der Himmel – als hätte nicht vor wenigen Minuten ein Pampero hier gewütet. Friedlich hängen die Fetzen der zerfledderten Segel von den Rahen.

Triefend naß stehen wir an Deck, aber alles ist gutgegangen.«

Auf dem Kap Hoorn hat die chilenische Sektion der Cap-Hornier-Amicale einen Gedenkstein für die vielen in der gefährlichen Region dieses »Kaps der Stürme« auf See Gebliebenen und in Sichtweite den stilisierten Albatros als Wahrzeichen errichtet.

Das Fortissimo – Kap Hoorn

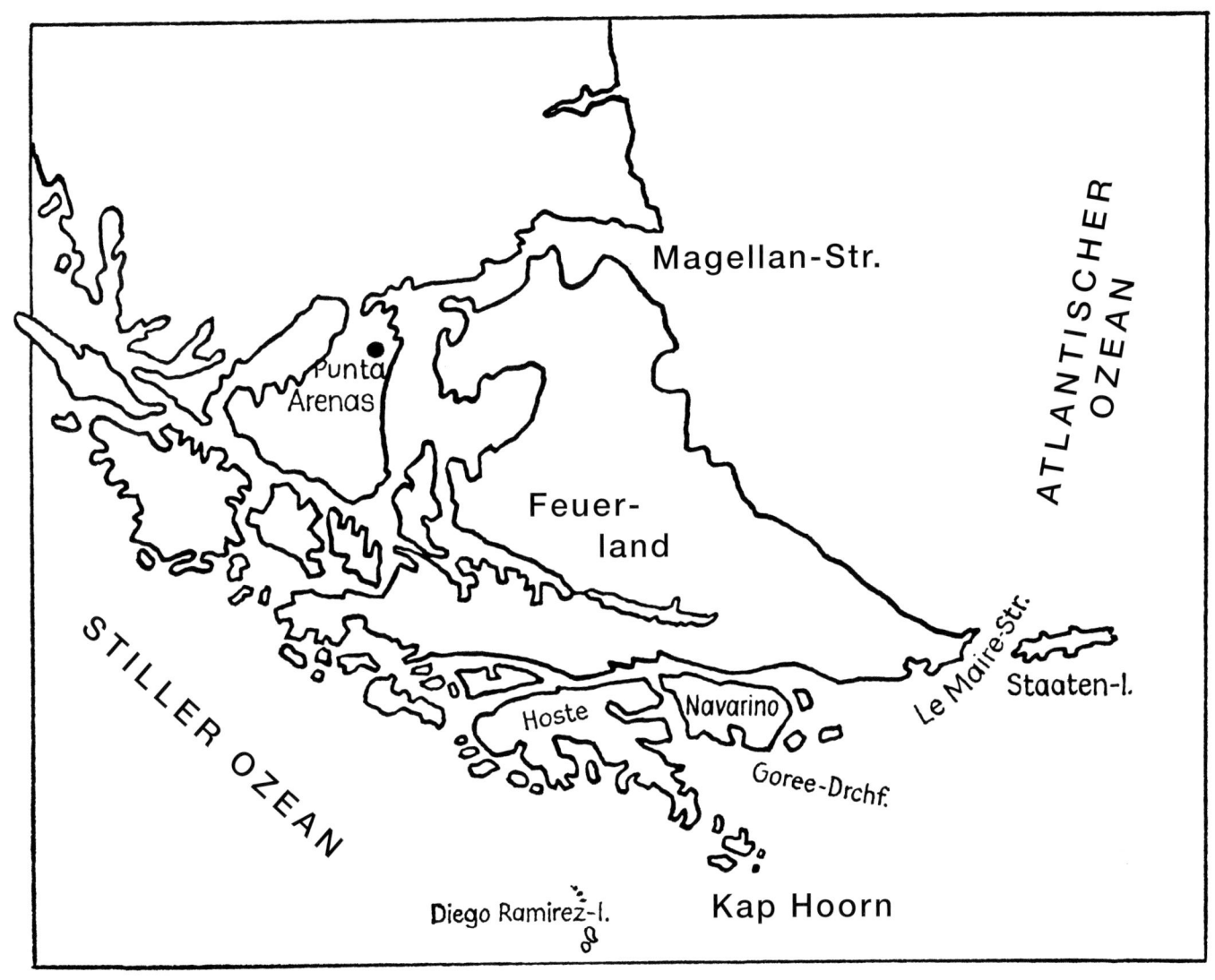

Die Karte ist als Ausschnitt aus der Gesamtkarte Südamerikas – auf der nachfolgenden Seite – zu verstehen. Dort ist die Lage des 50. Breitengrades hervorgehoben.

Kap Hoorn ist das südlichste Vorgebirge jener Inselgruppe, die im Süden der Insel Feuerland und dem südamerikanischen Subkontinent vorgelagert ist. Das nächste Land in Richtung Süden ist erst wieder die Antarktis. Die ersten, die das Kap umsegelt haben, waren die kühnen Holländer Jacob Le Maire und Willem Cornelisz Schouten. Sie sichteten das Kap und die dazugehörige Insel im Jahre 1616 und benannten beides nach ihrer nordholländischen Vaterstadt Hoorn. Sie hatten recht mit ihrer Vermutung, daß die Hoorn-Insel und das Kap Hoorn der wirkliche Südzipfel Amerikas waren und daß sie fortan nur noch freies Wasser vor sich hätten. Genauer gesagt: Es stimmte fast, wenn man von den südwestlich Kap Hoorn aus der See ragenden Felsen der Islas de Diego Ramirez absieht, vor denen sich jeder Kap-Umsegler gehörig in acht nehmen mußte. Jede Kap-Hoorn-Umrundung zählte von dem 50. Breitengrad Süd des Atlantik bis zum 50. Breitengrad Süd des Pazifik oder umgekehrt. Die dabei zu passierende Wetterecke Nr. 1 – Kap Hoorn – ist zugleich das Ende der bewohnten Welt, was ihre Düsternis und Unheimlichkeit verstärkt. Seine Umseglung in Richtung Chile wurde durch die vorherrschend aus dem Westen wehenden Winde erschwert, die vor allem den von Nordosten kommenden ausreisenden Schiffen entgegenstanden. Sie mußten kreuzen – in ganz langen Schlägen, erst weit nach Südwesten, vielleicht ins Gebiet antarktischer Eisberggefahr, dann wieder nach Nordwesten. Sie mußten kreuzen gegen schweren Sturm und gewaltige See, die das Deck bis zum Schanzkleid überflutete.

Graf Larisch, österreichischer Wellen-Spezialist und Fotograf, der als Gast der Reederei Laeisz Kap-Hoorn-Reisen mitgemacht hat, vertrat die Ansicht, daß eine voll ausgebildete Kap-Hoorn-See die Höhe von etwa achtzehn Metern erreichte. Welche Urgewalt erzeugte die Marschbewegung einer solchen »Gebirgslandschaft«, die man auf 30–40 Knoten Geschwindigkeit schätzt!

Kapitän Ernst Römer, der zuletzt als 1. Offizier auf einem FL-Viermaster fuhr, bevor er Leiter der Nautischen Abteilung des Deutschen Hydrographischen Instituts wurde, erinnerte sich: »In diesen Wassermassen stand man bei den Segelmanövern. Dann ging es »nach oben« in die Masten, um Segel zu bergen. Entweder standen sie steif wie ein Bügelbrett oder sie schlugen wie wild um die Rahen, auf denen wir lagen. In das grimmig nasse Tuch waren kaum Falten zu brechen. Stundenlang brachten wir damit zu, des Nachts vor allem.«

Des Menschen Wort versagt vor dem, was in den Sturmseen vor Kap Hoorn geleistet werden mußte. Schiff und Besatzung wurde beinahe jedesmal das Letzte abverlangt. Alles war Kampf gegen die Naturgewalt, die im Grunde stärker war als der Mensch.

Am Kap Hoorn galt das Wort Joseph Conrads zu jeder Zeit: »Ich schaute mit neuen Augen auf die See … Es gibt nur einen Schlüssel zu ihrem Besitz, nämlich Kraft.«

Dieses war ein alles abverlangender Kampf – aber gerade damit der Zwang zur Bewährung auf Gedeih und Verderb. Die Hohe Schule Kap Hoorn hat Generationen von Seeleuten ebensoviel Demut wie echte Selbsterkenntnis beschert. Kapitän Hermann Piening, der durch seine schnellen Reisen mit den Laeisz-Viermastbarken PEKING und PADUA von sich reden machte und später – von 1936 bis 1959 – Nautischer Inspektor der Reederei war, hat darüber Worte gefunden, die es wert sind, wieder gehört zu werden:

»In unendlicher Prozession marschieren sie von Westen einher, die gläsernen, graublauen Wellenberge. Von ihren Kronen wehen flatternde Mähnen blendenden Gischts, den der Sturm in Fetzen weithin treibt. Tief und schwarzgrau hängen die Wolken geballt … Ein gleichmäßiges Tosen erfüllt die Luft, das die Ohren wie mit Sand zu verstopfen scheint. Verständlich machen kann man sich nur, wenn man den anderen mit voller Kraft ins Ohr schreit. Wenn die Böen einfallen, dann muß man den Kopf abwenden, um überhaupt atmen zu können. Der übergroße Druck der rasend bewegten See preßt sich durch Mund und Nase in den Körper, will die Lungen aufblasen, bis sie nicht mehr imstande sind, auszuatmen. Zeitweilig gehen Regen und Hagelschauer nieder. Die Luft ist grau von fliegendem Wasser und undurchsichtig wie Milchglas.

Zu einem Knäuel geballt steht die Wache in Lee des Ruderhauses oder hinter dem Schutzkleid aus starkem Segeltuch, das im Luvwant des Großmastes angebracht wurde.

Die meisten an Bord sind jung, kaum zwanzig oder wenige Jahre darüber. Zwei Sechzehnjährige und ein Bengel von fünfzehn sind auch dabei. Und es ist gut, daß sie hier sind. Hier lernen sie, daß griechische Vokabeln und Literaturgeschichte, daß Pensionatsschliff und Papas Bankkonto nicht alles sind im Leben eines Mannes. Hier lernen sie, daß der Mann vom Herrgott zwei Hände mitbekommen hat zum Zupacken und zwei Beine, um damit seinen Platz zu behaupten ... Und daß auch das scheinbar Unmögliche geschafft werden kann, wenn nur eine Schar entschlossener und unerschrockener Kerle – Schulter an Schulter – ihren festen Willen dran setzt, es zu zwingen!«

Feststehen dürfte, daß gerade Kap Hoorn besonderes seemannschaftliches Können, nautisches Engagement und zudem Männer-Kameradschaften auf Lebenszeit erzeugt hat. Zitieren wir noch einmal Kapitän Römer, wenn wir dem Laeisz-Spezialgebiet der Kap-Hoorn-Fahrt nach Chile vollends gerecht werden wollen:

»Für den Segelschiffsführer stellte sich bei der Umsegelung eine zweifache Aufgabe, sie lag im Seemännisch-Nautischen und Charakterlichen. Je größer Erfahrung und Umsicht waren, je energischer und rücksichtsloser gegen sich selbst, gegen die Offiziere und die Mannschaft die notwendigen Manöver ausgeführt wurden, desto wahrscheinlicher winkte der Erfolg.

Hier war Härte, durch die Vernunft geboten, im Endeffekt human. Wenn irgendwo ein Schiff und seine Menschen

1929 wurde das Vollschiff PINNAS entmastet und ging unter dramatischen Umständen verloren. Die Besatzung konnte wunderbarerweise gerettet werden. Johannes Holst setzte mit diesem Gemälde der Erbarmungslosigkeit der Kap-Hoorn-Fahrt ein besonderes Denkmal.

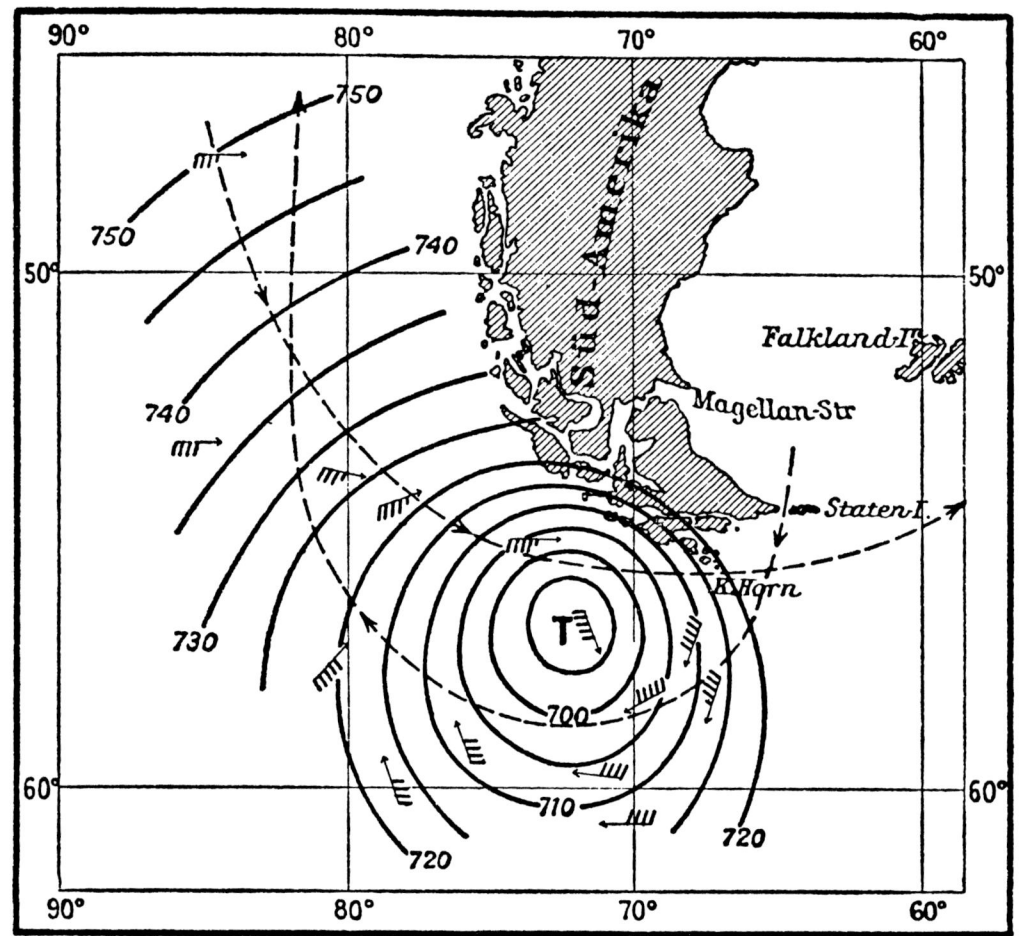

(Aus Gerhard Schott: »Die Geographie des Atlantischen Ozeans« – mit freundlicher Genehmigung des Verlages C. Boysen, Hamburg) Wetterkarte von einem Kap-Hoorn-Sturm.

Anmerkung: Die Schreibweise »Staten-Insel« und »Kap Horn« in dieser Karte entspricht nicht der korrekten, in deutschen Seekarten üblichen »Staaten-Insel« und »Kap Hoorn«. Die beiden Pfeillinien geben die mittlere Lage der Segelschiffswege um Kap Hoorn an.

geführt, wenn von beiden zum gemeinsamen Nutzen das Letzte gefordert werden mußte – dann bei diesem Kap.«
Der Weg »um die Hoorn« war »westbound« fast jedesmal hart erkämpft, weil ja »gegen den Strich« gesegelt werden mußte. Und wir haben gesehen, daß mehr oder weniger schwierige verschiedene Wetterzonen auf jeder Reise zu meistern waren – wie gesagt Nordatlantik, Kalmengürtel, Pamperogebiet und Kap Hoorn.
Am Ende der Reise aber erwartete das Schiff an der chilenischen Küste kein schützender Hafen. Hier begann ein neues Problem: »Die Schiffe lagen ... auf Ankerplätzen, die vor der hohen Dünung des freien Pazifiks kaum oder nur wenig Schutz boten. Nur hier und dort behinderten vorgelagerte kleine Inseln den Schwell, so auf der Reede von Iquique oder Arica. Da die Segler aber südlich von der Reede zu liegen pflegten und die Dünung aus Westen heranrollte, halfen auch diese Inseln nichts. Auch die Landzungen von Mejillones oder Tocopilla boten nur Schutz nach Süden und Südwesten. Nach Norden aber lagen die Ankerplätze frei. Und gerade von Norden her ziehen die Norder – kalte Nordost- bis Nordstürme mit heftigem Temperatursturz – heran.
Erst als die Salpeterfahrt in steiler Kurve zu Ende ging, wurden die Molen zum Schutz des Hafens San Antonio vollendet, waren auch die Häfen Valparaiso und Callao zu Allwetterhäfen ausgebaut worden.« (Jochen Brennecke)
Diese Liegeplatzmisere ist schuld daran, daß der gefürchtete Norder auf Reede liegenden Laeisz-Seglern zum Verhängnis wurde. So strandete 1919 die Viermastbark PETSCHILI in Valparaiso und wurde Totalverlust. Auch die PELIKAN geriet in Gefahr, kam jedoch zu guter Letzt wieder klar. Die ganze Bucht von Valparaiso war buchstäblich übersät mit zerschellten, auf Grund geratenen und zerzausten Schiffen. Und schon vorher war – auf der ebenfalls offenen Reede

von Mazatlan/Mexiko – der Norder nacheinander den Barken Henriette Behn (1872), Carolina (1881) und Paladin (1883) zum Verhängnis geworden. Diese drei Laeisz-Schiffe wurden sämtlich Totalverluste – ebenso wie die Bark Potsdam, die 1891 in Valparaiso strandete. Sie war zwar nicht in einen Norder geraten, dafür aber in den Schußwechsel zweier Bürgerkriegs-Parteien. Bei Versuch, sich aus der Feuerzone zurückzuziehen, drückte sie auflandiger Wind auf die Klippen, zumal eine Schlepperbesatzung die Nerven verlor und die Trosse zu früh slippte.

Der für Mexiko und Chiles Küste typische Norder oder Nordsturm hat auch auf See mehr als einen Laeisz-Segler gerupft – ganz schlimm die Viermastbark Padua, als sie 1930 mit einer Ladung Salpeter von Iquique nach Delfzijl losgesegelt war. Der Kapitän war hier Hermann Piening.

Mit der Salpeterfahrt hatte sich Laeisz ein höchst unbequemes Fahrtgebiet ausgesucht. Aber gerade dessen Fährnisse und Widrigkeiten machten die erreichten Leistungen der großen Laeisz-Segler in vollem Umfange deutlich. Wenn Toynbee das Wechselspiel zwischen Herausforderung und Antwort als das eigentlich bewegende Element im Auf und Ab der Kulturen sieht, dann war das, was mit den eisernen und schließlich stählernen Windjammern vollbracht wurde, ein würdiges Stück Kulturgeschichte.

Der Kapitän, Cap-Hornier und Schriftsteller Fritz Brustat-Naval über die Salpeterfahrt:

»Die Welt der Schiffahrt gewöhnte sich an das »P« (der Schiffsnamen). Sie gewöhnte sich ebenfalls daran, die Windjammer von Laeisz zu den schnellsten und zuverlässigsten Segelschiffen der Welt zu zählen … Die Welt begriff nicht ganz, wie sie es machten, aber sie gewöhnte sich daran, diese schweren Hamburger Windjammer die »Flying P-Liners« zu nennen. Diese Schiffe stellten alles Bisherige auf den Kopf. Nachdem sich der schlanke Klipper wieder zum bauchigen Lastenschlepper rückentwickelt hatte, waren hier Windjammer am Werk, die beides fertigbrachten. Sie schleppten riesige Lasten in tiefen Laderäumen und waren so schnell, wie man es sich nur wünschen konnte. Freunde, wenn wir diese Geschwindigkeiten mit denen der Yankeeklipper vergleichen, müssen wir vor unseren stählernen Kap Hoornern den Hut ziehen. Trotz ihrer Schwere und Größe ließen sie die Klipper noch hinter sich.«

An rund 300 Tagen im Jahr ist das Kap Hoorn infolge niedrig hängender Wolken und immer neuer Regengüsse unsichtbar. Die meisten »Cap Horniers« haben es daher nie selbst zu Gesicht bekommen.

Gezielter Schiffbau

Die Nostalgiewelle verführt viele Menschen zu dem Irrglauben, die Zeit der Tiefwassersegler habe irgend etwas mit »Romantik« zu tun gehabt. Mit seelischer Bindung an die See, unermüdlicher Plackerei und dadurch bedingter Genugtuung über Vollbrachtes, Stolz aufs eigene Schiff und großartiger Bordkameradschaft jawohl – mit Romantik auf keinen Fall.

Und die großen Laeisz-Segler in der Salpeterfahrt rund ums Kap Hoorn waren – so vollendet schön sie auch aussahen – in Wirklichkeit bis ins letzte durchkonstruierte Ausgeburten kaufmännischen Zweckdenkens, waren technische Präzisionsinstrumente ihrer Zeit. Sie mußten es sein, wenn sie den immer härteren Konkurrenzkampf gegen die Dampfer auch weiterhin bestehen wollten, wenn sie noch echte Gewinne ersegeln und in so gleichmäßig schnellen Reisen vorwärts stürmen sollten, daß wirklich ein Liniendienst mit ihnen eingerichtet werden konnte. Die Verläßlichkeit dieses sonst nur bei Dampfern denkbaren Verkehrsform hatte bewirkt, daß die Laeisz-Segler ausgehend mit Stückgut beladen werden konnten. Sie trugen wertvolle Ladungen nach Übersee, die man zu diesem Zeitpunkt sonst nur noch Dampfern anzuvertrauen pflegte.

Als Laeisz um 1886 die Salpeterroute ums Kap Hoorn zum Hauptinteresse des Reedereigeschäftes machte, hatte die Eröffnung des Suezkanals (1869) bereits das Gros der Segler aus der Tee- und Reisfahrt von Ostasien nach Europa vertrieben. Die Windjammer blieben nun mal an den 10.000-Kilometer-Umweg ums Kap der Guten Hoffnung gebunden, weil das Rote Meer für Großsegler seiner unzähligen Korallenriffe wegen praktisch unpassierbar war. Der Suezkanal selbst hätte nur im Schlepp oder andernfalls mit einem Hilfsantrieb durchfahren werden können. Die Segelschiffahrt befand sich endgültig auf dem Rückzug.

Die regelmäßige Chilefahrt ist noch mit hölzernen Laeisz-Segelschiffen aufgenommen worden, unter denen sich die Flotte der von der Reederei Bahr angekauften sechs Barken befand.

Es sind bewundernswert schnelle Reisen mit FL-Holzschiffen gemacht worden, aus denen hervorging, daß die Besatzung wirklich das Höchstmögliche aus ihnen herauszuholen verstand. Wenn Kapitän Hellwege mit der hölzernen Bark PATAGONIA (Baujahr 1873, 510 BRT) in nur 81 Tagen von Lizard nach Valparaiso brauste und im Jahr darauf von Iquique nach Lizard in 84 Tagen, so war das eine unerhörte, nur von einem einzigen späteren Rahsegler aus Holz noch übertroffene Leistung. Vom Kanal nach Chile rechnete man im Normalfall kaum weniger als 120 Tage. Unter diesen Verhältnissen war die 84-Tage-Reise der hölzernen Bark PANAMA (II) – Baujahr 1869, 455 BRT – von Lizard nach Talcahuano/Chile unter Kapitän Schlüter (1884) ebenfalls ein Glanzstück in der Schiffahrtsgeschichte.

Aber es war klar, daß ein hölzerner Segler den Naturgewalten doch zu sehr unterworfen war, um gleichmäßige Reisezeiten herausholen zu können. Er mußte bei bestimmten Windstärken beidrehen und mit hartgebraßten Sturmsegeln, quer zur See liegend, »wie ein Seevogel, der seinen Kopf unter die Flügel gesteckt hat«, den Orkan abwettern. Mit großer Wahrscheinlichkeit hatte sich das Schiff vorher beim harten Knüppeln oder Gegenan-Bolzen trotz guter Kalfaterung die Nähte mal wieder aufgeschlagen. Für die Besatzung galt also bald das Kommando »Pump Schipp«. Das Schiff »soff« durch die Plankenstöße – ganz abgesehen

Bark PLUS
Blohm & Voss, Hamburg

Seitenansicht des letzten FL-Eisenschiffes
(Das Schanzkleid des Wetterdecks ist
auf der Zeichnung entfernt.)

davon, daß auch das hölzerne Rigg nur bis zu einem gewissen Grade belastbar war. Ein hölzerner Rahsegler konnte also niemals ein mit Zeitpräzision reisender Schwerwettersegler werden. Er mußte bei jedem »Utscheeter« (Ausschießer) mit seiner plötzlichen Entmastung rechnen. Der zuerst noch zögernde, dann zügigere Übergang zu eisernen Schiffen zahlte sich für Laeisz sehr bald eindeutig aus. Schon das erste eiserne Schiff, die Bark PROFESSOR (Baujahr 1865, 536 BRT), erreichte die Bestzeit der PATAGONIA wieder: 81 Tage vom Kanal nach Valparaiso. Ein Jahr vorher schaffte sie die Distanz Pisagua/Chile–Kanal in 84 Tagen.

Für die Besatzung war es kaum zu glauben – sie segelte auch hart am Wind immer mit einem »pottendrögen« Schiff, einem Windjammer, der sich in den Seen nicht mehr leckschlug.

Das zweite Eisenschiff und erste Vollschiff der Reederei, die POLYNESIA (1874, 1.070 BRT), erreichte Valparaiso in 89 Tagen von Lizard. 1887 umsegelte sie in nur neun Tagen Kap Hoorn, aber eines Tages ereilte die POLYNESIA nach sechzehn Jahren glückhafter Fahrt ein recht unwürdiges Schicksal. Sie hatte beim Beachy Head im Kanal infolge allzu sorgloser Navigation Grundberührung. Die Abbringung wäre noch möglich gewesen, wenn der Kapitän nicht die Nerven und die Übersicht gleichermaßen verloren hätte. Das Schiff wurde Totalverlust, und der Kapitän verlor sein Patent – ein unter Laeisz-Flagge einmaliger Fall.

Das letzte Holzschiff der Reederei hat die »hölzerne Epoche« recht würdig beendet. Kapitän Früdden meisterte die Distanz Kanal–Valparaiso mit der hölzernen Bark PARNASS (Baujahr 1878, 646 BRT) in nur 70 Tagen und blieb auch auf drei weiteren Reisen auf der Route Kanal–Chile oder umgekehrt unter 80 Tagen! Die eiserne Bark PONCHO (1858 in England gebaut, 841 BRT) steht mit 72 Tagen Kanal–Valparaiso zu Buch, und die als erstes Blohm & Voss-Schiff für Laeisz gebaute eiserne Bark PARSIFAL machte unter Kapitän Hilgendorf auch eine Reise, die von der Elbmündung bis Valparaiso 86 Tage dauerte. Das Kap Hoorn wurde dabei allerdings in nur sieben Tagen umrundet. Auch die Leistungen der eisernen Barken PIRAT (1888 Bestreise Kanal–Valparaiso 68 Tage!), PESTALOZZI (1894/95 Bestreise Kanal–Valparaiso 64 Tage!) und PLUS (1886/87 Kanal–Valparaiso 61 Tage!) konnten sich sehen lassen. Es fällt dem Betrachter sofort auf, daß mit den Eisenschiffen, abgesehen von einer einzigen Ausnahme, die Reisezeiten zwischen Chile und Europa stets unter 100 Tagen blieben und sogar fast immer unter 90.

Zwei Totalverluste auf See zeigten indessen auch die vorhandenen Belastbarkeitsgrenzen der relativ kleinen Eisenschiffe auf: Die 1882 in London als Bark erworbene und zum Vollschiff umgeriggte PAVIAN ex TIVERTON (Baujahr 1864, 1.190 BRT) ist 1883 – nach einer glücklichen Ausreise mit Kohle und Stückgut von Hamburg nach Anjer/Java – auf der Weiterreise mit einer Zuckerladung von den Suda-Inseln nach Montreal mit der gesamten achtzehnköpfigen Besatzung verschollen. Man hat sie eine Woche nach ihrer Abreise in der Balistraße letztmalig gesehen. Von da an fehlt jede Spur. Vermutlich fiel sie dem Kap Hoorn zum Opfer – ebenso wie die schon erwähnte PARSIFAL, mit der Kapitän Hilgendorf später seinen einzigen Schiffbruch erlebte.

Dr. Jürgen Meyer schildert diesen Vorfall so: »Südlich der Le-Maire-Straße geriet sie (die PARSIFAL) in einen sturmartigen Westnordwest, in dessen Verlauf die Kohlenladung überging. Nun mußte die Mannschaft in die Luken und die Ladung zu trimmen versuchen (obwohl die Steuerbord-Unterrahen bereits tief durchs Wasser schleiften!). Da sich trotz fieberhafter Tätigkeit die PARSIFAL nicht wieder aufrichtete, wurden die Stengen und der Besanmast gekappt.

Beim Hellwerden des 4. Mai zeigte es sich, daß auch der Klüverbaum gebrochen war und die Reservespiere an der Seite trieb. Die Pumpen peilten fünf Fuß Wasser. Immer tiefer sank das Schiff. Kaum war die Besatzung noch in der Lage, das Wasser auszuschöpfen und die Kohlen über Bord zu werfen, so ermattet war sie. Da verließ die Besatzung um 12 Uhr die Bark in den Booten. Als kurz darauf die Brise wieder auffrischte und die Bark anfing, vor Topp und Takel zu treiben, gingen die Leute an Bord zurück, um noch etwas Proviant zu holen. (Das war vorher unterblieben. Sie hatten das Schiff allzu hastig verlassen, weil ein anderes Schiff gesichtet wurde, das die Schiffbrüchigen aber nicht bemerkte. D. Verf.)

Um 3.30 Uhr nachmittags legten dann die Boote endgültig vom Wrack ab. Es war nicht zu früh, denn eine halbe Stunde später sank das Schiff vor den Augen der Besatzung. Die beiden Boote hielten auf Staaten Island zu, in kurzen Zwischenräumen Notsignale gebend. Um 7.30 Uhr abends wurde die vollkommen erschöpfte Mannschaft von der englischen Bark SARACA aufgenommen und am 31. Juli in Cork/Irland gelandet.« Die beiden Totalverluste hatten es bewiesen: Auch ein Eisenschiff war noch ein unzulängliches Gebilde, es war noch nicht die endgültige Waffe im Kampf

Bark PARSIFAL
Blohm & Voss, Hamburg

gegen Kap Hoorn. Bald setzte aber ein neues Schiffbaumaterial ganz neue Akzente: Stahl anstelle von Eisen.
Neue Verhüttungstechniken wie das 1878 von dem Engländer Sidney Gilchrist Thomas erfundene »Windfrischverfahren« in der Thomasbirne machte es möglich, das vom Hochofen angelieferte Roheisen in Stahl und damit in wirklich schmiedbares Metall zu verwandeln.
Stahl ist nicht mehr brüchig, sondern schon phosphorfrei und oft sogar gehärtet.
Ohne dieses neue Baumaterial wären keine der späteren großen Viermastbarken, wären auch nicht die beiden Fünfmaster von F. Laeisz möglich gewesen. Und der deutsche Stahlschiffbau kam schnell in Gang – im Gegensatz zum Eisenschiffbau.
Die Bark PLUS war somit das letzte Eisenschiff der Reederei Laeisz. Von diesem 1885 gebauten Blohm & Voss-Schiff sagte freilich kein Geringerer als Alan Villiers: »Es manövrierte wie eine Jacht und pflügte durch das Wasser wie ein Klipper. Aber so waren viele der Laeisz-Schiffe, große wie kleine.«
Erster Laeisz-Segler aus Stahl war die POTRIMPOS, die Blohm & Voss in fast gleichen Abmessungen wie die PLUS baute. Dieses handige Schiff fegte 1889/90 in 61 Tagen vom Kanal nach Valparaiso! Ihm folgte 1887 die Bark PROMPT, die dann volle 21 Jahre unter FL-Flagge in Fahrt gewesen ist – nach Chile, Mexiko und zur US-Westküste. Noch immer war es so, daß Laeisz seine Segler nicht unbedingt nur nach Chile schickte, sondern bei Anfall günstiger Frachten ebensogut in den Fernen Osten, in die Südsee, in andere pazifische Länder oder zur US-Ostküste. Aber das war zu diesem Zeitpunkt bereits Ausnahme und nicht mehr die Regel.
PROMPT, PAMELIA (1895 Bestreise 62 Tage von Lizard nach Valparaiso), PERGAMON (Baujahr 1888, 1889 Bestreise 65 Tage Kanal–Valparaiso) und POTSDAM waren sämtlich aus Stahl, ebenso das 1889 von Blohm & Voss abgelieferte Vollschiff PALMYRA sowie das im selben Jahr als erstes Laeisz-Schiff bei Joh. C. Tecklenborg in Geestemünde erbaute Vollschiff PARCHIM und dessen Schwesterschiff PERA sowie das Blohm & Voss-Vollschiff PREUSSEN (I) – die spätere POSEN – und die als einziges FL-Schiff in Rostock erbaute PAMPA. Diese »Kinder einer Zwischenepoche« waren zwar aus Stahl, aber allesamt noch als Dreimaster gerigt. Sie sollten freilich die letzten Neubauten dieser Gattung unter FL-Flagge sein.

Die Besatzung der Bark PROMPT
(1895 Lizard–Valparaiso 62 Tage)

Bark PROMPT
Blohm & Voss, Hamburg

Vollschiff POSEN, 1901 als PREUSSEN (I) gebaut, im Kampf gegen die See, kleinste Sturmbesegelung führend. (Gemälde Johannes Holst)

Bemerkenswert ist die PAMPA, die tatsächlich wie ein Wiesel lief. Sie hat 1892 bis 1897/98 auf vier Reisen die Distanz Kanal bzw. Lizard–Valparaiso in 63, 63, 61 und 69 Tagen und die Distanz Iquique–Kanal einmal in 63 Tagen geschafft. Damit fiel dieser Dreimaster weit aus dem Rahmen, denn derart hervorragende Durchschnittsleistungen wurden erst später von den vier- und fünfmastigen Großseglern wieder erreicht – wurden dann allerdings fast zur Regel. Von den genannten Dreimastern fanden drei ein böses Ende auf See. Die Bark PERGAMON lief nach sechsjähriger FL-Fahrzeit im April 1891 unter Kapitän Kayser aus dem englischen Hafen Shields aus – mit einer Ladung Kohlen für Iquique. Sie wurde am 31. Mai noch einmal auf 10 Grad südlicher Breite von dem Hamburger Dampfer ARTESIA gesichtet. Von da ab fehlt jede Spur von ihr und ihrer neunzehnköpfigen Besatzung. Anscheinend war sie – trotz Stahlbauweise – ein Opfer des »Kaps der Stürme« geworden – oder sie war südlich davon mit einem Eisberg kollidiert. Damit teilte sie jenes Schicksal, das die Laeisz-Segler REPUBLIC, PERU, PACHA und PAVIAN schon vor ihr erlitten hatten.

»Niemals kommt jemand von einem »verschollenen« Schiff zurück, um zu berichten, wie schwer dessen Tod und wie plötzlich und überwältigend die letzte Qual seiner Männer war. Niemand kann sagen, mit welchen Gedanken, mit welchen Schmerzen, mit welchen Worten auf den Lippen sie starben«, lesen wir in Joseph Conrads »Spiegel der See«. Die PALMYRA wurde ebenfalls ein Opfer der Kap-Hoorn-Region – allerdings durch Strandung. Es war das passiert, was in der Segelschiffszeit immer und immer wieder vorkommen konnte: »Ein zu lange genährter Irrtum, ein komplizierter Aufbau aus Selbstbetrug, übermäßigem Vertrauen und falschen Folgerungen bricht zusammen, entweder durch den tödlichen Schrecken oder das herzzerreißende Geräusch, mit dem der Kiel des Schiffes über ein … Riff hinwegzukommen versucht … Nichts bringt den Seemann so sehr zur

Empfindung einer ausgesprochenen elenden Niederlage wie eine Strandung«, heißt es wiederum bei Conrad.

Das Ende der PALMYRA verlief sehr tragisch. Das erfolgreiche Schiff (Bestreise 1899 unter Kapitän Hilgendorf: 63 Tage vom Kanal nach Valparaiso) war von 1889–1908 neunzehn Jahre lang glücklich unter der Laeisz-Flagge gesegelt, als es am 27. April 1908 unter Führung von Kapitän Lessel Vlissingen mit Order für Valparaiso verließ. Nach der Umrundung von Kap Hoorn wurde mit 52° Süd und 79° West das letzte astronomische Besteck genommen. Stürmisches Wetter aus West bis Nordwest, bedeckter Himmel und Regen machten jede weitere Positionsbestimmung unmöglich. Unter Sturmbesegelung kreuzte das Schiff, allerdings nur vermeintlich, auf dem Längengrad 78° West nordwärts. Kapitän Lessel glaubte sich irrtümlicherweise noch über 100 Seemeilen von Land entfernt. Die Begegnung mit einem Dampfer hätte ihn eigentlich stutzig machen müssen, denn der Dampfertreck lag wesentlich weiter in der Nähe der patagonischen Westküste als die angenommene Position. Und die Küstennähe war von Seglern wohlweislich zu meiden. Plötzlich sahen die Seeleute der PALMYRA sich in der Falle. Ringsum lagen Klippen, Brandung geiferte.

Von einem Felsenriff konnte man sich durch Halsen noch freisegeln. Auf die zweite Klippe brummte man vierkant auf. Es war nichts mehr zu machen. Das Schiff saß hoffnungslos fest. Schwere Brecher fetzten über Deck. Einzige Hoffnung waren jetzt das große und das kleinere Boot, die mit fünfzehn und sechs Leuten weggefiert wurden. Das unvorgesehene Kentern des einen Bootes und das Ertrinken aller Insassen direkt neben dem Schiff bewogen aber den Kapitän und den 1. Offizier, noch an Bord der todgeweihten PALMYRA zu bleiben. Das hat ihnen das Leben gerettet, denn auch das zweite Boot scheiterte – wenn auch ungesehen. Die gesamte Besatzung der PALMYRA, außer Kapitän und I.O., hatte also den Seemannstod gefunden: 21 Seeleute. Nach einer schaurigen Nacht auf dem waidwunden Wrack

Dieses Gemälde von Roger Chapelet stellt das Vollschiff PALMYRA nach Strandung auf einem Felsenriff von Wellington Island in der Kap-Hoorn-Region dar.

brachten die beiden überlebenden Nautiker unter größten Schwierigkeiten die kleine Kapitänsgig zu Wasser, die noch vorhanden war. Die See war ruhiger geworden.

Die PALMYRA lag schon auf der Seite – es wurde höchste Zeit, sie zu verlassen. Proviant und Handwerkszeug sowie die notwendigste übrige Notausrüstung und die Schiffspapiere wurden mitgenommen.
Zur Orientierung waren nur noch eine alte englische Karte von der patagonischen Küste sowie zwei kleinere Taschenkompasse vorhanden. Vor Einbruch der Dämmerung erreichten die beiden Schiffbrüchigen den Strand und waren vorläufig geborgen. Am anderen Morgen bemerkten sie, daß das Wrack der PALMYRA über Nacht in der Tiefe verschwunden war.

Die beiden Überlebenden mußten nun irgendwo in der Wildnis Menschen finden. Sie ahnten freilich nicht, daß sie von feuerländischen Indianern schon die ganze Zeit heimlich beobachtet wurden.

Die beiden Deutschen wagten sich mit der Nußschale von Kapitänsgig auf die weite Reise. Sie waren unter unsäglichen Strapazen volle drei Wochen in der Wildnis und Wasserwüste unterwegs, ehe sie von einem Regierungsdampfer aufgenommen wurden.

Vollschiffe PALMYRA, POSEN (ex PREUSSEN I), Blohm & Voss, Hamburg.
Als das Fünfmastvollschiff in Auftrag gegeben wurde, reservierte man den Namen PREUSSEN dafür und taufte PREUSSEN (I) in POSEN um. Das bemerkenswerte Schicksal dieses Schiffes siehe Schiffsliste.

So näherten sich die dreimastigen Barken und Vollschiffe (Bild) unter Sturmbesegelung dem Kap Hoorn.
(Gemälde Johannes Holst)

Streben nach Perfektion

Mit den Erstlingen PLACILLA und PISAGUA entstanden jene für »schweres Wetter« geeigneten Viermastbarken vom Drei-Insel-Typ. Deutlich ist unter dem Großmast das Hochdeck als Hauptinsel zu erkennen. Dieses Gemälde von Johannes Holst befindet sich in der Cap-Hornier-Sammlung des Deutschen Schiffahrtsmuseums Bremerhaven.

Den entscheidenden Wendepunkt in der bis dahin dreißigjährigen Geschichte der Laeisz-Segelschiffahrt bedeutete das Jahr 1892. Mit ihm begann ein ganz neues Kapitel: Bei Joh. C. Tecklenborg, Geestemünde, lief die PLACILLA vom Stapel – die erste Viermastbark und damit ein Schiff jenes Typs, der sich geradezu sprichwörtlich mit der Vorstellung von einem FL-Windjammer deckt.

Der australische Segelschiffskapitän Alan Villiers, einer der großen Autoren der internationalen Seeliteratur, sagt darüber in seinem Buch »Auf blauen Tiefen«:

»Doch erst das Auftreten der Viermastbark war es, was der Reederei Laeisz den großen Impuls zum Aufstieg gab. Als die Größe der Schiffe zunahm, wurde es nötig, ihnen statt der seit Jahrhunderten üblichen drei nunmehr vier Masten zu geben. Ein Schiff mit einer Wasserlinie von rund 100 Metern brauchte unverhältnismäßig hohe Masten und überlange Rahen, wenn es mit (nur) drei Masten getakelt wurde, und die Beanspruchung wurde enorm groß. Solche Schiffe wurden zu leicht entmastet. Eine Takelage von drei Masten mit Rahen und einem Schonermast verlieh ihnen gutes Gleichgewicht, machte sie handlicher und gab ihnen bessere Manövriereigenschaften.

Anfangs experimentierten einige Reeder (zum Beispiel Rickmers) mit viermastigen Vollschiffen, die also an allen vier Masten Rahen fuhren … Aber bald wurde den Führern dieser Schiffe klar, daß die Rahen des vierten Mastes praktisch wenig Wirkung hatten.

*Viermastbarken P<small>LACILLA</small>, P<small>ISAGUA</small>
Joh. C. Tecklenborg, Geestemünde
(Takelage vereinfacht dargestellt)*

Ein Schiff war viel leichter zu regieren, wenn der vierte Mast nur Schratsegel (also ein Gaffelsegel, den sogenannten Besan) wie bei Schonern führte, und es war genauso schnell – oder doch fast ebenso schnell.

Bei schlechtem Wetter war es üblich, die Segel am achteren Mast zuerst zu reduzieren, weil diese Segel das Schiff in den Wind schießen lassen konnten … Deshalb gab man die Viermast-Vollschifftakelung bald wieder auf. Auf Laeisz-Seglern war sie nie eingeführt worden, denn sie eignete sich nicht für Kap Hoorn.«

Beim Bau der P<small>LACILLA</small> hatte der inzwischen schon legendäre Kapitän Hilgendorf die Bauaufsicht. Er übernahm den Neubau als Schiffsführer und segelte gleich auf der Jungfernreise von Lizard nach Valparaiso in nur 58 Tagen! Das war eine Geschwindigkeit, die in der internationalen Seglerflotte noch nie von einem anderen Schiff erreicht worden war. Sie wurde erst nach der Jahrhundertwende von den Fünfmastern P<small>OTOSI</small> und P<small>REUSSEN</small> sowie von der englischen Viermastbark E<small>UDORA</small> unterboten und schließlich von der P<small>ITLOCHRY</small> und P<small>AMPA</small> wieder erreicht.

Hören wir nochmals Alan Villiers: »Die P<small>LACILLA</small> und (ihr zwei Jahre später in Dienst gestelltes Schwesterschiff) P<small>ISAGUA</small> ließen die Überlegenheit des großen Viermasters in der Salpeterfahrt erkennen, und Laeisz baute nun seine Flotte mit ähnlichen Schiffen aus. Seine kleinen Barken stieß er ab, und bald folgte die Mehrzahl der Vollschiffe …« Kapitän Fred Schmidt sagte von diesen Viermastern: »Stählern reckten sich die Masten auf diesen Schwerwetterschiffen bis zum Flaggenknopf, stählerne Rahen breiteten Segel von bisher nie für möglich gehaltener Fläche aus. Wo andere Schiffe Hanf- und Manilatauwerk führten, gelangte hier Stahldraht zur Verwendung. Und sie (diese Viermaster) nutzten auch ihre stählerne Takelage: Wenn andere Schiffe ihre Obermarssegel festmachten, rauschten sie mit beiden Bramsegeln im Topp vorbei.«

Tatsächlich waren auf allen Laeisz-Vier- und -Fünfmastern die Masten vom Kiel bis zur Unterbramrah aus einem Stück Stahlrohr. Laeisz hatte aus dem Verlust der hölzernen Fockmars- und Bramstengen der P<small>IRAT</small> Konsequenzen gezogen und fortan nur noch das stählerne Rigg geduldet.

F. Laeisz gab ein Beispiel, was aus der Forderung des Reeders nach »besten Schiffen« in Zusammenarbeit mit Werften wie Blohm & Voss und Tecklenborg erreicht werden konnte.

Mit P<small>LACILLA</small> und P<small>ISAGUA</small> (rund 2.850 BRT) war ein neuer Schiffstyp geschaffen, der Vorbild für das Aussehen aller künftigen Laeisz-Segler werden sollte: der sogenannte Drei-Insel-Typ. Nicht nur Back und Poop waren, wie bei den früheren Schiffen, erhöht, sondern zusätzlich befand sich in der Schiffsmitte ein sogenanntes Hochdeck, das als Kommandobrücke fungierte. Kartenhaus und Ruderrad bzw. Ruderhaus waren hier installiert. Auf der Poop befand sich fortan nur noch ein Notruder. Der Wachhabende Offizier und die Rudergänger waren auf dem Hochdeck vor den gefährlichen mitlaufenden Seen sicher, die vor Kap Hoorn schon manches Unheil angerichtet hatten. (Alte Faustregel: »Wenn du vor Kap Hoorn mit Seen von achtern segelst, dann blicke dich um Gottes willen niemals um.« Man wußte, warum man das sagte.) Auch hatte die Schiffsleitung eine wesentlich bessere Sicht in Vorausrichtung. Die Viermaster und Fünfmaster waren einfach zu groß, um noch von achtern ausreichend überblickt zu werden. Der Bereich vor dem Klüverbaum würde sich den Blicken des Wachhabenden beinahe vollständig entzogen haben.

In dem langen Mittelaufbau unter dem Hochdeck hatte man endlich angemessen trockene Wohnräume und Arbeitsräume für Koch, Segelmacher und Zimmermann. Die Türen des Mittschiffsaufbaues zum Hauptdeck konnten bei schwerem Wetter verschlossen werden, so daß nur noch Zugänge durch Niedergangs-»Kappen« vom Hochdeck aus offen blieben. Für die Mannschaft war das Hochdeck ein weitgehend sicheres Arbeitsdeck für vorzunehmende Segelmanöver. Später kam noch eine Verbesserung hinzu, die den ersten Laeisz-Viermastern noch gefehlt haben dürfte: Laufstege verbanden das Hochdeck mit Back und Poop, so daß Besatzungsmitglieder bei erforderlichen Wegen dorthin nicht mehr derart der See ausgesetzt waren wie früher. Das Hauptdeck oder Wetterdeck wurde ja bei schwerem Wetter vollständig überbrandet. Es füllte sich sogar mit »grüner See«.

In dem Mittelschiffhaus oder Brückenhaus waren nicht nur die Wohnräume für die Offiziere und den Kapitän, sondern in zwei getrennten großen und gut belüfteten »Wachkammern« jene der Mannschaft – aufgeteilt in Steuerbord- und Backbordwache. Dort wohnten jeweils 12–18 Mann zusammen. Jeder hatte eine Koje und einen eigenen Spind, so daß nicht mehr nur »aus der Seekiste gelebt« werden mußte. Die Zeit des primitiven Mannschaftslogis unter der obendrein besonders kollisionsgefährdeten Back oder im ewig überfluteten Deckshaus war auf Laeisz-Seglern des neuen Typs seit 1892 vorbei. Entscheidend aber war, daß den neuen Ganzstahl-Großseglern praktisch alles zugemutet werden konnte. Sie drehten allenfalls noch im vollen Orkan bei und trieben dann vor Topp und Takel. Bei sämtlichen anderen Wetterlagen brausten sie, wenn auch notfalls mit vielleicht reduzierter Besegelung oder Sturmbesegelung, weiter. Es war freilich bekannt, daß FL-Segler auf der »Ostfahrt« um Kap Hoorn überhaupt keine Segel mehr wegnahmen. Sie ließen es darauf ankommen und benutzten das »natürliche Ventil«, indem sie die Segel aus den Lieken fliegen ließen, wenn es doch mal allzu schlimm wehte. Der kategorische Imperativ der nun international so genannten »Flying P-Line« ist im ersten Satz der »Instruktionen« niedergelegt, die Carl Laeisz für seine Schiffsführer zusammengestellt hatte: »Meine Schiffe können und sollen schnelle Reisen machen.«

Zu den späteren Nachfolger-Neubauten von PLACILLA und PISAGUA zählt die als Museumsschiff in Lübeck-Travemünde noch erhaltene Viermastbark PASSAT, Baujahr 1911: Eindrucksvoll malte Johannes Holst, wie sie die Sturmseen am Kap Hoorn »zu beißen« vermochte.

Aber Carl Laeisz wußte, daß eine solche Forderung nicht mit »Pennschieterei«, mit Geiz, zu erfüllen war. An der Ausrüstung der FL-Schiffe wurde nie gespart. Die Materialstärken gingen immer über das hinaus, was allgemein für notwendig gehalten wurde oder von einem allzu einseitigen Profitdenken hätte abgelehnt werden können. Das Ergebnis dieser Praxis schlägt positiv zu Buch: Es ist kein einziger Vier- oder Fünfmaster der Reederei durch Sturm jemals entmastet worden.

1908 konnte der sachverständige Professor W. Laas in Zahlen feststellen: »Während sonst die Statistik des Büros Veritas rund 3 % der Segelschiffe pro Jahr als verlorengegangen meldet, beträgt der Prozentsatz (bei Laeisz) nur 0,9 %; von den großen Vier- und Fünfmastschiffen ist seit 1892 der Firma nicht ein einziges verlorengegangen ... Der Beweis ist erbracht, daß die modernen großen Segelschiffe ebenso sicher sein können wie die Dampfer, wenn Bauart, Instandhaltung und Führung erstklassig sind. Die darauf verwandten Kosten finden ihren Ausgleich in der geringen Zahl der Havarien und Verluste, in dem längeren Leben der Schiffe, in schnelleren Reisen und geringere Versicherungsprämien.« Weder die Schnelligkeit noch die Sicherheit der »Flying P-Liner« beruhten auf Zufall. Nicht nur die großzügige Materialauswahl, sondern auch die Personalauslese waren wesentliche Voraussetzungen für den Erfolg.

In den »Instruktionen« von Carl Laeisz wurde weiter angeordnet: »Schiffsjungen werden nur angenommen, wenn ich selbst sie angenommen habe; ich nehme nur am Wasser aufgewachsene Söhne von Seefahrern; solche kann mir der Capitain empfehlen.«

Über die Menschenführung auf seinen Schiffen heißt es in einer heute geradezu schmunzeln machenden Aktualität: »Angesichts der heutigen sozialdemokratischen Neigung unter der Mannschaft hat der Capitain sich großer Vorsicht in der Behandlung der Leute zu befleißigen und besonders auch darauf zu halten, daß die Steuerleute hierin vernünftig handeln. Die Disziplin an Bord muß unter allen Umständen aufrechterhalten werden, aber mit Takt und Ruhe geht das besser als mit roher Gewalt.«

Solche »Instruktionen«, modernisiert und damit heute üblichen Standards angemessen, existieren bei der Reederei F. Laeisz auch heute noch.

Verblüffend ist die geringe Besatzungsstärke, mit der Laeisz-Segler ausgekommen sind. Ihnen gegenüber waren die englischen und amerikanischen Klipper sozusagen »schwimmende Affenfelsen«. Im Vergleich zur Cutty Sark hätte zum Beispiel das Fünfmastvollschiff Preussen statt 38 nicht weniger als 148 Mann haben müssen! Auf dem 8.000 t Salpeter transportierenden FL-Flaggschiff hätte die Kopfzahl sogar 249 Mann betragen müssen, wenn man das auf den Klippern übliche Verhältnis »Mann pro Nutzlast« zugrunde gelegt hätte. Auch die Ostindienfahrer des vorigen Jahrhunderts benötigten rund 60 Mann für 1.000 t Ladung, während Laeisz die Viermastbarken mit 3.000 t Ladung von 34 Mann handhaben ließ, die Preussen mit 8.000 t von 38 Mann.

Es war also schon damals das modern, was heute auf Motor- und Turbinenschiffen einen wesentlichen Teil der Rentabilitätsrechnung ausmacht: »Manpower reduction«, Personalersparnis. Was in unserer Zeit die Automation erreicht, bewirkten damals mechanische Neuerungen im Schiffsbetrieb: doppelte Marsrahen und Bramrahen, deren »Fallen« von Kurbelwinden bedient wurden, doppelwirkende Capstans anstelle von Reling-Schotwinden und schließlich die von dem britischen Kapitän Jarvis erfundenen Braßwinden anstelle der alten, umständlichen Taljen. Diese Einrichtungen waren eine wesentliche Erleichterung – ohne daß deswegen für die reduzierten Besatzungen die Arbeit insgesamt geringer wurde. Keine der kraftsparenden Mechaniken diente der Bequemlichkeit, sondern nur der Rationalisierung, dem Mehr-arbeiten-Können des einzelnen. Die alten Handtaljen zum Brassen hatten mehrere Mann für jeden Topp notwendig gemacht – welche zum Fieren und welche zum Durchholen, was ja ineinandergreifen mußte. Mit den Jarviswinden konnten die drei unteren Rahen eines jeden Mastes durch nur zwei Mann gebraßt werden, die – mittschiffs und damit einigermaßen geschützt – an den Kurbeln standen.

Carl Laeisz lehnte es strikt ab, einen Hilfsantrieb in einen der Segler einzubauen und damit etwa Flautentage zu überbrücken. Er wußte sehr wohl, daß die 1892 erbaute und wenig später im Indischen Ozean verschollene Fünfmastbark Maria Rickmers eine 650-PS-Dampfmaschine hatte. Diese machte zwei Maschinisten, zwei Heizer und zwei Kohlentrimmer notwendig, bedeutete eine gehörige Totlast und benötigte nicht unerhebliche Kohlenbunker, die leider den Laderaum reduzierten. Die FL-Kapitäne verstanden es, so geschickt meteorologisch zu navigieren, daß ein Hilfsantrieb rundweg überflüssig wurde. Tatsächlich waren sämtliche Segelschiffe der Reederei bis hin zur erst 1926 erbauten Padua reine Segler.

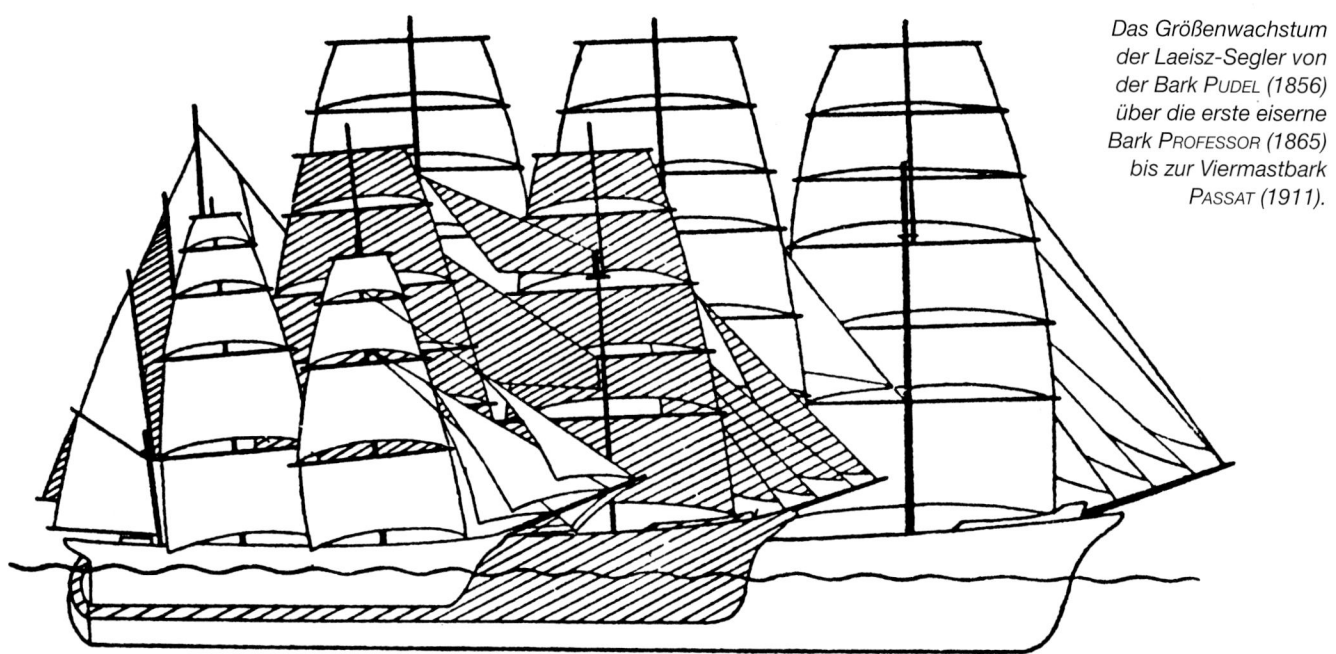

Das Größenwachstum der Laeisz-Segler von der Bark PUDEL (1856) über die erste eiserne Bark PROFESSOR (1865) bis zur Viermastbark PASSAT (1911).

Sosehr Laeisz der Dampfmaschine als Zusatzantrieb abhold war – als Hilfsmittel für den Decks-, Lade- und Löschbetrieb war sie bald hochwillkommen. Schließlich bekamen alle Schiffe der Reederei – vor der Großluke – einen »Donkey«, einen kleinen Hilfskessel mit angeschlossener Dampfmaschine, hinter dem Fockmast eingebaut. Der Spillkopf dieser Maschine wurde über einen »Kopular« (Stahldraht-Triebriemen) mit dem Ankerspill gekoppelt.

Bis zu diesem Zeitpunkt war das Ankeraufgehen ein allzu zeitraubender Vorgang. Stundenlang trabten die Seeleute im Kreise jenes Göpelwerks, das als Gangspill herzlich wenig Wirkungsgrad entfaltete. Erst wenn der Anker »auf und nieder« stand, direkt unter dem Schiff hing, wurde das Spill »doppelt geschiftet«, auf kleinere Übersetzung geschaltet. Der Donkey machte leichteres und vor allem schnelleres Ankerhieven möglich. (Auf der PREUSSEN wurde sogar ein richtiges Dampfankerspill eingebaut.) Vor allem aber beschleunigte und rationalisierte der Donkey den Ladungsumschlag ganz beträchtlich. Der segelschiffbefahrene Autor und Fachmann Jochen Brennecke sagt dazu: »Die Hamburger Reederei (Laeisz) versieht nun, um das Ladegeschäft zu beschleunigen, ihre Schiffe mit einem modernen Ladegeschirr … und mit Dampfwinden statt mit zeitraubenden Handwinden, ferner mit einem – wenn auch komplizierten – System von Heißdrähten, Fierwinden und in Wippen auf und ab tanzenden Kontergewichten, die in den Händen eingefahrener und geschickter Seeleute die Beladung zu einem bisher unbekannten Tempo steigern – nicht selten angefeuert durch die sturmgewohnten Stimmen der Kapitäne, während die Schiffsbesatzungen der Flying P-Liner mehr Sport als Arbeit in diesem Geschäft sehen.

Laeisz sucht auch mit geschickter Hand die besten Agenten und die besten Stauer aus. Man sorgt in den Kontoren an Land für schnelle, reibungslose Anlieferung der Ladung. Schon lange kommt man nicht mehr mit einem Stevedore (Stauer) aus, man setzt vielmehr in jede Luke gleich zwei der Spezialisten, so daß es nicht selten ist, daß ein solcher Segelriese in knapp einer Woche bereits beladen ist und wieder ausläuft, da andere, die Wochen vorher einkamen, noch nicht einmal zur Hälfte abgefertigt worden sind.

Auf diese Weise wird nicht nur die unökonomisch lange Liegezeit verkürzt. Auch der Unterwasserbewuchs kann sich nicht in ähnlichem Umfange entwickeln, wie es bei länger liegenden Schiffen der Fall ist.«

Brennecke zitiert die Aussage des damaligen Leichtmatrosen Herbert Tiessler, der in Mejillones/Chile im Sommer 1912 folgendes beobachtet hat: »Ein wahrhaft wunderbarer Anblick bot sich uns eines Morgens, als die POTOSI mit sanfter Brise und leichten Segeln nach See zu glitt. Auf diesem Rekordsegler der Flying P-Line wurde keine Zeit vergeudet. Eine

Anzahl Salpeterleichter war immer noch längsseits festgemacht (!) und wurde mit nach See hinausgeschleift. Die Dampfwinden rasselten an Deck des Fünfmasters weiter. Die letzten Salpetersäcke schwebten während der Fahrt im hohen Bogen an Bord und verschwanden im Laderaum. Erst als die POTOSI nur noch wie ein Spielzeugschiffchen am Horizont sichtbar war, kehrten die nun entleerten Leichter, im Schlepptau schaukelnd, in den Hafen zurück.«

Es ist verbürgt, daß die Fünfmastbark binnen 20 Tagen ihre umfangreiche Stückgutladung auf der Reede gelöscht und 6.500 t Salpeter in Säcken geladen hat. Das alles in nicht mal drei Wochen, während bei wesentlich kleineren Seglern zwei bis drei Monate (!) Liegezeit keineswegs als unnormal galten.

Laeisz hatte schon vorher den ganz unzulänglichen Umschlag von der Küste zum Schiff auf den offenen chilenischen Reeden völlig neu organisiert.

Früher war es üblich, daß der Salpeter, nachdem er gekocht, geklärt und in Säcke gefüllt worden war, auf sogenannten Balsas hinaus zu den Schiffen gebracht wurde.

Die wichtigsten Verschiffungshäfen waren alle durch eine Bahn mit den Salpeterfeldern verbunden – und diese durch die chilenische »Längsbahn« wiederum alle miteinander verknüpft. Dort wurde der Salpeter durch Absprengen des Rohstoffes Caliche gewonnen, dessen gesprengte Stücke man zerkleinerte und zum Siedewerk, der »Oficina«, fuhr. Nach weiterer maschineller Zerkleinerung wurde der Salpeter in 23stündigem Kochbad extrahiert. Die Caliche-Rückstände wurden auf Halde gekippt, die Lösung in Bassins geleitet, wo der Salpeter ausgeschieden, getrocknet und herausgeschaufelt wurde. Nach dem Einfüllen in Säcke hat man die leuchtend weiße Chemikalie mit der Bahn zum Hafen transportiert.

1835 wurden in den Häfen die ersten Salpetersäcke verladen. Aus den anfangs sieben kleinen Siedereien waren zur Jahrhundertwende 90 Salpeterwerke in der Wüste Atacama geworden, die Haupteinnahmequelle der chilenischen Volkswirtschaft. Dieser Salpeter war damals derart lebenswichtig, daß seinetwegen zwei Salpeterkriege zwischen Peru, Bolivien und Chile geführt worden waren. Nach dem Sieg in der Schlacht bei Tacna wurde Chile Besitzer aller Caliche-Lager an der Pazifikküste Südamerikas.

Das Elend der Verladung in den Salpeterhäfen – Iquique, Tocopilla, Taltal und Antofagasta, zu denen bald auch noch Pisagua, Caleta, Buena, Mejillones und Talcahuano hinzugekommen waren – konnte einen rationell denkenden, dynamischen Kaufmann und Reeder wie Carl Laeisz zur Weißglut bringen. Tausende und Abertausende von Balsas, von 3–4 m langen Booten aus aufgeblasenen Rinder- und Seehundfellen, paarweise durch ein Bretterdeck zusammen- und von hölzernen Stretchern auf Abstand gehalten, trugen jeweils vier bis fünf Doppelzentnersäcke Salpeter. Man paddelte sie vom Strand 300–400 m weit hinaus zu den vor Anker liegenden Booten der Windjammer, die diese Säcke übernehmen und zur Bordwand ihres Schiffes bringen mußten!

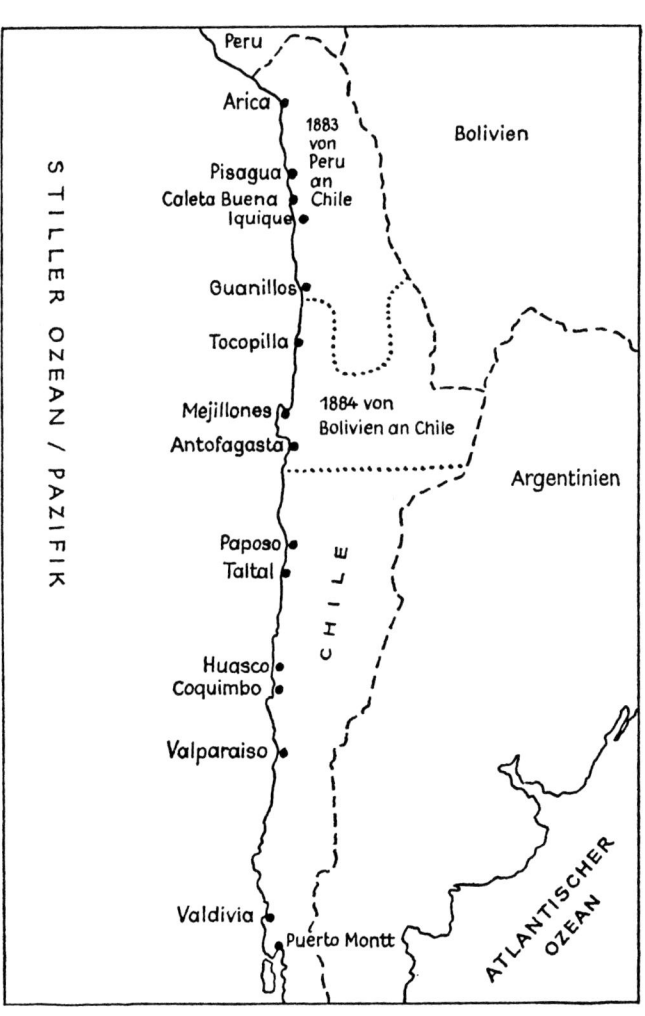

Chiles Salpeterhäfen.
Die Lage von Talcahuano muß auf der Karte S. 44 eingesehen werden. Die obige Karte verdeutlicht, daß im Anschluß an die Salpeterkriege der peruanische und der bolivianische Teil der Atacama-Wüste 1883 und 1884 an Chile gekommen sind.

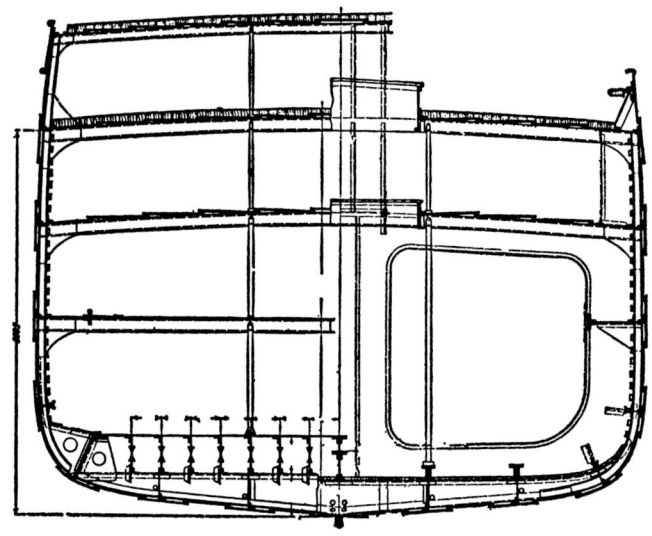

Schnitt durch den Rumpf des Fünfmastvollschiffes PREUSSEN *mit drei Laderaum-Decks.*

Die nur 25 Pfund schweren Balsas waren, ungeachtet ihres guten Brandungsverhaltens, zur Beladung großer Laeisz-Segler völlig ungeeignet. Wie lange hätte nachher der Umschlag von 8.000 t Salpeter auf die PREUSSEN mit solchen Leichtbooten dauern sollen!

Laeisz zog deshalb einen Bord-zu-Bord-Umschlag mit leistungsfähigen Salpeter-Leichtern und Schleppdampfern auf. Und er verbesserte das Stauen der Salpetersäcke in den Laderaum. Das Salpeterstauen war ohnehin eine besondere Kunst.

Ein Segelschiff mußte nachher tage- oder gar wochenlang bei halbem Wind bis zu 20 Grad gekrängt auf gleichem Bug liegen. Ein allmähliches Verrutschen der Ladung durfte trotz dieser Schräglage auf keinen Fall vorkommen. Man verhinderte das auf eine Weise, die Kapitän Rolf Reinemuth, später Leiter des Bremer Schiffsmeldedienstes und Bezirkspräsident »Weser« der deutschen Sektion der »Cap Horniers«, in seinem Buch »Die »Bremer Esel« – 50 Windjammer ihre Fahrten und Schicksale« anschaulich beschreibt: »Mit kurzem, aber sicherem Ruck wirft er (der Stauer von der Abladefirma) Sack für Sack an seinen Platz. Und es macht ihm wenig Mühe, einen ganzen Tag die Zweizentnersäcke zu fassen, zu schultern und zu werfen. Wie eine Pyramide wächst der Berg dann im Laderaum in die Höhe, wenn unten zunächst einige Sackreihen quer über den ganzen Raum auf einer hohen Unterlage von Stauholz gelegt sind.« Auch schwer erreichbare Winkel mußten sorgfältig so aus-

Originalauszug einer Salpeter-Reise der PITLOCHRY *(Positionsbuch)*

gefüllt werden, daß keine Hohlräume nachbleiben oder entstehen konnten. Durch den Ruck des Werfens anstelle des Zurechtrückens mit der Hand drückte sich jeder Salpetersack genau in jene Lage, die er auf der ganzen Überfahrt bis nach Europa beibehielt. »Und so überlegt sind die einzelnen Säcke auf Lücke gelagert, so sinnvoll wechseln längsschiffs und querschiffs liegende ab, daß der Riesenstapel in sich zu einem unbeweglichen Körper verwächst. Es ist kein Fall bekanntgeworden, daß eine in der geschilderten Weise von einem gelernten Stevedore gestaute Salpeterladung übergegangen wäre. Selbst die himmelhohe See am Kap Hoorn vermochte die kunstvollen Pyramiden nicht mehr aus dem Gleichgewicht zu bringen.

Das Gewerbe dieser Stauer war übrigens eine Art erblichen Monopols, der Vater weihte seinen Sohn darin ein – aber nur diesen. Außenseiter haben den Versuch gemacht, den Ring dieser Gilde zu durchbrechen – vergeblich.« (Jochen Brennecke in seinem Buch »Windjammer«)

Die Pyramidenform hatte übrigens den Zweck, den Gewichtsschwerpunkt der Ladung hochzuschieben. Andernfalls läge der Salpeter mit seinem hohen spezifischen Gewicht zu tief, das Schiff würde viel zu »steif«.

Das Hochschieben durch Kegelschüttung wird heute noch, aus gleichem Grunde, bei allen Erzfrachtern von F. Laeisz vorgenommen – bis hin zur PEENE ORE, die mit 320.000 tdw Ladefähigkeit eins der größten im Welthandel eingesetzten Frachtschiffe darstellt. Die Ahnherren dieser Methode sind also Massengutfrachter unter Segeln gewesen.

Auch wochenlanges Segeln in Hartlage auf »gleichem Bug« mit Krängungen bis zu 20 Grad durften nicht zum Verrutschen der Ladung führen. (Gemälde Johannes Holst)

Die vielgerühmte Potosi

Das erste Nonplusultra unter den Schwerwetterschiffen der »Flying P-Line« wurde die Potosi, die 1895 bei Joh. C. Tecklenborg, Geestemünde, fertiggestellt wurde. Dieses 111,6 m lange Schiff trug 6.500 t Ladung. Kapitän Robert Hilgendorf hatte schon die Bauaufsicht beim Entstehen seines »Traumschiffes«, dessen Linienriß so recht nach seinem Geschmack und seinen Vorschlägen entstanden war – ein Werk des genialen Konstrukteurs Georg W. Claußen. Schiff und Kapitän hatten sich sozusagen gesucht und gefunden, denn was Hilgendorf aus diesem Fünfmaster herausholte, schien bereits an Zauberei zu grenzen. Nicht allein, daß fast sämtliche Reisen unter 70, in einem Falle sogar unter 60 Tagen blieben: Die Potosi war ein besonders geglückter Dauerrenner, der die höchsten aufeinanderfolgenden Etmale in der Geschichte der Segelschiffahrt zustande gebracht hatte. Hilgendorf beherrschte dieses Instrument so virtuos, daß er einen für irreal gehaltenen Wunschtraum seines Reeders verwirklichte: zwei komplette Chile-Rundreisen pro Jahr!

Tatsächlich holte dieser »Hexenmeister« unter den Kapitänen Durchschnittsreisezeiten von der Elbe nach Chile und zurück zur Elbe heraus, die mit fünf Monaten und 19 Tagen zu Buch standen. Mit der Potosi schaffte Hilgendorf auf einer Reise des Jahres 1900 an fünf aufeinanderfolgenden Tagen Etmale, die dank ihrer Kette in der Historie der Segelschiffahrt ohne Parallele blieben. Das höchste war 378 Seemeilen – also 700 Kilometer (Wiesbaden–Kopenhagen!) binnen 24 Stunden. Diese Fahrt entspricht 16,2 Knoten! Das machte damals noch kein Frachtdampfer nach. In jenen berühmten fünf Tagen segelte Hilgendorf mit der Potosi 1.606 Seemeilen oder 2.174 Kilometer. Der später auf der Pamir untergegangene Kapitän Fred Schmidt hat dazu interessante Zahlen errechnet: »Mit der Geschwindigkeit eines Güterzuges, von nichts als dem Wind getrieben, brauste das gewaltige Schiff dahin. Um sich eine Vorstellung von dieser Leistung zu machen, muß man die täglich durchlaufene Strecke mit Land-Entfernungen vergleichen. Man denke sich das Schiff am Mittag des 9. Mai in Tripolis/Nord-

Die 1895 bei Joh. C. Tecklenborg in Geestemünde fertiggestellte Fünfmastbark Potosi war ein Meisterstück, das alle Erwartungen übertraf, zumal unter einem Kapitän wie Robert Hilgendorf.

afrika. Am 10. Mai hätte es Palermo/Sizilien, am 11. Florenz erreicht. Am 12. Mai stünde es in Stuttgart, am 13. in Flensburg und am Mittag des nächsten Tages in Oslo ... In 120 Stunden von Tripolis bis Oslo!« Es ist schlechthin unmöglich, ein Buch über Laeisz zu schreiben, ohne eine legendär anmutende und doch wahre Episode zu erzählen – selbst auf die Gefahr hin, daß sie dem Leser bereits bekannt ist: Die von Chile heimreisende POTOSI bekam den wegen seiner Schnelligkeit berühmten englischen Wollklipper CIMBA in Sicht, der – ebenfalls über Kap Hoorn – von Australien kommend auf der Heimreise nach Europa war. Die Männer auf der POTOSI konnten sehen, wie drüben trotz stürmischer Brise die letzten »Lappen« beigesetzt wurden, an Bord herrschte sozusagen »Zustand«. Drei Tage hetzten die beiden Windjammer in Sichtweite voneinander durch die See. Jedes Manöver des jeweils anderen Schiffes wurde argwöhnisch beobachtet, doch unaufhaltsam schob sich der Fünfmaster näher heran. Das war am 30. November 1895. Abends kam die POTOSI, nach Überholen der CIMBA, außer Sicht.

Am 17. Januar passierte der Wollklipper Lizard. Er hatte »von der Hoorn« eine so gute Reise gehabt, daß man sich Hoffnung machte, die POTOSI sei vielleicht doch noch nicht vorbei. In London aber wurde es schreckliche Gewißheit: Als CIMBA dort eintraf, lag POTOSI schon eine ganze Woche im Hamburger Hafen! Sie hatte 15 Tage vor dem Rivalen am Lizard-Leuchtturm ihr Unterscheidungssignal gezeigt. Sie war nun mal geführt vom »Düwel vun Hamborg«, Robert Hilgendorf. Aber auch die nächsten Schiffsführer holten hervorragende Leistungen aus der POTOSI heraus: die Kapitäne Schlüter, Nissen, Frömcke und Miethe. Sie waren innerhalb der Elite von FL-Kapitänen besonders für ihre Aufgabe ausgesucht.

Ein Menschenkenner wie Carl Laeisz wußte jeden seiner Schiffsführer richtig zu taxieren. Er kannte zwar Alan Villiers Worte noch nicht, aber er handelte danach: »Keine Schöpfung des Menschen war mehr in der Hand eines Mannes als der Langreisesegler in der seines Führers. Er war mehr als des Schiffes Gehirn. Er war sein Charakter, seine Entschlußkraft, seine Hoffnung auf Erfolg ... Der große Rahsegler kann mit einem Orchester verglichen werden, das einen begeisterten Dirigenten braucht, um zu voller Entfaltung zu kommen. Der Wind war die Partitur, und die Segel waren die Instrumente. Weniger befähigte Dirigenten konnten natürlich auch etwas tun, aber nur unter dem wirklichen Meister vermochte das Konzert vollen Glanz zu gewinnen.«

In der Stiftung »Seefahrtsdank« (Woermann-Haus) in der Palmaille von Hamburg-Altona hängt heute das Gemälde von der POTOSI, geschaffen vom Hamburger Marinemaler Johannes Holst.

Es ist im Farbdruck auf der Vorseite wiedergegeben. Man möchte es immer wieder ansehen und sich vorstellen, wie dieser große Seevogel POTOSI ausgesehen hat, wenn er mit gestrichen vollem Vor- und Achterdeck – voll brandender und grüner See – durch die Wellen jagte. Die POTOSI war ein »nasses« Schiff, denn Hilgendorf fierte nie die Obermarsrahen weg. So preschte dieses große Schiff sogar mit Vollzeug durch die gefährliche, von den meisten Kapitänen wegen ihres starken Gezeitenstromes und ihrer nahen, felsigen Ufer gefürchtete Le-Maire-Straße. Diese Abkürzung hat jedesmal die Reisezeit um Kap Hoorn verkürzt, und Hilgendorf war sich immer seiner Navigation sicher. Er muß einen sechsten Sinn für Ortsbestimmung gehabt haben – er navigierte fast, als habe er bereits Echolot, Radar und Funkpeiler besessen.

Fünfmastbark POTOSI,
Joh. C. Tecklenborg, Geestemünde
(Takelage vereinfacht)

Die PREUSSEN als Höhepunkt

Das 20. Jahrhundert war inzwischen angebrochen. Laeisz hatte noch einige seiner Dreimaster über die Jahrhundertwende mitgenommen, aber es war längst klar, daß der glänzende Ruf und die Popularität der Flying P-Line vor allem auf den Viermastbarken und der POTOSI begründet war. Den Neubauten PLACILLA und PISAGUA (1892) hatten sich 1893 noch die in England gekauften Viermastbarken PITLOCHRY und PERSIMMON ex DRUMROCK hinzugesellt. Beide Schiffe waren ihrer berühmten Kontorflagge durchaus würdig. 1902 benötigte die PITLOCHRY bei ihrer schnellsten Reise von Lizard nach Valparaiso nur 58 Tage (!), während die PERSIMMON zwar vorwiegend im 70-Tage-Bereich blieb. Aber sie war ein wackeres Arbeitstier und nächst der POTOSI größtes Schiff von F. Laeisz.

Roger Chapelet drückt mit diesem Gemälde vom Fünfmastvollschiff PREUSSEN dasselbe aus wie schon Jochen Brennecke auf der folgenden Seite mit Worten.

Im Jahre 1902 wurde bei Tecklenborg, Geestemünde, das erste Fünfmastvollschiff der Welt und der damals größte Segler ohne Hilfsantrieb an die Flying P-Line abgeliefert – die PREUSSEN. Dieser Riese, der jeweils 8.000 Tonnen Salpeter nach Europa trug, war zwar nicht – wie immer wieder fälschlich behauptet wird – der überhaupt größte Segler der Welt. Aber er war technische Vollendung in jeder Form – die Verwirklichung jenes Planes, den man beim Tod von Carl Ferdinand Laeisz in dessen Schreibtisch gefunden hatte.

»Die PREUSSEN war, wenn sie im Passat unter einem Dom weißer Segel durch die leuchtendblaue Atlantiksee pflügte,
nicht nur einfach schön,
nicht nur ein Rausch aus Symmetrie und schwerelos erscheinender Eleganz,
sie war mehr,
sie war majestätisch wie eine Königin.
Wer sie sah,
schwieg.«

Man konnte es dem Cap Hornier Jochen Brennecke nachempfinden, wenn er in seinem Buch »Windjammer« so von diesem Schiff sprach.

Die Deutsche Gesellschaft für Schiffahrt- und Marinegeschichte e.V., Sitz Düsseldorf, hat die Silhouette der PREUSSEN zur Briefkopfvignette und zum Wahrzeichen der Gesellschaft gemacht. Das Flaggschiff der Reederei hatte das Unterwasserschiff einer Jacht und dennoch jene Völligkeit, die sie zum Lastesel ersten Ranges machte. Das Schiff galt als Symbol dafür, daß die deutsche Schiffbauindustrie inzwischen Weltruf erlangt hatte. Noch dreißig Jahre vorher war diese weitgehend mittelständisch strukturiert und gegenüber der britischen nur bedingt ernst zu nehmen. Über die Mitte des 20. Jahrhunderts hinaus überwogen Schiffsgrößen für den Nord- und Ostseeverkehr bei weitem. Deutsche Reeder galten als überheblich, wenn sie Schiffe von mehr als 100 Commerzlasten (250 BRT) in Auftrag gaben. Auch in der allmählich stärker betriebenen Überseefahrt beherrschte zunächst die Brigg und schließlich die kleinere Bark das Bild, während andere Nationen längst mit großen Fregattschiffen und Klippern nach Übersee fuhren. Erst in den Gründerjahren nach 1870 setzte mit der allgemeinen Industrialisierung auch die des deutschen Schiffbaues ein. Er beherrschte den Stahlschiffbau schon nach kurzer Zeit souverän, wobei der relativ schnelle Aufbau der

Auch dieses Gemälde von Professor Hanswilly Bernartz gibt die bezwingende Schönheit des Laeisz-Spitzenschiffes wieder.

Kaiserlichen Marine und die Verwirklichung des Tirpitzschen Flottenbauprogramms zusätzlich bedeutende technologische Erkenntnisse und Praktiken vermittelt haben dürften. Die PREUSSEN war ohne Frage der absolute Höhepunkt im deutschen, ja im Segelschiffbau überhaupt. Die Tatsache, daß die vom Staat subventionierte französische Segelschiff-Reederei Bordes & Fils zehn Jahre nach Indienststellung der PREUSSEN, im Jahre 1912, ein noch größeres Segelschiff für die Kap-Hoorn-Route und die Salpeterfahrt baute, widerspricht dem nicht. Dieser späte Übertrumpfungsversuch kam in Gestalt der 5.633 BRT großen Fünfmastbark FRANCE (II), die zwar 500 BRT größer war als die PREUSSEN, die technischen Raffinessen und die Leistungen des ausgereiften deutschen Fünfmastvollschiffes hat die FRANCE (II) jedoch nicht erreicht. Das beweist der Datenvergleich. Das Laeisz-Flaggschiff PREUSSEN wurde also der Höhepunkt in der Geschichte des Segelns. Es war sozusagen Spätlese-Vollkommenheit in einer Epoche, die sich bereits mehr und mehr vom Großsegler abzuwenden begann.

Als der nach den Ideen von Hilgendorf und Carl Ferdinand Laeisz geschaffene, wiederum von Georg W. Claußen konstruierte Fünfmaster seine Geburtsstätte Tecklenborg verließ, um in Hamburg die Jungfernreise-Stückgutladung für Chile zu übernehmen, lagen die ersten Gleitflüge Otto Lilienthals und seines Flugapparates bereits dreizehn Jahre zurück. Zwei Jahre vorher hatte sich der erste Zeppelin in die Lüfte erhoben und damit ein Luftfahrzeug, aus dem sich binnen zweier Jahrzehnte das erste rasant zeitraffende Transatlantik-Verkehrsmittel entwickeln sollte. Die Anilin-Chemie und damit die Farbstoff-Synthese standen in voller Blüte. Die ersten Automobile ratterten durch die Straßen, der Dieselmotor war bereits erfunden. Und während noch die PREUSSEN von ihrer Jungfernreise aus Chile heimkehrte, überschritt – auf einer Versuchsstrecke zwischen Berlin-Marienfelde und Zossen – eine elektrische Schnellbahn die 200-km/h-Grenze. Die Morsetelegrafie war seit Jahrzehnten selbstverständlich, das Telefon und der Seefunk standen in den Anfängen. Und kaum jemand weiß das heute noch: Während die PREUSSEN 1904 trotz ihrer Riesenladung von 8.000 Tonnen Salpeter in 69 Tagen von Iquique nach Lizard rauschte, glückte dem Düsseldorfer Ingenieur Christian Hülsmeyer auf einer Rheinbrücke die erste Radarortung der Geschichte!

Die Zukunft hatte schon begonnen – eine Zukunft, in der man sehr bald ein paar noch vorhandene Segelschulschiffe wie exotische Wundergebilde anstaunen würde, weil die Frachtsegler plötzlich wie Dinosaurier dahingestorben waren.

Die PREUSSEN war Blüte kurz vor dem Verlöschen – das Kennzeichen jeder Hochkultur. Für Laeisz freilich sollte das Ende der Kap-Hoorn-Segler noch längst nicht kommen. Die »Flying P-Line« blieb noch knapp vier Jahrzehnte – bis 1939 – in der Kap-Hoorn-Fahrt »am Ball«. Sie zog auch nach dem Ersten Weltkrieg erneut einen Liniendienst mit Großseglern nach Chile auf – den letzten der Weltgeschichte. Nur die Reederei F. Laeisz konnte sich mit ihren vollkommenen, immer noch rentabel laufenden Seglern so lange auf dieser Route halten. Dennoch war 1902 die neue Zeit schon so endgültig angebrochen, daß die PREUSSEN gerade wegen ihrer Vollendung einer Flucht nach vorn zu gleichen schien. Bereits 1890 hatten sich in der Welthandelsflotte Segler- und Dampfertonnage erstmalig die Waage gehalten. Und seitdem ging die Zahl der Großsegler immer weiter zurück, weil immer größere Frachtdampfer und stärkere Schiffsmaschinen die Dampfschiffahrt betriebswirtschaftlich immer rentabler und damit verlockender machten.

Aber noch ein anderer Vorgang schien die Todesstunde der Windjammer endgültig einzuläuten: Eine mit amerikanischen Aktionären gegründete neue Kanalgesellschaft hatte 1894 das Projekt des einstigen Suezkanal-Erbauers Ferdinand de Lesseps und der von ihm gegründeten, 1888 in einem Riesenskandal pleite gegangenen französischen Panamakanal-Gesellschaft wieder aufgegriffen. Sie ging daran, den als Torso liegengebliebenen Panamakanal weiterzubauen, der 1914 fertiggestellt und – infolge von Erdrutschen und Fahrwasserverschüttung – erst 1920 endgültig eröffnet wurde. Man ahnte in allen Reedereikontoren, was ein Durchstich durch den Isthmus von Panama bedeuten mußte: die Öffnung einer dampfergünstigen Kurzverbindung zur Westküste von Südamerika, die über kurz oder lang zur Entthronung der Kap-Hoorn-Fahrt führen würde. Das alles waren die Aspekte, während das imponierende Segelgebirge des einzigen frachttragenden Fünfmastvollschiffes über die Horizonte wuchs. Wenn es überhaupt noch einen Weg gab, das Ende der Großsegler aufzuhalten oder diese wenigstens als Massengutfrachter neben den Stückgutdampfern weiterbestehen zu lassen, dann war er – so meinte man damals – mit der ausgefeilten Konstruktion der PREUSSEN aufgezeigt, die als großer, 8.000 Tonnen tragender Fünflukenfrachter mit voll durchlaufendem Zwischendeck der damaligen Dampfschiffahrt sogar weit voraus war.

Die Ladung von 18 Güterzügen (zu je 30 Waggons à 15 Tonnen) paßte in diesen Segler hinein – was einer 6,5 km langen Waggonschlange entsprach. Versteifungsschotte hinter jedem der fünf Masten (Fock-, Groß-, Mittel-, Laeisz- und Kreuzmast) verstärkten vorsorglich den Querverband und nahmen den enormen Zug der Takelage auf die Schiffsseiten auf. Die respektable POTOSI war sowohl an Brutto- als auch an Netto-Raumgehalt rund 1.000 Tonnen kleiner und trug rund 1.500 Tonnen weniger Ladung als die PREUSSEN, deren Segelfläche mit 5.560 Quadratmetern angegeben wird! Das stehende und laufende Gut des Fünfmastvollschiffes hatte eine Gesamtlänge von über 41 Kilometern. 1.268 Blöcke, 700 Meter Takelkette und 248 Takelageschrauben verdeutlichen ferner die Ausmaße. Der Flaggenkopf des höchsten Mastes (Mittelmast, Nr. 3) lag 68 Meter über dem Kiel. Der Doppelboden konnte 450 Tonnen Wasserballast und 100 Tonnen Kesselspeisewasser aufnehmen.

Im Wissenschaftlichen Institut für Schiffahrts- und Marinegeschichte, Hamburg, im Besitz von Professor Peter Tamm, sind diese Präzisionsmodelle der Fünfmaster POTOSI und PREUSSEN nebeneinander zu bewundern.

Wer eine Fotografie der PREUSSEN aufmerksam betrachtet, entdeckt hinter dem Fockmast zwei Schornsteine. Dieses Schiff hatte zwei ziemlich große Hilfskessel für Dampfballastpumpe, Dampfankerspill (560 m Ankerketten, 66 t), Dampfrudermaschine und Dampfladewinden.

Das Fünfmastvollschiff war also ein Zweckbau durch und durch, ein Schiff, das gar keinen Platz für Romantik bot. Die PREUSSEN war ein betriebswirtschaftlich perfektioniertes Gebilde – ein Segler, der in den Reiseleistungen nicht ganz an die uhrwerkartige Gleichmäßigkeit der POTOSI-Reisen heranreichte, aber unter ihren vorzüglichen Kapitänen Boy Petersen und Joachim Hans Hinrich Nissen dennoch Einmaliges leistete. Ein nie geschlagener Rekord war die Ausreise des Jahres 1903: Lizard–Iquique in 58 Tagen (Petersen). Kapitän Nissen erreichte hingegen mit dem Schiff einmal das höchstbekannte Etmal der Segelschiffahrt überhaupt – mit 18,7 Knoten Durchschnittsfahrt. Aber er schaffte das nur 24 Stunden lang. Insofern blieb der berühmte fünftägige Etmal-Rekord der POTOSI ungeschlagen. Die beste Rundreise der PREUSSEN: Hamburg–Iquique–Hamburg in 146 Tagen. Im Ladehafen Iquique hatte man dabei nur eine Woche (!) zugebracht!

Vom Kollisionspech verfolgt

Unter den nicht wenigen angelsächsischen Bewunderern der »Flying P-Line« befindet sich der namhafte britische Segelschiff-Experte und Seeschriftsteller Basil Lubbock, der neben elf anderen Büchern 1932 sein recht bekannt gewordenes Werk »The Nitrate Clippers« der Öffentlichkeit übergab. In Fairneß, aber auch mit einem Anflug von verständlicher Zurückhaltung und von Understatement sagt er darin: »Obwohl es in der Salpeterfahrt zur Westküste Südamerikas mehr britische als Segelschiffe anderer Nationen gab, hat sich keine unserer großen Reedereien auf den Salpeterhandel derart spezialisiert wie die deutsche Firma Laeisz und die französische Firma A. D. Bordes. Auch haben wir nicht gerade unsere schnellsten Schiffe für diese Fahrt engagiert … Wenn also von Salpeterklippern gesprochen wird, dann muß man sich vor ausländischen und nicht vor britischen Schiffen verneigen.

Es war Herr F. Laeisz*, der wirklich den Geist der flotten Betriebsamkeit in das allzu leicht gehende und lässig gehandhabte Salpetergeschäft hineinbrachte. Er war es, der seinen Kapitänen Rennreisen abverlangte. Er war es aber auch, der seine Agenten anhielt, die Stauer der Westküste anzutreiben, daß sie seine Schiffe gleichmäßig in einem Viertel jener Zeit löschten und beluden, die bei anderen Schiffen und Nationalitäten üblich war …

Wie die meisten Engländer bin ich in dem Glauben daran groß geworden, daß wir als Seeleute ohne Rivalen sind und daß unsere Schiffe besser konstruiert sind, besser gebaut und besser gesegelt werden als die aller anderen Nationen. Dieser Überlegenheitskomplex, der für andere große Seefahrtnationen immer etwas Irritierendes an sich gehabt haben muß, ist dieser Tage schnell von mir gewichen …

Meine Leser werden – des bin ich sicher – mit mir darin übereinstimmen, daß diese Salpeterklipper der P-Line und von A.D. Bordes es verdienen, in der Geschichte der Seefahrt in einem Atemzug mit unseren eigenen Klippern genannt zu werden, … denn feinere, besser gesegelte Schiffe könnten in unserer britischen Segelschiffahrt nicht gefunden werden – nicht einmal auf dem Höhepunkt ihres Ruhmes.«

Basil Lubbock trifft in seinem Buch noch eine andere recht bemerkenswerte Feststellung: »Keine Reederei hat in bezug auf Kollisionen im Englischen Kanal derart viel Pech gehabt wie Laeisz' P-Line von Salpeterklippern …«

Tatsächlich ergab sich angesichts der ständig steigenden Verkehrsdichte im Kanal und dadurch, daß sich immer weniger Nautiker auf Dampfer-Kommandobrücken seemännisch richtig in die Kurse und Manöver eines Windjammers hineindenken konnten, bald eine groteske Situation. Je sicherer die Laeisz-Reisen um das stürmischste Kap der Welt wurden, desto gefährlicher wurde das Passieren jenes Nadelöhrs zwischen England und Frankreich. Der Kanal, nicht das Kap Hoorn wurde allmählich zum Alpdruck der Reederei. Dieses Gewässer hat nicht nur die unrühmliche Strandung der POLYNESIA vor Dungeness (wie schon gesagt, im Jahre 1890, danach Kondemnierung und Patententzug des Kapitäns) und durch die Kaperung der PERKEO vor Dover (1914, der Kapitän hatte keinerlei Kenntnis vom Ausbruch des Krieges) die Nerven der Laeisz-Geschäftsleitung strapaziert. Es gingen durch Kollisionen im Kanal 1910 die PREUSSEN und 1913 die PANGANI verloren, ebenso im selben Jahr 1913 die PITLOCHRY (s. Schiffsliste). Es wurde 1912 die PISAGUA so schwer beschädigt, daß sie als Wrack verkauft werden mußte. 1929 hatte die PARMA bei Lowestoft Kollision mit einem englischen Trawler, im selben Jahr die PASSAT sogar zwei Kollisionen.

Die tragischste aller Kanalkollisionen war die der PANGANI, denn diese zehn Jahre alte stählerne Viermastbark wurde am 28. Januar 1913 querab Kap de la Hague von dem französischen Dampfer PHRYNE über den Haufen gefahren. Sie sank so schnell weg, daß nur der 1. Offizier und drei Mann gerettet werden konnten. 30 Seeleute fanden dabei den Tod. Daß die FL-Tiefwassersegler dank ihrer soliden Ganzstahlbauweise und dank ihrem stabilen Kollisionsschott hinter der Vorpiek einiges aushielten, wurde drastisch dadurch erhellt, daß in zwei Fällen der FL-Segler gegenüber dem Dampfer

---

* Hier irrt Lubbock. Es war nicht Ferdinand Laeisz (der schon 1887 gestorben war), sondern es waren Carl und schließlich auch Carl Ferdinand Laeisz.

der Stärkere blieb. Die maschinengetriebenen Kollisionsgegner »soffen« also »ab«, die Segler blieben schwimmen! Der erste und zugleich spektakulärste Fall dieser Art ereignete sich, als die PISAGUA am 16. März 1912 auf der Salpeterreise von Mejillones/Chile nach Hamburg einen »ausgewachsenen« P&O-Liner versenkte – die OCEANA, ein kombiniertes Fracht- und Fahrgastschiff der berühmten britischen Peninsular & Oriental Steamship Company. Auch dieser Dampfer war, wie in allen anderen Laeisz-Kollisionsfällen, seiner gesetzlichen Ausweichpflicht gegenüber einem Segler nicht nachgekommen. Er lief dem Segler auf der Fährroute Newhaven – Dieppe vierkant vor den Bug. Die Viermastbark verlor dabei Klüverbaum und Vorbramstenge. Ihr Vollschiff wurde eingedrückt und die Vorpiek aufgerissen. Das Kollisionsschott aber hielt, es bewährte sich auch in diesem Falle.

Der große britische Dampfer jedoch war – auf der Ausreise von London nach Bombay – in Höhe des Vormastes fast im rechten Winkel getroffen und sozusagen waidwund geschlagen. Die PISAGUA hatte zwei gewaltige Löcher in den Rumpf der OCEANA gerissen. Beim Schotten-dicht-Alarm brach unter der indischen Laskaren-Besatzung Panik aus, aber die Offiziere und die weißen Besatzungsmitglieder konnten die Ordnung wiederherstellen. Es wurden die Schwimmwesten ausgegeben und alle Rettungsboote weggefiert. Unglücklicherweise schlug das zuerst ausgesetzte Boot um. Sieben Fahrgäste und vier Besatzungsmitglieder ertranken. Als einziger Bootsinsasse wurde ein weiblicher Fahrgast gerettet, der sich an den Kiel des gekenterten Boots angeklammert hatte. Die Dame konnte von dem nächsten ausgesetzten Rettungsboot aufgenommen werden.

Die PISAGUA hatte sofort beigedreht und die Segel festgemacht, so daß sie die Überlebenden aufnehmen konnte, bevor sie durch Notsignale einen Schlepper herbeirief, der sie vorsorglich nach Dover einschleppen sollte. Wie immer in solchen Fällen wußte man ja nicht, ob und wie lange das Kollisionsschott halten würde.

Da der Seeunfall direkt auf der Fährroute geschehen war, kam bald danach der Postdampfer SUSSEX aus Newhaven auf und nahm 27 Fahrgäste und den Großteil der Besatzung an Bord. Die restlichen Überlebenden wurden durch die aus Newhaven und Eastbourne herbeigeeilten Rettungsboote der Royal National Life-boat Institution an Land gebracht. Nur Kapitän Hide, der Lotse und sechzehn Mann von der Besatzung blieben noch an Bord der schwerbeschädigten OCEANA, die von dem Schlepper ALERT und einem Dampfer auf den Haken genommen wurde. Das Vorschiff war freilich schon so weit abgesackt, daß man es für ratsam hielt, den Dampfer über den Achtersteven abzuschleppen. Man wollte ihn wenigstens noch irgendwo auf Grund setzen. Es war jedoch offensichtlich, daß die OCEANA nun jeden Augenblick sinken konnte. Schließlich war sich Kapitän Hide darüber im klaren, daß jeder weitere Verbleib auf diesem todgeweihten Schiff

*Aus Horst Hamecher: »Königin der See – Fünfmastvollschiff PREUSSEN«,
mit freundlicher Genehmigung Verlag Egon Heinemann, Norderstedt – Hamburg.
Diese Darstellung ist hier nicht maßstabsgetreu abgebildet.*

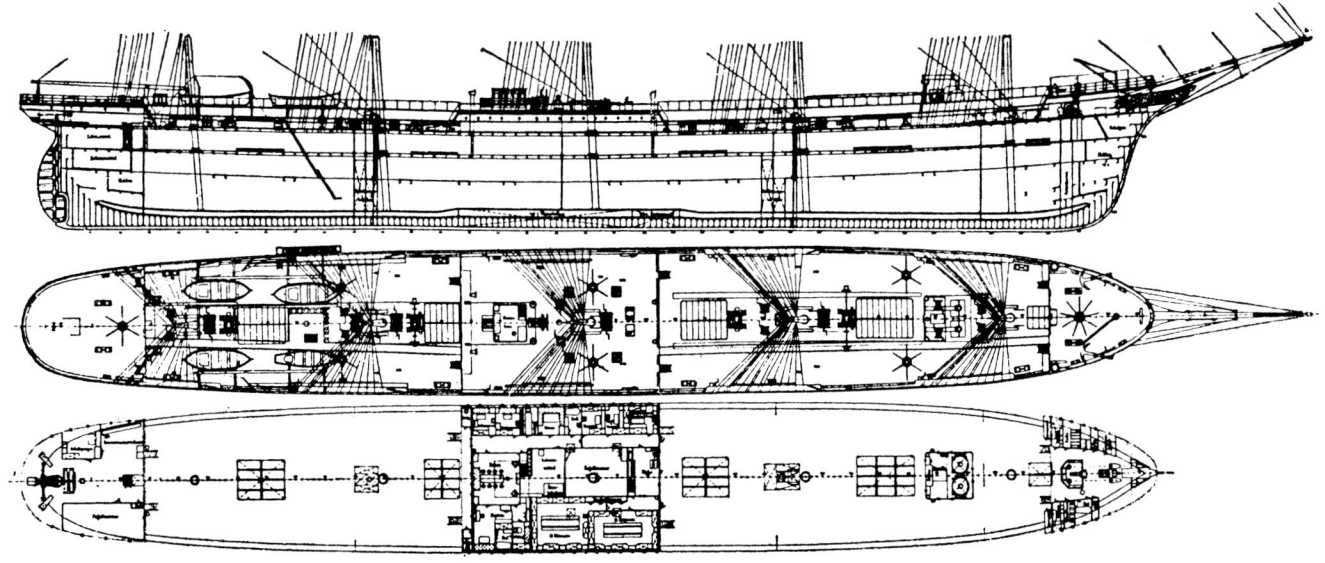

Selbstmord sei. Er und seine Restbesatzung stiegen deshalb auf den Schlepper über. Alle Anstrengungen des Schleppers waren vergebens, die OCEANA noch in flaches Wasser zu bugsieren. Sie sackte zwei Meilen westlich des Feuerschiffes ROYAL SOVEREIGN ab. Es war der erste Schiffsverlust der P&O-Line überhaupt, die als britische Elite-Reederei galt. Das Schiff hatte eine große Menge Gold- und Silberbarren der Bank of England an Bord, die aber in einmonatiger Arbeit von Tauchern geborgen werden konnten. Da Laeisz für seine schnellen Schwerwetterreisen um Kap Hoorn nur wirklich gesunde Schiffe brauchen konnte, wurde die angeknackste PISAGUA nach ihrer Reparatur an die Aktiesellskapet Örnen in Sandefjord/Norwegen verkauft, die sie zur Walkocherei umbaute. Aber das Pech verfolgte die PISAGUA – die vor der unseligen Kollision 20 volle Jahre glücklich unter der FL-Flagge gesegelt war! – weiter. Bei der ersten Ausreise ins Walfanggebiet strandete sie im Januar 1913 auf den South-Shetland-Inseln der Antarktis und ging endgültig verloren.

Der zweite Fall einer Dampferversenkung durch einen Laeisz-Segler ist ebenfalls kurios genug: Die Viermastbark PASSAT hatte am 15. August 1928 Hamburg zur Ausreise nach Chile verlassen. Bei klarem Wetter lief ihr im Kanal 20 sm südwestlich Dungeness der französische Dampfer DAPHNE bei einem Versuch, noch rechtzeitig ihren Kurs zu kreuzen, in Unterschätzung ihrer Geschwindigkeit vor den Bug. Der Dampfer wurde von der PASSAT buchstäblich durchgeschnitten und in den Grund gebohrt.

Die DAPHNE sank mit ihrer Erzladung binnen zehn Minuten, aber die gesamte Besatzung konnte sich retten. Sie kletterte auf die PASSAT, der Einfachheit halber über deren Klüvernetz! Nach Rettung der Dampfermannschaft ließ Kapitän Eilert Müller back brassen, so daß sich die Viermastbark, über den Achtersteven treibend, langsam aus dem sinkenden Dampfer lösen konnte. Dann lief PASSAT ohne fremde Hilfe nach Rotterdam zu einer nur kurzen Werftreparatur und setzte bereits eine Woche nach der Kollision die Ausreise nach Chile fort. Ihre Beschädigungen waren also nur minimal.

Aber Duplizität der Fälle: Auf ihrer nächsten Ausreise nahm PASSAT den Dampfer BRITISH GOVERNOR auf die Hörner, der ihr mit einem höchst verworrenen Rudermanöver schuldhaft vor den Bug geraten war. Diesmal blieb der Dampfer schwimmen. Die Beschädigungen der PASSAT aber waren wesentlich ernster als nach der Versenkung der DAPHNE. Rotterdam wurde als Nothafen für die rund einmonatige Reparatur angelaufen – und das Kollisionsschott hielt auf dem Wege dorthin, genau wie es bei der PISAGUA und bei der PREUSSEN gehalten hatte. Im Grunde glimpflich war die Kollision der PREUSSEN verlaufen, der am 5. November 1910 die englische Kanalfähre BRIGHTON auf törichte und sträfliche Weise den Kurs kreuzte. Die Fährschiffsführung hatte eine beträchtliche nautische Fehlleistung begangen.

Bei dem Zusammenprall, dessen Wucht der FL-Kapitän Nissen durch ein geschicktes Manöver (Backbordruder und Backbrassen der Achterrahen) noch zu mildern wußte, traf der starke Klüverbaum des Fünfmastvollschiffes den Dampfer so, daß er dessen vorderen Schornstein hinwegfegte und einen Mast umriß. An der Bordwand der BRIGHTON entlangschrapend, demolierte er die Verschanzung, Außenhautplatten, die Rettungsboote und deren Davits. Dabei knickte allerdings auch der Klüverbaum schließlich weg. Außenhautplatten rissen vom Bug der PREUSSEN ab. Das verursachte ein rund fünf Meter langes Leck, das unter die Wasserlinie reichte. Prompt lief die Vorpiek voll, aber das Kollisionsschott zeugte von der Güte der Tecklenborg-Bauweise.

Durch Wegnahme aller Segel bis auf die Ober- und Untermarssegel und nach Backbrassen lag der Fünfmaster nach Freikommen von dem Dampfer gestoppt, ebenso sein Kollisionsgegner. Man tauschte die Schiffsnamen, Kapitänsnamen, die Abgangs- sowie Bestimmungshäfen aus und bot sich gegenseitigen Beistand an, der jedoch von beiden abgelehnt wurde. Allerdings erklärte der Fährschiffskapitän, er müsse der starken Beschädigung wegen nach Newhaven zurückkehren. Kapitän Nissen bat ihn, von dort einen starken Schlepper zu schicken.

Das Ende war wie ein Symbol

Niemand hätte gedacht, daß dieser Zusammenstoß der Anfang vom Ende der herrlichen PREUSSEN sein würde. Und es erscheint wie ein düsteres Symbol, daß ein Dampfer die Primärursache für die spätere Strandung des Fünfmastvollschiffes war. Ein maschinengetriebenes Schiff und damit ein Vertreter des unerbittliche Wirklichkeit gewordenen technischen Zeitalters hatte also den Stolz der deutschen Seglerflotte auf dem Gewissen.

Das Drama der PREUSSEN sei kurz skizziert: Beim Versuch, Dover als Nothafen anzusteuern, nahmen Wind und See derart zu, daß Kapitän Nissen versuchen mußte, östlich Dover zu ankern. Der ungeheure Winddruck auf die Takelage und der Gezeitenstrom waren daran schuld, daß die Steuerbordkette ausrauschte und verlorenging, wenig später auch die Backbordkette. Es war einfach nicht möglich, durch Anziehen der Bremsen und Stopper die Kette zum Halten zu bringen. Starker Südweststurm war aufgekommen, und die nach Verlust beider Anker gefährdete PREUSSEN nahm nun dankbar die Hilfe der in der Nähe wartenden Schlepper ALERT, JOHN BULL und ALBATROS an, um sich mit festgemachten Segeln nach Dover hineinbugsieren zu lassen. Als der Schleppzug sich schon in der Hafeneinfahrt befand, setzte eine andauernde, sehr heftige Bö ein. Die Schlepper konnten den Fünfmaster nicht mehr halten, sondern wurden mit ihm zusammen auf Land getrieben. Zu allem Überfluß brach auch noch die Trosse der JOHN BULL. Kapitän Nissen versuchte nun, die einzige noch verbliebene Chance zu nutzen, um nicht zu stranden – sich freizusegeln. Er ließ die Schlepptrossen loswerfen, blitzschnell alle Untermarssegel setzen und die Rahen der drei hinteren Masten backbrassen, während er die Segel der beiden vorderen Masten wohlweislich im Wind »killen« ließ. Tatsächlich segelte das Schiff »über Steuer« vom Lande weg. Man wähnte sich schon in Sicherheit, als das Vorschiff auf einem Unterwasserfelsen festhakte und die PREUSSEN nun parallel zur Küste schlug. Jetzt war die Strandung nicht mehr zu verhindern. Die Schlepper waren wegen der hohen See außerstande, Leinenverbindungen herzustellen.

In der folgenden Nacht wurde der Schiffsboden immer stärker geschädigt. Abbringungsversuche durch zwei Schlepper am nächsten Tag blieben erfolglos. Das Wasser im Schiff stieg immer weiter. Am nächsten Morgen flaute es ab. Kapitän Nissen wollte – von Land aus – Pumpendampfer anfordern und das Schiff beim nächsten Hochwasser doch noch abbringen. Aber ein neuer Südweststurm machte alles zunichte. Die Seen brandeten über die PREUSSEN hinweg, die auf dem Felsen furchtbar »arbeitete«. Dabei brach der Vortopp herunter. Anderntags herrschte wieder schönes Wetter, aber die Besatzung wurde vorsorglich in den eigenen Booten an Land gebracht, weil der Segler durchzubrechen begann.

Unternommene Versuche, mit einem Dutzend Schleppern wenigstens das geborstene Schiff noch abzubergen, mußten zuletzt endgültig aufgegeben werden. Der Schiffseigner Erich F. Laeisz, der Nautische Inspektor der Reederei (Kapitän Opitz) und zwei Vertreter der Assekuradeure konnten nur noch einen Teil des Inventars und der Stückgutladung

*An Deck nach der Strandung –
nach Herabbrechen des Vortopps*

bergen lassen, unter der sich viele wertvolle Klaviere befanden (die man der vibrationsfreien Fahrt wegen lieber Seglern als Dampfern anvertraute).

Die PREUSSEN war endgültig ein Wrack, der See preisgegeben, die noch Jahre brauchte, ehe sie ihr Zerstörungswerk ganz vollendet hatte. Noch nach dem Zweiten Weltkrieg konnte man die Reste des Fünfmasters auf den Klippen bei Dover emporragen sehen.

Auch ohne diesen Totalverlust hätte F. Laeisz keine weiteren Fünfmaster mehr bauen lassen. POTOSI und PREUSSEN hatten sich zwar glänzend bewährt, aber ihre Übergröße hatte doch einen gravierenden Nachteil zutage gebracht: Immer schwieriger wurde es, für die Ausreise eine genügend große Menge Stückgut zusammenzubekommen. Entweder mußten diese Jumbo-Schiffe auf Komplettierung der Ladung warten oder aber unzulänglich ausgebucht, wenn nicht gar im Ballast, nach Chile segeln. Beides war unrentabel. So etwas machte auch die große Salpeterladung der Fünfmaster kaum wieder wett.

Die betriebswirtschaftlichen Vergleiche hatten also erwiesen, daß die Viermastbarken mit rund 4.500 t Ladung »besser dran« waren und flexibler eingesetzt werden konnten.

Wenn auch nicht wieder mit fünf Masten, so baute Laeisz doch – wie zur allgemeinen Ermunterung – unverdrossen weitere Tiefwassersegler. Seit Indienststellung der PREUSSEN kamen die Viermastbarken PANGANI, PETSCHILI und PAMIR, die Schwesterschiffe PEKING und PASSAT, POLA und PRIWALL als Neubauten hinzu, deren Stapelläufe zwischen 1903 und 1920 stattfanden. Außerdem wurde die Flotte durch Ankauf von Segelschiffen aus zweiter Hand noch weiter vergrößert. Die Hochkonjunktur der Salpeterfahrt war noch nicht vorbei. Deshalb wurden 1906 die Viermastbarken POMMERN und das Vollschiff PEIHO, 1907 das Vollschiff PIRNA, 1909 das Vollschiff PINNAS, 1911 die Viermastbark PONAPE und die Bark PENANG, schließlich – als letzte Schiffe – 1911 die Viermastbark

PERKEO erworben, deren Biographien und Ex-Namen in der Schiffsliste des Anhangs bequem nachgelesen werden können. Auffällig ist, daß sich unter diesen Second-hand-Erwerbungen doch wieder Dreimaster befanden – drei Vollschiffe und eine Bark, die dem sonst üblichen FL-Hang zur Viermastbark und zum Drei-Insel-Typ zuwiderliefen.

Der Grund ist ganz einfach darin zu suchen, daß damals jede Tonne Schiffsraum benötigt wurde und deshalb nicht abgewartet werden konnte, bis die Ablieferungen der nächsten Neubauten des FL-üblichen Typs heranstanden. 1913 war Laeisz mit 18 Schiffen die größte Privatreederei Hamburgs – alle 18 Schiffe waren Tiefwassersegler. Noch befand sich kein einziger Dampfer in der Flotte. Allerdings waren 1912 die Bauaufträge für die beiden ersten Bananendampfer mit Kühleinrichtung erteilt, die eine inzwischen vorgenommene Weichenstellung und neue Geschäftspolitik im Hause F. Laeisz erkennen ließen.'

Viermastbark PETSCHILI
Blohm & Voss, Hamburg

Die Viermastbarken erwiesen sich schließlich aus betriebswirtschaflichen Gründen wegen des flexibleren und schnelleren Ladungsgeschäftes als die bestgeeigneten »Carrier« für die Chileroute »rund Kap Hoorn«.

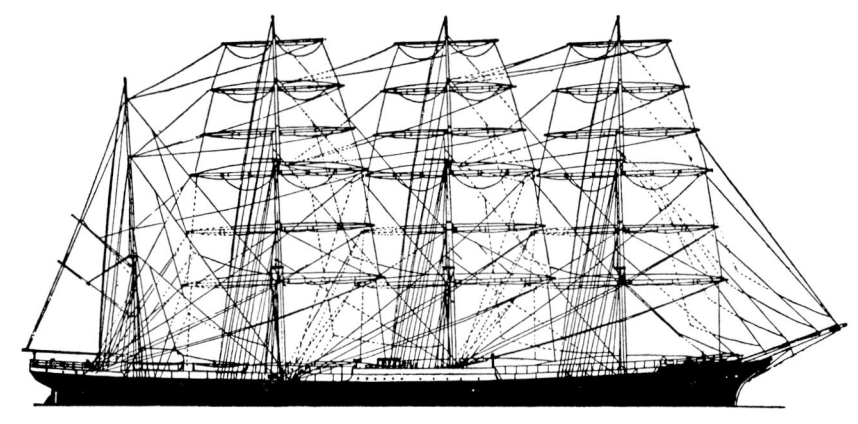

Die »Frucht mit dem Reißverschluß«

Genau in der Mitte der langen Westküste von Afrika liegt die 1961 aus Vereinigung zweier Landesteile entstandene autonome Bundesrepublik Kamerun, mit 475.422 km Fläche und 14,7 Millionen Einwohnern. Besuchen wir Duala, die 30 Kilometer vom Meer entfernte, 1,45 Mio. Einwohner zählende Stadt – den wichtigsten Hafen des Landes –, so entdecken wir neben ein paar übriggebliebenen unverkennbar wilhelminischen Bauten im Park gegenüber dem »Place de l'Independance« auch Denkmäler aus der Deutschenzeit. Der junge schwarzafrikanische Staat hat diese koloniale Epoche ohne Neurose in sein Geschichtsbild integriert – wohl wissend, daß Duala nun mal 1907 von den Deutschen aus drei kleinen Fischerdörfern am Wuri-Fluß gegründet wurde.

Auch die Landeshauptstadt Jaunde ist auf deutsche Planer und Bauherren zurückzuführen.

Vom heutigen Duala aus trägt uns eine Maschine von der »Air Afrique« in nur viertelstündigem Flug nach Tiko hinüber. Gleich nach dem Start öffnet sich unter uns das Kamerunbecken – eine Art Bodden, von weitläufig grüner Mangrovenlandschaft umgeben. Das Becken hat fast die Form eines sechszackigen Sterns, dem nur zur Seeseite hin die Zacke fehlt. Aus der Luft sehen wir schon von weitem, wie sich die lehmig graugelben Brackwasser des Mungo-Flusses von Westen her, aus der Region des Kleinen und Großen Kamerunberges, in den »Bodden« ergießen. Trotz der Wasserfärbung ist – an Stromkabbelung – eine Barre zu erkennen, die das Kamerunbecken als gemeinsames Mün-

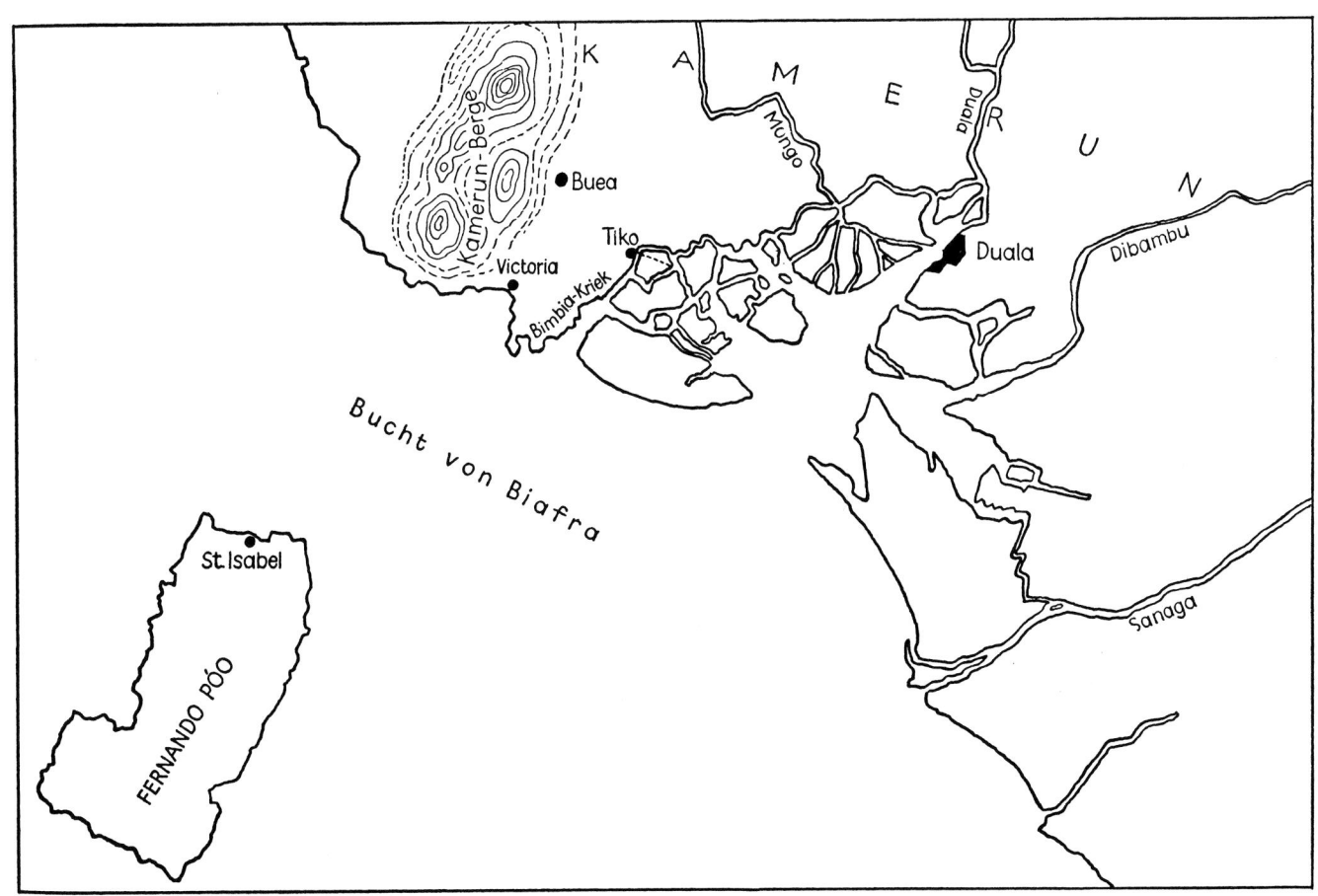

Linke Seite: Jede Bananenstaude trägt nur ein einziges Büschel Bananen. Diese sogenannte Fruchtrispe endet in einer großen Blütenknospe.

dungsgewässer von Wuri, Mungo und anderen Flüssen vom Gold von Guinea trennt, über dessen Wasser man die dunkle Silhouette der Insel Fernando Póo erkennen kann. Ein Gewirr von Mungo-Lagunen macht es zunächst schwer, aus der Luft den Verlauf des Fahrwassers nach Tiko auszumachen. Aber ein stromaufwärts fahrendes Fruchtkühlschiff und ein aus Tiko auslaufender Holzfrachter fesseln schließlich unseren Blick auf den Bimbia-Kriek. Nach dem Aufsetzen auf der Betonpiste hat unser Flugzeug Tiko, den Hauptflughafen von West-Kamerun, erreicht. Und es ist reizvoll zu wissen, daß die nahe gelegene, 30.000 Einwohner zählende Stadt, die wir eben aus der Luft gesehen haben, ihre Gründung der »Afrikanischen Frucht-Compagnie Laeisz & Co.« (AFC) verdankt. An jener Stelle befand sich 1911 nur ein winziger Eingeborenenweiler in der fast noch unberührten Wildnis von Urwald und Mangrovengebüsch. Dann aber wurde am Bimbia-Kriek ein AFC-Bananenumschlagplatz eingerichtet, der zur Keimzelle für den heutigen Hafen von Tiko geworden ist. In den späten zwanziger und den dreißiger Jahren waren die weißen Bananendampfer und -motorschiffe mit der FL-Flagge auf dem Mungo-Fluß von Kamerun ein vertrauter Anblick.

Blenden wir noch einmal in die Firmengeschichte zurück: Als Carl Laeisz kurz nach dem frühen Tode seines Sohnes Carl Ferdinand (22.8.1900) im Alter von 72 Jahren selbst von einer unheilbaren Krankheit befallen wurde und sein Ende herannahen fühlte, bestimmte er vorsorglich seine drei erfahrenen Mitarbeiter Paul Ganssauge, J. Reisse und H. Struck zu Prokuristen, behielt sich aber das Zeichnungsrecht zunächst selbst noch vor. Bevor Carl Laeisz im März 1901 starb, traf er alle weiteren Maßnahmen zur Sicherung des Fortbestandes der Firma, die 1899 bereits ihr 75jähriges Jubiläum hatte feiern können. Der »alte Laeisz« nahm brieflich Abschied von allen Vorständen jener Gesellschaften, deren Aufsichtsrat er angehörte. Er erklärte seinen Rücktritt von allen ihm anvertrauten Stellungen. Zwar blieb Frau Sophie Laeisz geb. Knöhr – die Witwe von Carl Laeisz – bis zu ihrem Tode im Jahre 1912 Inhaberin der Firma, aber ihre erbberechtigten Enkel Herbert F. (im Ersten Weltkrieg gefallen) und Erich F. Laeisz waren beim Tode von Carl Laeisz noch unmündige Knaben im Alter von 15 und 13 Jahren. Für sie wurde der Hamburger Senator Dr. Predöhl und der frühere Bürgermeister Westphal als Vormünder bestellt. Die Geschicke der Firma aber mußten dem von Carl Laeisz ernannten Prokuristen-Triumvirat übertragen werden, das sein Interregnum allerdings mit großem Elan und unverkennbarem Weitblick vollbrachte.

Zunächst galt es, die gewaltige PREUSSEN in Fahrt zu bringen und schließlich durch den Bau weiterer Viermastbarken und durch Schiffsankäufe die Flotte so zu expandieren, wie es das Salpetergeschäft erforderte.

Und doch hatte man die Gefahren, die jeder »Monokultur« anhaften, erkannt. Dem »Prokuristen-Regiment« behagte es nicht, daß die Firma praktisch in ihrem Wohl und Wehe allzusehr von dem Rohstoff Salpeter abhängig geworden war. Auch meldeten sich Zweifel, ob der alleinige Beibehalt des Segelschiffes auf die Dauer vertretbar sein könnte. Man grübelte deshalb über neue Zukunftsmöglichkeiten nach. Zwar hatte man das magere Jahr 1907 dank weiterlaufender Nachfrage auf dem Salpetermarkt halbwegs gut überstanden, obwohl zu dieser Zeit eine ganze Anzahl von Schiffen wegen Beschäftigungsmangel aufgelegt werden mußte. Auch in »Kaisers Zeiten« zeigte sich also das natürliche Auf und Ab von Konjunkturen und Depressionen. Es gab Krisen, die freilich – gemessen an ihren heutigen »Nachfolgern« – geradezu harmlos erscheinen. Denn einen großen Vorzug hatte die damalige Zeit gegenüber fast allen turbulenten Jahrzehnten seit dem Ersten Weltkrieg: die Währungen der damals führenden Wirtschaftsnationen – unter ihnen das Deutsche Reich – kannten das Gespenst der Inflation noch nicht. Insofern waren die Dezennien von der Reichsgründung bis 1914 geradezu die oft zitierte »heile Welt«: Ein Pfund Sterling war nun mal dasselbe wie 20,40 Goldmark. Die Fluktuation betrug zu keiner Zeit mehr als allenfalls ein Viertel Cent (!) vom amerikanischen Dollar. Wie hart die Währung tatsächlich war, beweist nicht nur ein Blick in die Speisekarte jener Zeit.

Ein komplettes Mittagessen kostete 25 Pfennige! Der Erste Offizier eines Laeisz-Seglers begann mit einem Monatsgehalt von 150, ab 1913 von 165 Goldmark und bekam für jede Rundreise eine Erhöhung um jeweils 5 Mark. Das ging bis zur »Hochwassermarke« 195 Mark. Dann wurde erwartet, daß der Nautiker spätestens den vierten Ärmelstreifen des Kapitäns erwerben konnte – oder er blieb nicht länger bei Laeisz. Unter diesen Verhältnissen einer intakten Geldwirtschaft muß das Jahr 1908 mit seinen krisenhaften Erscheinungen und ernsteren Komplikationen richtig gewertet werden. Der Konjunkturabschwung des Vorjahres hatte die Bauwut des Vorjahres und das Wachstum in der Welthandelsflotte kaum gedämpft.

Der Wettlauf zwischen Dampf- und Segelschiff war längst zugunsten der qualmenden Konkurrenz entschieden, obwohl noch etwa 12 % der auf nahezu 40 Millionen BRT angewachsenen Welthandelsflotte unter Segeln fuhren.

Die Schiffahrtsflaute der Jahre 1907/08 und die immer düsterere Zukunft der Segelschiffahrt bewogen das Prokuristen-Triumvirat im Hamburger Laeiszhof, sich dem dritten Kontinent zuzuwenden, der nach den Aktivitäten des Hauses in Ostasien, Zentral- und Südamerika die FL-Geschichte prägen sollte. Man engagierte sich in Afrika – und zwar in Kamerun.

Dort hatte es schon 1861 die drei deutschen Faktoreien Deido, Malimba und Klein-Batanga gegeben. Der zum mächtigen Mann gewordene Reichskanzler Otto v. Bismarck konnte 1884–85 die »am afrikanischen Kuchen beteiligten Großmächte« zur Berliner Konferenz zusammenrufen. Man akzeptierte Bismarck international als Schiedsrichter und »Ehrlichen Makler«.

Der in Berlin ausgesprochene Verzicht des Deutschen Reiches auf Interessen in Marokko »bezahlte« Frankreich mit Gebieten aus seinem äquatorialen Besitz. Sie wurden Kamerun angegliedert, das soeben (1884) durch Gustav Nachtigall zum deutschen Schutzgebiet erklärt worden war. Das Land »unter dem Kinn Afrikas«, im innersten Winkel des Golfs von Guinea, verdankt seinen Namen dem portugiesischen Seefahrer Ferñao do Póo, der Ende des 15. Jahrhunderts das (bereits geschilderte) Mündungsbecken des Wuri und Mungo entdeckt hatte. Er nannte es nach den dort in großen Mengen vorkommenden Garnelen »Rio dos Camaroes« – Krabbenfluß. Es entstand das Wort Kamerun.

Den Ausschlag für die Idee, in Kamerun ein Plantagen- und Handelsunternehmen aufzuziehen, gab ein Ratschlag des befreundeten Reeders und Schiffsmaklers Ernst Russ, der 1908 neue Meldungen aus Afrika bekommen hatte. Er machte auf die günstigen Möglichkeiten eines dortigen Bananenanbaues aufmerksam. Man habe am Fuß der Kamerunberge mit ihren fruchtbaren vulkanischen Böden ein besonders geeignetes Territorium gefunden. Paul Ganssauge, der sich längst mit ähnlichen Ideen trug,

leitete umgehend die Vorarbeiten ein. Er ließ von beauftragten Fachleuten die Bodengüteklasse an den Kamerunbergen testen und die anzupflanzenden Fruchtsorten auswählen. Noch im selben Jahr wurden in der Tiko-Ebene am Südostfluß des Kamerungebirges 350 Bananenschößlinge von den Kanarischen Inseln und aus Zentralamerika angepflanzt, die tatsächlich gut gediehen. Es kam nun darauf an, weitere Untersuchungen anzustellen und etwaige Plantagen so anzulegen, daß man irgendwo seeschifftiefes Wasser für noch zu bauende Bananendampfer vorfand. Ein vorher gegründetes »Bananenverkaufssyndikat« wurde eingeschaltet, das seine Spezialerfahrungen anwenden und mit der deutschen Regierung wegen des Grunderwerbs Verträge abschließen konnte. Das alles zog sich bis zum Jahre 1911 hin. Dann kam es zur Gründung der »Afrikanischen Frucht-Compagnie G.m.b.H.«, abgekürzt AFC, deren Promoter Paul Ganssauge war und die Deutschland endgültig vom Import ausländischer Bananen unabhängig machen sollte. Die AFC entstand durch Erwerb der Mehrheit (2 Millionen Goldmark Kommanditkapital) an einer schon bestehenden »Afrikanischen Frucht-Compagnie Berlin«. Ernst Russ erhielt für seine Einbringung 5 % Gratisaktien.

Nicht nur Paul Ganssauge erschien es absurd, daß der gesamte Bananenmarkt praktisch in britischen und amerikanischen Händen lag, obwohl Deutschland längst im äquatorialen Bereich Westafrikas Fuß gefaßt hatte. Aber der Bananenkonsum hierzulande war noch recht spärlich, der Markt also erst bedingt interessant. Das allein dürfte eine Erklärung für solche Zurückhaltung auf deutscher Seite gewesen sein. Um die Jahrhundertwende waren erst 11.000 Büschel oder Bündel Bananen im Hamburger Hafen angekommen, 1911/12 immerhin schon 1.000.000 Bündel – eine Menge, die 1914 freilich bereits im ersten Halbjahr erreicht wurde. Dennoch verzehrte der Deutsche auch 1914 im Jahresdurchschnitt erst vier Bananen, der Engländer 25, der Amerikaner 90! Es galt also, jene Frucht populärer zu machen, die sich freilich später zu einer ausgesprochenen Lieblingsfrucht der Deutschen entwickeln sollte. Die von der Natur so appetitlich und hygienisch verpackte »Frucht mit dem Reißverschluß« setzte sich durch, daß 1973 der Bananenverbrauch pro Kopf bei rund 11 Kilogramm lag und heute bei 12,3 kg.

Aber bis dahin war es 1911 noch ein weiter Weg. Es galt zunächst risikoreiche Pionierarbeit zu leisten – eine noch menschenleere und sogar menschenfeindliche Kamerun-Landschaft zu kultivieren und für Fruchtkühlschiffe erreichbar zu machen.

Der Schwemmboden und verwittertes Vulkangestein schufen dort – im Bereich der Kamerunberge – einen besonders fruchtbaren Boden. Der Regenreichtum des Landes tat ein übriges, um Pflanzen jeder Art zum Sprießen zu bringen. Im Bereich des Kamerunbeckens regnet es durchschnittlich an 221 Tagen im Jahr. Die Luftfeuchtigkeit beträgt 97 %, und die Temperatur schwankt zwischen 20° und 30° Celsius. Ein nach Kamerun entsandter Laeisz-Kapitän erkundete die ins Kamerunbecken mündenden Tropenflüsse auf ihre Befahrbarkeit für Seeschiffe. Er fand heraus, daß sich der Bimbia-Kriek als tiefste Mündungslagune des Mungo besonders eignete. Und das Buschdörfchen Tiko ergäbe wohl den besten Platz für den Bananenumschlag. Die ihm vorgelagerte Insel Keka böte sich für den Bau einer Pieranlage besonders an, weil sie ausreichende Wassertiefe habe. Man brauche nur einen Damm von 220 Metern Länge zu bauen, um den Strand von Tiko mit der Insel Keka zu verbinden. Darüber solle man eine Feldbahn verlegen.

Gesagt, getan. 1912 verließ ein von der AFC gecharterter Dampfer mit dem gesamten Baumaterial für die vorgesehene Bananen-Landungsbrücke den Hamburger Hafen. 1.300 Tonnen Ladung einschließlich der Feldbahngleise gingen zur Keka-Insel vor Tiko ab. Schon ein Jahr darauf waren der Damm zu Insel und die dortige Landungsbrücke, mehrere Europäer- und Arbeitshäuser, ein Sägewerk und eine Anlage zum Trocknen geschälter Bananen fertiggestellt. Rund 500 eingeborene Arbeiter hatten unter Leitung eines Kapitäns und dreier Handwerker aus Europa das schwierige Werk vollendet. Die inzwischen durch Urwaldrodung angelegten Plantagen beschäftigten einen Pflanzungsleiter, einen kaufmännischen Leiter, drei Pflanzer, fünf Pflanzungsassistenten, einen Arzt, einen Heilgehilfen, einen Sägemeister und einen Bautechniker.

Ende 1913 waren 440 Hektar Boden mit ertragsfähigen Bananenstauden bepflanzt, die immerhin schon eine Ernte von etwa 12.000 Büscheln erbrachten. Seit Juli 1913 kamen regelmäßig monatliche Sendungen von etwa 400 Kisten Tiko-Trockenbananen zu je 30 kg Gewicht im Hamburger Hafen an. Die Ware fand guten Absatz. Eine Verschiffung von frischen Bananen kam zunächst noch nicht in Frage, solange noch keine Kühlschiffe unter FL-Flagge vorhanden waren. Längst hatte man jedoch Vorbereitungen getroffen, diesen Zustand abzuändern. Die Tecklenborg-Werft, Geestemünde, hatte 1912 den Bauauftrag für die beiden ersten Bananendampfer mit Kühleinrichtung erhalten – die ersten Nichtsegelschiffe in der Geschichte des Hauses Laeisz und zugleich die ersten Kühlschiffe Deutschlands.

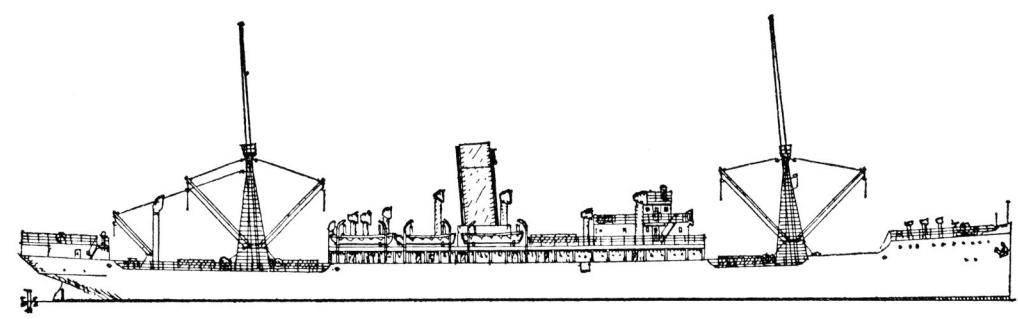

*Bananendampfer
PIONIER,
PUNGO,
Joh. C. Tecklenborg,
Geestemünde*

Das große Verhängnis

Der Weg von Kamerun nach Deutschland ist 4.800 Seemeilen lang – 8.600 Kilometer. Ein derart langer Reiseweg machte den Transport von Bananen in Schiffen ohne Kühleinrichtung unmöglich. Man mußte sich also erstmals mit dem Bau eines Fruchtkühlschiffes befassen, für das es nur ausländische Vorbilder gab, die man nun freilich gleich zu einem Optimum weiterentwickeln wollte.

Der Ursprung der Kühlschiffahrt soll auf den Einfall eines Australiers namens Thomas Sutcliffe Mort zurückgehen. Man sagt, dieser Mann habe eines Tages in der Zeitung gelesen, daß irgendwo ein vorzeitliches Mammut im Eis gefunden worden sei. Das Fleisch habe einen ganz frischen Eindruck gemacht. Fortan plagte diesen Mann die kühne Idee, im geradezu katastrophalen Überfluß vorhandenes Fleisch aus dem fünften Kontinent in die unter Fleischmangel leidenden, immer stärker bevölkerten Länder Europas, vor allem nach England, zu verschiffen. Versuche mit Natureis – eingepackt in Stroh und andere Laderaum-Isolierungen – schlugen fehl. Es mußten also andere Wege gefunden werden.

Thomas Stucliffe Mort hörte sich in dieser Sache um und stellte fest, daß 1860 der französische Physiker Carré eine Eismaschine nach dem Absorptionsprinzip patentiert bekommen hatte – eine ganz einfache Kältedampfmaschine zur Ausnutzung der Verdampfungswärme von Ammoniak. Mort machte sich dieses Prinzip zunutze und entwickelte daraus ein Verfahren zur Konservierung von frischem Fleisch. Er beteiligte sich an der Entwicklung zerlegbarer Kühlmaschinen, die man in Schiffe installieren und zur Frischhaltung von je 100 Tonnen Fleisch verwenden konnte. 1876 wurde eine Kühlanlage dieser Art in ein Segelschiff eingebaut, aber der Verschiffungsversuch mißlang. Die Kältetechnik war noch nicht weit genug fortgeschritten.

Abhilfe konnte erst geschaffen werden, als der deutsche Ingenieur und Physiker Karl Ritter von Linde im selben Jahr die erste Kompressionskältemaschine entwickelte und damit wesentlich zur Verbesserung der Kühlmaschinen beitrug. Das Ammoniak wurde nun nicht mehr durch das Wasser absorbiert und durch Destillation wieder daraus entfernt, sondern durch den Druck eines Kompressors verdichtet und anschließend zum Kondensieren gebracht. Das Lindesche Prinzip erwies sich als ideal, es wird noch heute allgemein angewandt und ist damit seit je auch an Bord aller Laeisz-Kühlschiffe zu finden.

Das Ammoniak wird nach der Verdichtung im Kondensator als heißes Gas abgekühlt und verflüssigt, schließlich im Kühlraum zum Verdampfen gebracht. Auf diese Weise wird dem Raum die Wärme rapide entzogen.

Bereits 1877 gelang es dem Dampfer PARAGUAY, mit Hilfe von Kompressionskühlung nach System Linde einen Fleischtransport von Buenos Aires nach Rouen zu bringen. 1880 erreichte die STRATHEVEN mit 40 Tonnen Fleisch aus Melbourne die britische Hauptstadt. Königin Victoria und der Prince of Wales ließen sich höchstpersönlich Proben von diesem australischen Fleisch geben. Die Presse berichtete in großer Aufmachung von diesem Ereignis. Darum gilt die Ankunft der STRATHEVEN in London allgemein als Geburtstag der Kühlschiffahrt, die bald in England Schule machte. 1882 brachte sogar ein Segelschiff mit Linde-Kühlung, die DUNEDIN, in neunzigtägiger Fahrt eine Fleischladung in gutem Zustand von Neuseeland nach England.

In Deutschland, das einen Karl Ritter von Linde hervorgebracht hat, blieb man der Neuerung gegenüber lange Zeit ebenso reserviert wie einst gegenüber dem Eisenschiffbau. Kühlräume an Bord setzten sich hier erst um die Jahrhundertwende auf großen Fahrgastschiffen durch, damit der Proviant delikat frisch gehalten werden konnte.

In England und Amerika gab es zu diesem Zeitpunkt längst Ladungskühlräume auf zahlreichen Frachtern. Die boten neue wirtschaftliche Chancen, weil sie das Gefälle von Kontinent zu Kontinent – zwischen Zonen von Überfluß und Mangel an Nahrungsmitteln – zu verringern vermochten.

Und sehr bald erkannte man auch, daß Südfrüchte in Tropenländern nicht mehr zu verrotten brauchten. Man konnte sie sogar in Plantagen produzieren, wenn man sie mit Spezialschiffen abtransportierte. Für die Bananenfahrt entstanden die ersten Fruchtkühlschiffe, die ausschließlich gekühlte Ladung trugen.

Die großen Fruchtkonzerne Elders & Fyffes in England, Standard Fruit and Steamship Company (Gründungsjahr 1904)

die 45.000 Büschel Bananen transportierte und durch Kühlmaschinen nach dem Lindeschen Prinzip am vorzeitigen Reifen hinderte. Dieser kohlegefeuerte weiße Einschraubendampfer, der hier als Beispiel dienen soll, hatte Fahrgasteinrichtungen für 18 Passagiere und lief 12,5 Knoten. Die deutsche Handelsflotte stand Mitte 1914 in der Weltrangliste unter den schiffahrttreibenden Nationen hinter England auf dem zweiten Platz. Es gab 2.388 deutsche Seeschiffe mit 5,459 Millionen BRT Gesamttonnage, darunter die damals größten Schiffe der Welt – die über 50.000 BRT großen Ozeandampfer VATERLAND und IMPERATOR. Aber nach einem Kühlschiff hält man in den Schiffslisten vergebens Ausschau. Auf den Helligen von Tecklenborg in Geestemünde wuchsen allerdings die beiden Erstlinge dieser Art ihrer Vollendung entgegen. Laeisz hatte sie, wie gesagt, für den Bananenimport aus Kamerun bestellt – und der Name des zuerst vom Stapel gelaufenen Schiffes hatte Symbolgehalt: PIONIER. Sein Schwesterschiff trug den Namen eines Baches, der in den Mungofluß mündet: PUNGO.

Diese beiden 3.000 BRT großen Fruchtkühlschiffe liefen über 14 Knoten, sie hatten einen Netto-Kühlrauminhalt von 180.000 Kubikfuß und waren gelungene Konstruktionen. Für Laeisz und für die Afrikanische Frucht-Compagnie hätten diese beträchtlichen Leistungen zwar Grund zur Genugtuung sein müssen, aber statt dessen waren sie eher Anlaß zu Trauer und Bitterkeit. PIONIER und PUNGO haben nämlich nicht eine einzige Laeisz-Banane transportiert. Als sie vom Stapel liefen, war der Erste Weltkrieg ausgebrochen.

PIONIER lag als Wohnschiff der Marine-Navigationsschule in Eckernförde jahrelang an der Pier fest, während PUNGO immerhin den Atlantik befuhr und dabei international berühmt wurde – als Hilfskreuzer MÖWE, der 178.000 BRT Schiffsraum und – mit Minen – ein englisches Großkampfschiff versenkte. In den insgesamt 186 Seetagen seiner beiden Kreuzfahrten als Handelsstörer zeigte das ganz auf sich allein gestellte Schiff keinerlei Ermüdungserscheinungen. Maschinen und Kesselanlagen vertrugen die hohe Dauerfahrtbelastung störungsfrei.

Nach dem Krieg wurden PIONIER und PUNGO als Kühlschiffe fertiggebaut und mußten danach gemäß Versailler Vertrag als Kriegsbeute an die Entente ausgeliefert werden.

Die britische Tochtergesellschaft der United Fruits Co., der bereits erwähnten Elders & Fyffes Ltd., beschäftigte die Schiffe unter neuen Namen, bis sie an die deutsche Tochtergesellschaft »Atalanta« der United Fruit abgegeben wurden, die sie auf die Namen OLDENBURG und NORDENHAM umtauften.

Fruchtkühlschiff PUNGO nach Umrüstung zum Hilfskreuzer MÖWE in Wilhelmshaven.

Paul Ganssauges Geniestreich

Der Kriegsausbruch führte zum Verlust zweier FL-Viermastbarken durch Kaperung. Die nach ihrem Ankauf in Amerika auf der Überführungsreise nach Hamburg befindliche PERKEO segelte unter Vollzeug frisch-fröhlich in den Kanal und wurde erst vor Dover von einem britischen Kreuzer geschnappt. Die Besatzung hatte keinerlei Kenntnis davon, daß sich England und Deutschland im Kriege miteinander befanden!

Ähnlich erging es der PONAPE, die volle 51 Tage (!) nach Kriegsausbruch auf der Heimreise aus Chile ahnungslos vom britischen Linienschiff MAJESTIC aufgebracht und als Prise nach Falmouth eingebracht wurde. Vermutlich hätte die PAMIR ein ähnliches Schicksal ereilt, wenn sie nicht ein anderer Segler durch Flaggensignal von den Ereignissen verständigt hätte. Die Viermastbark schlug daraufhin einen Haken und erreichte unbemerkt die neutralen Kanarischen Inseln. Hier versteckte sie sich während des Krieges in einer Bucht der Insel Palma. Neun Laeisz-Segler wurden in Chile vom Ausbruch des Krieges überrascht. Auf Anordnung der deutschen Gesandtschaft in Buenos Aires wurden Vorbereitungen zur Zerstörung von Takelage und Segeleinrichtungen für den Fall einer feindlichen Beschlagnahme getroffen. Die deutschen Segler hatten daraufhin Bündel von Dynamitpatronen um die Masten gelegt und zündklar gemacht. Als das später den chilenischen Behörden bekannt wurde, mußten diese Sprengstoffladungen wieder entfernt werden. Man bereitete deshalb das Unbrauchbarmachen der Takelage durch Mastfällen mit Schneidbrennern und Kappen des stehenden Gutes mittels Stahlsägen vor. Auch das wurde schließlich ruchbar. Zur Verhinderung einer solchen Sabotage, die ja die Ankergründe gefährlich verunreinigt hätte, wurde im letzten Kriegsjahr jedes Schiff von einem Offizier und sechs Soldaten militärisch besetzt. Die deutschen Besatzungen waren vorher weitmöglich reduziert worden.

Mit Ausnahme der PETSCHILI, die 1919 im »Norder« am Strand von Valparaiso scheiterte, lagen die Schiffe geschlagene sieben Jahre auf den offenen chilenischen Reeden herum. Erst 1921 konnten sie wieder in Fahrt gebracht werden. Ihr weiteres Schicksal war entschieden.

Inzwischen tickte im fernen Deutschland eine Zeitbombe, die bald die Salpeterfahrt aus Chile für immer beenden sollte: Eine neue Erfindung der Großchemie war dabei, den chilenischen Salpeter weitgehend entbehrlich zu machen. Unbemerkt von der breiteren Öffentlichkeit war schon 1910 Professor Fritz Haber, dem Leiter des Kaiser-Wilhelm-Instituts für physikalische Chemie in Berlin-Dahlem, im Laborversuch die Darstellung (Analyse) von Ammoniak aus seinen Elementen gelungen, wofür er 1919 den Nobelpreis für Chemie erhielt. Damit war die Grundlage zur synthetischen Erzeugung von Ammoniak aus Luftstickstoff gefunden worden. Der Chemiker und Industrielle Carl Bosch, später Vorstandsvorsitzender der Badischen Anilin- und Sodafabriken (BASF), hat die Ammoniaksynthese weiterentwickelt und zur großtechnischen Produktionsreife gebracht. Mit Kriegsausbruch und Einsetzen der Seeblockade war Deutschland von weiteren Salpetereinfuhren abgeschnitten, was auch die Herstellung von Ammonsalpetersprengstoffen und bestimmten Munitionsarten in Frage stellte. Deshalb wurde das Haber-Bosch-Verfahren plötzlich hochaktuell. 1916 baute die BASF bei dem damaligen Dorf Leuna unweit Merseburg die größte Anlage der Welt zur Gewinnung von Ammoniak aus Luftstickstoff. Nun würden Ammoniumsulfat, Stickstoffdüngemittel, Harnstoff (Urea) und Salpetersäure künftig auch ohne Chile-Salpeter hergestellt werden können.

Die Seeleute an Bord der vor Valparaiso ankernden Flying-P-Liner ahnten nichts davon, daß das Salpeter-Weltmonopol ihres Gastlandes Chile 1916 in den Leuna-Werken gebrochen wurde. Es war nur noch eine Frage der Zeit, wann es vorbei sein würde mit der Windjammerfahrt um Kap Hoorn. Ein seltsamer, schicksalhafter Kreislauf: Die Chemie hatte, durch v. Liebigs Agrikulturchemie, die Kunstdüngerindustrie hervorgebracht und dadurch die Salpeterfahrt in Bewegung gesetzt. Und eben dieselbe Chemie war es nun auch, die ihr mit dem Haber-Bosch-Verfahren das Todesurteil sprach …

Ein Dreivierteljahr nach dem Kriege aber hatte man im Laeiszhof an der Trostbrücke 1 zu Hamburg ganz andere, viel schlimmere Sorgen. Am 28. Juni 1919 war der Versailler Vertrag unterzeichnet worden, der mit ebenso harten wie unsinnigen Bedingungen das Jahr 1919 »zum schlimmsten aller Kriegsjahre« für die deutsche Seeschiffahrt machte.

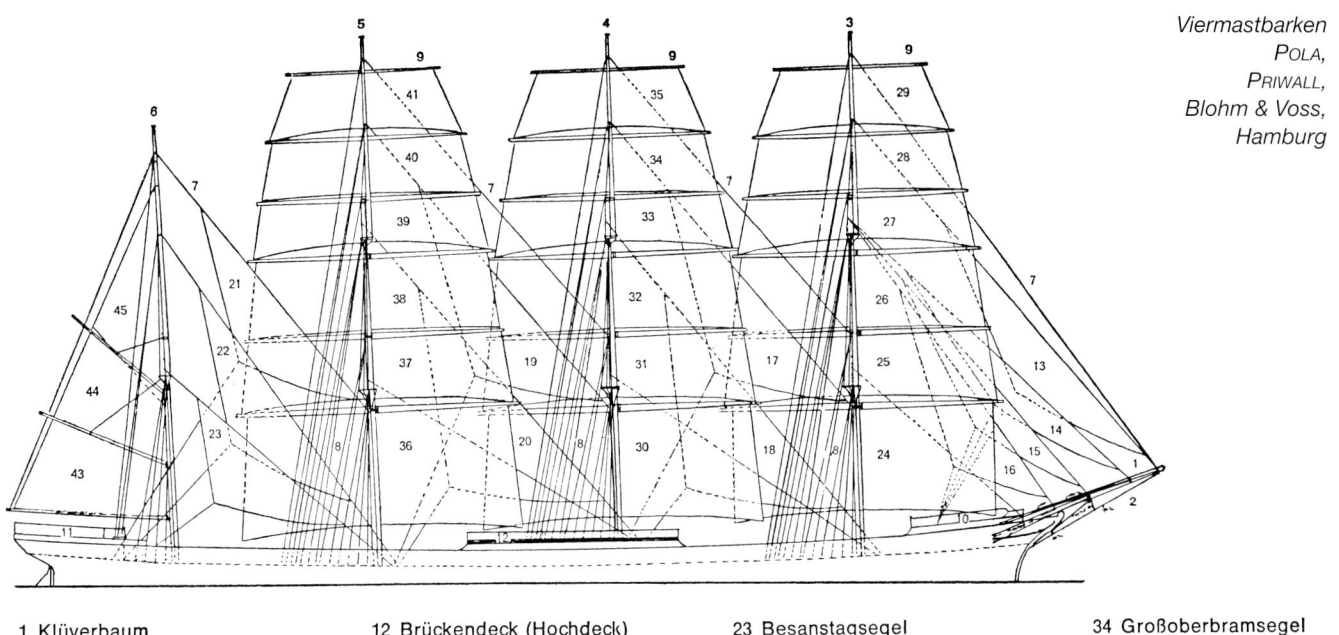

*Viermastbarken
Pola,
Priwall,
Blohm & Voss,
Hamburg*

1 Klüverbaum
2 Klüvernetz
3 Fockmast
4 Großmast
5 Kreuzmast
6 Besanmast
7 Stage
8 Wanten
9 Rahen
10 Back
11 Poop
12 Brückendeck (Hochdeck)
13 Außenklüver
14 Klüver
15 Binnenklüver
16 Vorstengestagsegel
17 Großbramstagsegel
18 Großstengestagsegel
19 Kreuzbramstagsegel
20 Kreuzstengestagsegel
21 Besanstengestagsegel
22 Besanmittelstagsegel
23 Besanstagsegel
24 Fock
25 Voruntermarssegel
26 Vorobermarssegel
27 Vorunterbramsegel
28 Voroberbramsegel
29 Vorroyal
30 Großsegel
31 Großuntermarssegel
32 Großobermarssegel
33 Großunterbramsegel
34 Großoberbramsegel
35 Großroyal
36 Kreuzsegel (Begien)
37 Kreuzuntermarssegel
38 Kreuzobermarssegel
39 Kreuzunterbramsegel
40 Kreuzoberbramsegel
41 Kreuzroyal
43 Unterbesan
44 Oberbesan
45 Gaffeltoppsegel

In Versailles verlangte man die Auslieferung sämtlicher deutscher Handelsschiffe über 1.600 BRT, der Hälfte aller Schiffe zwischen 1.000 und 1.600 BRT und eines Viertels der deutschen Fischereiflotte. Bald würde es also fast nur noch Reeder und Seeleute ohne Schiffe geben.

Für Laeisz bedeutete Versailles die Ablieferung der gesamten Flotte an den Feindbund – also der beiden Bananendampfer sowie sämtlicher Segelschiffe einschließlich der noch gar nicht fertiggestellten Neubau-Viermastbarken Pola und Priwall. Das Ende der »Flying P-Line« stand also vor Augen. Sie würde genauso erledigt sein wie, zunächst, die AFC, die alle Besitzungen in Kamerun und obendrein ihr gesamtes Auslandsvermögen verloren hatte.

Ablieferung aller Schiffe an die Alliierten – das konnte doch aber nur heißen, daß die noch in Chile verbliebenen neun Laeisz-Segler nach Europa überführt werden mußten – aller Wahrscheinlichkeit nach sogar von FL-Besatzungen, weil in den Empfängerländern nicht genug Besatzungen mit Kap-Hoorn-Erfahrung aufzutreiben sein würden! In weiser Voraussicht entsandte deshalb der Realist Paul Ganssauge gleich noch im Jahre 1919 seinen Nautischen Inspektor Kapitän Boye Petersen nach Chile, um dort nach dem Rechten zu sehen und in aller Stille Vorbereitungen für eine eventuelle Wieder-in-Fahrt-Setzung der Schiffe zu treffen.

Paul Ganssauge hatte plötzlich eine ebenso kühne wie rettende Idee: Könnte man nicht die Segelschiffe bei dieser Überführungsreise zum Zweck der Reparationsablieferung wenigstens auf eigene Rechnung mit Salpeter beladen, der ja im Nachkriegseuropa dringend benötigt wurde? Noch war die Nachfrage größer als die Liefermöglichkeit des neuen Leuna-Werkes. Die Salpeterfrachten hatten deshalb die phantastische Höhe von 200 Schillingen pro Tonne erreicht. Nach unzähligen Verhandlungen mit den Reedern der übrigen 36 in Chile zurückgebliebenen deutschen Segelschiffe, mit dem Reichsverkehrsministerium und der Ablieferungskommission konnte tatsächlich mit dem Deutschen Reich ein entsprechendes Abkommen getroffen werden. Die Reeder der an Chiles Westküste liegenden Schiffe schlossen sich dabei zu einem Pool zusammen.

Aber die Deutschen hatten den Krieg verloren. Also war das Deutsche Reich gar nicht maßgebend, rechtsgültige Ent-

Paul Ganssauge wurde mit seiner glänzenden Idee zum Retter in der Not. Das »Deutsche Segelschiff-Kontor« erzielte durch die Heimreise der abzuliefernden Schiffe mit Ladung solche Erlöse, daß die Reederei F. Laeisz im kritischsten Augenblick wieder Betriebskapital zur Verfügung hatte.

scheidungen solcher Art zu treffen. Alles hing letztlich von der Zustimmung der Siegermächte ab. Die Reeder Paul Ganssauge, Emil Offen sowie Vertreter anderer Reedereien reisten zusammen mit Reichsbeamten nach London, um in zähen Verhandlungen die Zustimmung des »Maritime Board of the Reparation Commission« zu erhalten, was wunderbarerweise auch gelang. Nun wurde im Laeiszhof das makaberste aller Schiffahrtsunternehmen angesiedelt, dessen Geschäftsführung in den Händen von Paul Ganssauge und Emil Offen lag. Es firmierte als »Deutsches Segelschiff-Kontor GmbH Hamburg« und hatte – sozusagen als Eintagsfliege – den alleinigen Zweck, die letzte und bitterste Reise der Segler aus Chile organisatorisch vorzubereiten. Die beteiligten Reedereien trugen alle anfallenden Instandsetzungskosten ihrer Schiffe selbst, während die horrenden Liegegelder, die sich in mehr als sechs Jahren angesammelt hatten, und alle sonstigen Kosten teilweise von der Reichsregierung übernommen wurden.

Ganssauges Londoner Verhandlungen hatten erstaunlicherweise auch bewirkt, daß die noch unfertige Viermastbark PRIWALL von der Ablieferung ausgenommen werden durfte. Laeisz hatte nun doch wieder ein Schiff, wenn auch nur ein einziges, das freilich noch zu Ende gebaut werden mußte. Der Segler wurde also bei Blohm & Voss beschleunigt fertiggestellt, so daß er 1920 einen Teil des Mannschaftsersatzes für die aus Chile zu überführenden Segler mit hinausnehmen konnte. Weitere Besatzungen folgten mit dem vom »Deutschen Segelschiff-Kontor« für eine Reise nach Chile gecharterten Dampfer LUCIE WOERMANN nach.

Es waren einigermaßen ungewöhnliche Umstände, unter denen das bereits auf Reparationskonto abgelieferte Schiff noch einmal zurückgechartert werden durfte. Einziger Trost bei diesem riskanten Abenteuer war, daß auch die LUCIE WOERMANN heimreisend Salpeter für Rechnung des Deutschen Segelschiff-Kontors mitbringen durfte. Auch die PRIWALL, die am 24.7.1920 als erstes FL-Schiff nach dem Kriege ihre Ausreise (und Jungfernfahrt) angetreten hatte, wurde auf der Heimreise selbstverständlich mit Salpeter beladen. Schließlich begab sich 1920/21 eine Armada von 45 ausreichend bemannten deutschen Reparations-Segelschiffen auf die traurige Ablieferungsreise von Chile nach Europa. Sie transportierte 155.000 Tonnen Salpeter ums Kap Hoorn – pro Schiff durchschnittlich 3.400 t. Alle Schiffe kamen ohne Havarie in ihren Löschhäfen an. Sieben dieser Schiffe führten die Laeisz-Flagge – sie hatten 28.575 t Ladung an Bord.

PARMA, PEIHO und POMMERN segelten nach Delfzijl/Holland, PELIKAN und PINNAS nach Dünkirchen, PASSAT nach Marseille, PEKING und die PAMIR (die sich bei den Kanarischen Inseln versteckt hatte, nun aber ebenfalls abgeliefert werden mußte) nach Genua.

Obwohl die Salpeterfrachtraten infolge der langen Vorbereitungszeit der Rückführungsaktion von 200 wieder auf 90–115 Schillinge pro Tonne gefallen waren, brachte die Überführung der 45 Segler eine Dreiviertelmillion Pfund Sterling an Gesamtfrachterlösen ein, rund 15 Millionen Mark! Auch nach Abzug der erheblichen Reparaturkosten der Schiffe und der Sonderkosten (Charter für LUCIE WOERMANN, Prämien für Überführungsbesatzungen usw.) blieb noch ein ansehnlicher Überschuß. Laeisz war an dem Seglerpool mit $26^{1}/_{3}$ Prozent der Tonnage beteiligt. Da jedoch der sich ergebende Gewinn unter die einzelnen Reeder im Verhältnis zum Friedenswert der einzelnen Schiffe geteilt wurde und die Flying P-Liner wegen ihres geringen Alters und guten Zustandes einen hohen Buchwert hatten, schnitt Laeisz bei der endgültigen Gewinnausschüttung recht günstig ab.

Das Wunder war geschehen: Restlos »gerupft«, ihres gesamten Investitionsvermögens – bis auf die PRIWALL – beraubt, hatte man im Hause an der Trostbrücke 1 plötzlich wieder Betriebskapital verfügbar. Und nun geschahen Dinge, die alle Merkmale eines Eulenspiegel-Streiches an sich haben und bei der alliierten Reparationskommission möglicherweise einiges Leibgrimmen verursachten: Erich F. Laeisz und Paul Ganssauge benutzten die soeben auf derart ungewöhnliche Weise verdienten Gelder, um auf schnellstem Wege ihre eigenen, gerade erst an den Feindbund abgelieferten Schiffe wieder zurückzukaufen!

Schon Kapitän Boye Petersen, der nautische Inspektor der Reederei, den das Deutsche Segelschiff-Kontor zu seinem Bevollmächtigten in Südamerika ernannt hatte, ließ durchblicken, er fräße glattwegs einen Besen, wenn es den neuen Besitzern jemals gelänge, diese Schiffe wieder in Fahrt zu bringen. Stammbesatzungen von Tiefwasserseglern ließen sich letzten Endes nicht in der Retorte züchten. Man würde also keine Freude an diesen Reparationsschiffen haben.

Genau das trat auch tatsächlich ein. Laeisz sondierte behutsam und fand heraus, daß den neuen Herren bares Geld ungleich nützlicher erschien als Windjammer, die sie sowieso nicht in Fahrt zu bringen verstanden. Und so etwas ließ man sich im Laeiszhof natürlich nicht ein zweites Mal sagen. In Großbritannien und auch anderswo rieb man sich ziemlich verwundert die Augen: Knapp ein Vierteljahr nach ihrer Ablieferung war die PEIHO, nach nicht einmal sechs bzw. sieben Monaten waren auch PARMA und PASSAT, nach elf Monaten die PINNAS, im Jahre 1923 die PEKING und schließlich 1924 die PAMIR »wieder da« – im Besitz von F. Laeisz, zurückgekauft mit Beträgen zwischen 3.000 und 13.000 Pfund.

Die zurückgekaufte Viermastbark PEKING begegnet auf der Reise nach Chile dem Fahrgast-Turbinenschiff CAP ARCONA.

Mit neuem Mut

Paul Ganssauges Trick mit der Salpeter-Ladungsfahrt der Reparationssegler hatte also buchstäblich die Reederei gerettet. Ganssauge wurde in Anerkennung dieser und anderer Verdienste 1923 – kurz vor dem 100jährigen Jubiläum – zum Mitinhaber der Firma gemacht.

Es gab Reeder, die damals überrascht die Köpfe schüttelten: Der Panamakanal war in Betrieb, die Haber-Bosch-Ammoniaksynthese hatte sich in immer breiterer Praxis, auch schon international, durchgesetzt – aber F. Laeisz zog mit seinen sechs zurückgekauften Seglern sowie der nagelneuen PRIWALL prompt wieder einen Kap-Hoorn-Liniendienst in der alten Chile-Salpeterfahrt auf! Alle 6–7 Wochen wurde fortan ein Flying P-Liner abgefertigt, der – voll ausgebucht! – mit Zement, Koks und Eisen als Basisladung sowie mit Stückgut die Reise nach Südamerika antrat. Die Reederei hatte nun sogar den Nerv, auch noch einen Neubau in Auftrag zu geben. So lief im Jahre 1926 bei der Tecklenborg-Werft, Geestemünde, noch eine weitere Viermastbark – die PADUA – vom Stapel. Sie wurde der letzte Fracht-Rahsegler der Weltgeschichte. Als Taufpatin fungierte Christine Laeisz,

Die PADUA (Gemälde Johannes Holst) war allzeit ein glückhaftes Schiff. Sie errang 1928 mit nur fünf Tagen und sechs Stunden den Schnelligkeitsrekord aller Kap-Hoorn-Umrundungen und 1938 einen Weltreise-Rekord auf der Australroute. Sie wurde 1946 an die UdSSR abgeliefert und ist heute als KRUZENSTERN der letzte in Fahrt befindliche Laeisz-Segler.

die junge Tochter des Reeders, die mit ihren zehn Jahren gerade eben die Sektflasche zu werfen verstand.

Zwei Schiffbrüchige in den zwanziger Jahren zeigten, daß die Kap-Hoorn-Route nichts von ihren Härten eingebüßt hatte. Das Vollschiff PEIHO ist am 15.3.1923 beim Kap San Diego in der Straße von Le Maire/Feuerland ohne Verschulden der Schiffsleitung gestrandet und einen Tag später auseinandergebrochen. Die Besatzung erreichte mit den Booten Tage später New Years Island in Feuerland und wurde dort von einem Regierungsdampfer übernommen.

Die PINNAS wurde am 27.3.1929 bei Kap Hoorn im Sturm entmastet – sie war kein Viermaster, sondern das endgültige letzte Vollschiff der Reederei, ein Dreimaster, wie auch PEIHO einer gewesen war. In schwerer, hoher Dünung auf der pazifischen Seite des Kaps knickten Vor- und Großmast dicht über Deck ab und fielen in ganzer Länge auf das Schiff. Dabei zertrümmerten sie das Logisdach und ausgerechnet die Lenzpumpe. Als nächstes »kam« die Kreuzstenge »von oben«, die dicht unter der Marsrah abgebrochen war. Dann setzte schwerer Sturm ein. Von Gischt und Hagel überschüttet, arbeiteten die Seeleute, blutend und zerschunden, in höchster Gefahr an Deck, um wenigstens das Einschlagen der Luken durch Darüberlaschen von Bohlen und das Einschlagen der Bordwand (durch die außenbords hängende Kreuzmarsstenge) mit Kappen der Trümmer zu vereiteln. Zwei Tage später setzte man am Stumpf des Kreuzmastes ein kleines, behelfsmäßiges Trysegel, um das Wrack in der schweren See etwas ruhiger zu legen. Auch bastelte man eine Notantenne zusammen – inzwischen hatten ja alle Laeisz-Segler eine Funkstation an Bord.

Auf die Notrufe der PINNAS hin kamen der englische Dampfer SCOTTISH STRATH und der chilenische Passagierdampfer ALFONSO zu Hilfe. Ein Versuch des Engländers, das Wrack in Schlepp zu nehmen, schlug fehl. Erneut brach voller Orkan los, die Außenhautplatten der PINNAS platzten auf. Mit Lecksegeln kam man den Wassereinbrüchen nicht mehr bei. Das Wasser in den Räumen stieg beständig. Der Brite konnte sich in den schweren Seen nicht mehr halten und mußte abdrehen.

In Lee tauchten inzwischen die scharfen Felsgrate der kleinen Insel Diego Ramirez auf. Das Scheitern auf deren Klippen schien unvermeidlich. Kapitän Lehmann entschloß sich deshalb, mit der gesamten Besatzung das Wrack zu verlassen. Der herbeigekommene Dampfer ALFONSO wagte es, unter höchstem Risiko ein Rettungsboot auszusetzen und in zweimaliger Fahrt alle 25 Mann der PINNAS abzubergen, die sich großenteils vom Klüverbaum in die See fallen ließen. Diese Rettungstat der Chilenen verdient Bewunderung, weil der Seegang eigentlich jedes Bootsmanöver illusorisch machte.

Laeisz hatte also noch zwei Schiffbrüche in der Kap-Hoorn-Region, allerdings nicht mit Viermastbarken. Interessant ist freilich die Gesamtbilanz bis zum Untergang der PINNAS: Von 1886–1929 haben FL-Segler rund 1.000 (!) Kap-Hoorn-Reisen gemeistert. Dabei hat die Reederei durch schweres Wetter auf See nur zwei Schiffe sowie drei durch Strandungen, eines durch Feuer (POSEN) und drei durch Kollisionen im Kanal verloren. Nur zwei Besatzungen hatten – bis auf zwei bzw. drei Gerettete – bei den vorstehend aufgezählten Unfällen den Tod gefunden (PALMYRA und PANGANI).

Insgesamt waren die Kap-Hoorn-Reisen der zwanziger Jahre ein Comeback in alter Frische und üblicher, glänzender Seemannschaft! Die Reisezeiten zeigten nichts von einem Verfall der seemännischen Qualitäten. So rauschte z.B. die PASSAT 1927 in 67 Tagen vom Kanal nach Corral/Chile – und im Jahre 1928 errang die PADUA den absoluten Kap-Hoorn-Rekord, der sogar die POTOSI übertrumpfte: Sie umrundete die Südspitze von Südamerika in nur 5 Tagen und sechs Stunden.

In diese Zeit des letzten Segler-Liniendienstes fiel die Mitreise des bekannten Autors Heinrich Hauser als Gast der Reederei Laeisz auf der PAMIR. Hauser schrieb darüber seinen berühmten, bewegenden Bestseller »Die letzten Segelschiffe«, der ein Zeitdokument ersten Ranges ist.

Er schreibt u.a.: »Es wundert mich, daß nicht viel mehr passiert bei solchem Wetter. Drei Mann stehen wieder am Ruder und können das Rad kaum halten. Wir laufen jetzt mindestens zwölf Meilen in der Stunde vor dem Wind. Die Seen sind ganz wahnsinnig, … ungeheure Berge, ich denke manchmal, daß sie höher sind als die Großrah. Ich spüre bei den Jungen, daß sie Furcht haben. Und auch ich habe Furcht, so wahr ich lebe, … vor dem, was kommt: Kap Hoorn.«

Und noch ein anderes Zitat: »Es sind jetzt drei Monate, daß wir auf einem kleinen Fleck zusammen leben und zusammen arbeiten. Dies Vierteljahr hat mir wieder gezeigt, daß es keine Menschenklasse gibt, mit der es sich besser auskommen läßt, als Seeleute … Nie habe ich erlebt, daß Spannungen zwischen den Menschen stärker gewesen sind als das Band, das Schiff und Mannschaft aneinander bindet. Wir fühlen stark genug, daß das Meer uns umgibt und daß es Macht hat über uns und daß wir vor ihm nicht mehr bestehen können, wenn wir kleinlich sind und unseren Zank als Inhalt unseres Lebens nehmen.«

Außerdem drehte Heinrich Hauser unterwegs einen einzigartigen Dokumentarfilm – nur mit einer kleinen, einfachen Handkamera. Dieser wirkt heute als lebendiges Kap-Hoorn-Denkmal ungeheuer stark. Er hatte (als stummer Schmalfilm in Schwarzweiß!), 42 Jahre nach seiner Uraufführung, in Hamburg, Bremerhaven, Travemünde, Lübeck und Oldenburg Tausende von Besuchern. Er wirkt wie ein Epos, Teile von ihm wurden in dem ARD-Farbfernsehfilm »Westwärts um Kap Hoorn – Erinnerungen an die PAMIR« weitergegeben.

Die Salpeterfahrt von Chile wurde mehr und mehr zu einer Wettfahrt gegen die Haber-Bosch-Fabriken und das künstliche Ammoniak. Der Export von chilenischem Natursalpeter war 1930 bis auf zehn Prozent des früheren Umfanges zurückgegangen. Aber die Laeisz-Segler konnten noch immer ihre Position behaupten, weil es zu ihrer Verläßlichkeit keine Parallele gab. Noch immer waren sie ausgehend voll ausgebucht, und trotz der auf 20 Schillinge pro Tonne gesunkenen Frachtraten konnten sie sogar auf jeder Salpeter-Heimreise bescheidene Überschüsse einfahren. Selbst in den Jahren der Wirtschaftskrise 1929/30, als Salpeter auf zehn Schillinge pro Tonne gefallen war, konnten die Segler noch immer bestehen. Man hielt im Laeiszhof – aus Liebe zum Segelschiff und aus Überzeugung vom Wert seiner seemännischen Schule – so lange wie möglich an der Kap-Hoorn-Fahrt fest, d.h. solange sie noch einigermaßen rentabel war und der Schulschiffs-Charakter hinzukam.

Einst ein vertrautes Bild – Laeisz-Viermastbarken im Hamburger Hafen: links die PASSAT, in der Mitte die PAMIR, rechts die PARMA.

Später Glanz

Auch die durch Buch und Film »Die letzten Segelschiffe« von Heinrich Hauser besonders bekanntgewordene PAMIR mußte 1931 nach Mariehamn verkauft werden. (Gemälde Johannes Holst)

Diese Tatsache kam allgemein der Ausbildung des Nautikernachwuchses zupasse, für die ja damals Segelschiffausbildung vorgeschrieben war. Erst die katastrophale neue Weltwirtschaftskrise von 1931 zwang Laeisz, die beschäftigungslos gewordenen Viermastbarken aufzulegen und schließlich die meisten von ihnen sehr schweren Herzens an den finnischen Reeder Erikson und an Kapitän Reuben de Cloux (PASSAT); (beide Mariehamn/Ålandinseln) zu verkaufen – bis auf die PEKING, die in England stationäres Schulschiff wurde. Die Finnen gingen mit den Seglern in die Australien-Weizenfahrt. Laeisz behielt nur die beiden neuesten Schiffe, PRIWALL und PADUA, als frachttragende Schulschiffe in Fahrt. Sie segelten nach Australien und ebenfalls noch nach Chile, um dort vereinzelte Heimreise-Ladungen Salpeter zu übernehmen oder Exportladungen hinzubringen.

Die Viermastbark PRIWALL auf dem Holst-Gemälde ging 1939 letztmals um Kap Hoorn.
Der Kriegsausbruch verhinderte die Heimkehr, das Schiff ging als LAUTARO in chilenischen Besitz über.

PADUA und PRIWALL blieben bis zum letzten Augenblick glänzende Repräsentationen der Segelschiffstradition. Am berühmtesten wurde die Wettfahrt der beiden Viermastbarken, die am 2. November 1933 begann und mehr als wohl jede andere die Öffentlichkeit faszinierte. Die beiden Rivalen liefen mit Kurs Australien fast gleichzeitig aus der Elbmündung aus, brachten zwei Tage später den Kanal – mit wenigen Stunden Vorsprung der PRIWALL – hinter sich und lieferten sich eine Regatta, die tatsächlich an das Wettrennen der Klipper ARIEL und TEAPING anno 1865 erinnert, die mit derselben Tide China verließen und genau 100 Tage später mit fünf Minuten Abstand (!) vor den Downs erschienen, ohne sich unterwegs auch nur einmal gesichtet zu haben. PADUA und PRIWALL, unter den von ihrer Sache besessenen Kapitänen Jürs und Clauß, gingen nach rund 62 Tagen (!) am selben Tage in Australien über die Ziellinie. Die beiden Laeisz-Segler haben siebzehn Tage lang eine Durchschnittsfahrt von rund 12 Knoten durchgehalten. Die Seefahrt hatte ihr Gesprächsthema. Und sie hatte es erneut, als der damals erst 30jährige Kapitän Hans-Richard Wendt – bis 1975 Präsident der deutschen Sektion des internationalen Freundschaftsbundes der »Cap Horniers« – mit der PADUA zwei neue Rekorde hintereinander aufstellte. Am 14. Oktober 1938 verließ er den Hafen von Bremen mit dem Reiseziel Corràl/Chile. Dabei holte er die recht gute Reisezeit von 61 Tagen heraus. Er jagte Anfang 1939 von Valparaiso nach Port Lincoln/Australien und meisterte eine Distanz von 7.200 Seemeilen in 52,5 Tagen, obwohl fast alle Großsegler für dieselbe Strecke 60–90 Tage benötigten. Wendt vollendete überdies seine Weltreise von Australien nach Glasgow in einer Bestzeit, die ihm Schlagzeilen einbrachte: 93 Tage. Acht Monate und 23 Tage hatte die gesamte Weltreise nur gedauert, die reine Fahrtzeit 206 Tage!

1939 gingen PADUA/PRIWALL letztmalig um Kap Hoorn – als endgültig letzte Frachtsegler der Geschichte. PRIWALL blieb während des Krieges in Chile und wurde 1941 vom Deutschen Reich – sinnigerweise ohne Wissen der Reederei – dem chilenischen Staat zum Geschenk gemacht, während PADUA bis 1945 in der Ostsee weitersegelte und den Nautikernachwuchs ausbildete. 1941 wurde das Schiff in Schweden umgebaut und modernisiert. Und bis heute ist weitgehend unbekannt geblieben, daß im selben Jahr 1941 bei Blohm & Voss im Auftrage von Laeisz, unter der Projekt-Nr. 1196, eine neue Viermastbark auf den Reißbrettern war (s.S. 97). Sie konnte wegen der Kriegslage nicht mehr realisiert werden.

Nicht nur das »Seglerherz« von Erich F. Laeisz stand Pate bei dem Projekt. Die Anzahl der Schulschiffe für die damals immer noch obligatorische Segelschiffsausbildung reichte nicht mehr aus. Hochdeck und Poop sollten deshalb auch ein Ganzes bilden, um möglichst viele Kadetten und Unterrichtsräume beherbergen zu können. – Man mag heute mokant über die Idee des allerletzten Frachtgroßseglers lächeln. Zu denken gibt, daß die technologisch orientierten, pragmatischen Japaner und Russen ebenso wie die Polen, und Dänen weiterhin an der Rahseglerausbildung festhalten. Auch die Norweger rücken ihr wieder näher.

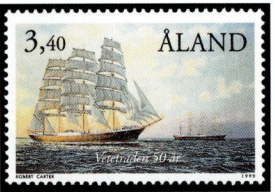

Der Philatelist Norbert Fred Sauermilch hat herausgefunden, daß von keiner anderen Reederei der Welt so viele Schiffe auf Briefmarken verewigt wurden wie von der »Flying P-Line« F. Laeisz. Mit Akribie hat Herr Sauermilch alle Marken solcher Art gesammelt und verblüfft festgestellt, daß sie aus insgesamt 22 Flaggenstaaten stammen.

Die Abbildung von Laeisz-Rahseglern ist nachvollziehbar, wenn die betreffenden Herausgeberstaaten solcher Postwertzeichen mehr oder weniger direkt mit Laeisz-Segelschiffen in Berührung gekommen sind. Das gilt für Chile, die Falkland-Inseln, für Belgien und die Niederlande ebenso wie für Neuseeland, Portugal und Deutschland.

Angesichts der Tatsache, daß eine ganze Anzahl von Flying P-Linern in den Jahren der großen Weltwirtschaftskrise von 1931 an die Reeder Reuben de Cloux und Gustav Erikson, beide in Mariehamn auf den halbautonomen Ålandinseln, verkauft worden sind, ist das historische Interesse auf diesem Archipel ebenfalls verständlich, wie auch bei dem staatsrechtlichen den Ålands übergeordneten Finnland.

In Mariehamn hat man sogar zweimal Sondermarken zu »runden« Jubiläen der dort als Museumsschiff zu besichtigenden und zur Touristen-Attraktion gewordenen Viermastbark POMMERN herausgegeben – zur 100-Jahr-Feier dieses maritimen Schmuckstücks erst kürzlich im Jahr 2003. Das Schiff wurde 1903 als MNEME in Glasgow gebaut, 1907 hat es F. Laeisz erworben und in der Chile-Salpeterfahrt unter drei Kapitänen eingesetzt.

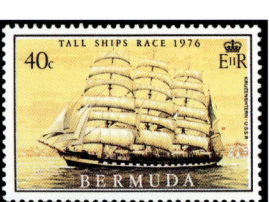

Man ist in Mariehamn besonders stolz darauf, daß dieser ab 1924 weitgehend in der Australfahrt eingesetzt gewesene Viermaster weltweit der einzige ist, der unverändert seine Inneneinrichtung des Baujahres 1903 behalten hat – einschließlich der nostalgisch sehenswerten Kapitänskajüte im runden Achterschiff.

Sicherlich bringt jeder Verständnis dafür auf, daß Küstenstaaten wie Sierra Leone, die Volksrepublik Yemen, Bermuda, Grenada oder Penrhyn (Nördliche Cook-Inseln der Südsee) aus maritimem Interesse Laeisz-Segelschiffe abgebildet haben. Daß der letzte auf der Welt gebaute frachttragende Rahsegler, die 1926 vom Stapel gelaufene PADUA, auf Marken der einstigen UdSSR und Aserbaidschans zu sehen ist, bleibt angesichts der Tatsache verständlich, daß dieses 1945 zur Kriegsbeute gewordene deutsche Schiff heute unter dem Namen KRUZENSTERN als letzter noch segelnder Laeisz-Windjammer besonders populär geworden ist und deshalb auch auf den Briefmarken anderer Nationen eindeutig dominiert.

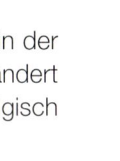    

Weitgehend unerfindlich bleibt jedoch, weshalb sogar binnenländische Nationen wie Paraguay und sogar der Himalaya-Staat Bhutan Laeisz-Seglern die philatelistische Ehre gaben.

Natürlich ist die Genugtuung darüber insgesamt groß, daß die Reederei F. Laeisz auch in der internationalen Philatelie »die Nase derart weit vorn« hat.

Zurück nach Übersee

Schon 1922 hatte der Chile-Liniendienst der Segelschiffe eine maschinengetriebene Konkurrenz unter der Laeisz-Flagge bekommen, die bis zum Ausbruch des Zweiten Weltkrieges gut im Geschäft blieb.

Es zahlte sich aus, daß Ferdinand Laeisz seinerzeit einmal die Kosmos-Linie mitbegründet hatte, die später von der – ebenfalls von ihm mitbegründeten – HAPAG übernommen wurde. Auf Kosmos-Rechte pochend, gelang es Laeisz – freilich erst nach sehr hartnäckig geführten Verhandlungen –, mit HAPAG einen Anteil am Dampfer-Liniendienst nach Chile auszuhandeln, obwohl HAPAG und der Norddeutsche Lloyd diesen als ihr Monopol ansahen.

Im November 1922 sicherte die HAPAG der Reederei F. Laeisz vertraglich das Recht zu, für die Dauer von 20 Jahren zwei eigene Stückgutfrachter im Pool mit der HAPAG im Westküstendienst einzusetzen, der im folgenden Jahr (1923) wiederaufgenommen werden sollte.

Tecklenborg lieferte die beiden von Laeisz in Auftrag gegebenen Turbinenschiffe – die Stückgutfrachter POSEIDON und PLANET (9.500 td, 12,5 Knoten) – genau rechtzeitig ab. POSEIDON ging im August 1923 als erstes FL-Schiff, das jemals durch den Panamakanal gefahren ist, auf die Ausreise, PLANET folgte seinem Schwesterschiff im November 1923 nach – durch die Magellanstraße ausreisend. Dieser Wechsel in der Route – »mal so herum und mal so herum« – entsprach seit 1923 dem Brauch des fahrplanmäßigen Hapag-Lloyd-Dienstes zur Westküste von Südamerika.

Die Westküstenschiffe hatten bald so gut zu tun, daß PLANET und POSEIDON ein drittes Schiff hinzugesellt werden durfte: der 1927 angekaufte Dampfer PILOT, der ursprünglich WISMAR hieß (Einzelheiten siehe Schiffsliste).

Trockenfrachter POSEIDON, kohlengefeuertes Turbinenschiff (1922–1939 Westküstendienst Südamerika)

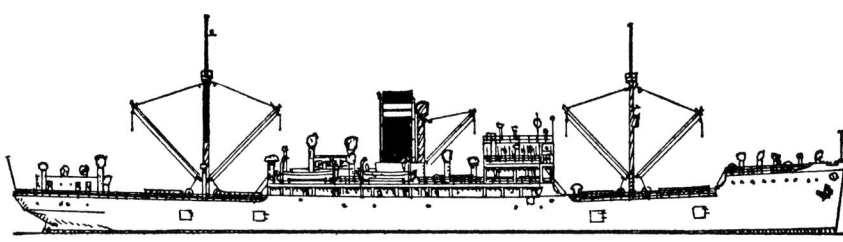

Fruchtkühlschiffe PANTHER, PUMA,
*Bremen-Vegesack, Bremer Vulkan
(Reederei-Schornsteinfarben aller
FL-Schiffe bis 1945 schwarz mit
weißer Banderole, darin ein roter Ring)*

Für die Wiederherstellung überseeischer Beziehungen nach 1919 war es vorteilhaft, daß 1885 ein Pflegesohn von Carl Laeisz in Guatemala die Firma Laeisz & Cia. gegründet hatte, die in Coatepeque und Mazatenango Niederlassungen unterhielt. Laeisz konnte Anfang der 20er Jahre das Aus- und Einfuhrgeschäft wieder in Gang bringen, als wesentliches Rückgrat für die Reederei-Aktivitäten. Ausgeführt wurden vor allem Eisenwaren und Textilien, eingeführt aus Guatemala nach Deutschland wurden Häute und Felle, Kaffee, Honig und Gummi. (Die 1930 in »Laeisz & Cia., Successores, Conrado Franke & Cia.« umbenannte Firma kam dann während des Zweiten Weltkrieges unter Sequester der Regierung von Guatemala. Nach 1945: Commercial Laeisz de Guatemala S.A.) Im Friedensvertrag von Versailles hatten die Siegermächte dem Deutschen Reich sämtliche Kolonien weggenommen und unter Völkerbund-Mandat gestellt. Aber die Augen waren doch größer als der Magen. Großbritannien, ein Kolonial-Imperium besitzend, das hundertsiebenunddreißigmal so groß war wie das Mutterland, mußte bald feststellen, daß es sich mit der Einverleibung deutscher Schutzgebiete in Afrika übernommen hatte. Bald ergab sich dieselbe Situation wie mit den auf Reparationskonto abgelieferten Segelschiffen: Man hatte plötzlich mehr Freude am Geld statt am großen Besitz.

So boten sich nach einigen Jahren Chancen, die Pflanzungen am Großen Kamerunberg zurückzukaufen. 1926 fing man dort praktisch wieder von vorn an. Die AFC besaß nach dem Rückkauf ihrer Ländereien neben den erhalten gebliebenen Gebäuden, dem Gerüst der Landungsbrücke, bedingt brauchbaren Feldbahnen nur den guten Willen. Die Pflanzungen selbst waren bedauerlich heruntergekommen. Auf Jahre hinaus würde man nur investieren müssen, ohne schon ernten zu können. Experten des britischen Fruchtkonzerns Elders & Fyffes hatten die Ländereien als »to small« bezeichnet. Mit 1,75 Millionen RM Wiederaufbaudarlehen ging die AFC unter dem »alten Kameruner« Walter Richter und Einsatz aller Männer wieder ans Werk, 8.000 ha im Raum Tiko neu zu kultivieren. Erst 1930/31 erzielte man 350.000 Mark Erlös. Allerdings schloß das Geschäftsjahr 1930 noch mit einem Verlustvortrag von 150.000 RM ab, der jedoch mit dem 1931 erzielten Gewinn gedeckt werden konnte.

Nun galt es, beizeiten eine eigene Transportkapazität zu schaffen. Dieses AFC-Vorhaben rief jedoch – wie schon vor dem Kriege – wieder heftigen Streit mit der Woermann-Linie hervor, die das Fahrtgebiet Westafrika als ihre Domäne betrachtete und unbedingt ein eigenes Bananenschiff in Dienst stellen wollte. Dieser Dampfer namens KAMERUN war jedoch unfachmännisch konzipiert. Er besaß unzureichende Kühleinrichtungen. Wohl wissend, was sie damit auf sich nahm, charterte die AFC dieses ungeliebte Schiff, um den Konflikt mit Woermann endlich beilegen zu können, für fünf Jahre. Es machte 37 Laeisz-Reisen unter dem neuen Namen PLUS (siehe Schiffsliste).

1929 gab die AFC zwei eigene Bananendampfer in Auftrag, wozu die Compagnie in eine Aktiengesellschaft mit um 2,25 Mio. auf 4 Mio. Mark erhöhten Kapital umgewandelt wurde. Drei Viertel der Summe brachten F. Laeisz, ein

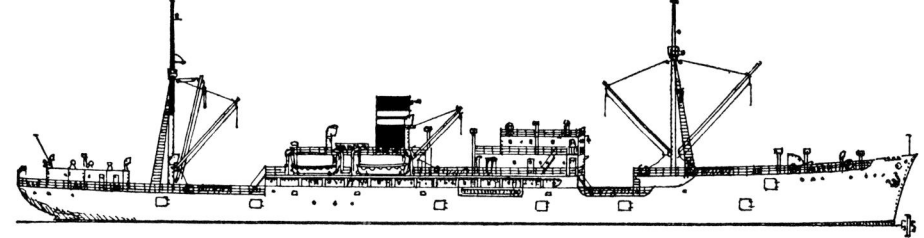

Fruchtkühlschiff PIONIER *(II)
(Erstes FL-Motorschiff).
Ähnlich:* PELIKAN, PONTOS,
Bremen-Vegesack, Bremer Vulkan

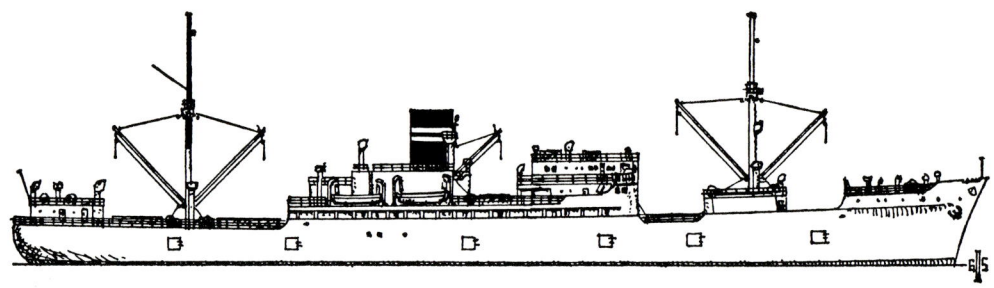

Fruchtkühlschiffe PALIME, PYTHON, Deutsche Werft, Hamburg-Finkenwerder

Viertel Ernst Russ sowie Kleinaktionäre auf. Ende 1930 lieferte die Bremer Vulkanwerft die beiden Frucht-Kühlschiffe ab – vorsorglich für nur 12,5 Knoten Fahrt konzipiert, um bei einem Kamerun-Fehlschlag auch als gewöhnliche Frachter rentabel zu sein.

Diese 2.171 BRT großen Bananendampfer PUMA und PANTHER pendelten knapp acht Jahre lang treu und brav zwischen Kamerun und den Nordseehäfen und verbrauchten dabei pro Tag 600 Zentner Kohle. Später wurde sie »vorgeschuht«, also verlängert, um etwa 1,0 kn mehr Geschwindigkeit herauszuholen.

Inzwischen hatte die Weltwirtschaftskrise ihren Höhepunkt erreicht. 1932 gab es in Deutschland sieben Millionen Arbeitslose. 1933 hatten die Bananenpreise einen nie dagewesenen Tiefstand erreicht, der leider sämtliche Mindestkalkulationen über den Haufen warf, die überhaupt zum Bau der Dampfer PANTHER und PUMA ermuntert hatten. Die AFC vertraute aber darauf, daß die ab 1933 einsetzende Beseitigung der Arbeitslosigkeit eine Steigerung des Bananenverbrauches mit sich bringen werde. Sie gab im März 1933 – ohne jede Reichshilfe – den Bau des dritten Schiffes in Auftrag, das zur Erinnerung an das erste für Kamerun vorgesehen gewesene Bananenschiff abermals den Namen PIONIER (II) erhielt. Dieses erste Laeisz-Motorschiff war zugleich der erste größere Schiffsneubau (3.300 BRT), an den sich seit Ausbruch der Wirtschaftskrise wieder jemand herangewagt hatte.

Man setzte mit der kühnen Investition auf das richtige Pferd. Durch Einsatz von MS PIONIER erhöhten sich schon ab 1934 die Brutto-Erträge der AFC beträchtlich. 1935 konnte – erstmalig seit Gründung der Gesellschaft im Jahre 1911 – eine Dividende von 6 %, in den folgenden Jahren von 8 % ausgeschüttet werden, und weitere Neubauten konnten in Auftrag gegeben werden. Die damaligen Autarkiebestrebungen begünstigten die Entwicklung, weil ja auf den AFC-Plantagen in Kamerun produzierte Bananen sozusagen deutsche Produkte waren, die von anderen Einfuhren und Devisenausgaben frei machten.

In Kamerun waren längst eine Faktorei und weitere Niederlassungen gegründet. Die Kultivierung hatte glänzende Fortschritte gemacht, die Handelsabteilung der AFC befaßte sich auch mit dem Ankauf und Absatz anderer Kamerun-Erzeugnisse wie Kakao, Palmkerne, Palmöl, Trockenbananen – Produkte, die von den Eingeborenen angebaut oder von den eigenen Plantagen hervorgebracht wurden.

Bananenverladung bei Tiko/Kamerun. (Bleistiftzeichnung des Marinemalers Jochen Sachse)

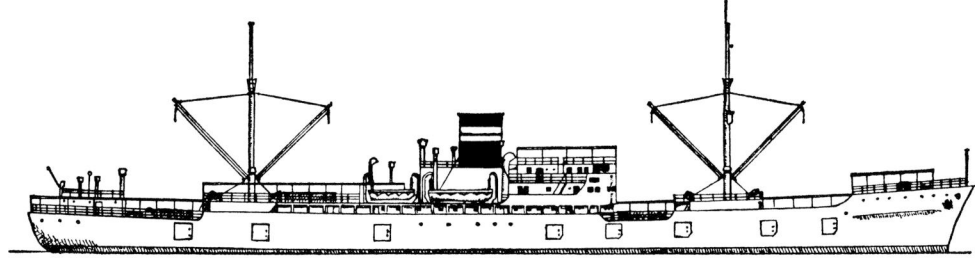

*Fruchtkühlschiffe
POMONA, PANTHER (II),
Deutsche Werft,
Hamburg-Finkenwerder*

Das alles hatte sich bereits entwickelt, bevor die ersten Frischbananen eigener Ernte 1930 nach Deutschland expediert werden konnten. 1930 erwarb die AFC die Aktienmehrheit der Deutsch-Westafrikanischen Handelsgesellschaft (DWH). 1935 wurde ein weiteres DWH-Aktienpaket erworben. Mit diesen Transaktionen und durch vertragliche Vereinbarungen mit anderen Pflanzungsgesellschaften in Kamerun wurde der Bananenanbau erheblich ausgeweitet. Die von der AFC durchgeführten Gesamtexporte frischer Bananen aus diesem Land stiegen 1931–39 von null auf 75.000 Tonnen jährlich.

Es ging tatsächlich rapide aufwärts, und so konnte in Anpassung an den Transportbedarf das erwirtschaftete Kapital in weiteren neuen Schiffen investiert werden. 1935 konnten PELIKAN (3.300 BRT) und PONTOS (3.400 BRT), Anfang 1936 – als viertes Motorschiff – PYTHON (3.700 BRT) in Dienst gestellt werden. (Siehe dazu die auf der Vorseite abgebildete Bleistiftzeichnung des Marinemalers Jochen Sachse.) Zwischen Tiko und Hamburg wurde nun ein achttägiger Liniendienst nach Fahrplan eingerichtet, und schon ein Jahr später gesellten sich das Motorschiff PALIME (2.900 BRT) und das kleine Zubringerschiff PORJUS (750 BRT) hinzu, das stets zwischen Hamburg und Göteborg bzw. Oslo pendelte und Ladungspartien der großen Fruchtkühlschiffe an die skandinavischen Empfänger brachte.

1936 war Willi Ganssauge als Partner in die Firma F. Laeisz aufgenommen worden. 1937 starb sein Vater, der Reeder Paul Ganssauge.

1938 konnten die wackeren kohlegefeuerten Dampfer PANTHER und PUMA an die Kriegsmarine verkauft werden, die damals zum Improvisieren gezwungen war und sich die beiden Dampfer zu den U-Boot-Begleitschiffen LECH und ISAR umbaute. In die neue Flotte unter FL-Flagge paßten sie nicht mehr recht, die 16-Knoten-Motorschiffe hatten sie technisch überholt. Im Juli 1938 wurde das 3.500 BRT große Motorschiff POMONA in Dienst gestellt, das F. Laeisz und E. Russ gemeinsam gehörte. Weitere Neubauten waren in Auftrag gegeben worden. Sie wären, wie POMONA, die modernsten Einheiten dieser Art in der Welthandelsflotte geworden, aber einem der Schiffe erging es wie PIONIER und PUNGO 25 Jahre zuvor: Es lief erst nach Kriegsausbruch vom Stapel und wurde bald von der »Grauen Dampferkompagnie« beschlagnahmt. Es machte alles, nur nicht das, wozu es vorgesehen war. Es handelte sich um den Neubau PANTHER (II), der allein fertig wurde, über dessen Schicksal die Schiffsliste Auskunft gibt. Neben drei Kühlschiffen waren 1939 erstmalig auch zwei 16.000-Tonnen-Tanker von Laeisz für den Treibstofftransport in Auftrag gegeben worden.

Es war zum Verzweifeln. Alles Aufgebaute und Erreichte war mal wieder zunichte gemacht. Mars nahm von neuem mit furchtbarer Gewalt das Zepter in die Hand. Die afrikanischen Plantagen und sämtliche überseeischen Besitzungen gingen endgültig verloren.

Das bei Kriegsausbruch modernste Fruchtkühlschiff, MS POMONA, wurde bereits am 23. August (!) 1939 unter fadenscheinigen Umständen nach Löschen seiner Bananenladung in London festgehalten, so daß es am 3. September, dem Tag des Kriegsausbruchs, als »Prise Nr. 1« im Londoner Hafen gefeiert werden konnte.

PALIME, PIONIER und PYTHON brachen auf abenteuerlichen Wegen aus Übersee in die Heimat durch, wobei PYTHON gerade noch acht Tonnen Treiböl an Bord hatte, als sie in Hamburg ankam. POSEIDON versenkte sich, beim Versuch des Blockadedurchbruchs von zwei britischen Hilfskreuzern in der Dänemarkstraße gestellt, selbst. PLANET wurde 1940 auf furchtbare Weise in Narvik geopfert, um als »Torpedofänger« zu dienen und ein wertvolleres Schiff mit Nachschubgütern zu decken. PLANET wurde dann wieder gehoben, ging aber 1945 endgültig durch drei Grundminen verloren. So gingen die Schiffe alle ihren Weg bis zum bitteren Ende. Einige erlitten abenteuerliche Schicksale wie PYTHON, die als nunmehriges Versorgungsschiff 1941 bei St. Helena versenkt wurde. Die Besatzung kehrte in wochenlanger Odyssee in Rettungsbooten und schließlich U-Booten nach Westfrankreich zurück. PALIME sank durch Minentreffer schon 1940, PIONIER (II) im selben Jahr durch Torpedotreffer und riß 400 Menschen in den Tod. Alles in allem eine furchtbare Bilanz, die besser in der Schiffsliste des Anhanges nachgelesen werden sollte.

In dieser schlimmen Zeit sind fraglos hervorragende seemännische Leistungen vollbracht worden, die Kaltblütigkeit und Können voraussetzten. So sind zwei von Laeisz bereederte Schiffe mitten im Krieg nach Ostasien gefahren, um als Blockadebrecher unentbehrliche Rohstoffe zu holen. Sie haben ihre Bestimmungshäfen Singapur und Kobe tatsächlich erreicht. Auf der Rückreise wurden sie im Südatlantik bzw. »kurz vor der Haustür« zur Selbstversenkung gezwungen.

Kriege sind nicht nur die Geißel der Menschheit. Sie sind für ein international engagiertes Reedereigeschäft und für ein Überseehandelshaus die Zerstörung der Lebensgrundlage überhaupt. So sind diese düsteren Jahre allenfalls Anlaß für ein Trauma. Der einzige kleine Lichtpunkt dürfte vielleicht sein, daß in der Katastrophe des Jahres 1945 Laeisz-Schiffe für viele tausend Menschen letzte Zuflucht zum Weg in die Freiheit geworden sind. Es haben sich der Dampfer PLANET, die Motorschiffe PALOMA, PONTOS, PELIKAN sowie die F. Laeisz zur Bereederung übertragenen Turbinenschiffe LEDA und WINRICH VON KNIPRODE bei der größten aller Menschenrettungsaktionen bleibende Verdienste erworben.

Hier sei nur das bewegende Schicksal der WINRICH VON KNIPRODE skizziert. Dieses Turbinenschiff, dessen Vorgeschichte aus der Schiffsliste ersichtlich ist, wurde am 21.11.1941 von der Kriegsmarine an Reederei F. Laeisz zur Bereederung übergeben. Ab Januar 1945 Einsatz als Verwundetentransportschiff. Das Schiff erwarb sich bei der Evakuierung der deutschen Ostgebiete große Verdienste und brachte trotz schwerer Treffer in Pillau Tausende von Flüchtlingen aus Pillau und Kolberg in den Westen. Bei der Räumung von Swinemünde am 1.5.1945 protestierte der Kapitän erfolgreich gegen die geplante Versenkung der WINRICH VON KNIPRODE als Blockschiff zwischen den Molen der Hafeneinfahrt und brachte mit seinem halbwracken Schiff abermals 5.200 Flüchtlinge in Sicherheit. Am 31.10.1945 wurde das Schiff in Kiel an Frankreich zurückgegeben. Es kam unter dem alten Namen KERGUELEN wieder in Fahrt und wurde 1955 abgewrackt.

Ein Anachronismus, der erstaunen läßt:
Mitten im Krieg plante Blohm & Voss den für Ausbildungszwecke modifizierten Neubau einer Viermastbark. Die Kriegslage machte die Verwirklichung des Projektes unmöglich.

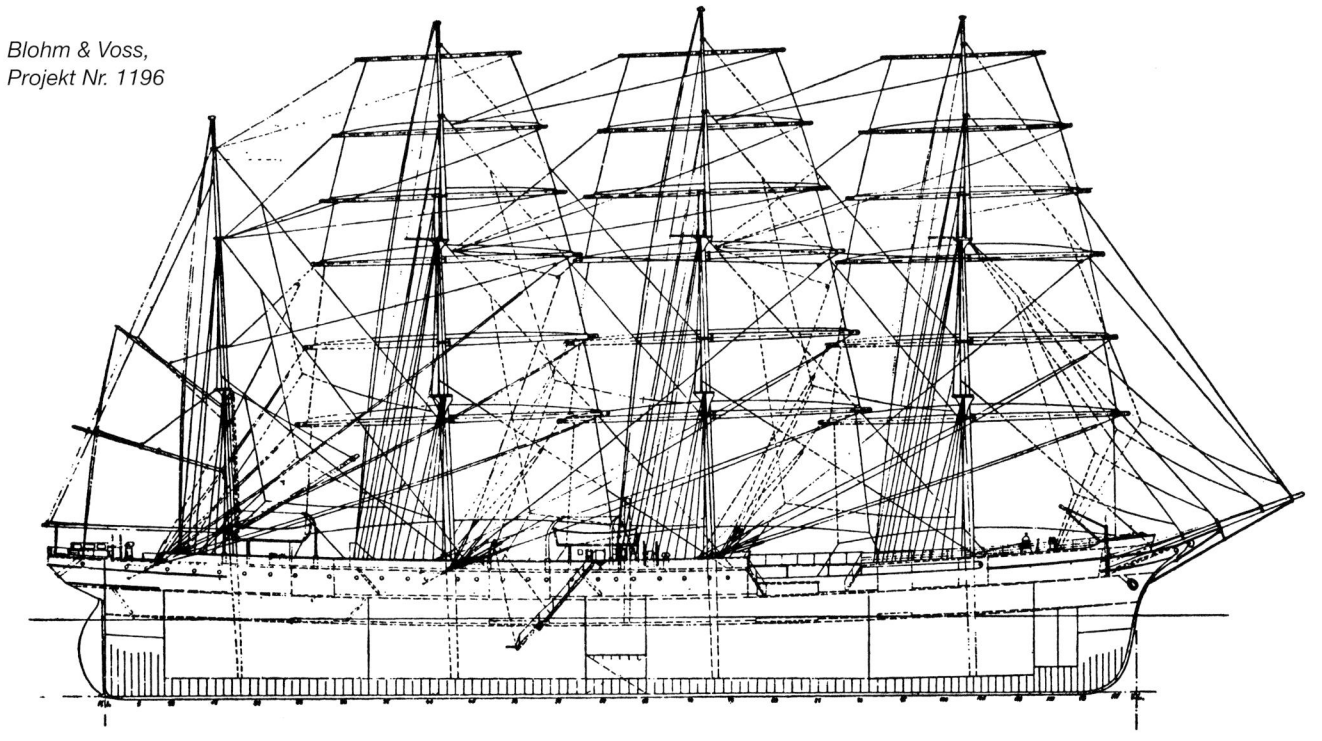

Blohm & Voss, Projekt Nr. 1196

Ein Wrack und zwei Fischkutter

Im Zweiten Weltkrieg hatten die apokalyptischen Reiter ganze Arbeit geleistet. Deutschland war verwüstet und geviertteilt. Drei Millionen Tonnen Bomben waren auf seine Städte gefallen, das Land selbst wurde zum Schluß auch noch Schauplatz schwerer Bodenkämpfe.

Allein in der Hansestadt Hamburg waren 295.000 Wohnungen zerstört. Der Hafen glich einer trostlosen Totenlandschaft, deren Wiederbelebung aussichtslos erschien. Bestimmte Gruppen wollten aus Deutschland einen Kartoffelacker machen. Die »Wirtschaftlichen Grundsätze des Potsdamer Abkommens von 1945«, der »Industrieplan« und die »Kontrollratsdirektion Nr. 37« von 1946 machten jede Hoffnung vage. Die gewaltsame Ausschaltung des besiegten Landes aus der internationalen Seeschiffahrt und aus dem Überseehandel waren beschlossene Sache. Und man bewirkte sie anfänglich total.

Der kümmerliche Rest von 1,4 Millionen Tonnen Handelsschiffsraum, der den Krieg mehr oder weniger zerzaust überstanden hatte, mußte zu vier Fünfteln an die Alliierten abgeliefert werden. Weitere 122.000 BRT wurden, mit Gasmunition beladen, im Skagerrak versenkt. Nur noch der Bodensatz von 426 jammervoll überalterten Kleinschiffen – darunter 100 Küstensegler – durfte bleiben. Durchschnittsalter dieser asthmatischen Karawane: 40 Jahre!

Der Bau von Seeschiffen und sogar die Charterung ausländischer Schiffe waren ebenso verboten wie jegliche Schiffbauforschung.

Die FL-Reedereiflagge verschwand vollständig von den Meeren, nachdem Motorschiff PALOMA 1945–46 seinen von den Alliierten angeordneten Sondereinsatz zum Rücktransport von sogenannten »Displaced persons«, d.h. polnischen Fremdarbeitern, aus der britischen Zone nach Gdingen (Gdynia) beendet hatte.

Nachdem das Gros der Flotte bereits durch Feindeinwirkung verlorengegangen war, mußte der Restbestand an die Siegermächte abgeliefert werden: PANTHER (II), PELIKAN und PONTOS an Großbritannien, Trockenfrachter PALOMA und Viermastbark PADUA an die UdSSR. Das gesamte FL- und AFC-Auslandsvermögen in Kamerun, Guatemala und Brasilien war ebenfalls verloren.

Der Laeiszhof war schon 1943 von Bomben verwüstet worden. Auf der Ruine hockte nur noch einer von jenen drei patinagrünen Bronzepudeln treu auf seinem Platz – eins von jenen Maskottchen des Unternehmens, die Symbol für die Liebe des Reeders Carl Laeisz zu seiner Frau »Pudel« und das Anfangsbuchstaben-Vorbild für die Namen aller P-Schiffe waren. Der Bronzepudel hatte der Apokalypse standgehalten, die Vorderbeine auf den Giebel gestemmt und den Schweif erhoben, als wolle er jemandem zuwedeln.

War das nun Ironie oder gutes Omen?

Hans Maack, Chefredakteur der »Hansa« – Zeitschrift für Schiffahrt, Schiffbau, Hafen –, sagte später über diese Zeit: »Mit dem 99prozentigen Verlust ihrer schwimmenden

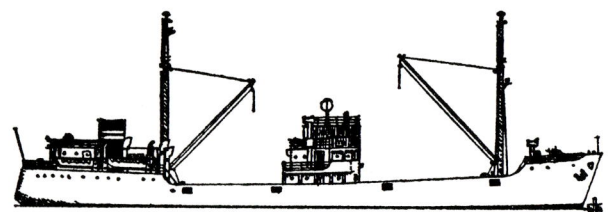

PORJUS (bis 1942)　　　　　*Die Verwandlung eines Schiffes*　　　　　KRONSBERG (seit 1950)

Sachwerte, mit der alliierten Kontrolle und dem Neubauverbot wurde für die deutschen Reeder eine Lage geschaffen, die alle früheren Notzeiten in den Schatten stellte. Sie läßt sich weder mit den Verhältnissen nach dem Ersten Weltkrieg noch mit dem schwärzesten Jahr der Weltwirtschaftskrise vergleichen. Am schwersten wog nach dem Zusammenbruch von 1945 die Einschränkung der unternehmerischen Handlungsfreiheit. Mit gebundenen Händen standen die Reeder vor dem, was ihnen geblieben war … Meistens jedoch war es das materielle Nichts. Verschiedentlich trug dieses Nichts noch ein Minus-Zeichen, da man den deutschen Reedern zwar ihr Vermögen im Ausland genommen, ihnen aber die Auslandsschulden (!) gelassen hatte. Was man freilich nicht hatte demontieren können, waren die guten Firmennamen, der reiche Schatz an Fachwissen und Erfahrungen sowie der Selbsterhaltungs- und Arbeitswille.«

Was aber tun, um F. Laeisz in irgendeiner Form über Wasser zu halten?

Man bediente sich eines letzten Sachwertes, der allerdings unter Wasser lag. Man ließ den kleinen Zubringer-Frachter PORJUS heben, der am Rethe-Ufer auf dem Grund des Hamburger Hafens lag. Bomben hatten ihn 1942 versenkt. Größenmäßig fiel er genau in die Kategorie der Schiffe, deren Reparatur und Wieder-in-Fahrt-Bringen gestattet war. PORJUS lag mit seinen 764 BRT unter der 1.500-BRT-Grenze. Und für AFC war das Schiff wertlos. Was sollte man mit einem Zubringerschiff, wenn es doch auf absehbare Zeit keine Bananenfahrt mehr geben würde … Die gehobene PORJUS wurde an die Bugsier-, Reederei- und Bergungs-AG Hamburg verkauft, die einst von Laeisz mitgegründet worden war. Das kleine Schiff kam – zu 75 % erneuert – als KRONSBERG wieder in Fahrt – und die beim Verkauf des Wrackes erworbenen Mittel konnten sofort in den Neuaufbau der AFC investiert werden.

Die Hebung der PORJUS war jedoch erst 1949 möglich – bis dahin mußte man sich noch einen anderen Notbehelf einfallen lassen, wenn man überleben wollte.

1947 wurde wenigstens der Bau von Fischkuttern wieder gestattet. Und so versuchte man es mit dem einzigen Schritt, der eine »Mini-Seefahrt« wieder möglich machte. Man wich in eine Branche aus, die Laeisz zwar völlig fremd war, deren Erträge in der Zeit des Hungers jedoch hohen Kompensationswert hatten. Für einen Hering wurden seinerzeit gern drei Reichsmark – drei damalige Stundenlöhne! – und für eine Flasche Fischöl gar 200 RM gezahlt, was dem damaligen Montagsgehalt eines jüngeren Angestellten entsprach. Die Aufnahme der Kutterfischerei sollte zum anderen wenigstens einen Teil der kaufmännischen und seemännischen Mitarbeiter über die Runden bringen. Die Besatzungen der Kutter bildeten Finkenwerder FL-Nautiker wie Kapitän Behrens, der spätere Inspektor der Reederei. Mit Sinn für Galgenhumor nannte man die beiden 21 m langen Fischkutter, die 1947/48 von der Kremerwerft Elmshorn an F. Laeisz abgeliefert wurden, nach dem Vorbild der beiden jungen Hunde von Wilhelm Busch, PLISCH und PLUM. Sie tuckerten mit ihren sechs Knoten Geschwindigkeit auf die Fangplätze von Ostsee und Nordsee.

Laeisz kam sich zu dieser Zeit kaum anders vor als jener Kaspar Schlich von Wilhelm Busch: »Eine Pfeife in dem Munde, unterm Arm zwei junge Hunde …«

Aber die Aktivität auf dem Sektor »Ernte ohne Saat« währte nicht lange. Im Frühsommer 1948 veränderte die Währungsreform die Sachlage total. In der D-Mark-Ära wurde die alte Faustregel allzubald gültig: »Jedesmal, wenn die Fischer Geld haben, gibt es dafür nichts zu kaufen – wenn es aber wieder etwas zu kaufen gibt, haben die Fischer kein Geld.«

Die Kutterfischerei mit ihrem völlig übersetzten Fahrzeugbestand konnte nicht mehr rentabel sein. Und so hielt man sich an Kaspar Schlich und seine grundsätzlichen Ansichten über die berühmt gewordenen jungen Hunde PLISCH und PLUM. »Wenn mir aber was nicht lieb: weg damit ist mein Prinzip.«

Fischkutter PLISCH, PLUM, D.W. Kremer Sohn, Elmshorn

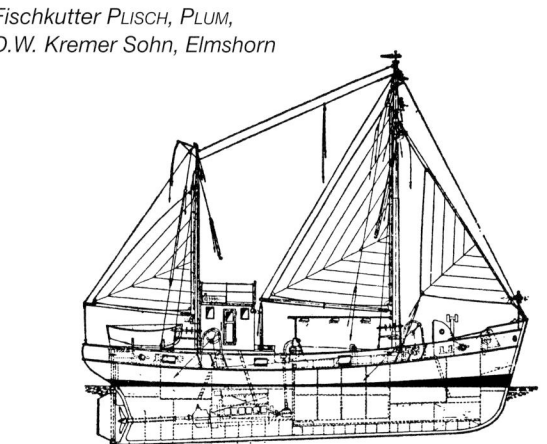

Neue Kühlschiffe

Gerade noch rechtzeitig, bevor ein Überangebot von abgestoßenen Fischkuttern einsetzte, konnte Laeisz seine beiden »jungen Hunde« an das Fischereikombinat Sassnitz loswerden.

Die D-Mark hatte alles total verändert. Seitdem die Währung wieder hart geworden war und ein neuer Liberalismus den starren Dirigismus des Alliierten Kontrollrates mehr und mehr zu durchlöchern begann, ergaben sich durch eine Vielzahl von bilateralen Handelsverträgen auch wieder Einfuhrmöglichkeiten für Güter, die jahrelang dem Bewußtsein entrückt waren. Wie eine Banane aussah, war damals zehnjährigen Kindern unbekannt. Der deutsche Markt war also denkbar aufnahmefreudig.

Die AFC besaß zwar keine einzige Pflanzung mehr und auch kein Schiff. Aber die maßgeblichen Leute in ihrer Spitze, unter der Führung von Adolpho Bundies, konnten die damals noch zuständige JEIA (Joint Export and Import Agency) in zähflüssigen, aber hartnäckigen Verhandlungen dazu bringen, wenigstens eine Lizenz zu erteilen, nach der Laeisz schwedische und norwegische Schiffe für Rechnung einer Bananen-Importgruppe chartern konnte, zu deren führenden Mitgliedern die AFC gehörte.

Die ersten größeren Kontrakte bezogen sich auf Bananen-Einfuhren aus Kolumbien. Und Laeisz-Kapitäne fuhren an Bord dieser Schiffe als Supercargo – als Ladungsbevollmächtigte – mit.

Die Möglichkeit, auch wieder zu eigener Tonnage zu kommen, zeichnete sich erst mit dem »Petersberger Abkommen« von 1950 ab. Diese Durchführungsbestimmungen für die im Vorjahr aufgestellten »Washingtoner Richtlinien« brachten erstmals die Möglichkeit, auch Überseeschiffe zu bauen – freilich nur solche, die lediglich 12 Knoten laufen konnten (wie die bisher ausschließlich erlaubt gewesenen, nur 1.500 BRT »großen« Potsdam-Schiffe). Diese Fahrtstufe war für den Bananen-Transport völlig unzulänglich.

Es gelang der Reederei F. Laeisz, der Afrikanischen Frucht-Compagnie sowie einigen Mitstreitern, durch eindeutige Argumente einen Denkanstoß zu geben, der später zur Lockerung der in diesem Falle besonders unsinnigen Schiffbaubeschränkungen führte. Der inzwischen ausgebrochene Koreakrieg hatte mittlerweile eine Art Tauwetter verursacht. Es zeigte sich, daß die Ausschaltung Deutschlands aus der Weltpolitik den Frieden keineswegs sicherer gemacht hatte. Der Besiegte erfreute sich erster Anflüge von Wohlwollen, ohne nun gleich zum Verbündeten erklärt zu werden.

Im »Petersberger Abkommen« wurde der inzwischen konstituierten Bundesrepublik Deutschland der Bau von sechs 3.000 BRT großen Kühlschiffen zugebilligt. Und während ihre Bauvorbereitungen liefen, führte die energische Intervention zum Erfolg: Die Schiffe durften auf Grund einer Sondergenehmigung 16,5 Knoten laufen, während für alle anderen Neubauten die 12-Knoten-Grenze zunächst noch bestehen blieb. In Würdigung der großen Kriegsverluste wurde den Firmen F. Laeisz und AFC die Finanzierung der beiden ihnen zugesprochenen Neubauten durch Kredithilfen der Bundesregierung und der Hansestadt Hamburg – die alle längst zurückgezahlt sind – erleichtert.

In konsequenter Weiterentwicklung der letzten Vorkriegsbauten gab man als erste Kühlschiffe der neuen deutschen Kauffahrteiflotte die Schwesterschiffe PROTEUS und PERSEUS in Auftrag – und zwar dort, wo auch die letzten Schiffe vor dem Kriege entstanden waren: bei der Deutschen Werft AG, Hamburg-Finkenwerder.

Dort hatte man seinerzeit schon für PALIME, POMONA und PANTHER (II) die Vermessungsdaten außerordentlich günstig gestaltet, indem man diese Schiffe als offene Schutzdecker baute. Bei den Nachkriegs-Zwillingen PROTEUS und PERSEUS ging man noch einen Schritt weiter. Man setzte auf das offene Schutzdeck oder Shelterdeck der mit drei durchlaufenden Decks versehenen Schiffe auch noch eine offene Back auf. Es leuchtet ein, daß damit die Kunst zur Vollendung gebracht wurde, ein möglichst großes Schiff mit möglichst kleinen Vermessungsdaten zu bauen. Von verringerten Hafengeldern, Kai- und Panamakanalgebühren war eine beträchtliche Betriebskostensenkung zu erwarten. Auf ausdrücklichen Wunsch des Reeders erhielten die beiden Schiffe äußerlich jene seitdem für alle Laeisz-Kühlschiffe bezeichnende jachtähnliche Form mit stark ausfallendem, im Oberteil nach außen geschwungenem Vorsteven und schlank ausgezogenem Kreuzerheck. Die über der Wasserlinie tulpenförmig weit ausladenden Vorschiffsspanten sollten harte Stampfbewegungen im Seegang verhindern und möglichst lange eine trockene Back bescheren.

Seit PROTEUS und PERSEUS, deren Generalplan unten wiedergegeben ist, haben alle weißen Kühlschiffe von Laeisz die bestechend elegante Stromlinienform, in die sogar die Windenhäuser und die an den Enden abgerundeten Deckshäuser voll einbezogen sind. Masten und Schornsteine haben einen leichten Fall. Fortan mit bananengelbem Schornstein als Reedereiabzeichen wurde die Schiffe – auch in der innenarchitektonischen Gestaltung – eine Replik der Ästhetik. Hier gelang Erich F. Laeisz mit seinem Feingefühl für Schönheit ein großer Durchbruch. Die beiden Schwesterschiffe wurden von dem genialen Schiffbauer William Scholz, zusammen mit seinem Konstrukteur Weingart, entworfen. Der Name PROTEUS hatte einen ganz besonderen Symbolgehalt. Nach der griechischen Sage war Proteus jener Meergeist, der sich in alle gewünschten Gestalten verwandeln konnte – Symbol für den veränderlichen Menschen.

Eine Fähigkeit zur Verwandlung besitzen seit PROTEUS alle neuen FL-Kühlschiffe: Sie sind nicht mehr, wie ihre Vorgänger aus den Tagen der Kamerunfahrt, reine »Fruchtjäger«, d.h. Fruchtkühlschiffe nur für die Bananenfahrt. Sie sind universell einsetzbare »Reefer«, die sowohl Bananen und sonstiges Obst als auch – tiefgekühlt – Fleisch und Fisch zu transportieren vermögen.

Bei PROTEUS und PERSEUS hatte die Reederei erstmalig eine Kühlanlage gefordert, deren Leistung einerseits für Temperaturen zwischen +12° und –12° Celsius ausreiche – die es zum anderen jedoch ermöglichte, in den Unterräumen von Raum 2 und Raum 3 eine Tiefkühltemperatur von –20° C zu erhalten, während gleichzeitig in allen anderen Räumen Bananen gefahren werden. Die Skala der Einsatz-

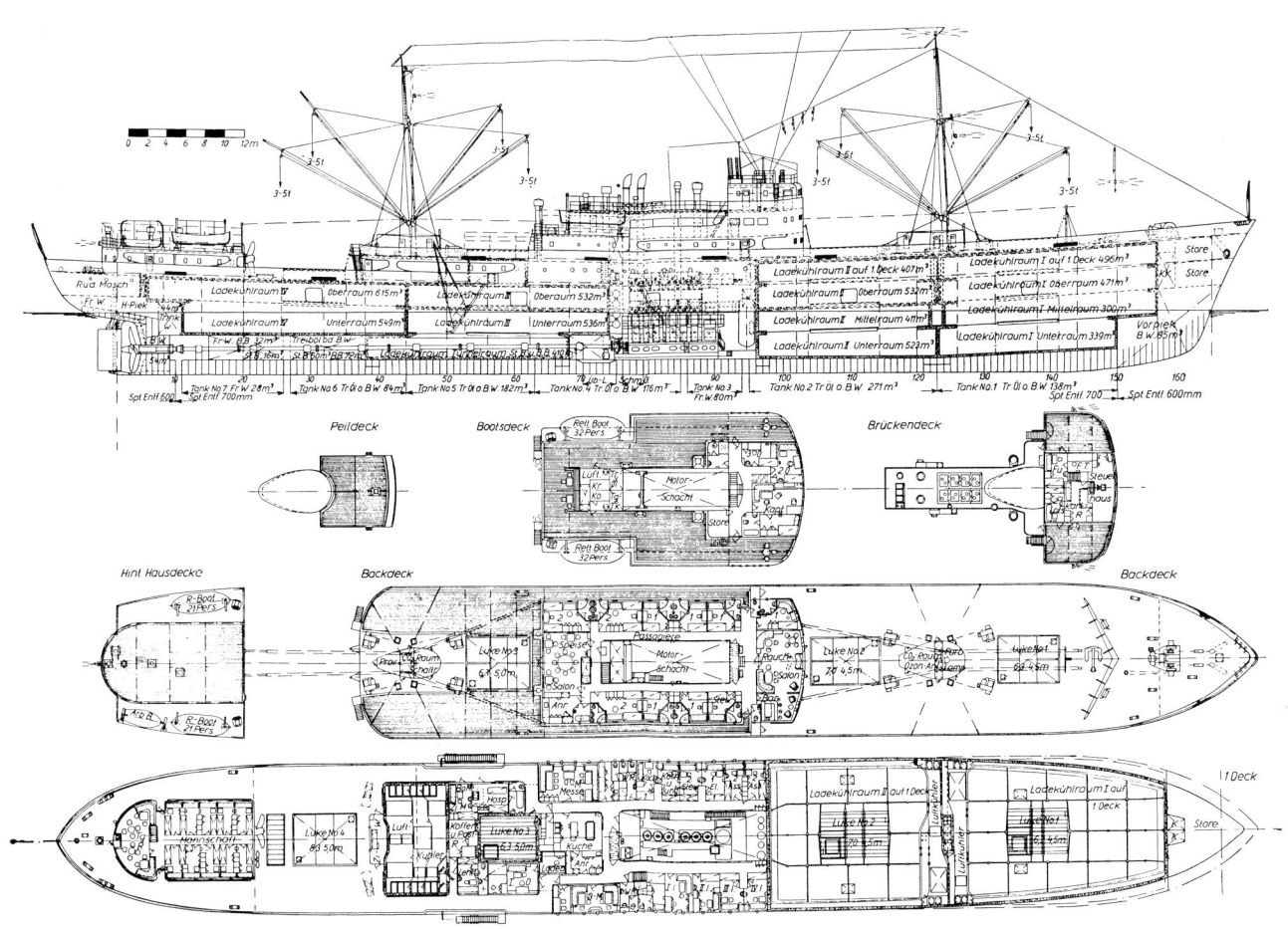

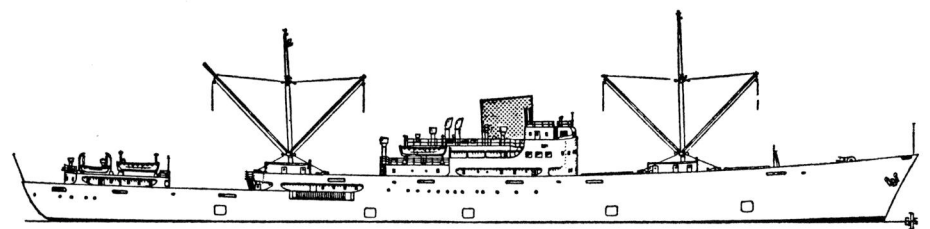

Kühlschiffe PROTEUS, PERSEUS,
Deutsche Werft AG,
Hamburg-Finkenwerder

möglichkeiten wurde damit wesentlich vergrößert. Die Schiffe waren mit ihrer Vielseitigkeit auf dem Tonnagemarkt attraktiv. Deshalb konnten seit 1951 Kühlschiffe mit der FL-Flagge nicht nur in der regelmäßigen Bananenfahrt, sondern auch in der weltweiten Trampfahrt sowie – in Charter – in bestimmten, ausgesprochen interessanten Relationen der Cross-Trade-Fahrt eingesetzt werden. Als Beispiele mögen die Pendelfahrten zwischen Süd- bzw. Zentralamerika und den USA oder auch zwischen Ecuador und Japan dienen. Selbst in der Apfelfahrt von Australien nach Europa und in der Kartoffelfahrt Dänemark–Argentinien (mit Fleisch-Rückreisen Argentinien–Dänemark) fanden die weißen Reefer Beschäftigung. Sie bewiesen die Richtigkeit ihrer Konzeption.

Wie schon auf Vorkriegs-Fruchtkühlschiffen, wurde die direkte Verdampfung des Kältemittels nicht in dem weitverzweigten Rohrnetz der Kühlräume vorgenommen. Man entschied sich für die indirekte Kühlung durch einen Kältezwischenträger, durch Sole. So können die Temperaturen in der gesamten Anlage leicht und sicher geregelt werden. Man entschied sich zunächst für Ammoniak-Sole und stieg später auf die Freon- oder Fluor-Derivate des Methans und Äthans um, die in Deutschland unter dem Namen Frigen bekannt sind.

Nach PROTEUS und PERSEUS konnte – als Ersatz für die als Kriegsfolge verlorengegangene POMONA – ebenfalls die Genehmigung und Finanzierung zum Bau eines dritten Kühlschiffes erreicht werden, das unter dem Namen PEGASUS, gebaut bei den Howaldtswerken, Kiel, gemeinsam mit Reederei E. Russ als Minderheitspartner, Ende Dezember 1951 in Dienst gestellt werden konnte.

Das Trio bedeutete ein kräftiges Comeback in die Weltschifffahrt. Verlader und Fahrgäste schätzten die drei Schiffe über die Maßen, so daß nun eine allgemeine Geschäftsbelebung im Laeiszhof registriert werden konnte.

Aber man beschränkte sich auch diesmal nicht auf eine – immer gefährliche – »Monokultur«. Man behielt das bei, was seit 1923 – Indienststellung der Turbinenschiffe POSEIDON und PLANET – bereits Tradition geworden war: Man engagierte sich auch in der Trockenfrachtfahrt. Man wollte sich nicht allein auf Kühlschiffe stützen – so, wie man sich ab 1911 auch nicht mehr auf die Salpeterklipper als einzige Basis verlassen wollte.

1953 folgten deshalb die Neubauten zweier Trockenfrachter namens PARNASS und PELION, die sich an den Typ des sogenannten Nord-Ostsee-Frachters anlehnten. Das Besondere an diesen rund 2.400 tdw tragenden Schwesterschiffen, für die Laeisz als Korrespondenzreeder für zwei Partnerreedereien auftrat, war eine Ventilationseinrichtung, d.h. Fruchträume ohne Ladungskühlanlage, wie sie in der Apfelsinenfahrt üblich sind. Zunächst war daran gedacht, diese Schiffe in der Fruchtfahrt zwischen Italien bzw. den Kanarischen Inseln, zum »Nordkontinent« einzusetzen.

Es ergab sich dann aber, daß sie in der Stückgut- und Massengutfahrt an der US-Ostküste sowie in der Cross-Trade-Fahrt zwischen Panama und den USA noch günstigere Beschäftigung fanden.

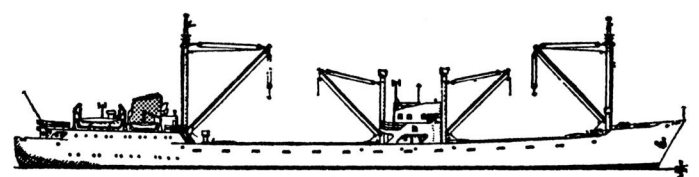

Trockenfrachter PARNASS, PELION,

Nobiskrugwerft, Rendsburg

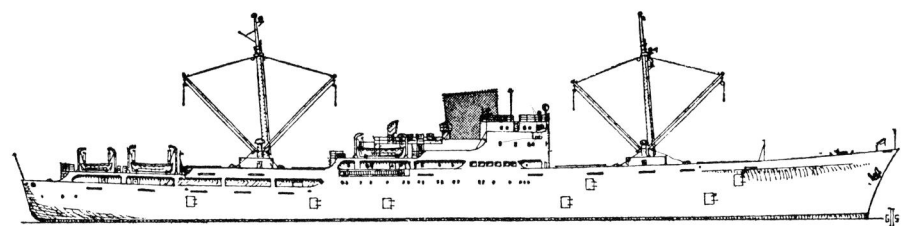

Kühlschiff PEGASUS, Howaldtswerke AG, Kiel

Die Kühlschiff-Flotte wurde fortan in bestimmten Intervallen, der Marktlage genau angepaßt, erweitert – und zwar fast immer durch Serien von zwei oder drei Schiffen zugleich. Die Deutsche Werft AG, Hamburg-Finkenwerder, baute 1954–56 das Trio PARTHENON, PERIKLES und PIRÄUS, denen 1955/59 die aus der PEGASUS weiterentwickelten Schwesterschiffe PORTUNUS und PRIAMOS folgten, ebenfalls erbaut von den Kieler Howaldtswerken.

hatte: Kontrollgänge oder »Fruchtalleen« liefen neben den Ladungskühlräumen her, die jeden Tag zweimal von den Schiffsoffizieren inspiziert werden mußten. Sie hatten dabei bis zu 80 Meßstellen (Laderaumthermometer) abzulesen und ihre Werte peinlich genau in einem Temperaturbuch festzuhalten. Mit Windmessern, zum Teil auch durch Wollfäden oder Rauchpatronen wurde die richtige Einstellung der ganz oder nur teilweise zu öffnenden Lüftungsklappen

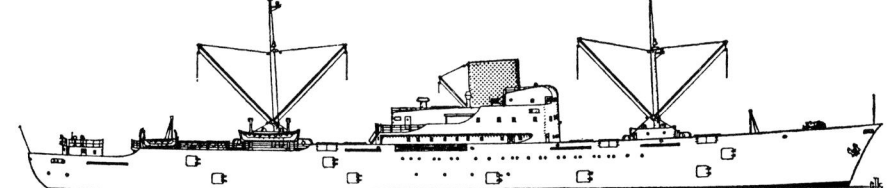

Kühlschiffe PARTHENON, PERIKLES, PIRÄUS

Speziell konstruiert für die Liberia-Fahrt, Deutsche Werft AG, Hamburg-Finkenwerder

Das Jahr 1960 bedeutet eine Zäsur in der Reedereigeschichte. Mit der von der Deutschen Werft AG in Hamburg-Finkenwerder* erbauten PENTELIKON – wie PEGASUS ein »Einzelgänger« – wurde das Lieblingsschiff der Flotte in Dienst gestellt, das gleich von sich reden machte: Die »Institution of Naval Architects« kürte das Schiff innerhalb der Welthandelsflotte zum schönsten Schiff des Jahres (s.S. 104). Zugleich aber war dieser Reefer das letzte konventionelle Kühlschiff der Laeisz-Flotte. Mit ihm endete jene Ära, die 1914/15 mit den Erstlingen PIONIER und PUNGO begonnen

an den Seiten der Laderäume überprüft, indem man den Kühlluftstrom verfolgte. Die richtige Einstellung der Klappenschieber war eine Kunst für sich, der Luftstrom zwischen Saug- und Druckseite mußte einwandfrei in Gang sein. In Fachkreisen war diese Belüftung als »horizontale Kühlung« bekannt. Für die damals noch übliche Verschiffung der Bananen im Bündel galt folgendes:
Unabhängig von den vielleicht extremen Temperatur- und Luftfeuchteschwankungen der Außenluft (Tropenfahrt–Nordseewinter!) mußten sämtliche Laderäume in der Bananenfahrt präzise auf plus 11,6 Grad Celsius gehalten werden, wobei auch die allmähliche Selbsterwärmung der verlangsamt weiterreifenden, atmenden sowie schwitzenden Bana-

---

* Als Ersatz für die an die DDR verkaufte und zum Fischereifabrikschiff umgebaute PEGASUS.

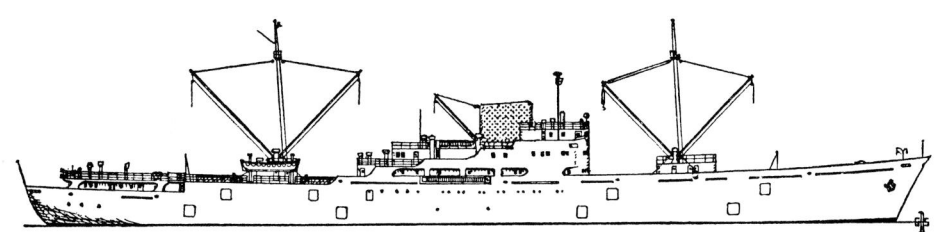

Fruchtkühlschiffe PORTUNUS, PRIAMOS, Howaldtswerke AG, Kiel

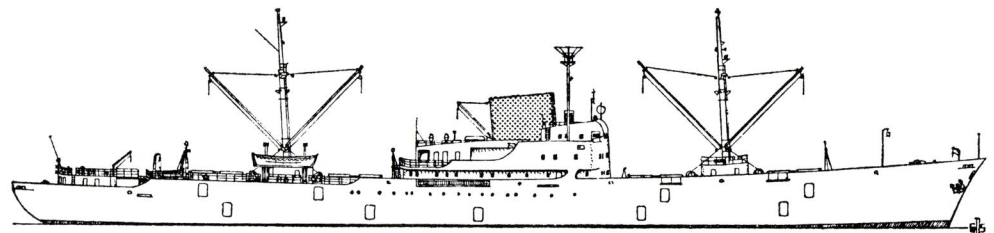

*Kühlschiff P<small>ENTELIKON</small>,
Deutsche Werft AG,
Hamburg-Finkenwerder*

nen beachtet werden mußte. Die Diva Banane erfordert das, sie ist ja ein lebender pflanzlicher Organismus, der laufend Kohlendioxyd und Äthylen erzeugt, die wiederum den Reifeprozeß der Frucht beschleunigen oder überhaupt beenden. Fährt man die Laderaumtemperaturen um Nuancen zu niedrig, tritt eine Abtötung des Zellgewebes der Bananen ein. Die Banane ist »chilled«, d.h. erkältet. Ihre Zellflüssigkeit ist zersetzt. Sie wird nicht mehr reif, die Schale hingegen braun und unansehnlich. Keine Hausfrau würde sie mehr kaufen. Fährt man aber die Laderaumtemperaturen um ein Weniges zu hoch, verdirbt die Ladung durch vorzeitiges Reifen! Ein Millionensachwert müßte vernichtet werden, denn vorzeitig gereifte Früchte nimmt kein Importeur ab.

Bananenfahrt erfordert also eine gewisse »Temperatur-Artistik« und, von einem bestimmten CO_2-Gehalt an, unbedingt einen genau dosierten Luftwechsel im Laderaum, damit der Kohlendioxydanteil wieder auf ein tragbares Maß reduziert werden kann.

Bei sämtlichen nach P<small>ENTELIKON</small> erbauten Laeisz-Kühlschiffen wurden die »Fruchtalleen« und die herkömmliche Laderaumüberwachung durch moderne, voll zentralisierte und weitgehend automatisierte Überwachungszentra-

*Das letzte konventionelle Kühlschiff der Flotte – die 1960
von der »Institution of Naval Architects« zum schönsten Schiff
des Jahres innerhalb der Weltflotte gewählte P<small>ENTELIKON</small>, erbaut
von der Deutschen Werft AG, Hamburg-Finkenwerder. Das
Gouache-Gemälde stammt vom Marinemaler Jochen Sachse.*

Kühlschiffe
PUNA, PONGAL, PISANG,
Deutsche Werft AG,
Hamburg-Finkenwerder

len ersetzt, die perfekte Gebilde der Meß- und Regeltechnik waren. Sie dienten der optimalen Ladungspflege und waren teilweise bereits mit datenverarbeitenden Anlagen ausgestattet, was heutzutage gang und gäbe ist. Alle Kühlsysteme arbeiten seitdem nach dem Vertikalprinzip. Die ersten Kühlschiffe des neuen Typs – mit Überwachungszentralen – waren die sämtlich 1964 von der Deutschen Werft AG, Hamburg-Finkenwerder, erbauten drei Schwestern PUNA, PONGAL und PISANG, denen 1966 das Deutsche-Werft-Paar PEKARI und PERSIMMON folgten, schließlich 1967 das von den Howaldtswerken Hamburg erbaute Duo PICA und PIROL sowie das in England erbaute Geschwisterpaar PARMA und PADUA. Den Reigen beschlossen zunächst 1969 die beiden in Belgien gebauten Schwesterschiffe POMONA (II) und PONTOS (II), die zehn Jahre später durch die noch moderneren Neubauten POCANTICO, POTOMAC und POCAHONTAS ergänzt wurden. Auch sie liefen unter belgischer Flagge. 1892–1972 wurden bis auf acht

Ihre bestechende Eleganz machte die schnellen Laeisz-Kühlschiffe als »Flying P-Liner« späterer Tage populär. In den sechziger Jahren war in der Bananenfahrt ihr häufigstes Reiseziel die Westküste Südamerikas – die Andenrepublik Ecuador.

Die 1980 in Fahrt gekommene POCAHONTAS *gehörte zu jenem Trio von Neubauten, bei denen erstmals ein Mikroprozessor die Datenerfassung und Steuerung der Antriebsanlage regelte, zwei Kleincomputer dasselbe für das Kühl- und Hilfsmaschinensystem besorgten.*

Ausnahmen sämtliche Laeisz-Schiffe auf deutschen Werften erbaut. Das gilt auch für die ersten 1972 entstandenen Massengutfrachter oder Bulk Carrier. Die große Flotte der Laeisz-Kühlschiffe hatte seit Infahrtsetzung von PROTEUS und PERSEUS – Anfang der fünfziger Jahre – den gesamten technischen Wandel mitgemacht. Das galt für die Umstellung von der Horizontal- auf die Vertikalbelüftung ebenso wie für das Auswechseln der ständigen Luftwechsel- und Temperaturkontrollen durch die Ladungsoffiziere gegen eine immer perfektere Automation. Mit den drei 1980 in Fahrt gekommenen Neubauten POCANTICO, POCAHONTAS und POTOMAC wurde der Übergang in den Container-Bananentransport eingeleitet, der nachher durch die PURITAN (s. S. 130) – dem ersten Bananen-Vollcontainerschiff der Welt – seine Perfektion erreichte.

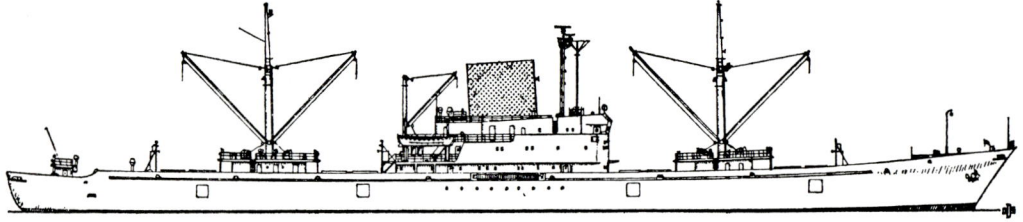

Kühlschiffe PEKARI, PERSIMMON, PICA, PIROL, *Deutsche Werft AG, Hamburg-Finkenwerder (2), Howaldtswerke AG, Hamburg (2)*

Bananenfahrt im Wandel

Seit 1930 hatte sich die Bananenfahrt mit Kühlschiffen zur Haupttätigkeit der Reederei F. Laeisz entwickelt. FL-Kühlschiffe holten einst Bananen aus Kamerun, sie brachten sie später aus Guatemala, Costa Rica, Honduras, Ecuador, heute auch aus Panama und Kolumbien herbei. Die Abbildungen stammen aus Ecuador, das Anfang der sechziger Jahre Hauptreiseziel der AFC-Bananenschiffahrt wurde. Sie zeigen Anbau, Ernte und Verschiffung der Bananen.

Um die Frucht für den weiten Seeweg vom Erzeugerland in so weit entfernte Kontinente wie Europa optimal transportfähig zu halten, läßt man die Bananenbündel solange wie möglich an ihrer 5–10 m hohen baumähnlichen Staude. Erst einige Tage vor Ankunft des nächsten Kühlschiffes gehen die Schnittorders für dessen Ladung, mit genauer Anzahl der bestellten Bündel, zu einer Vielzahl kleinerer und größerer Vertragspflanzungen hinaus. Erntekolonnen (jeweils ein Schnitter, ein Schnitthelfer, mehrere Träger) finden die nach 80–90 Tagen Tragezeit zur Ernte anstehenden Bananenbündel genau heraus. Um das jeweils von ihr hervorgebrachte einzige Büschel ernten zu können, muß die

Von den Erntestellen werden die von den Scheinstammresten als Schutzhülle umgebenen Bananenbüschel per LKW zur Wasch- und Packstation gebracht.

Geerntet wird heute noch wie damals:
Das Fruchtbüschel muß nach dem Fällen der Staude in die weichen, polsternden Teile des zerhackten Scheinstammes der Staude eingeschnürt werden, um beim Transport zur Packstation vor Druckstellen geschützt zu sein.

ganze Staude sterben. Aus ihrem weitverzweigten Wurzelstock sprießen schon wieder 3–4 kräftige Schößlinge empor, die sich binnen 9–10 Monaten zu einer neuen Staude samt voll ausgebildetem Fruchtstand entwickeln. Die Schnitter stoßen ihr Fischschwanzmesser unterhalb der Staudenkrone so kräftig in den weichen, nur aus Blattscheiden bestehenden Scheinstamm, daß die Krone mit dem erntefähigen Bündel herunterknickt. Die Schnitthelfer fangen das Bündel mit einer Seilschlinge auf und ziehen es schützend zur Seite, damit es nicht beim Fall zu Schaden kommt. Nach endgültigem Fällen der Staudenkrone wird das Bündel mit Macheten abgeschlagen und von seinem langen Blütenstand-Schwanz befreit. Mit Macheten wird der weiche Blattscheidenstamm zerhackt. Die gummiartig weichen Scheiden umhüllen die Bündel schützend auf dem weg zum Sammelplatz und schließlich bei der Lkw-Fahrt zur Packstation. Dort werden die Bündel zerschnitten, jeweils sogenannte »Hände« (Doppelreihen Bananen) abgetrennt und danach in Reinigungsbäder gelegt. Nach mehrfachem Waschen werden die gurkengrünen Bananenhände auf Sortierkarussells abgelegt und nach dem Abtropfen und Vortrocknen zu mehreren in genormte, mit Lüftungslöchern versehene Kartons von je ca. 18 kg Inhalt

verpackt. Appetitlich und schonend darin gelagert, reisen die »Bananenhände« darin in die Verbraucherländer. Das ist bis in die Gegenwart so geblieben, allerdings werden die Fruchtkartons längst containerisiert befördert.

Die beiden folgenden Bilder haben inzwischen historischen Wert, denn heutzutage werden die zur Verschiffung anstehenden Bananenkartons containerweise an festen Kais mechanisch verladen.

Bis zur Mitte der sechziger Jahre lagen z. B. in Guayaquil/Ecuador die Fruchtkühlschiffe auf der Flußreede des Rio Guayas vor Anker, von Bananenleichtern umgeben wie eine Glucke von ihren Küken.

Auf dem unteren Bild sieht man das Fruchtkühlschiff PERSIMMON bei einer Ladungsübernahme durch die seitlichen Bananenpforten, die an beiden Schiffsseiten gleichzeitig stattfand.

Für immer Vergangenheit ist solcher Anblick, wie er auf dem Foto in der rechten Textspalte wiedergegeben wurde: Mit dem »lebenden Fließband« trugen insgesamt etwa 500 halbnackte Bananeros jeweils zwei Fruchtkartons zugleich durch die seitlichen Pforten in das Schiff, dessen Laderäume bereits vorgekühlt waren. Sobald die Ladung komplett war, wurden die Seitenpforten des Schiffes geschlossen und mit Isoliereinsätzen unter Thermoverschluß genommen. Innerhalb 24 Stunden wurden die Räume auf die notwendige, genau einzuhaltende Reisetemperatur von +11,6° Celsius gebracht. Inzwischen hatte die weite Seereise begonnen, die von Ecuador aus durch den Panamakanal führt, der seit Aufkommen der Ecuador-Fahrt meistbenutzter Wasserweg für die FL-Kühlschiffe wurde.

Die beiden letzten Fotos wurden in Ecuador aufgenommen. Sie zeigten die dortigen Gegebenheiten, die nicht in jeder Hinsicht mit denen anderer Bananenländer übereinstimmten. Zum Beispiel wurden die geernteten Bananenbündel in Costa Rica nicht per Lkw, sondern an Drahtseilen hängend zur Packstation befördert. Die Anreise zum Schiff ging per Bahnwaggon vor sich. Die Beladung der Kühlschiffe wurde nicht vom »lebenden Fließband« der »Bananeros« (Bananenstauer), sondern durch Laufbänder besorgt. Die zur Verladung kommenden Fruchtkartons hatte man nicht in allen Ländern durch die seitlichen Bananenpforten, sondern hier und dort durch die – ebenfalls mit Isoliereinsätzen versehenen – Oberdeckslukken, die anschließend wieder unter Thermoverschluß genommen wurden, ins Schiff eingebracht.

Der Kreis rundete sich

Ein dritter AFC-Beginn, ein nochmaliger Neuanfang in Kamerun, war nach 1945 nicht mehr möglich. Willi Ganssauge, als einer der besten Kenner der tropischen Landwirtschaft geschätzt, war vor dem Krieg in das Afrikageschäft der AFC hineingewachsen. Er reiste in den fünfziger Jahren erneut nach Kamerun und an die Elfenbeinküste, um die Verhältnisse »vor Ort« zu überprüfen, er sondierte auch in Süd- und Mittelamerika. Der Aufbau einer neuen Produktionsbasis war schwieriger denn je, denn die politischen Verhältnisse in der Welt hatten sich ebenso gewandelt wie Verbrauchergewohnheiten und Märkte. Der Aufbau neuer Pflanzungen in Liberia und Nigeria war eine Enttäuschung, weil die Pflanzen von der Panamakrankheit befallen wurden. Und die Mitarbeit bei Wiederaufnahme der von der Deutschen Togo-Gesellschaft betriebenen Aktivitäten bewiesen, daß sich für die AFC in Afrika keine geordnete Zukunft mehr bot.

Bald hatten Willi Ganssauge und nach ihm dorthin entsandte »alte Kameruner« in der südamerikanischen Republik Ecuador ein Land entdeckt, das genau dieselben äquatorialen Klimaverhältnisse und viel idealere Bodenverhältnisse bot wie Kamerun. Durch Beteiligung an der EFE (Exportadores de Frutas de Ecuador*) und Finanzhilfen zum Aufbau von rund 1.600 Neupflanzungen durch Ecuadorianer, unter Mithilfe und Beratung vor allem von Arnold Koelle, half man mit, Ecuador zu intensiver Produktion von Bananen anzuregen. Das Land rückte binnen kurzem an die Spitze der Weltproduktion von Bananen auf, zumal zeitweilig die mittelamerikanischen Kulturen durch die Panamakrankheit zerstört worden waren. In Guayaquil, Esmeraldas, Puerto Bolivar wurden die neuen P-Kühlschiffe ein ebenso vertrauter Anblick, wie es früher ihre Vorgänger auf dem Mungo von Kamerun gewesen sind.

Mitte der sechziger Jahre bahnte sich eine neue Entwicklung an, an der AFC und EFE »nicht unschuldig« waren: Die Frucht wurde nicht mehr in ganzen Bündeln höchst umständlich verschifft und im Verbraucherland – nach dortiger Zerlegung – in größeren, schweren Holzkisten weitervertrieben, sondern wie gesagt »händeweise« (doppelreihenweise) nach Abtrennen vom Stamm des Bündels gleich in der Packstation (im Busch) appetitlich sauber gewaschen und in luftdurchlässige Kartons verpackt, die sich im Kühlraum des Schiffes als homogene Ladung bequem und zweckmäßig stauen lassen. Die Frucht reist seitdem von der Packstation im Busch direkt bis zum Lebensmittelgeschäft, ohne dazwischen einmal angefaßt und umgepackt zu werden.

Die Kartonversand-Methode hat fraglos ganz neue Käuferschichten erschlossen, besonders auf dem Lande. So erreichte die Bundesrepublik noch in den sechziger Jahren einen Bananenverbrauch über 10 kg pro Kopf. Und dank diesem Anstieg wurde der Bananenschuppen im Segelschiffhafen von Hamburg bereits Monate vorher ausgebucht wie ein Hotel in der Hochsaison. Tag und Nacht arbeiten die Taschenbandförderer, um die Kühlschiffe aus Ecuador und Kolumbien, aber auch aus Guatemala, Honduras, Costa Rica, Panama zu entladen. Dort, wo früher die Segler entlöscht wurden, war der neue Bananenschuppen 42 entstanden.

* Im Lande auch »Grupo Aleman« genannt.

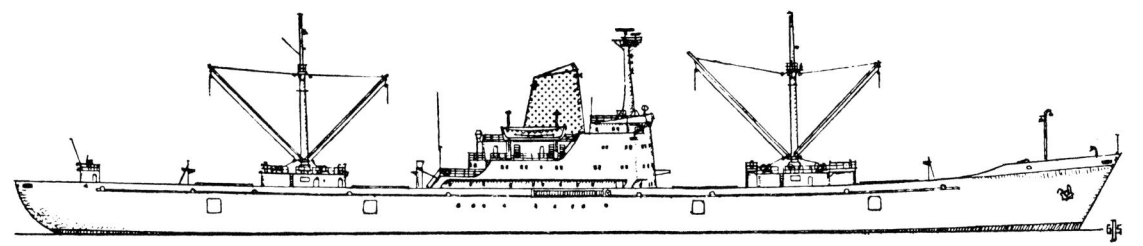

Kühlschiffe PARMA, PADUA, Scotts Shipbuilding & Engineering, Greenock

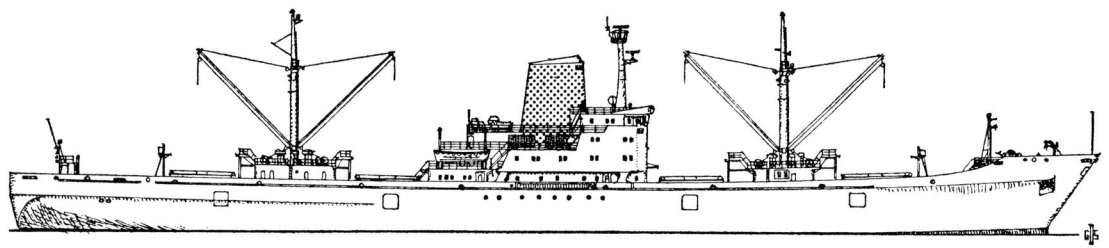

Fruchtkühlschiffe PONTOS (II) und POMONA (II), N.V. Boelwerf S.A., Temse/Belgien

Politische Veränderungen gravierender Art, schließlich auch die allgemeine Umstellung des Verbrauchers von der Bananensorte »Gross Michel« (Musa sapienta) zur delikateren Cavendish-Banane waren die zweite Ursache dafür, daß die AFC schließlich ihre Aktivitäten stärker nach Costa Rica verlagert hatte. Die Banane ist in der anspruchsvollen westlichen Wohlstandsgesellschaft zum Markenartikel geworden. Das Gütezeichen »Onkel Tuca« ist der eingetragene Name der AFC-Bananen (s.S. 111).

Das Bananengeschäft ist starken Preisschwankungen ausgesetzt und kompliziert. Er verlangt eine ausgefeilte Organisation in allen Bereichen und komplette Transportketten, um pünktliche und schnelle Verschiffungen zu gewähren – vor allem aber setzt ein Erfolg auf dem Markt eine unnachsichtige Qualitätskontrolle voraus. Immer höhere Ansprüche werden an die Frucht gestellt – und das alles in einer Zeit der Überproduktion von 19 exportierenden Bananenländern unserer Erde. Es dauert übrigens Jahre, ehe man neu angelegte Plantagen zum Ertrag bringen kann – zur Produktion von Früchten, die nachher von der Ernte bis zum Verbrauch nur eine Lebensdauer von wenig mehr als 30 Tagen haben.

Nicht nur der Anbau ist mehr und mehr industrialisiert worden – auch die Bananenschiffe mußten immer schneller werden, je zügiger die Rundreisen durchzuführen waren. Auch der Transportweg wurde länger: Von Kamerun nach Hamburg sind es »nur« 4.800, von Ecuador nach Hamburg bereits 6.000 Seemeilen. Die damals neuesten herkömmlichen Kühlschiffe unter der FL-Flagge liefen bis zu 21 Knoten – genau 8,5 Knoten mehr (!) als ihre Vorgänger PANTHER und PUMA in den dreißiger Jahren.

Die Kühlschiffahrt der Wiederaufbauphase nach dem Zweiten Weltkrieg unterschied sich in jeder Hinsicht von der Kamerun-Fahrt der Vorkriegszeit, die ein echter fahrplanmäßiger Liniendienst zwischen festen Endpunkten gewesen ist. Die aus Tiko heimreisenden Schiffe liefen – wenn auch nicht in jedem Fall – die Plätze Fernando Poo, Dakar, Takoradi, Lagos und Las Palmas an, nachdem sie in ihrem Abgangshafen neben der Hauptladung Frischbananen auch Ladungspartien von Feigenbananen (getrockneten Bananen), Kakao, Palmkernen und sogar Tomaten übernommen hatten.

Die Kühlschiffahrt nach dem Zweiten Weltkrieg wurde immer globaler. Als Beispiel dafür mögen die Biographien des deutschen Nachkriegs-Kühlschiffes Nr. 1 (PROTEUS) dienen, das unter FL-Flagge »in allzeit glückhafter Fahrt« 148 Überseereisen vollenden konnte. PROTEUS wurde bereits während der Probefahrt am 7.7.1951 in Charter genommen. Die sonst übliche Gästefahrt zur Übergabe des Schiffes von der Werft an die Reederei mußte zunächst entfallen, die Jungfernreise nach Puerto Barrios/Guatemala aus Zeitmangel sofort angetreten werden. Von dort kehrte das Schiff mit 64.328 Bündeln Bananen nach Europa zurück und löschte in Rouen sowie Bremerhaven, um anschließend in Charter der in Bremen ansässigen »Union Handels- und Transportgesellschaft« 50 weitere Reisen zwischen den Plätzen Puerto Barrios, Santa Marta, La Libertad, Puerto Cortez in Guatemala/Kolumbien/San Salvador/Honduras und Bremerhaven, Hamburg, Rotterdam Göteborg durchzuführen.

Diese Gesellschaft ist heute als »Chiquita International« ein Begriff, hervorgegangen aus »United Fruits« und »United Brands«.

Die Zusammenarbeit wurde in erster Linie durch Harald P. Schües zustandegebracht, der 1962 Nachfolger von Adolfo Bundies als Geschäftsführender Direktor der AFC geworden war.

Harald P. Schües war bereits vor dem Krieg bei der Schiffahrtsabteilung der Reederei F. Laeisz tätig, vor allem als Koordinator in der Kamerun-Fahrt.

Erst nach später Entlassung aus sowjetischer Kriegsgefangenschaft im Jahr 1948, begann er bei Unilever und gelangte schließlich zu seiner alten Tätigkeit und zur Zusammenarbeit mit Willi Ganssauge zurück.

Harald P. Schües, ist der Onkel von Nikolaus W. Schües, und trat 1978 in den Ruhestand. Seine Nachfolger wurden Werner Flick, Klaus Martens, Peter Kienzle und Jörg Doberstein als »Managing Directors« der AFC.

Doch zurück zur PROTEUS:

Zwei Charterreisen für die »Union-Castle-Linie« auf der Route Bremerhaven–Kapstadt–Helsinki–Hull sowie Hull–Las Palmas–Kapstadt–Hamburg folgten. Die ganze Ladung bestand aus je 2.370 Tonnen südafrikanischer Apfelsinen.

Wieder in Charter der vormals genannten Bremer »Union« absolvierte das Schiff danach die 54.–62. Reise. Von Brownsville lief PROTEUS mit 108.000 Kisten Apfelsinen nach Rotterdam, Göteborg, Oslo, von dort nach New York und mit 2.036 t Gefrierfleisch nach Barcelona. Guatemala- und Kolumbien-Bananenreisen nach Europa schlossen sich an. Auf der 63.–88. Reise – diesmal in Charter von F. Anderson – stand das Schiff in der Cross-Trade-Fahrt von Esmeraldas/Ecuador nach New Orleans, um anschließend auf der 89.–124. Reise ständig auf AFC-Rechnung zwischen Ecuador und Hamburg zu pendeln.

In Charter der »Chargeurs Réuni« ging PROTEUS auf der 125. Reise noch einmal in die traditionsreiche Kamerun-Fahrt (Le Havre–Nantes–Dakar–Abidjan–Duala–Le Havre), auf der 126.–142. Fahrt in die Fahrt zwischen Venezuela bzw. Ecuador und den Plätzen Le Havre, Cherbourg, Dieppe und Hamburg.

In Charter der »Febas«, Rom, wechselte das Schiff für mehrere Reisen in die Somalia-Fahrt über. Dabei wurden auf der ostafrikanischen bzw. arabischen Seite die Plätze Chisimaio, Merca und Aden, auf der europäischen Genua, Civitavècchia, Neapel und Marseille angelaufen. Die letzte, 148. Reise führte das inzwischen verkaufte Schiff nach Preston/USA und anschließend zur Ablieferung nach Europa zurück. Die schließlich 15 Jahre alte PROTEUS war nicht mehr modern genug, sie fand einen neuen Eigner in Palermo, 1973 einen weiteren in Panama. Es ist ein natürlicher Vorgang, daß im Laufe der Zeit veraltete Schiffe durch moderne Neubauten ersetzt werden.

Ähnlich wie bei Proteus sieht der Lebenslauf fast aller »schwimmenden Kühlschränke« unter FL-Flagge aus. Puna, Pongal und Pisang gingen zeitweilig mit Bananen aus Ecuador in die Japan-Fahrt. Schon vorher hatte die Pentelikon als erstes Schiff diesen Reigen eröffnen können. Puna, Pongal, Pisang lagen im Sommer 1964 wegen Schwierigkeiten der japanischen Bananenimportgruppe etwa zwei geschlagene Monate abwartend auf dem Rio Guayas in Ecuador vor Anker, bevor man sie in den Dienst Ecuador–Hamburg überführte.

Wie schon berichtet, wurde das Kühlschiff Pentelikon im Jahr 1968 auf vertikale Belüftung umgebaut, um den veränderten Marktbedürfnissen für Bananenverladungen in Kartons gerecht zu werden. Der recht hohe Umbaupreis konnte schon im ersten Betriebsjahr durch eine entsprechend höhere Frachtrate, die für Vertikalschiffe gegenüber Horizontalschiffen gezahlt wurde, amortisiert werden. Seit dem Erfolg mit der umgebauten Pentelikon kamen bei der Reederei F. Laeisz ausschließlich Vertikalschiffe in Fahrt.

Seit dem Jahr 2003 ist die Reederei F. Laeisz mit den vier eigenen, modernen Kühlschiffen Pride, Pilgrim, Pittsburg und Privilege in der Bananenfahrt aktiv. Siehe dazu das Gemälde des Marinemalers Jochen Sachse auf der Seite 143.

Die im Herbst 1964 in Gang gekommene Bananenverschiffung in Kartons hatte ein zusätzliches Frachtgeschäft eingebracht. Um den hohen Bedarf an Kartonmaterial in den Bananenproduktionsländern decken zu können, wurden große Papierladungen (Medium- und Kraftliner) von Hamburg oder den USA nach Ecuador und in andere Gebiete transportiert. Die erste Nachkriegsära war gekennzeichnet durch eine enge Zusammenarbeit mit der »Standard Fruit«. Sie führte dazu, daß ständig ein Teil der Flotte zwischen Ecuador oder Zentralamerika und Häfen der USA im Cross Trade stand. Anschließend liefen die Schiffe in Charter der »United Brands« zwischen Zentralamerika und New York, New Orleans oder Kalifornien, aber auch zu Häfen in Europa – nach Rotterdam, Bremerhaven, Hamburg, Oslo sowie Genua. Die Zusammenarbeit mit »United Brands«, der Muttergesellschaft der »United Fruit«, hatte sich besonders eng und freundschaftlich entwickelt.

Neue Märkte wurden erschlossen, so auch im Roten Meer und am Arabischen Golf.

Die 99. Reise der Parma dauerte z.B. vom 29.12.72 bis zum 7.2.73. Sie führte nach Jiddah und Ras Tanura in Saudi-Arabien, anschließend in den Iran. Am 7.2. war der letzte Bananenkarton im persischen Hafen Khorramshar gelöscht. Die Bananen kamen nach 27 bzw. 38 Tagen saftig und grün an! Ständig waren insgesamt fünf bis sechs Schiffe zugleich in der Cross-Trade-Charterfahrt nach Amerika eingesetzt, während die hiesige, von der AFC mitgebildete ALBA-Gruppe (Allgemeine Bananen-Importeure) mit zeitweilig bis zu acht Kühlschiffen zur Bedarfsdeckung des deutschen und nordeuropäischen Marktes verfügbar sein mußte.

Alle von Europa nach Übersee ausreisenden FL-Kühlschiffe fungierten seinerzeit als Auto- und Papiertransporter. Sie nahmen bis zu 420 Volkswagen mit, um sie zu Plätzen wie Jacksonville, Charleston, New York, New Orleans und Galveston zu transportieren. Die Ausreise-Zwischenhäfen an der Ostküste ergaben kaum eine Deviation von der Großkreisnavigation, sie bedeuteten also keinen Umweg bei der Fahrt in die bananenproduzierenden Länder.

Der VW-Export mit ausreisenden Fruchtschiffen war zwischen 1961 und 1975 ständiger Brauch. Gebucht wurden die Ladungen von Monat zu Monat. Außer für VW Wolfsburg wurden viele Reisen mit der Firma Karl Geuther als Agent der Wallenius Lines gebucht. Kühlschiffe wurden gern als Zusatztransporter für Produktionsspitzen herangezogen. Eines Tages war der Auto-Export in die USA stark zurückgegangen, so daß diese Ladung für die Kühlschiffe entfiel. Von USA-Häfen wurden jedoch nach wie vor Papierrollen transportiert, die das Material für die Bananenkartons lieferten.

Als Bereederer arbeitete F. Laeisz auch mit der Iduna-Versicherungsgesellschaft und der Doornkaat AG eng zusammen. Die Iduna-Kühlschiffe Algor und Calor wurden erst in der Fruchtfahrt von Ecuador nach Nordeuropa, dann in Charter nach Italien eingesetzt. Die Doornkaat-Schiffe Ellen Knautschke und Fiepko Ten Doornkaat hingegen brachte man in der weltweiten Trampfahrt unter.

Die moderne Massengutfahrt

Mit den beiden Panmax-Bulkern* PROSERPINA und PROPONTIS, gebaut bei der Flenderwerke AG in Lübeck, stieg Laeisz 1973 in die Erzfahrt und damit in die Massengutfahrt ein. Die schwedische Großreederei Broström, die Billner Rederi und F. Laeisz bildeten 1973 den »Euroscan-Carriers«-Pool. Zwei Jahre später kam die Flensburger Reederei Jacob hinzu. Die Marktbereiche wurden zwischen Broström und Laeisz aufgeteilt. Dieser Pool erzielte beachtliche Erfolge und erreichte, daß die ersten Jahre der schwersten Frachtenbaisse seit 1932 relativ gut durchgestanden werden konnten. Bald stellten diese beiden großen Bulkcarrier, zu denen Ende 1977 die 80.000 tdw tragende PROTEKTOR ex URSULA SCHULTE hinzukam – die allerdings den Panamakanal nicht passieren konnte –, eine gute Grundlage für die in den achtziger Jahren beginnenden Kohlentransporte dar. Damals waren diese Schiffe beliebte Einheiten für Kohle-Verschiffungen von Richards Bay nach Europa sowie für Getreideladungen vom US-Golf nach der UdSSR und nach Europa. Die 1968 ebenfalls bei Flender gebaute URSULA SCHULTE wurde, wie gesagt, als nunmehrige PROTEKTOR der Dritte im Bunde der Laeisz-Bulkcarrier. Aber diese sollten bald zum Fünfergespann erweitert werden.

Die beiden über 36.400 tdw tragenden japanischen Neubauten des Jahres 1977 erhielten die ausgesprochen schönen Namen PRIMULA und PRIMAVERA. Die Namensfindung wurde erstmals auf dem Wege eines Mitarbeiterwettbewerbs betrieben.

Eine besondere Spezialität unter allen Schiffen, die FL-Flagge führten, waren selbstlöschende Zement- und Gips-Bulkfrachter wie FLORIDA SILVERBOW, die einer überseeischen Laeisz-Tochtergesellschaft gehörten. Das 7.629 BRT große,

---

* Massengutfrachter, die in einer gerade noch panamakanal-geeigneten Größe gehalten werden und dadurch besonders flexibel disponiert werden können.

PROSERPINA und PROPONTIS wurden bei der Flenderwerke AG in Lübeck gebaut. Bei den Probefahrten fuhren sie jedesmal an der in Lübeck-Travemünde als Museumsschiff zu besichtigenden einstigen Laeisz-Viermastbark PASSAT vorbei. Dabei begegneten sich zwei Zeitalter der Massengutfahrt.

> Die drei Bulkcarrier PROPONTIS, PROSERPINA und PROTEKTOR wurden mit ihrer Länge von rund 253–256 Metern die bis dahin größten Schiffe in der Geschichte der Reederei – erst 1983 vorübergehend übertroffen vom Supertanker POGEEZ ex ST. BENEDICT ex MINERVA, der es auf 326 m Länge brachte. Er blieb ein Unikum in der Reedereigeschichte und diente vor allem dem Sammeln von Erfahrungen in der Rohölfahrt, im Hinblick auf den ebenfalls 1983 in Fahrt gebrachten Erz-Öl-Frachter PHAROS.

10.617 tdw tragende Spezialschiff hatte Turbinenantrieb. Es wurde 1944 erbaut und fuhr hauptsächlich im karibischen Raum, führte zwischenzeitlich auch Reisen von London in die USA durch. Dieses Schiff machte ebenfalls durch eine nautisch bemerkenswerte Eisreise nach Quebec von sich reden. Nachdem 1972 mit der FLORIDA STATE der Zementtransport als neue Spezialisierung aufgenommen worden war, wurden für die größte mexikanische Zementfabrik zwischenzeitlich fünf große Zementtransporter bereedert. Dieser Kontrakt mußte Ende der siebziger Jahre wieder abgegeben werden, da die Gehaltskosten für die deutschen Führungskräfte mit den britischen Löhnen nicht mehr konkurrieren konnten.

Die Lehrjahre wurden jedoch von F. Laeisz gut genutzt. Der Transport von losem Zement zeichnete sich bald als ein wachsender Markt ab, auf den sich wegen der dazu erforderlichen Spezialkenntnisse nicht alle Reedereien stürzen wollten. Die 1977 von der japanischen Großwerft IHI abgelieferten schon erwähnten Bulkcarrier PRIMULA und PRIMAVERA des Typs »Future 32« wurden zu Zementschiffen umgerüstet und in einen langfristigen Transportkontrakt von Valencia nach Dammam/Saudi-Arabien eingebracht. Bald wurden zusätzliche Mengen Zement auch in Japan geladen. Die Bulkfahrt bleibt ein Wachstumssegment für Laeisz bis in die heutige Zeit, worüber an anderer Stelle ausführlicher berichtet wird.

Als selbstlöschende Zement- und Gips-Bulkfrachter wurden die beiden 1977 in Dienst gestellten, mit elektrohydraulischen Greiferkränen ausgerüsteten Schwesterschiffe PRIMAVERA (Abb.) und PRIMULA ausgerüstet, die bald mit zusätzlichen Luftschiebern (Air slides) für pneumatische Entladung versehen wurden und Jahr für Jahr zusammen 600.000 Tonnen Staubzement von Spanien bzw. Japan nach Dammam/Saudi-Arabien transportierten.

Der Schritt zur Größe

Ein Jahrzehnt lang waren die unten skizzierten Massengutfrachter die größten Schiffe der FL-Flotte. Dann wurde der in Kiel gebaute Turbinen-Supertanker POGEEZ ex MINERVA (Bild links) 1983–1984 der Schiffsgrößen-Primus, als wertvoller Erfahrungsmittler für den 1983 in Fahrt gekommenen Erz-Öl-Frachter (OBO-Carrier) PHAROS, der genau 20 Jahre erfolgreich in Fahrt war, bevor er 2003 verkauft wurde. Die unten abgebildeten fünf Bulk Carrier der siebziger Jahre mußten gegenüber den anderen im Buch abgebildeten maschinengetriebenen Schiffen maßstäblich etwas verkleinert dargestellt werden. 1997 wurde der Erzfrachter PEENE ORE als größtes Schiff der deutschen Handelsflotte mit 322.000 tdw von Laeisz in Dienst gestellt.

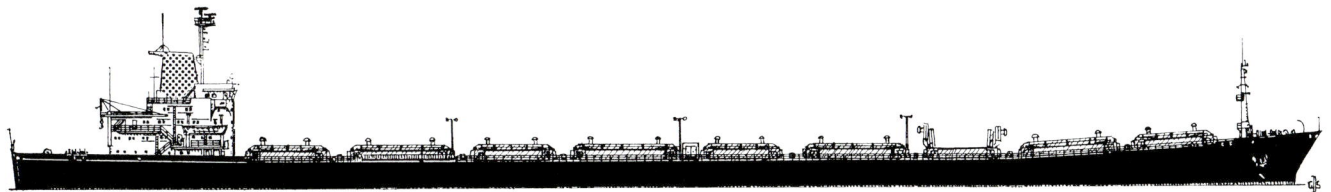

Massengutfrachter PROPONTIS und PROSERPINA, Flenderwerke AG, Lübeck

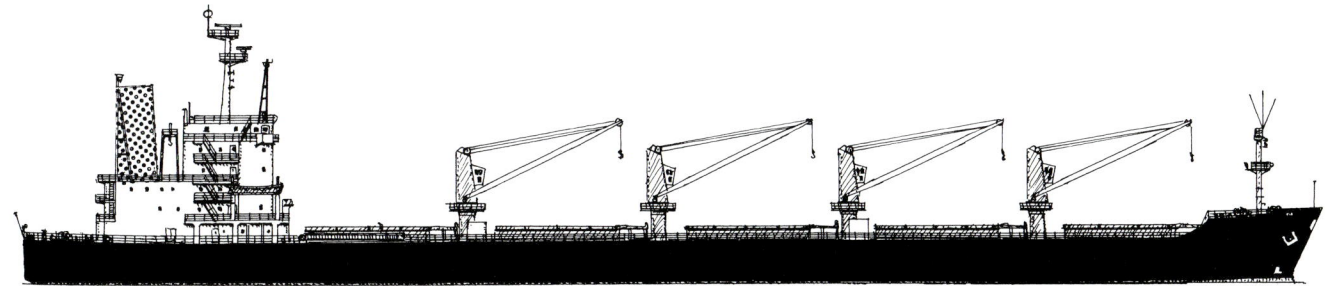

Selbstlöschende Zementbulkfrachter PRIMAVERA, PRIMULA, Ishikawajima-Harima Heavy Industries Co. Ltd., Yokohama

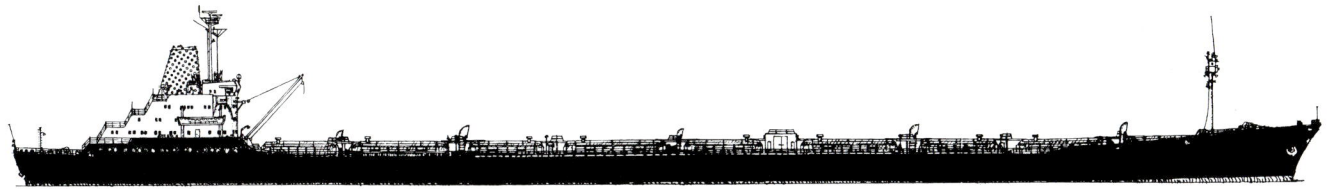

Massengutfrachter PROTEKTOR ex URSULA SCHULTE, Flenderwerke AG, Lübeck

Das Container-Zeitalter

Neue Aktivitäten bestimmten von nun an das Geschehen bei einer Reederei, die anfangs ausschließlich auf die Segelschiffahrt und schließlich Salpeterfahrt, später weitgehend auf die Kühlschiffahrt spezialisiert war. Massengutfrachter, Zementcarrier, Stückgut- und schließlich Containerschiffe vergrößerten seit Anfang der siebziger Jahre die Bandbreite des Tonnageangebotes. Insgesamt kam auf diese Weise eine reizvolle Palette angelaufener Häfen zustande. Ein Blick in die Positionsbücher der Reederei beweist, daß die FL-Flagge in Burgas, Constanza, Danzig, Leningrad, Rijeka wehte und sogar in Shanghai! Japanische, australische Häfen wurden Selbstverständlichkeit. Eilath und Jiddah am Roten Meer waren ebenso Bestimmungshäfen wie El Kuweit am Arabischen Golf oder Khorramshar am Schatt el-Arab. Der Schwarze Kontinent wurde beinahe ringsum »bedient«. Auf den Orders standen – abgesehen von den Plätzen in Kamerun und Somalia – Massaua, Mombassa, Tanga, Daressalam, Tamatave/Madagaskar, Port Elizabeth, Kapstadt, aber auch Lobito, Mocamedes, Abidjan, Monrovia, Freetown, Casablanca, Tanger, Algier, Tripoli und Bengasi.

Ähnlich vielfältig war die Zahl der angelaufenen Häfen in Nord- und Südamerika, Westindien, Australien und Japan.

Ende Dezember 1975 ist es der Geschäftsleitung der F. Laeisz Maritime Trading Co. Ltd., Hamilton/Bermuda (FLMT), gelungen, einen Managementkontrakt für zwei weitere Schiffe zu erhalten: Die mexikanische Reederei TMM hatte zwei norwegische Schiffe namens Trajan und Justinian angekauft und diese unter den Namen Eva Maria und Josefa in ihren Dienst genommen.
Die F. Laeisz Maritime Trading Company übernahm im Rahmen des geschlossenen Vertrages das technische und personelle Management dieser Schiffe. Damit wurden von diesem Zeitpunkt an fünf Schiffe von Bermuda aus betreut. Die dortigen Gesellschaften, bei denen auch die Zentrale für die gesamte Auslandsorganisation lag, hatten sich voll in ihre Aufgaben des Schiffsmanagements und der Kontrolle für die ihnen unterstellten Gesellschaften eingearbeitet. Bei den Schiffen Eva Maria und Josefa handelt es sich um Linienfrachter von ca. 7.000 BRT mit fünf Luken, zwölf Ladebäumen und einem 80-Tonnen-Schwergutbaum. Mehr darüber in der Schiffsliste des Anhangs.

Nach Kühlschiffen und Zementcarriern betreute die FLMT in Hamilton seit 1976 also auch Stückgutschiffe, was für die Firma beinahe wieder Neuland bedeutete, denn Pelion und Parnass, die letzten Stückgutschiffe unter FL-Flagge, wurden ja bereits 1962 ins Ausland verkauft. 1977 konnte von der FLMT nicht nur der Zementcarrier Vanessa unter Vertrag genommen, sondern mit dem Motorschiff Nopal Camille, einem Neubau sowjetischer Herkunft, ein dritter Stückgutfrachter in die Bereederung übernommen werden. Seine erste Reise führte im Liniendienst von Buenos Aires nach New Orleans.

Aber das Reedereigeschäft war keinesfalls leichter geworden. Von schiffahrtsfreundlicher Einstellung konnte bis Ende des 20. Jahrhunderts in Deutschland kaum die Rede sein. Wir sind keine »shipping minded nation« wie etwa selbst das kleine Dänemark. Die ausländische Konkurrenz wurde immer stärker, zumal zahlreiche Kauffahrteiflotten mit staatlichen Subventionen aufgebaut werden. Und es gab Belastungen, die speziell Schiffe unter deutscher Flagge trafen und den international üblichen Rahmen überstiegen. Nur deutsche Reeder mußten Vermögens- und Gewerbesteuer zahlen. Eine Dollarfinanzierung wurde ihnen erschwert, obwohl sie in Dollars ihre Frachten verdienen ... Wer am Ball bleiben wollte, mußte flexibel sein. Er durfte sich keinesfalls auf ein einzelnes »Standbein« verlassen. Auch die Kühlschiffahrt – sosehr sie die neuzeitliche Verkörperung der »Flying P-Line« wurde – war letztlich ein Spezialgebiet, dem noch andere Grundlagen des Reedereigeschäfts zur Seite gestellt werden mußten. Eine erneute, grundsätzliche Weichenstellung – so gravierend wie 1911 und 1920, als man neben der Salpeter- auch in die Bananenfahrt und schließlich in die Trockenfrachtfahrt mit Dampfern einzusteigen plante – schien Ende der sechziger Jahre den Inhabern der Reederei F. Laeisz angemessen.
Jedenfalls hatten sie die Zeichen der Zeit richtig erkannt: die Seeschiffahrt stand in der zweiten technischen Revolution.

Zwei neue Sparten zeichneten sich ab, in denen beizeiten ein Engagement ratsam war, wenn man wirklich das Gesamtangebot an Tonnage und Spezialschiffen verbreitern wollte: Das Ende der herkömmlichen Stückgutfahrt kam immer deutlicher in Sicht. Im Linienverkehr zwischen allen einigermaßen entwickelten Ländern gehörte die Zukunft dem Containerschiff, das freilich einen hohen Investitionswert darstellt und für ein bestimmtes Fahrtgebiet maßgeschneidert sein muß. Neben den Riesenschiffen der großen Reedereikonzerne – auf den Hauptrouten der Containerfahrt wie im Nordatlantikverkehr, auf der Fernost- und Australienroute – gibt es Märkte für Schiffsgrößen, die man als »mittlere« bezeichnet. So entstanden die beiden rund 13.500 tdw tragenden Containerschiffe PLUTOS und PLUVIUS (siehe unten), die Laeisz als erste deutsche Container-»Trampschiffe« in Dienst stellte. Sie transportierten je 816 Versandbehälter (20 Fuß) mit 21,5 Knoten über See. Sie wurden an die »Seatrain Line« verchartert, die beide zwischen der US-Westküste und Japan einsetzte. In dieser Charter trugen die Laeisz-Schiffe neue Namen. Um dem modernen Anliegen der Containerschiffs-Reedereien gerecht zu werden, läuft jeweils die gesamte Flotte innerhalb eines Dienstes unter dem gleichen, leicht erkennbaren Markenzeichen. Offiziell erschienen deshalb PLUTOS als SEATRAIN LEXINGTON und PLUVIUS als SEATRAIN PRINCETON in den Segellisten – was nichts daran änderte, daß sie nach wie vor im Laeisz-Management liefen. Sie verkehrten freilich bald nicht mehr nach Japan, sondern zwischen Los Angeles/Oakland und Hongkong/Taiwan.

Die Verbindung zu den »Seatrain Lines« hat sich für beide Seiten als sehr nützlich erwiesen.

Bisweilen sagen nüchterne Zahlen mehr als tausend Worte. Als die unter dem Charterer-Namen SEATRAIN LEXINGTON laufende PLUTOS im Juni 1978 sechs Jahre alt wurde, zog die Reederei diese Bilanz:

Die beiden Containerschiffe PLUVIUS (Abb.) und PLUTOS, ausgelegt für je 816 TEU. Sie wurden erfolgreich im Pazifik eingesetzt.

In jenen sechs Jahren hat das Schiff 731.845 Seemeilen zurückgelegt. Das sind 1.355.377 Kilometer oder die rund dreieinhalbfache mittlere Entfernung zwischen Erde und Mond. Der Seemann deutet die Abkürzung »FL« also berechtigtermaßen auf seine Weise: »Fleißige Leute«.

Die beiden Containerschiffe PLUTOS und PLUVIUS markierten nicht nur den Beginn einer neuen Ära, sie wurden zugleich Lehrmeister auch für andere Laeisz-Tätigkeitsgebiete. Der Container gewann nämlich auch in der weltweiten Kühlfahrt immer mehr an Bedeutung.

Bald zeigte sich wiederum die Richtigkeit der Faustregel: Jede Aktivität löst eine neue aus oder belebt eine bestehende. Wer am Ball bleiben will, muß sich in modernster Weise den Gegebenheiten und Chancen des Marktes anpassen. Dazu gehört, daß eine Reederei auch wissen muß, zu welchem Zeitpunkt sie sich von älterer, konventioneller Tonnage zu trennen hat. Nach bewährter Laeisz-Philosophie sollte man ein Seeschiff nicht länger als 20 Jahre im eigenen Besitz behalten.

1977 beendete Laeisz die Zusammenarbeit mit der mexikanischen Firma »Cementos Anahuac« und übergab die Zementcarrier XIMENA, FLORIDA SILVERBOW und VANESSA an eine englische Bereederungsgesellschaft und die FLORIDA STATE an einen Abnehmer in Venezuela, um sich mit den eigenen Neubauten PRIMULA und PRIMAVERA um so intensiver auf die Zementfahrt konzentrieren zu können. Im Dezember 1978 und im Frühjahr 1979 verkleinerte das Unternehmen auch seine vorhandene Kühlschiffsflotte zugunsten der drei georderten Neubauten der PO-Klasse.

Ein wenig Sentimentalität schwang bei den Fahrensleuten mit, als diese Entscheidung heranrückte, denn die jachtähnlich eleganten weißen Schiffe der herkömmlichen Flotte mit ihren harmonischen Linienrissen verkörperten die Ästhetik gelungenen »Designs« im Schiffbau. Das waren »Fruchtjäger«, deren Anblick auch eine Landratte auf Anhieb als »wunderschön« titulierte. Auch die Modellbauer waren immer wieder von den Bauserien entzückt.

Hausintern hatten diese formschönen Schiffe alle ihre besonderen Beinamen – in all den Jahren, seitdem endlich wieder Überseeschiffahrt betrieben werden durfte. Man fuhr auf PROTEUS, der Fleißigen, auf PARTENON, der Hübschen, auf PONGAL, der Geruhsamen und so weiter.

Tatsächlich machte eine Neubauserie nach der anderen die »Wahl des Paris« immer schwieriger. Auch das berühmte Märchen Spieglein an der Wand hätte kaum noch zu sagen vermocht, wer dann »die Schönste im ganzen Land« war. Diese Schiffe bestachen allesamt das Auge. Bisweilen waren es kaum wahrnehmbare Unterschiede, die den einen oder anderen bewogen, nun gerade die PENTELIKON für das schönste FL-Schiff zu halten. Andere schwärmten dafür mehr vom Trio PUNA, PONGAL und PISANG. Vielleicht brauchte es anfangs ein paar Tage mehr Zeit, bis man die um Nuancen zweckbetontere und damit eben doch etwas nüchternere Form des Folge-Quartetts PEKARI, PERSIMMON, PICA und PIROL ebenso ins Herz schloß. Aber die Sympathie gerade für diese Schiffe stieg sozusagen von Reise zu Reise. Es hat keinen Zweck zu leugnen, daß auch die Seele des Menschen zur Seefahrt gehört und daß ein Seemann im eigenen Schiff doch etwas mehr sieht als nur ein Transportgefäß. Es ging sehr wohl eine Epoche zu Ende, als die FL-Reederei im Dezember 1978 und im Frühjahr 1979 ihre Kühlschiffe PICA, PIROL, PEKARI und PERSIMMON verkaufte und an die neuen Eigner übergab. Aber es war noch nicht der endgültige Abschied: Alle vier Schiffe fuhren noch Jahre hindurch weiter in Zeitcharter für FL und waren an die »United Brands Company« unterverchartert. Für eine Übergangszeit wurde sogar jedes einzelne Schiff mit einem Laeisz-Kapitän als Supercargo besetzt, welcher der neuen Schiffsführung das Einarbeiten in den von »United Brands« erwarteten Service erleichtern sollte.

Das Jahr 1978 sollte auf bittere Weise in die deutsche Schiffahrtsgesellschaft eingehen, weil es weltweit gesehen den Zusammenbruch des US-Dollars brachte. Viel zu spät, jedenfalls nach langem Zaudern ergriff die Regierung der

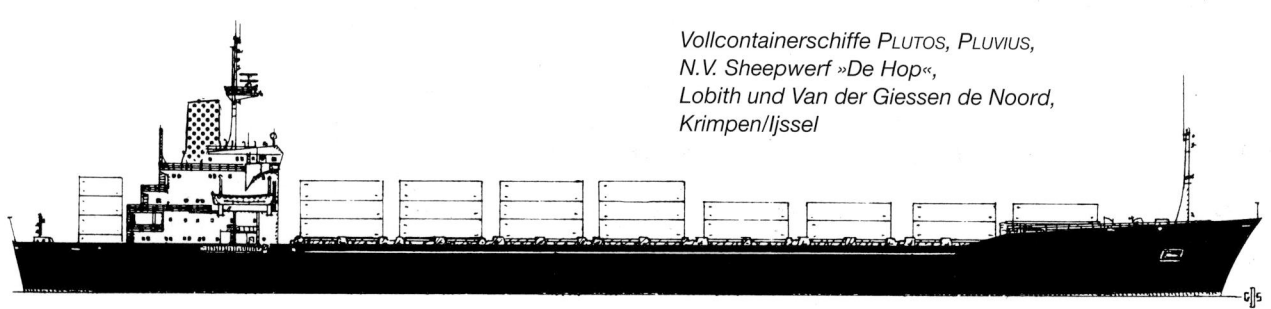

Vollcontainerschiffe PLUTOS, PLUVIUS,
N.V. Sheepwerf »De Hop«,
Lobith und Van der Giessen de Noord,
Krimpen/Ijssel

Vereinigten Staaten am 1. November 1978 endlich Maßnahmen, die eine neue Zukunft für die US-Währung und das internationale Währungsgefüge bedeutete.

Die deutschen Reedereien waren durch den Dollarverfall derart geschwächt worden, daß sich die Überlebensfrage stellte: Bei DM 1,80 oder DM 1,90 für einen US-Dollar, den ein deutscher Reeder bei den niedrigen Raten als Frachterlös einfahren konnte, ließen sich Gehälter, Zinsen, Tilgungsraten, Versicherungen, Reparaturrücklagen und Instandhaltungen nicht mehr erwirtschaften. Der Markt richtet sich nun mal nicht nach dem überzogenen, wettbewerbsverzerrenden deutschen Kostenniveau, sondern nach den international gegebenen Realitäten. Es dürfte ein interessantes Lehrstück für jeden Leser sein, solche Wirklichkeiten kennenzulernen:

Die eben erwähnten Kühlschiffe PICA und PIROL wurden 1966/67 in Dienst gestellt. Die Baukosten betrugen pro Schiff DM 16 Millionen, das waren damals vier Millionen Dollar. Beide Schiffe sind zufriedenstellend gefahren. Demnach müßte dabei eine saftige »Gewinnmaximierung« herausgesprungen sein.

Aber ... nach zwölf Jahren erfolgreicher Fahrt wurden die Schiffe für 4,4 Millionen Dollar pro Stück verkauft, freilich unter Bedingung einer Fünf-Jahre-Rückcharter, für die der Verkäufer das volle Marktrisiko zu tragen hatte. Nach dem Tageskurs 1,814 vom Übergabetag der PICA (28. Dezember 1978) betrug der Gegenwert des Schiffes jedoch nur DM 7,981 Millionen.

Ein im Dollarbereich tätiger Reeder hätte seinen Einsatz – zumindest nominell – wieder herausgeholt, der deutsche Reeder erhielt jedoch auf der Basis des internationalen Vergleichs nur knapp die Hälfte davon.

Es war etwas krank an der Art und Weise, wie man mit der weltweit am höchsten steuerlich belasteten deutschen Seeschiffahrt umging, der es verwehrt blieb, ihre Frachterlöse in der durchaus starken DM-Währung zu erzielen, was immerhin den Küstenschiffseignern weitgehend möglich war. Außerdem gab es Länder, die für ihre Schiffahrt ohnehin bessere Konditionen zu schaffen vermochten. Beispielsweise hatte Hongkong seine Währung kurzerhand an den amerikanischen Dollar gekoppelt – wie übrigens auch Griechenland seine Drachme. Die dort tätigen Reeder bezogen die Prügel in Gestalt der Umtauschverluste jedenfalls nicht.

Wohl nicht ohne Grund sagte schon zu Anfang unseres Jahrhunderts ein damaliger Prominenter: »Die Deutschen sitzen in den Bergen – mit dem Rücken zur See.«

Andererseits prägte der Brite Arnold Toynbee das kluge Wort vom Leben als »Wechselspiel von Herausforderung und Antwort«.

Nikolaus W. Schües, der 1973 der Partner von FL wurde, liegt ganz auf der Linie dieser Lebensweisheit. Deshalb schrieb er zum Jahreswechsel 1978/79, als er sein Amt als Vorsitzender des Verbandes Deutscher Reeder antrat, in den FL-Hausmitteilungen an seine Mitarbeiter: »Aber wir sind ein Volk mit großer Energie und solidem Können. Darauf bauen wir und machen weiter. Da wir nicht aufgeben wollen, müssen wir uns ständig etwas einfallen lassen, wie wir das Transportgewerbe in Deutschland weiter betreiben können. Das erfordert auch von den FL-Gesellschaftern und FL-Mitarbeitern Flexibilität und Opfer.«

Der Reeder hielt mit unbequemen Wahrheiten nicht hinter dem Berg: Die verbliebenen Kühlschiffe hatten 1978 bei den noch intakten Frachtraten nur wenig mehr als die – international gesehen eben viel zu hohen – Betriebskosten einfahren können. Und die Prognose war unangenehm genug: Weltweit wurden 1978 noch 42 Kühlschiffsneubauten abgeliefert, denen 1979 weitere 69 und 1980 abermals 17 Schiffe nachfolgen sollten. Es war logisch, daß angesichts einer derart vergrößerten Kapazität die Raten keinesfalls steigen, sondern eher sacken konnten. Sicher war aber, daß die Kosten weiterhin steigen würden. Dann waren also bald auch bei jenen Schiffen Verluste zu erwarten, die bei den 1978 relativ gut gewesenen Raten gerade noch ein leichtes Plus erarbeitet hatten.

Also wieder zurück zur Laeisz-Philosophie: rechtzeitig handeln. Auch die anderen herkömmlichen Schiffe verkaufen, solange sie überhaupt noch erträgliche Preise erzielen konnten – ungeachtet der »Hypothek« der damit verbundenen Rückcharterungsauflage. Die Käufer wußten durchaus ihre Chance zur Anwendung solcher Daumenschrauben wahrzunehmen. Immerhin kamen aber durch die Verkäufe Mittel herein, mit deren Hilfe neue Wege gewagt werden konnten.

Das Rezept, weiterer Bestandteil der FL-»Glaubenslehre«: Flucht nach vorn ist stets der bessere Ausweg. Nur mit allermodernster, bis zum äußersten rationell fahrender Neubautonnage konnte man sich auf dem ungleich schwieriger werdenden Markt behaupten.

Der Container gewann auch in der weltweiten Kühlfahrt immer mehr an Bedeutung. Beispielsweise transportierte die »United Fruit Company« seit 1973 einen Teil ihrer Bananen von Honduras in die USA mit Containerschiffen. Folglich lag es nahe, die drei neuen von Laeisz – wiederum bei der belgischen Werft Boel/Temse – in Auftrag gegebenen Kühlschiffe mit Stellplätzen für 40-Fuß-Container auszurüsten. Jedes der drei Schiffe sollte 57 Einheiten dieser in der Bananenfahrt damals allein üblichen Größe als Deckladung mitnehmen können. Die drei großen, 21 Knoten schnellen Kühlschiffe wurden so konstruiert, daß sie beim Bananenfahrt-Tiefgang rund 6.000 tdw, im Volldecker-Tiefgang rund 9.400 tdw tragen konnten. Ihre Laderaumkapazität war mit 475.000 Kubikfuß (entspricht 13.500 Kubikmeter) respektabel – die bis dahin größten Einheiten der FL-Kühlschiffsflotte hatten bei 7.270 tdw Tragfähigkeit 385.750 Kubikfuß.

Die Indienststellung der drei Neubauten POCANTICO, POTOMAC und POCAHONTAS war für September 1979, Februar und September 1980 geplant.

Die Namen dieser »PO-Klasse« waren ebenso ungewöhnlich wie der neue Schiffstyp. Den Potomac-Fluß kennt zwar jeder, während man bei dem Wort POCAHONTAS darauf hinweisen muß, daß es sich um eine Indianerprinzessin und bei dem Wort POCANTICO um den Namen eines alten Indianerstammes handelt.

Die Neubauten dieses Trios wurden nach der höchsten Klasse des Germanischen Lloyd für wachfreien Betrieb erstellt. Die Kühlanlagen wurden für Temperaturen bis –15° Celsius ausgelegt. Alle 57 an Deck zu fahrenden Container ließen sich über sogenannte Cool Bars an den Kühlkreislauf anschließen und wurden damit zu vollwertigen Zusatzkühlräumen.

Die einschneidendste Änderung gegenüber allen bis zu diesem Zeitpunkt gebauten Laeisz-Kühlschiffen stellte die Automation dieser unter belgischer Flagge in Fahrt gebrachten Neubauten dar. Die Datenerfassung und Steuerung der Antriebsanlage nahm erstmals ein Mikroprozessor vor, während für die Datenerfassung und Steuerung der Ladungskühlanlage zwei Kleincomputer eingesetzt wurden. Die vom Laeisz-Agenten »Ahlers Shipping« in Antwerpen betreute Besatzung der Schiffe wurde nachher ebenso gehandhabt wie auf den ebenfalls unter belgischer Flagge laufenden letzten »Herkömmlichen« PONTOS und POMONA. Die drei neuen Schiffe gingen also mit 20 Mann Besatzung in Fahrt, aber sie waren technisch bereits für einen 13-Mann-Betrieb ausgelegt und kamen damit dem oft zitierten »Schiff der Zukunft« nahe.

Nun stehen im Apollo-Tempel von Delphi jene Worte eingemeißelt, die zumindest jedem Humanisten geläufig sind: »Nichts im Übermaß.«

Die alte Weisheit, beim Laufen immer einen Schritt hinter den anderen zu setzen, damit man nicht über die eigenen Füße fällt, stimmt mit dieser delphischen Weisheit überein. Im Klartext bedeutet dies, daß drei Kriterien zu beachten sind: Humanisierung der Arbeitsbedingungen, Erhöhung der Sicherheit des Schiffsbetriebes und die Verbesserung von dessen Wirtschaftlichkeit.

Im Hamburger Laeiszhof stellte man die berechtigte Frage: Führt ein verstärkter Einbau von automatisierten Geräten zu einer immer weiter anwachsenden Zahl von zu beobachtenden Kontroll- und Warngeräten, so kann sich ein negativer Effekt ergeben. Verliert der zuständige Mann an Bord, der seine ganze Aufmerksamkeit der Überprüfung der Kontrollgeräte widmen muß, nicht doch den Kontakt zu seinen eigentlichen Aufgaben? Und noch konkreter bringt es diese Überlegung auf den Punkt: Besteht nicht die Gefahr, daß sich z.B. der Wachoffizier zu sehr auf sein Antikollisionsradar verläßt und dabei die Maßnahmen der konventionellen Nebelfahrt vernachlässigt? Ist »der Mann an Bord« bei einer ausgefeilten Meß- und Regeltechnik und Superelektronik nicht irgendwann doch überfordert, um auftretende Fehler der Anlagen rechtzeitig entdecken und beheben zu können?

Laeisz-Philosophie: »Es besteht wohl keinerlei Zweifel daran, daß es technisch möglich ist, ein Schiff vollständig zu automatisieren. Aber wir befassen uns in unserem Beruf ja nicht mit technischen Möglichkeiten, um nicht zu sagen mit technischen Spielereien, sondern mit dem Transport von Ladung zum Zweck des Erwerbs.

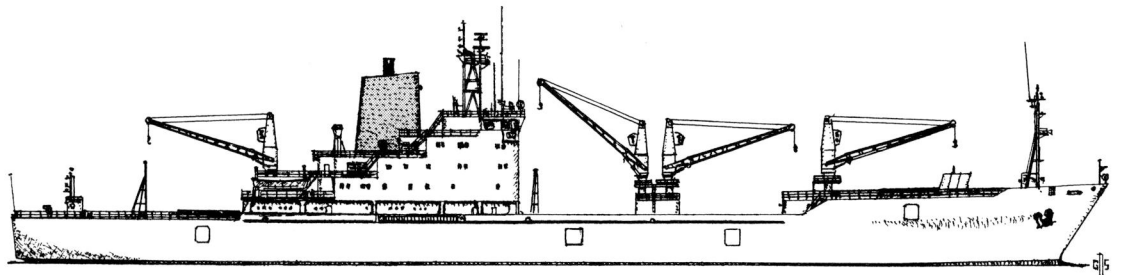

Fruchtkühlschiffe POCANTICO, POTOMAC, POCAHONTAS, Boelwerf N.V., Temse/Belgien

Man muß sich nur zu helfen wissen

Ende der siebziger Jahre waren die beiden je 80.000 tdw tragenden, optimal für ihren Zweck konstruierten Bulkcarrier PROPONTIS und PROSERPINA ungeachtet ihrer Modernität und flexiblen Panmax-Größe ebenso wie die angekaufte ältere PROTEKTOR zu Sorgenkindern geworden. Immer noch drückten allzu viele kombinierte Erz-Öl-Frachter, sogenannte OBOs (OBO = Oil-Bulk-Ore Carrier), die Raten ebenso nach unten wie beschäftigungslos gewordene 120.000-Tonner, die niedrigere Raten für kleinere Ladung akzeptierten, um überleben zu können. Sie luden nur 90.000 tons auf 45 Fuß Tiefgang ab, was im Grunde widersinnig war und den Tatbestand der Zweckentfremdung erfüllte, wo doch PROSERPINA und PROPONTIS bei 46 Fuß 80.000 ts Ladung trugen.

Aber der Markt für die Bulker war beinhart geworden, zumal auch Entwicklungsländer zunehmend mit eigener Tonnage auf den Markt drängten. PROSERPINA und PROPONTIS »karrten« abwechselnd Kohle, Erz und Getreide durch die Geographie, zum Teil auf denkbar ausgefallenen Routen. Der Einsatz im Euroscan-Pool machte oft das Unmögliche möglich, aber einfach war es nie. Sehnlichst erwartete man das Aufheben der Importbeschränkungen für Steinkohle durch die Bundesregierung. Aber ein Politikum stand im Wege, weil man in Deutschland mit hohen Subventionen und Protektionismus eine Restsubstanz eigenen Steinkohlenbergbaues erhalten wollte.

Sosehr die drei großen Massengutfrachter in der Misere einer Niedrigraten-Phase zunehmend Kopfschmerzen verursachten, um so mehr Freude hatte Laeisz an den beiden selbstlöschenden Zement- und Gips-Bulkfrachtern PRIMULA und PRIMAVERA. Diese in Japan unter Einbringen intensiver eigener Erfahrung in der Zementfahrt mit der inzwischen abgestoßenen Alttonnage gebauten Schiffe gerieten bald nach ihrer Fertigstellung im sonst so krisenreichen Jahr 1978 in einen Boom besonderer Art. Durch gigantische Großbauprojekte in den arabischen Golfstaaten stieg der Bedarf an losem Zement ins Unermeßliche. Aber der Teufel steckt oft im Detail: Gerade diese Hochkonjunktur in der Zementschiffahrt in die Golfstaaten schuf Probleme nie gekannter Art. Auf jeder Reise transportierten die beiden Schiffe je 35.000 Tonnen losen Zements von Valencia zur Reede von Dammam/Saudi-Arabien. Dieser Zement wurde in erster Linie für den großzügigen Ausbau des Hafens benötigt, mit dem die deutsche Firma Ph. Holzmann beauftragt worden war. Aber nun bringe mal jemand diese lose verschiffte Ladung an Land, wenn es nirgendwo Liegeplätze für die unentwegt Material herbeitransportierenden Schiffe gibt! Der Teufelskreis war vorprogrammiert, nicht nur in Dammam, aber ganz besonders dort: viel zu wenig Liegeplätze, immer neue Bauvorhaben, immer neuer Bedarf an Baumaterialien.

Bis zu diesem Zeitpunkt war Zement großenteils in Säcke abgepackt verschifft worden. Mit dem Laden und Entlöschen von Sackgut war jedesmal ein zeitraubender Umschlag verbunden, abgesehen von der zusätzlichen Arbeit an den Baustellen. Loser Zement war der »Stein der Weisen«, das am flottesten zu handhabende Ladungsgut. Aber nur in der Theorie! Wenn man jedesmal »ewig und drei Tage« ankernd darauf warten muß, daß schließlich doch gnädigerweise jemand einen Liegeplatz freimacht, ist der Zeitverlust um ein Mehrfaches größer als bei der alten Methode der Verschiffung in Säcken. Aber was war zu tun? Die Kontraktbedingungen waren unbarmherzig, sie schrieben die Anlandung von 600.000 Tonnen Zement pro Jahr in Dammam vor, damit dort der Baurhythmus eingehalten werden konnte. Die Beschäftigung der beiden Laeisz-Neubauten für die nächsten Jahre hing von der korrekten Vertragserfüllung ab!

Aber nichts auf der Welt erzieht so sehr zu Einfallsreichtum und Improvisationskünsten wie die »Christliche Seefahrt«: Laeisz beteiligte sich zu 50 % am Ankauf eines aufliegenden T 2-Tankers. Diese Schiffe mit den Normabmessungen der 40er Jahre waren längst technisch überholt und in der Tankfahrt nicht mehr konkurrenzfähig. Aber ein solches Schiff konnte nun die Rettung bedeuten, wenn man es zum Zement-Depotschiff auf der Reede von Dammam umfunktionierte.

Gesagt, getan. Zwar mußten PRIMULA und PRIMAVERA in aller Eile ein paar Einbauten über sich ergehen lassen. Es waren sogenannte Airslides, Schieber in die Luft- und Saugleitungen der Laderäume, einzubauen. Auch waren Zementpumpen zum Bord-zu-Bord-Umschlag vom Seeschiff ins Depotschiff zu beschaffen und außerdem ein kleiner, wie ein Weberschiffchen ständig zwischen Depotschiff und Baustelle hin und her pendelnder Zementtanker. Er brachte jedesmal eine Partie von 4.000 Tonnen zu einer provisorischen, auf engem Raum angelegten Pieranlage, um dort seine Ladung an Silos abzugeben, und die Sache funktionierte nachher wie ein Uhrwerk. Die Situation war gerettet – und die beiden »PRIMA-Schiffe« waren nun wirklich das geworden, was man diesen beiden Bulkcarriern vom Typ »Future 32« bei der Zwillingstaufe auf der Yokohamawerft der Ishikawajima-Harima Heavy Industries Co., des größten Werftkonzerns der Welt, 1977 als Segenswunsch mit auf den Weg gegeben hatte, daß echte »working bees«, Arbeitsbienen, aus ihnen werden mögen.

Perfekt genug hatten die Japaner mit der bei ihnen üblichen planerischen Sorgfalt den Doppeltaufakt ja auch vorbereitet. Es mag den europäischen Leser zum Schmunzeln bringen: Die Schiffstaufe wurde zuvor sozusagen im Simulator geübt. Man hatte allen Ernstes die Taufkanzel genau nachgebildet, damit dort der Taufakt geprobt und in Ablauf und Reihenfolge bis aufs I-Tüpfelchen abgesprochen werden konnte. Beide Taufpatinnen waren Deutsche, aber die eine sollte in ihrer Muttersprache, die andere auf Englisch sprechen. Damit ja kein Versprecher passierte, waren jeweils drei Zeilen groß und deutlich aufgeschrieben und neben das Mikrofon gelegt worden. Damit die Japaner auch wirklich beruhigt waren, mußte jede der Damen den Taufakt vorher zweimal proben. Nachher mußten beide Damen gleichzeitig an je ein Pult herantreten und mit einem kleinen Beil in derselben Sekunde recht kraftvoll gekonnt eine Kordel durchschlagen. Natürlich wurde auch das vorher geübt. Generalprobe und Originalaufführung klappten nachher exzellent: Beide Taufpatinnen zählten eins – zwei – drei. Im Gleichtakt zerschnitten die Beile ihre jeweilige Kordel. Aus einem Ball fielen die Sektflaschen heraus und zerschellten am Heck von PRIMULA und PRIMAVERA, die Vorhänge vor den Schiffsnamen fielen herab. Und nun flogen unzählige Ballons in die Luft, Knallfrösche unterstützten die Musikkapelle, Wimpel und Bänder flatterten im steifen Wind. Es war ein fernöstliches Spektakel wie im Bilderbuch. Die Götter waren jedenfalls gnädig gestimmt, es lag dank des Depotschiffs von Dammam Segen auf beiden Schiffen.

Oder lag es daran, daß die beiden Taufpatinnen im Todaji-Schrein von Nara, der die größte Buddha-Statue der Welt beherbergt, wenige Tage zuvor zu dessen Restaurierung durch eine Spende beigetragen hatten und zur Verewigung der guten Tat den Namen ihres jeweiligen Täuflings auf je einen Dachziegel pinseln lassen durften?

Wer ahnt schon, wenn er in die alte einstige Kaiserresidenzstadt Nara kommt, daß zwei von den 40 x 60 cm großen neuen Dachziegeln die Namen der deutschen Schiffe PRIMULA und PRIMAVERA enthalten, ganz akkurat unter Hinzufügung von Heimathafen, Taufdatum und Spendentag.

PRIMULA und PRIMAVERA erfüllten ihre vertraglichen Verpflichtungen volle drei Jahre zur absoluten Zufriedenheit der Schiffsleitungen, der Empfänger und der Eigner.

Dieser Standardtyp von Bulkcarrier wurde inzwischen von östlichen Auftraggebern angefordert. Laeisz vercharterte beide Schiffe für weitere zwölf Monate an »Nippon Yusen Kaisha« (NYK) und veräußerte das glückhafte Paar dann mit einem stattlichen Gewinn an koreanische Käufer. Das Motto »Kaufe bei niedrigen Raten und verkaufe bei hohen« hatte sich ein weiteres Mal als richtig erwiesen.

Das geschah 1977, zur gleichen Zeit der Taufe von PRIMULA und PRIMAVERA, als Deutschlands Seeleute sich von Herzen über das amüsierten, was dem Laeisz-Containerschiff PLUTOS in dem japanischen Hafen Kobe widerfahren war. Schiffe werden nun mal von Menschen bemannt, die traditionsgemäß Sinn für Humor haben. Schmunzeln gehört einfach zum Wesen der Seefahrt dazu – und damit auch in eine Chronik der »Flying P-Line«.

Die Vorgeschichte hatte sich inzwischen »im Nebel« verloren. Niemand wußte mehr genau, wie und wann »Hermann« auf das Containerschiff PLUTOS geraten war. Auf jeden Fall fand man ein kleines Fellknäuel, welches einmal ein Hund werden wollte, an Bord. Es wurde auf den urdeutschen Namen »Hermann« getauft. Der Chronist kommentierte dazu in den FL-Mitteilungen: »Daß der Name falsch gewählt wurde, lag entweder an der Winzigkeit des Hundebabys oder an der tierbiologischen Unwissenheit der Seeleute. Jedenfalls zeigte sich später, daß »Hermine« der passendere Name gewesen wäre. Aber da war es zu spät – nicht nur »Hermann« selbst, sondern auch die Besatzung hatte sich an den Namen gewöhnt.

Von der Crew adoptiert und vom jeweiligen Koch verwöhnt, wuchs »Hermann« bald zu einer stattlichen Hundedame heran. Daß sie in jedem Hafen als erste an Land schoß und meist als letzte wieder an Bord kam, lag in ihrer Hundenatur und wurde sogar von Zöllnern und Immigrationsoffizieren akzeptiert. Aber dann passierte das, was vielen Seeleuten auch schon widerfahren ist: Von Liebesfreuden in Anspruch genommen, kam sie zu spät zur Pier, das Schiff war weg – »Hermann« war achteraus gesegelt.

An Bord dachte man mit Wehmut an den Hund, den man wohl nie mehr wiedersehen würde. Aber niemand hatte mit der Treue von »Hermann« gerechnet. Die ganzen 28 Tage bis zur Rückkehr der PLUTOS nach Kobe saß »Hermann« an der Pier, beschnupperte jedes ankommende Schiff und zog sich enttäuscht wieder hinter die Containerstapel zurück. Als PLUTOS dann endlich festmachte, war »Hermann« die erste, die mit Freudengeheul an Bord stürmte und sichtlich zufrieden wieder »ihr« Schiff in Besitz nahm.

Das geduldige Warten des Tieres auf sein Schiff war natürlich den Stauern und Behördenvertretern aufgefallen. Und so stapelten sich beim Kapitän »Bestellungen« für Hermanns Nachwuchs. Die Folgen des Achteraussegelns, ein Wurf genauso undefinierbarer kleiner Wollknäule wie »Hermann« es selbst einmal war, waren denn auch im Handumdrehen vergriffen.

»Hermann« geht zwar immer noch gern an Land, bleibt aber in Sichtweite des Schiffes. Offensichtlich will sie ein zweites Achteraussegeln auf jeden Fall vermeiden. Sie hat gelernt: »Never make the same mistake twice.«

Zeichnung Kurt Schmischke,
Quelle: Bern Hardy: »Wenn Rasmus in die Tasten greift.«

Wollen – Wissen – Können

Die drei Sterne im Wappen und in der Kontorflagge des Unternehmens F. Laeisz verkörpern die merkantile Dreieinigkeit von Schiffahrt, Handel und Assekuranz. Es sind traditionsgemäß die drei Standbeine des Unternehmens, das 1973 in Hamburg sein 150jähriges Jubiläum gefeiert hat – stilgerecht in der Musikhalle, die bis 1933 nach ihren Stiftern Carl und Sophie Laeisz den Namen Laeiszhalle trug.

Das Unternehmen hatte nach zwei furchtbaren Weltkriegen und dem Verlust der gesamten Flotten sowie aller Auslandsbesitzungen immer wieder bei einer »Stunde Null« anfangen müssen. Vielleicht hatte Hölderlin allzu recht, wenn er poetisch formulierte: »Denn das erst gibt dem Gold die Farbe, daß man es ins Feuer wirft.«

Zum Ausruhen auf eigenen Lorbeeren war im alle Stürme überstehenden Unternehmen niemals Gelegenheit. Und es wurde in immer neuen Krisensituationen infolge von Ratenverfall und Marktverwerfungen zum ungeschriebenen Gesetz, die Situation des Unternehmens alle fünf Jahre kritisch neu zu überdenken. Das Ziel mußte es immer bleiben, das von einem zeitlos gültigen Wirtschaftsethos geprägte Leitbild neuen Verhältnissen und der Unternehmensent-

Die Musikhalle, das Vermächtnis von Carl Laeisz, wurde nach dessen Tod von Sophie Laeisz durch ihre Stiftung Musikhalle vollendet. Im Juni 1908 wurde das edle Bauwerk durch ein Festkonzert mit Werken von Bach, Brahms, Händel und dem von Laeisz so geschätzten Beethoven eingeweiht.

wicklung anzupassen, ohne daß die Grundaussagen in ihrer moralischen und geschäftlichen Wertigkeit herabgesetzt werden. Oberstes Gebot der Finanzen muß unter allen Umständen eine ausreichende Liquidität des Unternehmens sein und bleiben. Dazu gehört, daß man niemals einem falschen Zeitgeist zum Opfer fällt und in Versuchung gerät, auf billige Weise eine »schnelle Mark« zu machen. Spektakuläre Firmenpleiten schlimmster Art sind allzu oft darauf zurückzuführen, daß jemand den Boden unter den Füßen verlor und schrankenloses, undifferenziertes Wachstum zum alleinigen Unternehmensziel macht.

Handlungen und Geschäfte, die soliden Vorstellungen zuwiderlaufen und das Gebot der Humanisierung schlechthin verletzen würden, sind traditionsgemäß bei Laeisz tabu. Ein Geschäft, welches sehr hohen Gewinn abwerfen kann, jedoch mit sehr hohen Risiken verbunden ist, soll nur in dem Umfang eingegangen werden, daß ein Scheitern die Liquidität des Unternehmens über ein vertretbares Maß hinaus nicht beeinträchtigt. Auch in rauhester See ist man mit solchen Grundsätzen stets gut gesegelt.

Zur Solidität eines gewissenhaft geführten Unternehmens gehört auch die Fähigkeit zur realistischen Einschätzung und Abwehr von Krisen.

Das Jahr 1982 ließ an Scheußlichkeit der Situation in der Weltschiffahrt nichts zu wünschen übrig. Alles vorher Erlebte erwies sich als bloßer Vorgeschmack auf das, was 1982 tatsächlich kam: Es gab einen ganz ungewöhnlichen Verfall auf allen Frachtmärkten zugleich. Auch vor der feinen Adresse Trostbrücke 1, vor dem Laeisz-Hof, machte das Gespenst einer großen Krise nicht halt. Es kam bei der Weihnachtszusammenkunft am 21. Dezember 1982 zur Stunde der Wahrheit. Alle drei Herren der Geschäftsleitung trugen ungeschminkt vor, daß einschneidende Änderungen im Betrieb der Reederei unvermeidlich seien und bereits mit Wirkung vom 1. Januar 1983 eintreten würden.

Herr Wolf-Jürgen von Mitzlaff stellte klar, daß es die große Tradition des Hauses verbot, etwas aufzugeben oder untergehen zu lassen, was lebensfähig sein könnte. Und er gab bekannt, daß alle Aktivitäten des aktiven Schiffahrtsgeschäftes am 1. Januar 1983 auf die neugeschaffene Firma F. Laeisz Schiffahrtsgesellschaft m.b.H. + Co. übertragen werden, an der die Firma F. Laeisz – befristet für einige Jahre – und Herr Nikolaus W. Schües beteiligt sind. Sie übernimmt alle Aufgaben, Rechte und Pflichten aller Schiffe, die am Stichtag 31. Dezember 1982 von F. Laeisz bereedert wurden. Diese mit dem Kürzel FLS belegte neue Firma tritt als Arbeitgeber in die bestehenden Arbeitsverträge mit den Mitarbeitern ein, für die also materiell keine Änderung eintritt.

Die beiden Firmen FL und FLS werden also einige Zeit nebeneinander bestehen. FL behält und betreut die vorhandenen Vermögenswerte. FLS baut neue Vermögenswerte auf, die Versicherungs AG bleibt vorerst Tochter von FL und setzt ihr Geschäft fort. FLS übernimmt später auch alle Aktien der Versicherungs AG.

Herr Willi Ganssauge, 42 Jahre in diesem Hause als Inhaber tätig, schickte eine Grußadresse, die sein Sohn Paul H. Ganssauge verlas. Darin hieß es, daß »das, was am 1. Januar 1983 beginnt, auch ein Neuanfang unter bewußter Anpassung an die inzwischen veränderten Gegebenheiten und Verhältnisse darstellt«. Er werde dann nicht mehr per-

Der original erhaltene Laeiszhof, Trostbrücke 1, steht am Nikolaifleet, der historischen Gründungsstätte des Hamburger Hafens. Auf dem Ziergiebel zwischen den Flaggentürmen hockt der patinagrüne Pudel, das Wahrzeichen der P-Linie.

sönlich haftender Gesellschafter sein, aber als Kommanditist der Firma weiterhin finanziell und persönlich verbunden bleiben. »Herr Schües wird das aktive Schiffahrtsgeschäft von F. Laeisz weiterführen. Ich begrüße es, daß er diese, in heutiger Zeit besonders schwierige Aufgabe mit vollem persönlichen Einsatz übernimmt … Das Motto, welches bisher für den Betrieb maßgeblich war und bleiben soll, heißt bekanntlich: Wollen – Wissen – Können!«

Nikolaus W. Schües sprach als letzter zu den alteingeschworenen »Laeiszianern«: »Viele von Ihnen haben mich in den vergangenen Monaten und Wochen gefragt, woher ich den Mut nehme, in dieser schwersten Wirtschafts- und Schiffahrtskrise seit 1932 oder gar 1904 ohne großes Kapital die Zukunft zu wagen.

Meine Antwort war und ist: Den Mut schöpfe ich erstens aus dem Vertrauen zu Ihrer Tüchtigkeit, Ihrem Fleiß und Ihrer Leistung. Zweitens stütze ich mich auf den Teamgeist in unserem Hause und drittens auf unsere soliden, freundschaftlichen Verbindungen zu Geschäftspartnern im In- und Ausland …

Erstens Tüchtigkeit, Fleiß und Leistung – zweitens Teamgeist – drittens Verbindungen. Wir müssen auch an Land gute Seeleute sein: FLS muß die Stürme abwettern, vorsichtig und mutig, kundig und ruhig.«

Es war eine wohldurchdachte neue Unternehmensstruktur, die jeder Steuerrechtler als genial und honorig zugleich ansehen dürfte: FL ist fortan der Kunde, der zufriedengestellt sein will, FLS hingegen ist dessen Korrespondentreeder, der sein Bestes gibt, um dieses Ziel zu erreichen.

Eine Alternative zu dieser einschneidenden Neustruktur gab es nicht. Und Schües sprach Klartext, denn jeder weiß bei ihm immer, woran er ist: »Ladung haben wir auch für die erste Zeit, sprich die übernommenen Verträge. Wir werden sicher viele davon verlieren, da Schiffe verkauft werden. Es müssen neue Verträge ans Kontor kommen. Einen neuen Vertrag haben wir schon hereinholen können, einen – wie Sie wissen – sehr wichtigen und zukunftsweisenden. Wir müssen alle, an Land und an Bord, unsere ganze Erfahrung und Leistungskraft in die Verwirklichung und spätere Abwicklung der Partenreederei PURITAN legen. Es ist das erste große Bananen-Containerschiff der Welt, ein historischer Schritt unserer Kunden und Freunde, »United Brands Company«.

Wir dürfen keine Fehler machen, wir dürfen nicht verzagen bei den uns gestellten Aufgaben; das gilt für alle Aufgaben, für alte und für neue Verträge.«

Tatsächlich konnte man das Jahr 1983 unter das Motto eines Goethewortes aus dem »Faust« stellen: »Zu neuen Ufern lockt ein neuer Tag.«

Am 20. Januar 1983 wurde die Firma »Nikolai Schiffahrtsgesellschaft mbH« ins Handelsregister der Freien und Hansestadt Hamburg eingetragen. Gesellschafter waren die »Norddeutsche Vermögensanlage GmbH & Co. KG (NV)« und die Firma FLS.

Namensgeber war tatsächlich die Hamburger Nikolaikirche, deren Turm wie ein Fels in der Brandung allen Feuerstürmen und den Sprengbomben, die auf Hamburg herunterregneten, weitgehend widerstand. Der heilige Nikolaus, Namensgeber der Kirche, ist Schutzpatron aller Seefahrer. Ein gutes Omen!

Knapp acht Monate später trug man ins Handelsregister der Hansestadt Bremen die »Reederei Martini GmbH« ein, deren Gesellschafter wiederum die NV, die im Speditions- und Schiffahrtsgeschäft einschlägig erfahrene Karl Geuther & Co. Holding GmbH & Co. KG sowie erneut die Firma FLS waren. Eine weitere Kirche wurde zum Namensgeber, was eine symbolische Verbindung zwischen den beiden führenden Hansestädten Deutschlands herstellte. Und vielleicht liegt auch in diesem Namen eine Pointe, denn der heilige Martin von Tours gilt als Muster aller Tugenden. Er war es, der seinen Mantel zerschnitt, um einem Notleidenden eine Hälfte abzugeben. Im bäuerlichen Leben galt überdies der Martinstag (11. November) als Beginn des neuen Wirtschaftsjahres.

Was war der Sinn der beiden Neugründungen? Die »Nikolai Schiffahrtsgesellschaft« war federführend für die für die Partenreederei MS PURITAN zur Finanzierung des im Bau befindlichen ersten Kühlcontainerschiffs der Welt, das von FLS als Miteigner betrieben wurde.

Die »Reederei Martini« hingegen war die Besitzgesellschaft für den an der Weser in Auftrag gegebenen OBO-Carrier PHAROS von 75.000 tdw, dessen Miteigner und Bereederer wiederum FLS war. Zwei kluge Schachzüge und eine gute Kapitaldecke bei gleichzeitiger Risikoverteilung. Wenn man nämlich diese Konstellation nochmals genau durchliest, dann fällt auf, daß in beiden Fällen Deutschlands bedeutendste Schiffsfinanzierungsfirma, die von Kaufmann Horst Rahe gegründete, gut geleitete (und sich zur Zeit der Herausgabe dieses Buches vollständig im Besitz von Dr. Bernd Kortüm befindende) »Norddeutsche Vermögensanlage GmbH & Co. KG« »dabei« war. Dieses mit dem Kürzel NV belegte Unternehmen hatte die Richtigkeit des beiden Neubauten zugrunde liegenden Konzepts geprüft und als perfekt erkannt, zumal beide Neubauten durch hereingeholte Langzeit-Charterverträge abgesichert waren.

Und nun hatte man in Schiffahrtskreisen doch einigen Grund, die Köpfe zusammenzustecken. Laeisz verkaufte zwar im Januar und September 1983 die beiden Motorschiffe PAMINA und PALOMA (je 22.000 tdw), expandierte aber noch im selben Kalenderjahr um die beiden ungleich größeren Neubauten. Aber nun gab es doch am einen oder anderen Stammtisch der Waterkant bedächtiges Kopfschütteln: Seit 1977 war bis auf das Schwesterschiff des beim Bremer Vulkan in Auftrag gegebenen Motorschiffes PHAROS kein einziger großer Bulker oder Öltanker, erst recht kein Erzölfrachter mehr vom Stapel gelaufen. Die Bedenkenträger konstatierten, daß diese Hamburger »Bananenschipper« sich da ja doch allerhand vorgenommen hatten. Wie kann man nur bei diesen noch immer nicht erholten Raten ein so großes Schiff dieser Kategorie bauen …

Das Gesetz des antizyklischen Denkens beherrscht nicht jeder. Aber das damit verbundene Handeln gehört seit Menschengedenken zu den Grundtugenden jenes Schiffahrtsunternehmens, das einst aus der Hutmacherei jenes legendären Ferdinand Laeisz hervorgegangen ist.

Man hatte inzwischen im Bulkergeschäft Erfahrungen genug gesammelt, um das kleine Einmaleins dieses Geschäfts ebenso zu beherrschen wie das große Einmaleins. Wenn nämlich alles wegen niedriger Raten stagniert, keiner mehr zu investieren vermag, dann hat genau derjenige die beste Marktchance, der das modernste und am wirtschaftlichsten fahrende Schiff anzubieten vermag. Qualität wird genau dann zum Schlüssel des Erfolges, wenn die Konkurrenz resigniert hat. Und obwohl die Tankerraten immer noch so standen, daß man auch 1983 noch vom »Tal der Tränen« sprach, war klar, daß ein neuwertiger Erz-Heizöl-Bulkfrachter am flexibelsten war und in einer der beiden Sparten der Massengutfahrt – der Trockenfracht und der »nassen Fracht« (Tankschiffahrt) – am ehesten zum Zuge kommen würde, wenn es plötzlich doch ein Anziehen der Raten, hier oder dort, gab. Sonnenklar zeichnete sich die anderswo vorhandene Tonnageüberalterung ab, zum anderen aber auch das Dahinsterben der Dinosaurier – der Riesentanker, der Ultra Large Crude Carriers (ULCCs), die in abstrusen Dimensionen bis zur Tragfähigkeit von 550.000 tdw gebaut waren, keinerlei Flexibilität besaßen und praktisch nur zwischen Kharg Island im Persisch-Arabischen Golf und Bantry Bay/Irland hin und her pendeln konnten. Sie waren Ausgeburten des erzwungenen Umwegs ums Kap der Guten Hoffnung und mußten in der Tiefwasserbucht vor Bantry ihre Ladung an wesentlich kleinere Tanker ableichtern, da sie selbst keinen einzigen Hafen der Nordsee oder der Kanalküsten anlaufen konnten.

Die Wiedereröffnung des inzwischen verbreiterten und vertieften Suezkanals machte plötzlich jene Tanker attraktiv, die bei voller Abladung mit 190.000 tons Rohöl den fast 10.000 km kürzeren Weg vom Golf nach Europa einschlagen konnten. Der von der Kaproute unabhängige Tanker lag plötzlich richtig. Es wurde durchaus zur Sensation, als am 9. August 1983 bei schönstem Sommerwetter der neue OBO-Carrier PHAROS bei der Bremer Vulkan AG vom Stapel lief.

Nikolaus W. Schües schlug den Bogen zurück: Genau auf dieser Werft waren mitten in der schlimmen Weltwirtschaftskrise 1930 die beiden Laeisz-Kühlschiffe PUMA und PANTHER

Der 1983 in Dienst gestellte Erz-Öl-Frachter PHAROS.

vom Stapel gelaufen, die ersten FL-Kühlschiffe nach dem Krieg und dem Verlust der Flotte infolge des Versailler Vertrages, sie wurden für die Kamerun-Bananenfahrt gebaut. Sie kamen genau im richtigen Augenblick in Fahrt, sie waren dann am Markt, als man sie plötzlich benötigte. Und Schües konnte sehr wohl daran erinnern, daß 1934 und 1935 auch die ersten Kühlmotorschiffe der Laeisz-Geschichte – PIONIER, PELIKAN und PONTOS – auf derselben Werft entstanden waren. Alle fünf Schiffe waren sozusagen Sendboten eines neuen Aufschwungs, der dann tatsächlich eintrat.

Der berühmteste Leuchtturm der Antike war jener »Pharos« von Alexandria, der zu den Sieben Weltwundern zählte. Er wurde um 300 bis 280 vor Christus vom griechischen Architekten Sostratos auf einer dem Hafen Alexandria vorgelagerten Halbinsel erbaut und zählte mit Recht zu den größten technischen Leistungen des Altertums. Auf einem gewaltigen rechteckigen Unterbau von etwa 100 m Höhe erhob sich ein achteckiger schlanker Aufsatz, der auf seiner obersten Plattform ein mit Holz und Pech gespeistes, weithin sichtbares Leuchtfeuer trug. Erst anderthalbtausend Jahre später zerstörte ein Erdbeben dieses festgefügte Monumentalbauwerk.

Leuchtfeuer weisen in einen sicheren Port. Der neue OBO-Carrier PHAROS, für den eine längerfristige Charter zu vertretbaren Konditionen hatte abgeschlossen werden können, sollte ebenfalls in eine bestimmte Richtung zeigen. Der knapp 244 m lange und 32 m breite OBO wurde mit seiner Tragfähigkeit von rund 75.000 tons so konzipiert, daß er weltweit auf kürzesten Wegen disponiert werden kann, also suez- wie auch panamagängig ist. Das für die Verschiffung von Erz, Kohle, Getreide, Bauxit oder Rohöl und Heizöl gleichermaßen geeignete Schiff ist ein mit Doppelboden und Zweihüllenbauweise denkbar sicheres Schiff, das betriebswirtschaftlich das günstigste seiner Art in der Weltflotte wurde. Von vornherein begnügte man sich mit einer für diese Ladungsarten ausreichenden Geschwindigkeit von nur 14,5 Knoten, die bei voller Abladung nur eine Nominalleistung von 16.100 PS benötigt.

Das mit Wellengenerator für die Stromerzeugung ausgerüstete Schiff füllte weltweit die Spalten der Fachpresse, weil es exakt acht Prozent weniger Treibstoff verbraucht als jedes andere Schiff vergleichbarer Größe. Diese zusätzliche Rationalisierung war zwei bedeutenden schiffbautechnischen Neuerungen zu verdanken, die erstmals gemeinsam in ein Handelsschiff eingebaut wurden.

Das Grimsche Leitrad der PHAROS – Spitzname »Adventsstern«

Die Reederei muß bestimmte Höchstverbräuche im Jahresschnitt im Verhältnis zu festgelegten Mindestgeschwindigkeiten einhalten, sollen keine Ausgleichszahlungen an den Charterer fällig werden. Also wagte man es, erstmals bei einem Schiff solcher Größe eine Technik einzubauen, die Professor Otto Grim schon 1966 als neuartiges Antriebsorgan »Propeller mit Leitrad« vorgestellt hatte. Bei diesem »Leitrad« handelt es sich um ein hinter dem konventionellen Propeller angeordnetes zweites Vortriebsorgan mit einem größeren Durchmesser, das freirotierend gelagert ist.

In der Propulsionstechnik spricht man auch von einem »hydrodynamischen Getriebe«. Die Flügel des Leitrades sind nämlich so ausgebildet, daß sie im inneren Teil als Turbine (Energieaufnahme) und im äußeren als Propeller (Energieabgabe) arbeiten. Diese Konstruktion ist in der Tat verblüffend. Die Schuberhöhung läßt sich damit erklären, daß der vom Propeller kontraktierte Strahl vom Leitrad wieder »aufgeweitet« wird, wie es in der Fachsprache heißt. In verständlicheres Deutsch übersetzt besagt es, daß mehr Wasser mit einer höheren Geschwindigkeit durchgesetzt wird. Eine Wirkungsgradverbesserung ist abhängig von der Flügelzahl des Leitrades. Man wählte eine neunflügelige Anordnung. Das ganze hell glänzende Gebilde bekam bei den Werftarbeitern und Seeleuten prompt den Spitznamen »Adventsstern«. Der erzielbare Gewinn war bei einem solchen frei rotierenden Leitrad grundsätzlich um das Dreifache größer als bei einer festen Leitflächenanordnung. Auf der PHAROS wurde der Wirkungsgrad durch die neun Flügel noch optimiert.

Aber nicht nur das erstmals bei einem Überseefrachtschiff verwendete Grimsche Leitrad und die außerdem zusätzlich eingebaute Schneekluth-Düse, erfunden von Professor Dr. Herbert Schneekluth, Technische Universität Aachen, zum Zweck verbesserter Propelleranströmung, brachte den Neubau PHAROS auch in die Spalten der Tagespresse. Vielmehr wurde noch ein anderer Umstand zum Objekt publizistischen Interesses.

Seit langem war man gewohnt, daß als Taufpatin eine Reeder- oder Befrachtergattin, die Ehefrau eines Bankiers, Charterers, Ministerpräsidenten, Oberbürgermeisters auserwählt wurde. Bei der PHAROS wurde erstmals ganz anders verfahren. Man wählte als Taufpatin eine Frau aus, die persönlich das Schiff mitgebaut hatte! Den fast 200 prominenten Gästen aus Wirtschafts-, Bank- und Schiffahrtskreisen mag es im ersten Augenblick vielleicht die Sprache verschlagen haben, weil das Ganze mindestens ebenso neu war wie das Grimsche Leitrad: Eine seit 13 Jahren auf der Werft arbeitende Schweißerin, fleißig und immer mit bestem handwerklichen Können zur Stelle, glücklich im Beruf und Familie, wurde vom Betriebsingenieur ausgeguckt: So war es für Frau Elvira Vierke eine ebenso unerwartete wie hohe Ehre, plötzlich einen 75.000-Tonner taufen zu dürfen. Und es war zugleich eine Ehrung für alle Arbeiter dieser Werft, eine Belohnung und Auszeichnung für die tägliche schwere Arbeit. Frau Vierke trat sozusagen stellvertretend auch für ihre sämtlichen Kollegen und Kolleginnen vor das Mikrofon. Man sah ihr an, wie herzlich sie sich darüber freute. Resolut und klar, sogar völlig frei sprach sie zu den vielen Menschen. Und gleich beim ersten Wurf zerschellte die Sektflasche am Bug des neuen Riesen, der erst langsam, dann immer schneller unter dem Beifall aller Anwesenden und dem ohrenbetäubenden Getöse sämtlicher im Umkreis aktivierbarer Schiffstyphone sowie Boschhörner glatt in sein Element glitt und sich ordentlich vor den Gästen verbeugte, bevor er zum Ausrüstungskai geschleppt wurde.

Das Motorschiff PHAROS war die letzte Einheit solcher Größe, die auf einer Helling gebaut und konventionell vom Stapel gelaufen war. Danach entstanden Großschiffe überall in einem Baudock. Solche Trockendocks werden nach Fertigstellung des Neubaues geflutet. Der aufgeschwommene Neubau wird nachher erprobt und an den Auftraggeber abgeliefert. Alle guten Wünsche beim Stapellauf PHAROS erfüllten sich. Das Schiff fuhr zwei Jahrzehnte lang glückhaft für die Laeisz-Schiffahrtsgruppe. Erst im Jahr 2003 wurde es, gemäß den üblichen Laeisz-Gepflogenheiten, zu einem beachtlich guten Preis nach China verkauft.

Der Erz-Öl-Frachter PHAROS wurde durch die Bremer »Reederei Martini GmbH« realisiert. Das technisch revolutionäre unten skizzierte Kühlcontainerschiff PURITAN hingegangen finanzierte die Hamburger »Nikolai Schiffahrtsgesellschaft mbH«. Bauwerft wurde die Ishikawajima-Harima Heavy Industries Co. Ltd., Aioi/Japan.

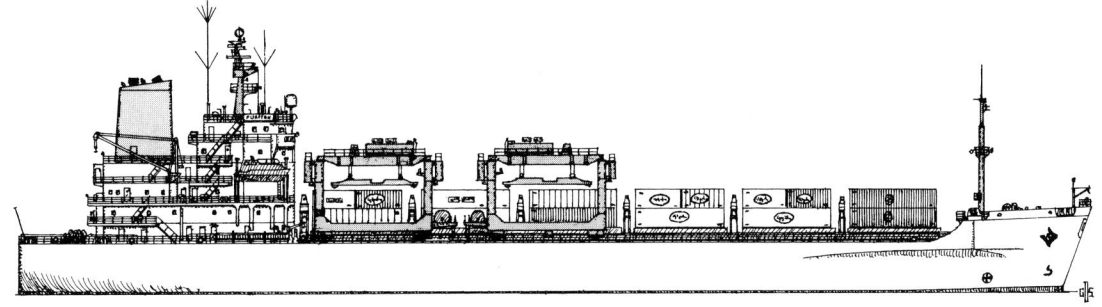

PURITAN revolutioniert die Bananenfahrt

Wenn man es zum ersten Mal flüchtig hört, dann erweckt das Wort Aioi eher Assoziationen zur polynesischen Sprache. Doch der Ort dieses Namens liegt weder auf Hawaii noch im Königreich Tonga, sondern in der Nähe der japanischen Hafenstadt Osaka.

Dort befindet sich die Werft Aioi des Schiffbaukonzerns Ishikawajima-Harima Heavy Industries. Im September 1983 wurde dort die Baunummer 2832 auf den Namen PURITAN getauft. Es handelt sich um das erste Bananen-Vollcontainerschiff der maritimen Geschichte. Es entstand in enger Zusammenarbeit mit »United Brands«, FLS und der Werft und bot anfangs 286, später 290 Stellplätze für 40-Fuß-Container, die mit jeweils 950 Kartons Bananen vollgepackt wurden und mit dem Einheitsgewicht aller Container – 26 Tonnen – die Stabilitäts- und Trimmrechnungen recht einfach gestalteten. Das gesamte Konzept, das sich in dieser homogenen und äußerst rationell umzuschlagenden Ladung verdeutlicht, war ein Novum von beachtlicher Signalwirkung: Die Container wurden gleich draußen auf den Packstationen der Pflanzungen beladen und während des Transports zum Schiff durch integrierte, vom Chassis des Eisenbahnwaggons mit Strom versorgte Kühlanlagen in der erforderlichen Raumtemperatur gehalten. An Bord geschah die Kühlung der einzelnen Container-Aggregate bei den an Deck gestauten Containern durch Luftkühlung, bei den in den Laderaumzellen gestauten hingegen durch Anschluß an ein bordeigenes Kühlwassersystem.

Das unter deutscher Flagge in Dienst gestellte Sechs-Luken-Schiff PURITAN wurde mit 13.998 BRZ (Bruttoraumzahl) vermessen und einer Dienstgeschwindigkeit von 17 Knoten. In langjähriger Charter hatte das völlig neuartige Containerschiff den zentralamerikanischen Hafen Puerto Cortes/Honduras pendelnd mit dem Seehafen Gulfport bei New Orleans im Rahmen der Honduras Express Line zu verbinden. Die dortige Empfangsanlage, der Löschplatz (Receiving Station), wurde genau den technischen Einrichtungen des Schiffes angepaßt, das mit zwei fahrbaren elektrohydraulischen Portalkränen mit 26 m Hubgeschwindigkeit pro Minute und zehn Meter Auslegerweite ausgestattet worden war. Das Abholsystem von den Packstationen, der Fruchtum-

Die von Laeisz konzipierte PURITAN kam als erstes Vollcontainer-Kühlschiff der Welt 1983 höchst erfolgreich in die Bananenfahrt zwischen Puerto Cortes/Honduras und dem Seehafen Gulfport bei New Orleans. Das mit zwei fahrbaren elektrohydraulischen Portalkränen ausgerüstete Schiff bot 290 Stellplätze für 40-Fuß-Container und stand seit 1990 als Mehrzweck-Kühlschiff in der Fahrt zwischen dem indischen Subkontinent und der Arabischen Halbinsel. 2003 wurde es nach 20 Jahren verkauft.

schlag, Seetransport und Weitervertrieb der angelandeten Früchte wurden so perfektioniert, daß stundengenaue Kalkulationen der Empfänger möglich waren. So hieß es in einem Bericht lakonisch: »Auf einer vor kurzem unternommenen Reise haben wir einen Container am Montagmittag in Beloit/Honduras beladen. Am nächsten Tag lief das Schiff damit nach Gulfport aus, und schon am Freitag derselben Woche war der leere Container wieder nach Puerto Cortes zurückgekehrt.« Es gab nirgendwo unnötige Wartezeiten, alles lief wie am Schnürchen. Es gab in der Transportkette keine Friktionen.

In den fünfziger Jahren war auf dem Fruchtkühlschiff PIRÄUS ein Bananenkreuzer-Song entstanden, dessen erste Strophe lautet:

Die Schiffe sind weiß und die Schiffe sind schnell,
am achteren Mast weht das rote FL.
Sie segeln nach Küsten so heiß und so bunt,
mal 6.000 Meilen, die Erde ist rund!
Europa will frische Bananen!

Dazu der Refrain:

Nordsee, Atlantik, Karibische See –
Es fährt die Bananen das »Fliegende P«.

Für die PURITAN verlor dieser Song zum Teil seine Gültigkeit. Auf der Route von Honduras durchs Yucatanbecken der Karibischen See und durch den Golf von Mexiko zum Bestimmungshafen Gulfport traf der bald aufgekommene Spitzname »Bananenfähre« besser.

Bei Wilhelm Busch kann man den launigen Vers lesen: »Einzweidrei, im Sauseschritt – läuft die Zeit, wir laufen mit.« Greifen wir den Ereignissen voraus, um zu sehen, was sich sechs Jahre nach der Indienststellung der PURITAN jenseits des Atlantiks getan hat: Ein Telex mit dem dreifachen Vermerk »Attention« scheuchte beizeiten alle in irgendeiner Form mit dem Schiff befaßten Firmen, Behörden und Einzelpersonen auf, das Ereignis nicht zu versäumen: Am 11. Juli 1989 absolvierte die »Bananenfähre« ihre 300. Beladung in Puerto Cortes und ihre 300. Entladung in Gulfport. Hinter dem zu diesem Zeitpunkt noch groß auf beide Bordwände gemalten Markenzeichen »Chiquita« prangte in großen Buchstaben die Abkürzung »300. Voy«.

300 Voyages (Seereisen) auf dieser Route, das war schon etwas! Über die Toppen geflaggt lief das längst überall populäre und beliebte Schiff in beiden Häfen ein. Es war großer Bahnhof angesagt. Presse und Fernsehen waren voll mit von der Partie. Der gesamte »Staff« der »United Brands Company«, die Oberbürgermeister und die Hafendirektoren der beiden Städte New Orleans und Gulfport kamen zu diesem denkwürdigen Jubiläumsempfang an Bord. Und in den überreichten Glückwunsch-Urkunden hob »The Mississippi State Port Authority« bewundernd hervor, daß nach Beendigung dieser 300. Reise von diesem einen, unermüdlichen Motorschiff PURITAN über 1,5 Millionen Tonnen Bananen in Gulfport angelandet worden seien! Der Rekord dieses Schiffes aber liegt in der Tatsache begründet, daß es in neuneinhalb Jahren Zeitcharter nur 10 Tage »Offhire« waren, wenn es zur Klasse-Erneuerung eingedockt werden mußte. Keine Minute außer Dienst in neuneinhalb Jahren – ein seltener Rekord auch bei Laeisz!

Rund 15 Monate später stand die PURITAN im Mittelpunkt eines Riesenrummels, denn es war ihr vorbehalten, in Puerto Barrios/Guatemala als erstes Schiff an der wieder aufgebauten Pier festzumachen, die bei einem Erdbeben im Jahre 1976 schwer beschädigt worden war. Der Hauptteil der Anlage hatte damals tiefe Brüche erhalten, die Decke war mehrfach eingerissen, 23 Pfeiler waren abgeknickt. Und in ganz Guatemala hätte niemand eine würdigere Einweihung der »wieder auferstandenen Anlage« vorschlagen können als durch die mittlerweile so berühmte »Banana Ferry« aus Deutschland.

Die Sache geriet zu einem Kapitel gelungener Außenpolitik. Keine Staatsjacht hätte besser zu repräsentieren vermocht als die abermals über die Toppen geflaggte PURITAN. Alle Offiziere trugen wie stets weiße Uniform, die gesamte übrige Besatzung einheitlich zur weißen Hose T-Shirts mit dem blauen »Chiquita«-Emblem. Die Pier war dem Publikum geöffnet, es gab ein Volksfestgewimmel. Für die Offiziellen gab es einen Empfang, bei dem weder die Prominenz der Wirtschaft noch der Befehlshaber der »Fuerza Naval« (Kriegsmarine), die Hafenkapitäne und Sicherheitsbeamten fehlten. Aber das war nur das Vorspiel: Um 20.30 Uhr traf der Konvoi des Präsidenten von Guatemala ein, der in Begleitung seiner Frau, Tochter und drei Ministern samt großem Sicherungstrupp und persönlichen Leibwächtern auf der PURITAN erschien.

Die offizielle Einweihung der Pier ging am nächsten Morgen über die Bühne. Am Kopf der Mole waren zwei große Zelte sowie Tribünen für Fernsehen und Presse aufgebaut. Ein Meer von Flaggen umgab die Szenerie und das zu enthüllende Denkmal für den Wiederaufbau. Um 10.00 Uhr traf der Präsident abermals ein, der bald ebenso eine Ansprache hielt wie der Alkalde (Bürgermeister) von Barrios und Izabal sowie der Direktor der »COBOGUA-Handelsgesellschaft«.

Was mitunter doch einem Handelsschiffskapitän alles abverlangt wird: Er trat bei dem Staatsakt zusammen mit dem Port Manager »vor die Front« der aufgereihten Gäste und vor allem vor die Fernsehkameras und Fotoapparate der Reporter, um zunächst symbolisch eine Papyrusrolle und einen Kuß der Schönheitskönigin von Guatemala entgegenzunehmen, dann aber zu der großen Menschenmenge zu sprechen: Worte des Dankes und die Wünsche von Gottes Segen für die neue Pier und natürlich auch für die Hafenbehörden, denen man stets ausgebuchte Liegeplätze wünschte.

Inzwischen war bestens für einen besonderen Schlußeffekt gesorgt: Der 1. Offizier saß mit seinem Walkie-talkie zwischen der Prominenz, der 3. Offizier stand auf der Kommandobrücke am Knopf des Typhons klar. Und so etwas ist eben gute Laeisz-Schule: Als der Kapitän der PURITAN würdevoll die Hand hob und zum Schiff zeigte, gab der »Erste« dem »Dritten« das entsprechende Kommando. Prompt brüllte das Typhon mit drei langen Tönen das Freundschaftssignal, das auch die Posaunen von Jericho nicht besser herausgebracht hätten. Unter den Klängen der daraufhin sofort einsetzenden Nationalhymne und dem Hissen der Flaggen am Denkmal wurde »selbiges« enthüllt. Dann schnitt der Mächtige des Landes das Band zur Pier durch, um anschließend samt Gefolge die Anlage bis zum Ende zu durchschreiten, von seinem »Troß« und der ganzen Menschenmenge gefolgt. Aber die Seefahrt ist seit je mit Situationskomik aller Schattierungen in guter Nachbarschaft. Es erregte nicht nur an Bord des Schiffes, sondern erst recht im fernen Hamburg doch einige Heiterkeit, als das Lokalblatt »Prensa Libre« den schmucken Laeisz-Bananenkreuzer als »Pakistani-PURITAN« bezeichnete. Verwundert befragte man den Reporter nach dem Grund für diese Formulierung.

Kleinlaut versuchte er die Erklärung, die Besatzung sähe doch für »Alemanes« viel zu dunkel aus. Er hatte wohl den Bräunungseffekt vergessen, den kontinuierliches Pendeln in Karibik und Golf von Mexiko hervorrufen kann.

Schließlich war der PURITAN-»Bananenfährdienst« Vergangenheit. Das Schiff fuhr seit 1990 weiterhin unter deutscher Flagge, in Charter der American President Lines (APL) unter dem Charternamen EAGLE PRESTIGE auf der Route Bombay–Fujairah/Vereinigte Arabische Emirate. Auch Colombo, Singapur und Jiddah lief es gelegentlich an. Seine universelle Verwendbarkeit als Kühlcontainerschiff drückte sich in seiner Ladungsvielfalt aus: Es transportierte tiefgekühlte Shrimps, höher temperiertes Obst, Gemüse und Grünpflanzen sowie bald auch in Indien angebaute Regina-Weintrauben zur Arabischen Halbinsel. 1996 kehrte das Schiff in die Bananenfahrt in der Karibik zurück und wurde gemäß Laeisz-Usus im Jahr 2003 nach 20 Jahren FL-Fahrt verkauft.

Zu nebenstehendem Kapitel: Vollcontainerschiff PLATA passiert die berühmte Oper von Sydney. Zusammen mit seinem Schwesterschiff PLANETA kam es 1984 mit Erfolg in die Australien-Fahrt. Jedes der beiden Schiffe bot unter 652-TEU-Stellplätzen nicht weniger als 180 für Kühlcontainer.

Auf neuen Kursen

Jede Monokultur ist riskant, weitmögliche Diversifikation ohne Verzettelung das Gebot der Stunde. Stellen wir den Kalender vom Datum des soeben geschilderten Staatsaktes in Guatemala wieder zurück auf die Jahre 1984 und 1985, in denen die Neustrukturierung des Hauses Laeisz, der Aufbau der F. Laeisz Schiffahrtsgesellschaft m.b.H. + Co. gelang.

Der Kunstgriff wurde zum vollen Erfolg. FLS gelang es, mit dem Containerschiff PLUVIUS und den später hinzugekommenen Ankäufen PLATA und PLANETA in der besonders anspruchsvollen Australienfahrt Fuß zu fassen. Deutscherseits hatten die Hapag-Lloyd AG und vor allem die organisatorisch und technisch ausgezeichnete »Columbus Line« – Tochtergesellschaften der traditionsreichen »Hamburg-Süd« – diesen Markt bedient. Die recht perfekte Servicekette der »Columbus Line« und der norwegische Konkurrenzdruck hochmoderner kombinierter Container-RoRo-Schiffe (ConRo-Schiffe) hatten die Australier »verwöhnt«. Dennoch gelang es Laeisz, die drei Containerschiffe unter Singapur-Flagge in dieses Fahrtgebiet einzubringen. Die für 652 TEU (Twenty Feet Equivalent Units = 20-Fuß-Container) ausgelegten Schiffe hatten zwar eine geringere Kapazität als die Erstlinge PLUTOS und PLUVIUS, die 816 Container dieser internationalen Standardgröße aufzunehmen vermochten.

Aber PLANETA und PLATA brachten dafür das mit ein, was für erfolgreichen Einsatz im Australienverkehr von besonderer Wichtigkeit ist: Sie boten Stellplätze für 180 Kühlcontainer, die auch Tiefkühlladung aufnehmen konnten. Zur nicht geringen Überraschung von »Insidern« gelang es FLS, auch die beiden Mehrzweckschiffe STEPHAN REECKMANN und DAGMAR REECKMANN in Langzeit-Bareboat-Charter als Containerschiffe in Australien unterzubringen – die STEPHAN REECKMANN unter dem Namen IRENE GREENWOOD der im Besitz der Regierung von Westaustralien befindlichen Reederei »Stateship« in Perth für die australische Küstenfahrt und die DAGMAR REECKMANN unter dem Namen UNION ENDEAVOR für den Dienst Australien–Tasmanien. Zuletzt verkaufte »Stateship« die beiden Einheiten zu völlig zufriedenstellendem Preis.

Diese Sache hatte eine Vorgeschichte. Im Bemühen um möglichst flexible Dispositionsmöglichkeiten entstand Ende der siebziger Jahre der Trend zu Mehrzweckfrachtern, die sowohl Bulk Carrier als auch Containerschiff sein konnten. Am 28. März 1980 war auf der Mathias-Thesen-Werft in Wismar das erste »westlich« bestellte Schiff des Standard-Typs ELCK 6 vom Stapel gelaufen und auf den Namen PAPAGENA getauft worden. Das »P« als Anfangsbuchstabe des Schiffsnamens wies darauf hin, daß dieser Erstling einer Dreierserie, die später auf sechs Einheiten erweitert wurde, mit Laeisz-Beteiligung unter Laeisz-Kontorflagge fuhr. Sie liefen nur 15 Knoten, um trotz hoher Bunkerpreise in der Massengutfahrt betriebswirtschaftlich richtig zu liegen. Sechs eigene Deckskräne machten den Einsatz auch in Fahrtgebieten möglich, deren Häfen nicht über Containerbrücken für den Hafenumschlag verfügen. Die Schiffe fuhren vier Lagen Container an Deck und hatten damit eine Gesamtkapazität von 1.025 TEU. Für Fahrtgebiete wie Indonesien waren diese relativ langsamen Schiffe recht brauchbar, zumal sie in 260 Kühlcontainern auch Tiefkühlladungen transportieren konnten. Ein weiterer Vorteil lag darin, daß ihre Süßöltanks zur Aufnahme von Pflanzenölen jeder Art herhalten konnten.

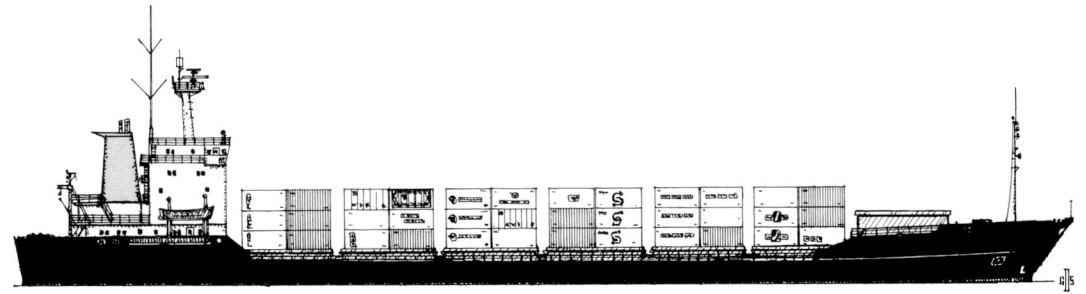

Vollcontainerschiffe PLANETA ex SEAWAY DISPATCH, PLANETA ex SEAWAY EXPRESS, Schürenstedt KG, Bardenfleth

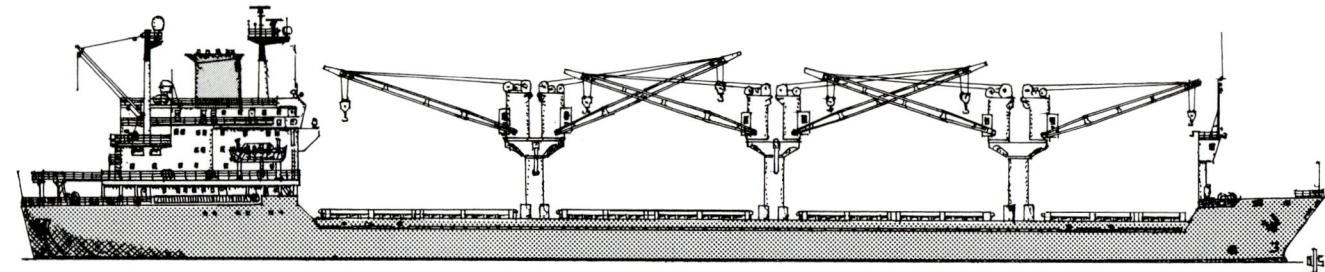

Als Vollcontainerschiff eingesetzte Mehrzweckfrachter PALAPUR, PALOMA, PAMINA, PAPAGENA, DAGMAR REECKMANN, STEPHAN REECKMANN, *MTW Wismar*

Von den sechs in Miteignerschaft von FLS betriebenen Schiffen bekamen vier traditionsgemäß mit dem Buchstaben »P« beginnende Namen: PALAPUR, PALOMA, PAMINA und PAPAGENA.

1984 bewahrheitete sich wiederum ein Stück Laeisz-Philosophie: »Gute Seemannschaft besteht nicht darin, Hellseher zu sein, sondern darin, sein Handwerk zu beherrschen. Dazu gehört im Landbetrieb der Reederei, sich Alternativen vorstellen zu können, gute Verbindungen zu erstklassigen Befrachtern aufrechtzuerhalten, gute Reputation aufzubauen und zu erhalten.«

Gegen starke Konkurrenz großer deutscher Unternehmen konnte FLS mit einem langjährig bekannten, bedeutenden Kunden langfristige Verträge abschließen, die ganz neue Dimensionen der Containerfahrt unter FLS-Kontorflagge ermöglichten. Dieser Vertragspartner wurde die in Hongkong und Fribourg/Schweiz ansässige »Norasia Shipping Lines Ltd.«.

Längst hatte sich an der Waterkant herumgesprochen, daß es auch außerhalb der norddeutschen Traditionen tüchtige Schiffahrtspersönlichkeiten gibt. Seit langem verdienen Ideenreichtum und Aktivitäten von Seeverkehrswirtschaftlern in der meerfernen Schweiz großen Respekt. Lange Zeit hindurch stand dieser eidgenössische Alpenstaat sogar mit Tonnage unter der Schweizer Nationalflagge innerhalb der »Trockenstaaten« (nicht an der See liegende Staaten) international an erster Stelle.

Die Norasia hatte nicht den Ehrgeiz, alles selbst machen zu wollen. Ihr meisterhaft beherrschter Geschäftsbereich war das ausgefeilte Haus-zu-Haus-Geschäft mit Containern. Sie stellte die Logistik und wob ein immer feineres Netz von Verbindungen und Beziehungsgeflechten in Asien und Europa.

Trifft ein alpenländisches Liniendienst-Unternehmen von solcher Qualität auf der Suche nach optimal einsetzbarer Neubautonnage auf einen Partner mit denselben Eigenschaften im Denken und in der Unternehmensführung, dann ist die günstige Symbiose geradezu programmiert. So fiel die Wahl nicht von ungefähr auf FLS. Dem Hamburger Unternehmen wurde der Norasia-Schiffahrtsbetrieb für Containerschiff-Neubauten durch langfristige Charterverträge anvertraut.

Es gelang, die DAGMAR REECKMANN *in der Containerfahrt Australien–Tasmanien unterzubringen.*

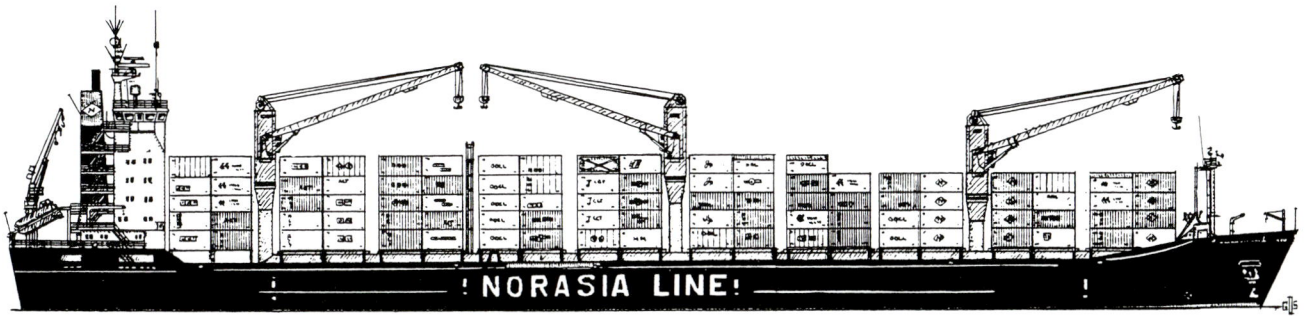

Vollcontainerschiffe Norasia Pearl, Norasia Princess, Norasia Sharjah, Norasia Al-Manzoorah, Howaldtswerke Deutsche Werft AG, Kiel

Ausgebucht rauschte das 1991 von der Conti-Gruppe zum »Schiff des Jahres« gekürte, von der FLS bereederte Vollcontainerschiff Norasia Pearl (1.742 TEU, davon 100 Kühlcontainer) von Fernost nach Europa. Die Zwillinge Norasia Pearl und Norasia Princess sowie ihre beiden Nachfolger Norasia Sharjah und Norasia Al-Manzoorah erzielten dank ihrer von Professor Nöneke entwickelten asymmetrischen Hecks und zusätzlichen Schneekluth-Düsen einen bei Containerschiffen nie zuvor erreichten niedrigen Treibstoffverbrauch.

Eine ganz große neue Chance tat sich auf. Sie erforderte eine Serie von wirklich maßgeschneiderten High-Tech-Schiffen für den geradezu rasant weiter wachsenden Warenaustausch zwischen Fernost und Europa. Auf der berühmten »Rennstrecke« der Norasia war die Auslastung eines ganzen Quartetts neuer Containerschiffe unproblematisch.

Die Münchener Conti-Gruppe, ein führendes Schiffsfinanzierungs-Unternehmen, erkannte die neue Konstellation Norasia-Laeisz als ideale Möglichkeit zur Placierung der notwendigen Eigenmittel für die Neubauten. Das Kräfte-Dreieck wurde ideal: Conti finanzierte, Norasia charterte und Laeisz bereederte das inzwischen überall zum Begriff gewordene Quartett leuchtend blau angestrichener Schiffe. Technisch-nautisch und personell wurden diese Schiffe mit dem FL-Wappen am Bug von der F. Laeisz Schiffahrtsgesellschaft mbH in Hamburg betreut und geführt, d.h. optimal und zum Nutzen der Schiffe und ihres Werterhalts betrieben.

1986 hat die deutsche Seeschiffahrt einen Negativ-Rekord angesteuert, der die rächende Folge von Unvernunft und chronisch fehlendem Verständnis für die Notwendigkeit einer geordneten Schiffahrtspolitik ist: Ende November 1986 war die Tonnage deutscher Reedereien mit bereits 3,8 Millionen Bruttoregistertonnen (BRT) unter Billigflaggen erstmals größer als die mit einer deutschen Flagge am Heck (3,3 Mio. BRT). Allein in dem genannten Jahr nahmen 67 deutsche Schiffe mit gut 800.000 BRT den Weg ins ausländische Schiffsregister.

Die Antwort auf eine derartige permanente Nichtreaktion in einer Kernfrage der deutschen Außenhandelswirtschaft ließ nur noch den Spielraum für antizyklisches Reagieren und immer neues Überspielen der Misere durch originelle Ideen übrig. Die hochgradig computerisierten Zwillingsschwestern Norasia Pearl und Norasia Princess, ausgelegt für einen 15-Mann-Betrieb, waren Spitzenprodukte moderner Schiffbautechnologie. Sie kombinierten den antriebstechnischen Rationalisierungseffekt des von Professor Nönecke entwickelten asymmetrischen Hecks mit einer Schneekluth-Düse und hatten deshalb den besagten bei Containerschiffen nie zuvor erreichten niedrigen Treibstoffverbrauch.

Die Schiffe fuhren unter einem in der Branche vielbeneideten Acht-Jahre-Chartervertrag mit weiteren zwei Jahren Option für die Norasia Lines. Die Freude, die sie der FLS bereiteten, wurde bestätigt durch die Tatsache, daß beide Schiffe nacheinander – Norasia Pearl 1991 und Norasia Princess 1994 – von der Conti-Gruppe zum »Schiff des Jahres« gewählt wurden, weil Technik und finanzielles Ergebnis alle anderen Schiffe übertrafen.

Die Zeit lief weiter, und »Norasia« spürte bald die starke Konkurrenz durch größere Gruppierungen und Konsortien innerhalb des Geschäftes auf dem Sektor Container-Logistik. Noch waren die Schiffspreise halbwegs verläßlich. Deshalb entschied man sich, diese hochwertigen Schiffe nach acht Jahren erfolgreicher Fahrt unter deutscher Flagge 1994 zu guten Preisen an die Partner der »Norasia« im Mittleren Osten zu verkaufen.

Seit Dezember 1989 wird die traditionsreiche Laeisz-Kontorflagge an Bord aller Schiffe der Laeisz-Schiffahrtsgruppe mit jenen drei Sternen in der linken oberen Ecke geführt, die auch im Laeisz-Wappen enthalten sind.

Im Zeichen des Mars

Sprechen wir nicht von rund 180 bewaffneten Konflikten, die seit dem Zweiten Weltkrieg, dem angeblich letzten aller Kriege, den Erdball überzogen haben. Schlimm genug ist schon das, was die Verantwortlichen einer Reederei innerlich durchzumachen hatten, die Schiffe auf die Reise zu Bestimmungshäfen im Persisch-Arabischen Golf schicken mußten. In einem ebenso sinnlosen wie mörderischen Krieg, der acht Jahre lang zwischen den Staaten Iran und Irak tobte, in dem man sogar elfjährige Kinder in Minenfelder hineintrieb, lief die Laeisz-Zementfahrt von Japan und von Spanien ins neutrale Saudi-Arabien ebenso weiter wie der Container-Liniendienst von Australien nach Kuwait. Auch die Norasia-Containerschiffe bedienten auf den Reisen zwischen Ostasien und Europa regelmäßig Häfen am Persischen Golf. Sogar der OBO-Carrier PHAROS mußte sich im Auftrag des japanischen Charterers Sanko einmal in den Golf hineinwagen, um eine Ladung Rohöl abzuholen. Es war längst »in Mode gekommen«, daß irakische Luftstreitkräfte immer wieder Raketen auf Tanker abschossen. Der Iran hingegen griff mit Raketen Containerschiffe an, die im Verdacht standen, Kriegsmaterial für Irak nach Kuwait zu bringen.

Im Grunde kam die FLS glimpflich davon. Es ist keins der Schiffe beschossen worden. Aber die NORASIA PEARL wurde, im Konvoi von fünf Schiffen durch die Straße von Hormuz den Golf ansteuernd, im Dezember 1987 von einem iranischen Kriegsschiff gestoppt. Ein schwer bewaffnetes Prisenkommando von zwei Offizieren und sechs Mann enterte an Bord, besetzte die Funkstation und begann, Schiff und Container zu durchsuchen. Die »Filzungsaktion« wurde nach reichlich zwei Stunden plötzlich abgebrochen. Das Prisenkommando wurde sichtlich nervös, weil sich ein ziviler Hubschrauber mit einem Fernsehteam näherte. Das iranische Kriegsschiff befahl dem Helikopter, fünf Seemeilen Abstand zu halten, worauf der jedoch nicht einging. Er kam bis auf acht Kabellängen heran, auf knapp anderthalb Kilometer. Zwei Militärhubschrauber erschienen auf der Bildfläche, drehten bald jedoch wieder ab.

Den Iranern war die widerrechtliche Aktion gegen ein ausländisches Schiff mit sauberen Papieren, unterwegs in den neutralen Hafen Kuwait, vor Zeugen wohl doch zu heiß geworden. Das iranische Kriegsschiff gab Befehl, ihm in den iranischen Hafen Bandar Abbas zu folgen. Unter Protest trat der Kapitän die erzwungene Fahrt mit neun Knoten Geschwindigkeit an. Das Prisenkommando blieb an Bord und erteilte alle weiteren Befehle.

Das Containerschiff NORASIA PEARL kommunizierte auf UKW-Kanal 74 mit dem iranischen Kriegsschiff. Das war zum Glück dieselbe Betriebsfrequenz von »Sharjah Port Control« im 35 Seemeilen entfernten neutralen Sharjah/Vereinigte Arabische Emirate. Auf diese Weise wurde man dort hellhörig. Außerdem konnte die Reederei über Satelliten-Telefon vom Aufbringen des Schiffes verständigt werden.

In Bandar Abbas wurde das Prisenkommando durch sieben Marineoffiziere als Ladungskontrolleure und sieben Wachsoldaten abgelöst.

Es wurde eine »fröhliche Silvesterfeier«: Schon um 04.30 Uhr morgens am 31. Dezember mußte das Schiff von der Reede in den Shahid Rejaie Port von Bandar Abbas verholen. Die Bordbesatzung löschte auf Befehl alle Container für Kuwait, die als sogenannte IMO-Container gefährliche Güter enthielten und deshalb an Deck transportiert werden mußten. Man stellte sie an Land ab, wühlte alles durch, aber fand natürlich nichts. Alle untersuchten Container wurden wieder verschlossen und versiegelt, verblieben aber an Land.

Am nächsten Tag rührte sich überhaupt nichts, denn es war iranischer Feiertag. Am 2. Januar wurden weitere Container durchsucht, ergebnislos. Nachmittags kam Erlaubnis, auch die 26 an Land gesetzten Container wieder an Bord zurückzustauen.

Am Mittag des 3. Januar wurde ein »Statement« unterzeichnet, dessen Inhalt die Freigabe des Schiffes durch die iranische Marine testierte und bestätigte, daß bei der durchsuchten Ladung keine Ware für den Irak gefunden wurde. Daraufhin hatte dann die Schiffsleitung die Abfahrt der NORASIA PEARL für 22.00 Uhr festgelegt, man bestellt dementsprechend Lotsen und Schlepper für diese Zeit. Aber kenne einer den Orient!

Um 16.10 Uhr widerrief die iranische Marine die Freilassung des Schiffes mit der völlig aus der Luft gegriffenen Begründung, daß sie Kenntnis davon habe, in der für Kuwait bestimmten Ladung befänden sich doch Seefrachtgüter für den Irak.

Es ist nicht immer leicht, im Falle eines derartigen Rechtsbruches ruhig zu bleiben. Schließlich wußte der Ladungsoffizier ja wohl noch am besten, was in den einzelnen Containern enthalten war und was nicht.

Um 18.00 Uhr »durfte« die Besatzung beginnen, mit zwei Gängen (Schichten) und mit eigenem Geschirr die Container aus Bay 13/15 und Bay 29/31 zu entlöschen – ohne jegliche Unterstützung durch Arbeitskräfte von Land, obwohl der Kapitän darum ersucht hatte.

Um 00.21 Uhr am 4. Januar hatten die Männer der NORASIA-PEARL-Besatzung allesamt »kleine Augen«. 128 Container standen an Land, nicht ein einziger Stellplatz war mehr frei. Auf Drängen der Schiffsleitung mußte nun die Polizei die sinnlos herumstehenden Container Tag und Nacht bewachen. Morgens um acht Uhr ging die »Filzerei« durch die iranische Marine weiter. Die Unterstützung durch die zivile Hafenverwaltung war praktisch gleich Null. Immerhin wurde endlich ein sogenannter Spreader Truck mit Fahrer zur Verfügung gestellt. Gegen ein »Bakschisch« heuerte Kapitän Mahnke vier Arbeitslose an, die nun wenigstens mithalfen, die Container an Land abzuschlagen.

So ging das Theater auch am 5. und 6. Januar immer weiter. Zwischendurch drohte die Pier unter der Last allzu vieler dort abgestellter Container zusammenzubrechen.

In jedem zivilisierten Land muß ein Untersuchungshäftling binnen 24 Stunden nach seiner Festnahme dem Untersuchungsrichter vorgeführt werden. Er hat vom ersten Augenblick einen Anspruch darauf, mit seinem Anwalt Kontakt aufzunehmen.

Es ist kein Ruhmesblatt für die iranische Marine, daß der Kapitän nach langem Bitten und Bohren endlich am achten Tag (!) nach dem Aufbringen seines Schiffes gnädigerweise ein Telefongespräch mit dem deutschen Botschafter in Teheran führen durfte. Der sagte sofortige Unterstützung von seiner Seite zu, um eine umgehende Freilassung zu erwirken. Immerhin kam abends die Anweisung, keine weiteren Container mehr an Land abzusetzen, sondern mit dem Zurückstauen der durchsuchten Container zu beginnen. Am nächsten Morgen setzte die iranische Marine die Durchsuchung von 14 weiteren Containern dennoch fort.

In Deutschland hatte die Geschäftsleitung der Reederei engen Kontakt mit dem Bundeskanzleramt, das regelmäßig den Botschafter der Islamischen Republik Iran in Bonn informierte. Alle mit der Angelegenheit befaßten Stellen arbeiteten an einer friedlichen Lösung.

Dann aber wurde die Aktion plötzlich für beendet erklärt – alle Container, auch die noch nicht besichtigten, sollten zurückgestaut werden. Nun bequemte sich sogar die Hafenverwaltung, die Container per LKW wieder an die Pier zurückzubringen.

Am 8. Januar rührte sich mal wieder überhaupt nichts, im Iran war ein Feiertag. Aber: Hilf dir selbst, dann hilft dir sogar Allah. Ein Bakschisch motivierte den schon kürzlich bestochenen LKW-Fahrer sowie die vier Arbeitslosen auch diesmal.

Abends um 21.30 Uhr war endlich wieder alles an seinem Platz, die Löscharbeiten waren beendet. Eine halbe Stunde später wurde ein neues Statement unterzeichnet, in dem wortwörtlich dasselbe stand wie schon am 3. Januar: An Bord befände sich keinerlei Ware für den Irak.

Am 9. Januar um 00.48 Uhr konnte das Motorschiff NORASIA PEARL endlich die Leinen loswerfen und FLS ebenso wie die »Norasia« in Fribourg per Satelliten-Telefon unterrichten, daß die Reise fortgesetzt werde.

Im Schiffstagebuch vermerkte der Kapitän: »Besonders hervorzuheben ist das einmalig disziplinierte Verhalten und die hohe Moral der Besatzung sowie der Passagiere in diesen Tagen. Nur durch ihren vorbildlichen Einsatz konnte die sehr schwere Arbeit schnellstmöglich bewältigt werden.«

Welcher Mitbürger an Land macht sich eine Vorstellung von derartigen Situationen, wie sie in Krisengebieten jeden Augenblick über ein Schiff hereinbrechen können. Wer vor allem macht sich im entferntesten den Sachschaden in vielfacher Millionenhöhe klar, der automatisch dann entsteht, wenn ein stundengenau nach Fahrplan laufendes Containerschiff seine Terminladungen und Wertstückgüter mit einer derartigen Verzögerung an den Bestimmungsort bringt und wie durch einen solchen Ausfall auch der nachfolgende Fahrplan des Schiffes mit allen sich daraus ergebenden Konsequenzen durcheinandergewirbelt wird …

Auch das, was von der Reederei hinter den Kulissen »angeleiert« werden mußte, um das Schiff endlich wieder freizubekommen, vermögen nur Schiffahrtsfachleute zu ermessen. Besonders hervorgehoben werden muß die tatkräftige Unterstützung durch Horst Teltschik im Bundeskanzleramt, den Herr Schües seit Jahren kannte. Ohne die Hilfe dieses Beraters von Bundeskanzler Helmut Kohl wäre es dem deutschen Botschafter in Teheran, Herrn Dr. Freitag, nicht so schnell gelungen, das Schiff freizubekommen.

Um so erfreulicher war es, daß wie gesagt MS Norasia Pearl die Ehre zuteil wurde, von der Geschäftsleitung der Conti Reederei zum »Schiff des Jahres« gekürt zu werden. Es kommt gewiß nicht alle Tage vor, daß die Geschäftsleitung einer namhaften Schiffsfinanzierungs-Gesellschaft einen Geschäftsbrief vor lauter Begeisterung unterzeichnet: »Mit einem dreifachen Hipphipphurra!«

Das war eine Laudatio, die man bei FLS ebenso beglückt registrierte wie an Bord dieser »Schiffe des Jahres« Norasia Pearl und Norasia Princess. Die jeweils 16 Seeleute ihrer Besatzungen empfanden Genugtuung und wußten sehr wohl, daß damit genau das ausgezeichnet worden war, was man »Laeisz style«, gediegene Qualität der »Fleißigen Leute«, nennt.

Solche Augenblicke der Anerkennung wiegen alles andere auf. Sie lassen vergessen, daß 1988 der Dollar sogar bis auf DM 1,58 hinuntergesaust war. Fünf Schiffe standen möglicherweise zum Verkauf, und neue Projekte »laufen nicht vom Fließband«.

Immerhin behielt man auch in der Fruchtkühlfahrt den Kopf über Wasser. Die drei »PO-Schiffe« konnten für fünf Jahre in Zeitcharter bei der kolumbianischen Bananenfirma »Turbana«, Coral Gables, untergebracht werden und in Zusammenarbeit mit dem schwedischen »Salen«-Nachfolger »Cool Carriers«, Stockholm, zwischen Ecuador/Kolumbien und Bridgeport/USA fahren. Diese Kundenkombination sollte in den folgenden Jahren noch zu großen Erfolgen führen.

Alle Laeisz-Schiffe tragen dieses Emblem im Wappen am Bug. Neben den Buchstaben FL = Ferdinand Laeisz enthält es jene drei Sterne, die eine traditionelle »Dreieinigkeit« von Schiffahrt, Handel und Assekuranz symbolisieren.

Containerdienst rund um die Welt

Das Wechselspiel von Herausforderung und Antwort läßt keine Verschnaufpausen: Eines schönen Tages rieb man sich in allen fünf Kontinenten die Augen. Taiwan-Chinesen erschienen mit einer Flotte neuer Containerschiffe und abertausend sattgrün angestrichenen Containern, um die etablierten Container-Reedereien das Fürchten zu lehren. Die »Evergreen Line« erschien auf dem Plan und wurde zum Fuchs im Hühnerstall. Sie brach in das System festgefügter »Konferenzfahrt«-Liniendienste ein, die sorgsam getrennte Fahrtgebiete wie Nordatlantik, Australien, Fernost, Mittelmeer unterschieden. Sie umrundete auf jeder einzelnen Reise ihrer Schiffe den Erdball und warf das festgefügte alte System strikt getrennter »Dienste« über den Haufen. Mit der Zuverlässigkeit von Satelliten umkreisten sie jedesmal den Globus und räumten erbarmungslos ab, was in den Container-Terminals aller fünf Kontinente zwangsläufig auf die nächste Liniendienst-Abfahrt wartete. Mit katzenhafter Geschmeidigkeit und Lautlosigkeit waren die Chinesen plötzlich da.

Was sollte man tun – zusehen, stillhalten, mit dem Zeigefinger drohen oder Bittbriefe an die Verlader schreiben, sie mögen doch bitte nicht … Das Gelächter wäre homerisch geworden, denn Zeit ist in der Außenhandelswirtschaft Geld. »Evergreen« verkürzte die Wartezeiten und kam für viele Verlader gerade recht.

Passivität war keine Antwort auf die »grüne« Herausforderung. Angemessener schien das große Wagnis zu sein, den Konkurrenten mit den grünen »Kisten« Paroli zu bieten und ebenfalls einen Dienst »Round-the-World« (RTW) aufzuziehen.

Einer hatte den Mut dazu, obwohl er sich über die Größe des Risikos illusionslos im klaren war: Das ehemalige Hapag-Lloyd-Vorstandsmitglied Karl-Heinz Sager wagte sich an die Gründung der »Senator Line« heran, um ebenfalls einen Containerdienst rund um die Welt aufzuziehen. Die »Schuhnummer« dieses Unterfangens war derart groß, daß von vornherein nur mit vereinten Kräften an diese Sache herangegangen werden konnte. Es war eine Verteilung der Lasten auf mehrere Schultern anzustreben, es mußten der Senat der Hansestadt Bremen und damit eine seefahrtorientierte Landesregierung ebenso gewonnen werden wie der dringend an Aufträgen interessierte »Bremer Vulkan«. Aber mehr noch – es galt, Schiffsbeteiligungsspezialisten ebenso in das Riesenprojekt einzubinden wie Reedereien, die mit ihren bisherigen Leistungen in der Containerfahrt ein Höchstmaß von Flexibilität unter Beweis gestellt hatten.

Die Herausforderung war ungeheuerlich. Wer die Evergreen-Kreise störte, mußte sich auf ein Hauen und Stechen um jeden Dollar Frachtrate und sogar auf bewußte Inkaufnahme defizitärer Zusatzangebote durch die mächtige Reedereigruppe aus Taiwan gefaßt machen.

»Es ist seit Menschengedenken ein emotional schönes Erlebnis gewesen, durch die Taufe eines neuen Schiffes einem Produktionsmittel eine eigene Identität zu geben«, sagte Nikolaus W. Schües am 15. Dezember 1989, als – wiederum beim Bremer Vulkan in Vegesack – die Taufe des Containerschiffes PANAMA SENATOR anstand. Es handelte sich um das erste von zwei für die Bereederung durch FLS erbauten Schiffe des Typs BV 1800 (»ECON«-Typ, für besonders ökonomischen Betrieb konzipiert). Gleich 1990 folgte das Schwesterschiff PARIS SENATOR.

Wie schon zuvor der OBO-Carrier PHAROS, wiederum mit Grimschem Leitrad ausgerüstet, laufen diese beiden Schiffe 19 Knoten. Sie haben eine Kapazität von 1.743 TEU, darunter 70 an Deck gefahrene Kühl-Container.

Die Senator Linie war ein willkommener Charterer für beschäftigungslose Containerschiffe vieler deutscher Schifffahrts-Gesellschaften. Karl-Heinz Sager kombinierte Charterverträge mit seiner Aufforderung, Kapital für die Senator Linie zu zeichnen. Jährliche Defizite – für einen »Newcomer im Haifischbecken der Containerschiffahrt« nicht verwunderlich – mußten durch fortgesetzte Kapital-Zuflüsse müsse deshalb finanziert werden. Zehn Jahre später übernahm der Bremer Vulkan die Aktienmehrheit der Senator Linie, weil diese Schiffswerft imstande war, neue Schiffe zu bauen als auch zu chartern, und zwar mit wachsender Kontinuität. Aber die Zeiten waren hart, und immer neue Ideen wurden ausgebrütet, sowohl auf seiten der Werft als auch bei den Charterern, Schiffahrts-Gesellschaften und Finanzierungs-Institutionen.

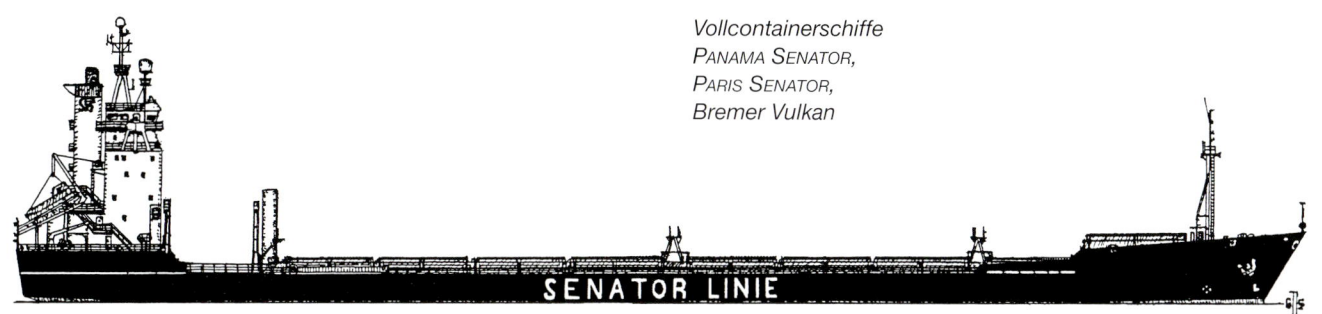

*Vollcontainerschiffe
PANAMA SENATOR,
PARIS SENATOR,
Bremer Vulkan*

Der Bremer Vulkan verkaufte sechs Neubauten von je 2.700 TEU zu einem sehr hohen Preis an die damalige Deutsche Seereederei (DSR), das staatliche Schiffahrtsunternehmen der Deutschen Demokratischen Republik. Das war ein sogenannter »Loose-loose-deal«. Die DSR verlor Geld durch den Erwerb der Schiffe, und die Werft verringerte ihre Anteile an der Senator Linie, um ein Kooperationsabkommen mit der DSR erreichen zu können.

Über den Weitergang dieser Entwicklung an anderer Stelle mehr.

Diesmal hatte wieder die »Norddeutsche Vermögen-Anlage (NV) den Fond zusammengebracht. Und auch diesmal hatte sich die Konstellation der Zusammenarbeit der »Martini-Schiffahrtsgesellschaft« und der FLS mit der NV voll bewährt. Und es mochte Symbolwirkung haben, daß zum Zeitpunkt dieses neuen Vegesacker Stapellaufs das äußere Erscheinungsbild der Hamburger Traditionsreederei im gütlichen Einvernehmen mit den früheren Mitgesellschaftern geändert wurde: Die FL-Flagge führt seitdem in der linken oberen Ecke die drei seit je im Firmen-Wappen vertretenen roten Sterne.

Unter dem verkürzten Namen PARIS befindet sich dieses Vollcontainerschiff vom Typ BV 1800 nach wie vor unter Laeisz-Flagge in Fahrt, nachdem 1997 drei 40-Tonnen-Deckskräne (s. S. 194) installiert wurden, um den Anforderungen des Marktes gerecht zu werden.

Rückkehr ins angestammte Fahrtgebiet

Mit 756.945 qkm Bodenfläche ist die Republik Chile mehr als doppelt so groß wie Deutschland seit der Wiedervereinigung. Von der Struktur her ist Chile sicherlich der eigenartigste Staat der Erde. Er ist von der peruanischen Grenze nördlich Arica bis hinunter zum Kap Hoorn 4.250 km lang, was der zweieinhalbfachen Länge Norwegens entspricht. Aber nur an einer Stelle erreicht Chile eine Breite von gerade eben 300 Kilometern. Durchschnittlich ist der Staat jedoch nur 150 km breit – in Patagonien zwischen der argentinischen Grenze und dem chilenischen Festlandssaum oft nur einen oder allenfalls zwei Dutzend Kilometer breit.

In Europa hat man von Chile ziemlich unklare Vorstellungen. In den Köpfen hat sich allenfalls der Gedanke an die große Atacama-Wüste sowie an die alpine, von fjordähnlichen »Kanälen« durchschnittene, stark zergliederte Landschaft von Patagonien und Feuerland festgesetzt. Es wird jedoch immer dabei vergessen, daß das Land infolge seiner extremen Nord-Süd-Ausdehnung 35 Längengrade durchmißt und damit nahezu alle Klimazonen umfaßt. Tatsächlich liegt der Norden von Chile in den Tropen, weil der (südliche) Wendekreis des Steinbocks erst bei Antofagasta das Land durchschneidet.

Wirtschaftsgeographisch Orientierte wissen zumeist, daß Chile über 40 % aller Kupfervorkommen der Erde verfügt und daß die Kupferausfuhr den weitaus größten Teil aller Exporte bestreitet. Weitgehend unbekannt ist jedoch, daß Nahrungsmittel und landwirtschaftliche Produkte fast ein weiteres Drittel der Ausfuhrgüter von Chile stellen.

Für viele ist es immer noch eine Überraschung zu erfahren, daß dieser eher für unwirtlich gehaltene Andenstaat zum Fruchtexportland hohen Grades aufgestiegen ist.

Auf rund 180.000 Hektar Anbaufläche im Raum Roncas machen die vorzügliche Bodengüteklasse, das günstige Klima und der Einsatz modernster Agrartechnik die Produktion hochwertiger chilenischer Pfirsiche, Nektarinen und Pflaumen – mit zwei Ernten pro Jahr – möglich. Auch erfreuen sich chilenische Weintrauben für Speisezwecke immer größerer Beliebtheit.

Ein Blick auf den Globus macht jedem Betrachter klar, daß der Transport von Früchten aus dem südlichsten der Andenländer nach Europa eine extrem weite Strecke zu bewältigen hat. Es ist in der Tat von Valparaiso nach Hamburg eine nautische Distanz von 7.721 Seemeilen zu durchfahren, die umgerechnet rund 14.300 Kilometern entspricht. Die Früchte werden in der perfekt entwickelten Transportkette von der Plantage zum Abnehmer auf Spezialpaletten über die Runde gebracht. Laeisz brachte seine Spezialerfahrungen auf dem Sektor Fruchtkühlfahrt ein und konnte bereits Mitte der achtziger Jahre mit Teilen der eigenen oder bereederten Flotte in sein ursprüngliches Salpeterfahrtgebiet Chile zurückkehren. Dort ist die »Flying-P-Line« noch immer derart populär, daß jedes Schulkind diesen Namen kennt.

Es wurde bald klar, daß die Fruchtverschiffungen aus Chile permanent steigende Tendenz haben würden – und schon 1991 wurden nicht weniger als 587 Abfahrten von Fruchtkühlschiffen aus Chile registriert!

Auf die Dauer galt es, mit einem ganz neuen Typ Kühlschiff den Anforderungen der Chile-Fruchtfahrt gerecht zu werden.

Wiederum sicherte der gute Name der Laeisz-Schiffahrtsgruppe ein recht ideales Beziehungsgeflecht: Die schwedische Firma »Cool Carriers«, Stockholm, und die columbia-amerikanische Bananenfirma »Turbana« kamen mit FLS überein, daß ein Sextett von völlig neuartigen, mit 7.750 BRZ vermessenen Kühlschiffen gebaut werden sollte, dessen Bereederung durch Laeisz beschlossene Sache war. Wiederum wurde eine enge Zusammenarbeit mit der Firma Ahlers N.V., Antwerpen, zur Basis für das Gelingen.

Abermals auf der Boelwerf N.V. in Temse, wo ein Vierteljahrhundert zuvor die ausgereiften und dementsprechend erfolgreichen Neubauten Pontos und Pomona als die ersten nicht mehr herkömmlichen Kühlschiffe mit dem Laeisz-Wappen am Bug vom Stapel gelaufen waren, entstanden die sechs Neubauten der Crystal-Klasse – wie zuvor auch schon die bereits für die Aufnahme von

Bananencontainern konzipierten, aber ohne eigene Containerkräne nicht mehr zeitgemäßen Schiffe POCANTICO, POTOMAC und POCAHONTAS.

PONTOS und POMONA fuhren damals in Charter des schwedischen Salen-Konzerns, während die drei anderen »Po-Schiffe« für den Salen-Nachfolger »Cool Carriers« auf die Reise gingen.

Die beiden ersten Schiffe der CRYSTAL-Klasse gingen unter Luxemburger Flagge für eine zehnjährige Zeitcharter der »Turbana« in die Bananenfahrt zwischen Kolumbien und Galveston sowie Tampa, während die nächsten vier Schiffe des Sextetts schwerpunktmäßig in der Chilefahrt eingesetzt wurden.

Am 25. Oktober 1992 kam es in Temse zur Doppeltaufe von CRYSTAL PRINCE und CRYSTAL PRIDE. 1994 waren alle sechs Schiffe abgeliefert, die ihren Schiffsnamen mit dem Anfangsbuchstaben »P« aller Laeiszschiffe hinter dem gattungsbezeichnenden »Vornamen« CRYSTAL versteckten. Die 20 Knoten laufenden »Reefer of the Nienties« hießen CRYSTAL PRIDE, CRYSTAL PRIMADONNA, CRYSTAL PRINCE, CRYSTAL PRIVILEGE, CRYSTAL PILGRIM und CRYSTAL PIONEER, die später in PITTSBURG umgetauft wurde. Sie wurden mit sogenannten »pallet swingers« ausgestattet, die jedes der Schiffe befähigen, die gesamte palettisierte Fruchtladung binnen zehn Stunden ohne Kranhilfe von Land umzuschlagen. Immerhin haben diese Schiffe eine Laderaumkapazität von 385.750 Kubikfuß. Die zusätzliche Ausstattung mit einem 40-Tonnen-Containerkran machte die Schiffe flexibel und in der Bananen- wie in der Steinfruchtfahrt gleichermaßen einsetzbar. Die Laderäume sind kastenförmig und optimal für das Stauen von Fruchtpaletten. Steinfrüchte ließen sich

Vier von den sechs Schiffen dieser Klasse fahren seit 2003 endgültig als Laeisz-Fruchtkühlschiffe wie die PITTSBURG ex CRYSTAL PIONEER – gemalt von Jochen Sachse.

nur so transportieren, sie müssen ständig auf besondere Weise ventilationsgekühlte, unterwegs von homogen temperierter Außenluft umstrichen werden. Technisch gesehen sind Schiffe wie die PITTSBURG Drei-Luken-Schiffe mit vertikaler Kühlung und sieben verschiedenen Temperaturzonen.

Alle Decks wurden mit einer atmosphärischen Kontrolleinrichtung ausgestattet, wie sie für neue Fruchtkühlschiffe ausdrücklich gefordert wurde.

Ihre nautisch-technische Automatisierung ist so sehr dem Modell »Schiff der Zukunft« angepaßt, daß sie laut Zertifikat mit 12köpfiger Besatzung gefahren werden durften. Der Treibstoffverbrauch konnte so weit gesenkt werden, daß diese 20-Knoten-Schiffe mit nur noch 171 Gramm pro Kilowattstunde auskommen. Solche Rationalisierungseffekte sind für die Konkurrenzfähigkeit in der Fruchtfahrt von entscheidender Bedeutung, denn die Übersee-Transportkosten machen den Löwenanteil der Transportkosten überhaupt aus, zumal bei extrem langen Reisewegen. Sicherlich kamen diese progressiven Neubauten keinen Augenblick zu früh, um die AFC mit einer Herausforderung fertig werden zu lassen, die Praxisferne und obendrein einseitig französischen und britischen Interessen gegenüber allzu gefällige Eurokraten in Brüssel 1993 heraufbeschworen haben.

Diese bürokratische Fehlleistung ist so atemberaubend, daß einem unwillkürlich der Schriftsteller und Frühhumanist Sebastian Brant (1458–1521) wieder einfällt. Dieser in Straßburg geborene und später als Professor in Basel etablierte Zeitbetrachter hat 1494 mit seiner unsterblichen Moralsatire »Das Narrenschiff« die menschlichen Torheiten in Narren personifiziert. Dieses Werk wurde in fast alle europäischen Sprachen übersetzt. Der Verfasser geißelte darin die Torheiten seiner Zeit.

In der Tat hätte er an einigen Brüsseler Auswüchsen besondere Freude gehabt: Man erließ künftige Importregeln für Bananen, die den Begriff der Einfuhrzölle pervertierten. Zölle haben bekanntlich eine Schutzfunktion. Sie bewahren im Normalfall die einheimische Produktion hochentwickelter Länder vor einer Sturzflut von Billigprodukten. Auch in leicht angetrunkenem Zustand wird kein Mensch behaupten wollen, daß Einfuhrzölle für Bananen eine erkennbare Schutzfunktion ausüben – sagen wir mal zur Bewahrung des heimischen Bananenanbaues.

Die eigentlichen Hintergründe sind eher politisch. Zwei von Frankreich in die Europäische Union mit eingebrachte Überseegebiete, die als Teile des Mutterlandes gelten – nämlich Guadeloupe und Martinique –, sollten bessere Chancen für ihren Bananenabsatz erhalten, indem man die qualitativ hochwertigen und billiger produzierten Bananen der klassischen zentral- und südamerikanischen Lieferländer verteuerte.

Dieser Geniestreich im »Narrenschiff« führte schlagartig zu 40 % geringerem Bananenabsatz in der EU. Reden wir gar nicht mal von den hohen Einbußen des deutschen Bananenhandels und der Bananenfahrt nach Deutschland und in seine Nachbarländer – malen wir uns lieber aus, wie viele tausend Menschen in den Lieferländern Lohn und Brot verloren.

Der Verfasser dieses Buches hat vor Jahren einen in Schiffahrtskreisen vielbelachten Satz geprägt:

»Shipping and parachuting are the most exciting matters. Both »faculties« have the same characteristics: It's always going down.«

Sicher ist, daß diese unsinnige Bananen-Politik die Importe so reduzierte, daß die Frachtraten für Kühlschiffe fast zehn Jahre unter jedes vertretbare Niveau hunterfielen. Dieser Abwärtstrend auf dem Kühlschiffmarkt traf die Laeisz-Schiffahrtsgruppe schmerzvoll.

»Turbana« erklärte den abgeschlossenen Chartervertrag für nicht mehr einhaltbar und auch »Cool Carriers« hatten ihre eigenen Probleme.

Ein Ausweg aus dem Dilemma fand sich schließlich dadurch, daß die in Oslo ansässige große Schiffahrtsgesellschaft Leif Hoegh die Firma »Cool Carriers« und vier dieser Kühlschiffe

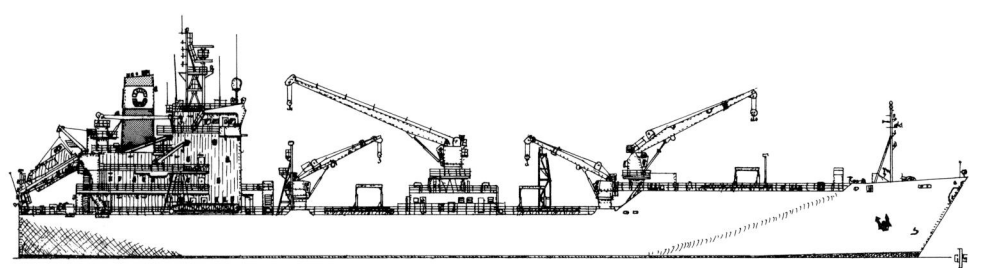

Fruchtkühlschiffe
CRYSTAL PILGRIM,
CRYSTAL PIONEER,
CRYSTAL PRIDE,
CRYSTAL PRIMADONNA,
CRYSTAL PRINCE,
CRYSTAL PRIVILEGE
Boelwerf N.V.,
Temse/Belgien

erwarb. Dadurch konnten zwei Schiffe des Crystal-Typs bei der Laeisz-Schiffahrtsgruppe verbleiben. Es handelte sich um die beiden jüngsten Einheiten. Unter Wegfall des Namenszusatzes Crystal fuhren sie unter den reinen P-Namen Pilgrim und Pittsburg ex Crystal Pioneer weiter. Und es ist die Belohnung für die immer wieder bewiesene Folgerichtigkeit des Handelns, daß die Reederei F. Laeisz 2003 zwei weitere von diesen modernen Kühlschiffen zu einem Drittel des damaligen Preises zurück kaufte. Sie heißen seitdem Pride und Privilege.

Laeisz arbeitet eng mit dem »Seatrade Reefer Pool« zusammen. Das ist eine der größten Pool-Organisationen für den Transport verderblicher Güter.

Rückblickend betrachtet liest sich der nicht nur maschinentechnisch erzielte Wirtschaftlichkeitseffekt auch an der Besatzungskopfzahl und ihrer Verringerung im Laufe von 25 Jahren ab: Pontos und Pomona wurden noch mit 30 Mann Besatzung in Dienst gestellt, später konnte man die Zahl auf 26 »hands« verringern. Die Po-Klasse fuhr mit 22 Mann, und die Pittsburg-Klasse begnügte sich mit 15, obwohl sie sogar mit nur 12 Mann fahren durfte. Die Schiffe sind mit Rettungs-Satelliten ausgerüstet – wurden mittschiffs am Heck auf einer Ablaufbahn gelagerten Freifall-Rettungsbooten, die noch bei extremster Krängung (Schräglage) des Schiffes zu Wasser gebracht und dank ihrer geschlossenen, feuersicheren Bauweise sogar brennendes Öl durchfahren können, falls das Schiff durch einen tragischen Zufall in eine Tankerkollision verwickelt werden sollte.

Das Thema Schiffssicherheit wird traditionsgemäß unter der Laeisz-Flagge großgeschrieben. Die Leser dieses Buches haben in sich aufgenommen, daß in der Schwerwetterfahrt um Kap Hoorn nach Chile niemals eine der stählernen Viermastbarken oder einer der beiden Fünfmaster (Potosi und Preussen) im Orkan sein Rigg verlor, d.h. entmastet wurde. Auch der Sicherheitsstandard der Kühl- und Containerschiffe war und ist ebenso wichtiges Augenmerk wie die Ausbildung der nautischen und technischen Offiziere in Sicherheitsfragen. Es ist ungeschriebenes Gesetz, daß die Führer der Brandstoßtrupps einen Lehrgang der Schiffssicherungs-Lehrgruppe in Neustadt/Holstein absolvieren. Es ist ebenso »Brauch des Hauses«, daß Seminare für Ortungstechnik und »Refresher-Ausbildung« im Schiffsführungssimulator beschickt werden. Das geschah früher bei der Fachhochchule, Fachbereich Seefahrt, in Hamburg, heute jedoch beim Fachbereich Seefahrt in Rostock-Warnemünde. Wer weltweit zur See fährt, ist immer wieder unwägbaren Gefahren ausgesetzt. Die elementare Gewalt eines Hurrikans, Zyklons oder Taifuns kann sich der Nichtseemann nur schwer vorstellen. Andererseits nützen die beste eigene Ortungstechnik und die optimale Schulung des eigenen Personals nichts, wenn grobe Fahrlässigkeit, mangelnde technische Sicherheit und schlechter Ausbildungsstand auf Schiffen unter Billigflaggen unterster Kategorie Kollisionsgefahren heraufbeschwören. Darum bleiben Aufregung und Unvorhergesehenes keinem Reedereibetrieb erspart. So mußte ausgerechnet das »Paradeschiff« Puritan 1992 eine Wetterkatastrophe schlimmster Art durchstehen und im Zusammenhang damit eine schwere, unverschuldete Kollision mit allen dazugehörigen Folgen.

Auch moderne Technik kann ihre Mucken haben, nichts auf der Welt ist perfekt. So brach dem 75.000-Tonner Pharos unterwegs, sozusagen aus heiterem Himmel, das große Grimsche Leitrad weg. Das Fruchtkühlschiff Pirol erlitt eine schwere Maschinenhavarie, fiel 54 Tage lang aus und verursachte dadurch einen Frachtausfall von DM 600.000,–. Auch auf dem Containerschiff Pluvius ereignete sich 1974 ein vergleichbares Unglück, ohne daß Vorwürfe gegenüber der Maschinenleitung wegen mangelnder Aufmerksamkeit erhoben werden mußten. Auch die Plutos erlitt längeren Maschinenausfall, bevor sie wieder in die Zeitcharter zurückgegeben werden konnte. Es war bitteres Lehrgeld für einen Maschinenhersteller mit einer noch nicht ausgereiften Maschinenanlage.

Eine völlig störungs- und unfallfreie Seeschiffahrt wird es kaum jemals geben. Es kommt aber sehr darauf an, wie ein sofort notwendiges Krisenmanagement in solchen Fällen reagiert und die Malesche dann doch in den Griff bekommt.

Laeisz-Schiffe als Retter

Es wird sich immer wieder ereignen, daß Schiffe draußen auf den Ozeanen für andere zum Retter in höchster Not werden. Dabei ist im Laufe der Jahrzehnte von Laeisz-Besatzungen einiges geleistet worden.

So hatte das von Kapitän Th. Meyer geführte Fruchtkühlschiff PIONIER (II), das erste Motorschiff der Reederei, im November 1938 in der Nordsee mit zwei äußerst riskanten Rettungsboot-Fahrten die gesamte 17köpfige Besatzung vom sinkenden estnischen Frachter LENNA abbergen können. Dem Kühlschiff PRIAMOS gelang es im Dezember 1965, in der Karibischen See den havarierten und seit sechs Tagen vermißten dominikanischen Kutter SAN MARTIN DE LOBA zu finden und mit der gesamten Besatzung in Sicherheit zu schleppen. Das Fruchtkühlschiff PADUA unter Kapitän Böhnke hat sich bei »schwerem Wetter« einer Juninacht des Jahres 1968 besonders ausgezeichnet. Eines der PADUA-Rettungsboote konnte die dreiköpfige Besatzung des vor der Emsmündung gekenterten Küstenmotorschiffs WILHELM LÜHRING aus höchster Todesnot retten.

Manchmal handelte es sich um relativ einfache, aber entscheidende Hilfeleistungen wie seinerzeit durch das Fruchtkühlschiff PICA, das auf der Reise von Basrah nach Suez an der Südostküste der Arabischen Halbinsel den Notruf des unter Panamaflagge fahrenden Zementfrachters SANYO auffing. Dem Schiff war seit 14 Stunden der gesamte Maschinenbetrieb ausgefallen. Auflandiger Wind und Strömung drückten das Schiff immer weiter auf das Kap Ras Madraka zu, vor dem es keinen rettenden Ankergrund gibt. Der Leitende Ingenieur der zu Hilfe geeilten PICA stellte an Ort und Stelle fest, daß eine Dieselkupplung gebrochen war, die vom Maschinenpersonal der PICA noch rechtzeitig wieder geschweißt werden konnte.

Der Bulkcarrier PRIMAVERA empfing auf einer Reise von Dammam nach Suez in der Straße von Perim nachts um 02.30 Uhr die Notrufe einer polnischen Segeljacht. Sie war mit schwerer Steuerbordschlagseite auf einer Riffkante gestrandet. Bei Windstärke 6–7 gelang es dem ausgesetzten Rettungsboot des Laeisz-Bulkers, nach zwei Anläufen eine Leinenverbindung herzustellen und drei Segler – ein amerikanisches Ehepaar und einen Neuseeländer – von der verunglückten Jacht abzubergen. Auch der OBO PHAROS rettete drei Segler, denen auf dem Weg von Bermuda zu den Azoren die Jacht nach Mastbruch durch das eigene treibende Geschirr unhaltbar leckgeschlagen war. Fruchtschiff PIROL wiederum rettete in der Karibik zwei Schiffbrüchige einer Motorjacht. Solche Beweise von Hilfsbereitschaft durch ihre eigenen Schiffsbesatzungen sind im Laeiszhof jedesmal Grund zur Freude. Sie sind einer Reederei würdig, die eigens eine Laeisz-Medaille zur Auszeichnung von Seenotrettern gestiftet und das Mäzenat für die Deutsche Gesellschaft zur Rettung Schiffbrüchiger zu einem Teil ihrer Firmentradition gemacht hat.

Kapitän Kreutzer meldete vom Funkraum des großen Massengutfrachters PROSERPINA mit wenigen Worten: »23/3 südliche Makassarstraße neun Überlebende des indonesischen KM BISMA SATU geborgen und da drei Tage im Wasser in Mamuju/Celebes gelandet.«

Es zeigt sich doch immer wieder, wie richtig aufmerksame Betrachtung der Wasserfläche ist. Tatsächlich hatten 45 Seemeilen südwestlich vom Kap Mandar (Sulawesi, früher Celebes) der Zweite Offizier und der Nautische Assistent ein treibendes Floß gesichtet, das aus zusammengebundenen Baumstämmen bestand. Darauf saßen oder lagen neun Personen, die mit Hemden und einem Rettungsring winkten.

Natürlich drehte das große Schiff sofort bei und leistete Hilfe. Man kam gerade noch zur rechten Zeit. Die Menschen auf dem Floß waren derart geschwächt, daß sie ohne Hilfe nicht mehr aufstehen konnten. Ihre Beine und Arme waren stark aufgequollen, die braune Haut war grau. Trotz ihrer dunklen Hautfarbe hatten einige einen Sonnenbrand. Nirgendwo konnte man Proviant oder Wasser auf dem Floß entdecken.

Die gesamte Besatzung der PROSERPINA ging sofort daran, die an Bord getragenen armen Schiffbrüchigen zu versorgen: Sie wurden in Decken gehüllt und baldmöglich behutsam unter die warme Dusche gebracht. Dann wurde ihnen Kleidung gespendet und vorsichtig Essen sowie Trinken verabreicht. Bald fielen sie im Mannschaftstagesraum alle in den Schlaf tiefer Erschöpfung. Die Verständigung mit den Geretteten war sehr schlecht, nur einer sprach einige Worte Englisch. Aber man bekam doch heraus, daß es sich um Schiffbrüchige vom indonesischen Küstenmotorschiff BISMA SATU handelte, das auf der Reise von Borneo nach Sulawesi (Celebes) gewesen war. Das Schiff war drei Tage vorher auf ein Riff gelaufen und gesunken. Man hatte gerade noch Zeit genug gehabt, aus Hölzern der Deckladung ein Floß zusammenzubinden. Die aufgefischten neun Leute waren die einzigen Überlebenden einer 30köpfigen Besatzung. Einige von ihnen machten einen so besorgniserregenden Eindruck, daß sich Kapitän Kreutzer entschloß, sie in Mamuju abzusetzen, wo laut Seehandbuch ärztliche Hilfe möglich schien. Und so tastete sich der Massengutriese PROSERPINA so weit an dieses weltvergessene Nest Mamuju heran, wie es nautisch vertretbar war. Dann wurde das Motorboot ausgesetzt, das der Erste Offizier Gerlach übernahm. Drei einsame Lichter am Ende der Bucht, etwa fünf bis sechs Seemeilen von der zu Anker gegangenen PROSERPINA entfernt, wiesen dem Beiboot den Weg, als es in der stockfinsteren Tropennacht mit den Geretteten ablegte. Es gelang ihm tatsächlich, die Schiffbrüchigen nächtens bei der örtlichen Behörde abzuliefern, nachdem die über Funk von der Rettung und die beabsichtigte Landung informierten Hafenbehörden in Djakarta und Makassar keinerlei Antwort gegeben hatten.

War schon die geglückte Rettung der neun Indonesier ein schönes Geschenk an die Reederei zu ihrem am nächsten Tage stattfindenden 150jährigen Jubiläum, so war das, was Kapitän Rink Nielsen knapp drei Monate später mit seinem Motorschiff PADUA – schon wieder mal dieser Reefer – vollbringen konnte, erst recht Anlaß zu großer Freude.

Das Fruchtkühlschiff befand sich auf der Reise von Guadeloupe nach Frankreich, als es an einem Junimorgen westlich von der Isle d'Ouessant in »pottendicken« Nebel geriet. Kurz nach 10.00 Uhr hörte man über die ständig geschaltete UKW-Seenot- und Anruffrequenz Kanal 16 »Mayday, Mayday«. Es war der Notruf des griechischen Frachters NATCREST, der kurz zuvor in dieser ringsum herrschenden Milchsuppe mit der ebenfalls griechischen NEMA heftig kollidiert war und nun schwere Wassereinbrüche in den Laderäumen 1 und 2 hatte. Der Grieche befand sich in heller Aufregung und gab in der ersten Konfusion seine Position unrichtig durch. Aber die sorgfältigen Auswertungen der Radarechos durch die Laeisz-Nautiker ergaben, daß sich die PADUA acht Seemeilen westlich des Unfallortes befand. Bei allenfalls 80 bis 100 m Sichtweite tastete sich nun die PADUA vorsichtig an die NATCREST heran, während alle erforderlichen Maßnahmen für die Rettung der Griechen getroffen wurden. Auch ein dänisches Schiff, die ANNETTE S, befand sich in der Nähe und nahm nun ebenfalls Kurs auf die Unfallstelle. Der deutsche und der dänische Kapitän sprachen miteinander ab, daß jeder von ihnen sich einen der beiden Kollisionsgegner vornehmen wolle. Noch immer war auf dem Bildschirm des Radargerätes nicht erkenntlich, welches von den beiden treibenden Schiffen nun eigentlich die sinkende NATCREST war. Leider schwieg das zweite von ihnen beharrlich, nachdem sich noch kurz zuvor die beiden griechischen Kapitäne über Funk einen heftigen Wortwechsel geliefert hatten.

Der Nebel wurde immer intensiver, die Sichtweite lag nur noch bei 40–50 Metern.

Die PADUA hatte sich dem südwestlich »stehenden« Havaristen auf etwa zwei Seemeilen genähert, als der UKW-Kontakt mit der NATCREST schlagartig abbrach.

Aus einer Entfernung von nur noch 500 Metern erkannte Kapitän Nielsen auf dem Radarbild, daß sich etwas von einem der beiden Radarechos löste. Bald zeigte sich, daß es ein Rettungsboot der NATCREST war.

Auf 300 m Entfernung wurde die PADUA vollends gestoppt. Mit dem Typhon gab man fortwährend Signale zur akustischen Orientierungshilfe. Tatsächlich hörte die PADUA-Besatzung bald darauf laute Rufe und Pfiffe aus der undurchdringlichen »Waschküche«. Das mit 15 Personen besetzte Boot tauchte in nur 30 m Abstand an der Backbordseite aus dem Nebel auf und machte längsseits am dafür vorbereiteten Jolltau fest.

Im gleichen Augenblick, als das Boot längsseits gekommen war, hörte man auf der PADUA ein lautes Krachen und Poltern aus der Richtung des Havaristen, das Kapitän Nielsen richtigerweise als Anzeichen eines bevorstehenden Untergangs wertete. Er legte den Maschinentelegrafen unverzüglich auf Voraus, um zur Vermeidung jeglichen Risikos für PADUA einen zusätzlichen Abstand zu gewinnen – und gewahrte auf dem Radarbild den sich rasch vollziehenden Untergang der NATCREST. Das eben noch gut ausgebildete Echo verschwand sehr schnell. Dafür wurde nun etwas angezeigt, was als treibende Trümmer und wirbelndes Wasser, als unmittelbare Untergangsfolge gewertet werden mußte. (Das Schiff hatte 12.000 tdw Tragfähigkeit und war mit Eisenerz von Huelva nach Rotterdam unterwegs.) Kurz bevor die PADUA sich um ca. vier Schiffslängen von der Unfallstelle hinwegmanövrierte, gewahrten die Nautiker im Nebel plötzlich noch das orangefarbene Dach einer Rettungsinsel, die dann jedoch wegen der Vorausbewegungen der PADUA sofort wieder außer Sicht geriet. Sofort wurde das Backbord-Rettungsboot des Schiffes bemannt und zu Wasser gelassen, das unter Führung des Ersten Offiziers Abromeit die Suche nach der zuvor gesichteten Rettungsinsel begann, die nach Aussage des inzwischen an Bord der PADUA genommenen Kapitäns des untergegangenen Griechenfrachters, zusammen mit einer zweiten »Insel«, die restliche Besatzung aufgenommen haben sollte.

Das Zusammenspiel von Brücke und Rettungsboot der PADUA funktionierte. Nach Orientierung anhand des Radarbildes wurde dem Boot die ungefähre Richtung angegeben. Nach relativ kurzer Zeit gelang es dem Ersten Offizier, die beiden dicht nebeneinander treibenden Rettungsinseln unweit der Untergangsstelle der NATCREST trotz dichtestem Nebel aufzufinden. Nun wurden die darin befindlichen Schiffbrüchigen ins Boot der PADUA übernommen und, geleitet durch verabredete Typhonsignale, konnte die Rückkehr zur PADUA bewerkstelligt werden. Die Geretteten kletterten an Bord, das Boot wurde aufgehievt, und um 12.00 Uhr setzte die PADUA bei unverändert geringer Sichtweite von etwa 50 Metern die Reise mit Radarhilfe fort. Sie hatte 31 Schiffbrüchige an Bord. Es waren zumeist Griechen, ferner Türken und Angehörige arabischer Nationalitäten. Am Tag darauf, am 17. Juni, wurden die Schiffbrüchigen nach Ankunft der PADUA in Rouen gelandet.

Wissenswert für jeden Leser ist das, was Kapitän Nielsen in seinen Anmerkungen zum sofort angefertigten Kapitänsbericht über die Rettungsaktion schrieb:

»An dieser Stelle möchte ich hervorheben, wie besonnen und überlegt unsere fast nur aus Ausländern bestehende Besatzung gehandelt hat und den Anweisungen der Vorgesetzten in effektvoller Weise gefolgt ist. Das bezieht sich somit auch auf die philippinischen Offiziere und Ingenieure, die bei dieser Gelegenheit den bisherigen guten Eindruck erneut bestätigten. Bootsmanöver und andere Maßnahmen auf der Brücke und an Deck verliefen nahezu lautlos; wohl selten sind bei einer derartigen Gelegenheit so wenig Worte zwischen Schiffsführung und Ausführenden gewechselt worden wie hier – Ergebnis eines Führungsstils, der Begriffe wie Hektik, aufgeregte Betriebsamkeit und phonstarken Umgangston ausschließt!«

Wenn man sich mit Rettungseinsätzen von Laeisz-Besatzungen befaßt, dann darf nicht unerwähnt bleiben, daß Kapitän, drei Nautiker, vier Ingenieure und zwei Matrosen des Fruchtkühlschiffes POMONA mit dem seinerzeit von der belgischen Regierung mit Einverständnis des früheren Königs, Seiner Majestät Leopold II., gestifteten »Croix de la General Belge« ausgezeichnet worden sind. Diese herausragende Ehrung wurde den zehn Männern für eine Rettungsaktion zuteil, die sie keineswegs in einem Seenotfall, sondern bei einer Naturkatastrophe vollbracht hatten.

Im September 1974 war der Hurrikan »Fiffi« über Honduras hinweggetobt und hatte die seit Menschengedenken schwerste Verwüstung des Landes angerichtet. Rund 90 % der Bananenplantagen und damit der Produktionsstätten für die Hauptexporte des Landes waren ebenso vernichtet worden wie ein großer Teil der Kaffee- und Zuckerrohrpflanzungen. Es gab in diesem ärmsten Land Zentralamerikas, das damit um ein halbes Jahrzehnt wirtschaftlich zurückgeworfen wurde, 12.000 bis 15.000 Todesopfer. Allein in der Ortschaft Choloma verloren rund 8.000 Menschen ihr Leben, weil ungeheure Wassermassen unvorstellbare Erdmengen in Bewegung setzten. Die Ortschaft wurde buchstäblich unter Schlammassen beerdigt, mitsamt den schlafenden Bewohnern, die nicht mehr aus ihren Häusern und Hütten herausgefunden hatten.

Häuser, Autos, Bäume wurden an vielen Stellen des Landes wie Spielzeuge weggewirbelt. Allein etwa 40 Brücken gaben dem Druck von Wasser und Schlamm nach, weite Gebiete wurden abgeschnitten, so daß den auf die Dächer geflüchteten Überlebenden der Hungertod drohte. Insgesamt gab es 300.000 Obdachlose, was 10 % der gesamten Bevölkerung entsprach. Und man rechnete mit etwa 2.000 Vermißten, die noch in ihren Häusern begraben lagen. Die unermüdlich tätigen Retter, darunter auch die Seeleute von der POMONA, wußten kaum noch, wo sie zuerst zupacken sollten.

Zehn Mann haben unter Einsatz ihres Lebens im Überschwemmungsgebiet Hilfe geleistet, die anderen kämpften um den Erhalt ihres bedrohten Schiffes.

Zur Chronik einer Reederei gehört es unabdingbar dazu, auch von solchen Leistungen des Bordpersonals zu sprechen. Sie wirklich alle zu nennen, würde fast ein eigenes Buch füllen. Deshalb sind wenigstens die wichtigsten weiteren Rettungseinsätze im Anhang mitgeteilt.

Man findet sie in der Gesamtaufstellung »Die Seeschiffe der Reederei F. Laeisz« unter der Rubrik »B – Dampfer, Motorschiffe und sonstige Fahrzeuge« entsprechend dem jeweiligen Schiffsnamen in dieser alphabetischen Aufstellung zugeordnet.

Linke Seite: »Madonna der Meere« nennt der Volksmund das vom Bildhauer Manfred Sihle-Wissel geschaffene und von den »Cap Horniers« finanzierte Denkmal der einsamen Seemannsfrau, die über hochgeifernder Brandung kauert und seewärts ins Leere blickt. Vergebens sucht sie den verschollenen Mann. Das erinnert daran, daß zwischen 1886 und 1985 nicht weniger als 26.000 deutsche Seeleute von ihren Friedensreisen nicht zurückgekehrt sind.

Der Erdrutsch von 1989

Es ist fast 200 Jahre her, daß der »Wandsbeker Bote« Matthias Claudius den »Brief an meinen Sohn Johannes« schrieb. Er ist so zeitlos schön und gültig, daß sich manches Generationsproblem unserer Tage bei besserer Kenntnis des Gesagten mildern oder gar abbauen würde:
»Ich habe die Welt länger gesehen als Du.
Es ist nicht alles Gold, lieber Sohn, was glänzet, und ich habe manchen Stern vom Himmel fallen und manchen Stab, auf den man sich verließ, brechen sehen.
Es ist nichts groß, was nicht gut ist; und es ist nichts wahr, was nicht bestehet.
Die Wahrheit richtet sich nicht nach uns, lieber Sohn, sondern wir müssen uns nach ihr richten.
Worte sind nur Worte, und wo sie gar leicht und behende dahin fahren, da sei auf Deiner Hut, denn die Pferde, die den Wagen mit Gütern hinter sich haben, gehen langsameren Schrittes.«
Es ließ sich so schön glatt dahersagen, daß »die Wiedervereinigung Deutschlands die Lebenslüge der Bundesrepublik« sei.
Wer die Geschichte wenigstens in den Grundzügen kennt, weiß von der Veränderlichkeit aller Dinge. Es wachsen niemandes Bäume in den Himmel. Machtverhältnisse kommen und gehen. Auch Mauern und willkürlich gezogene Todesstreifen und Minengürtel haben keinen Ewigkeitswert, zumal »das Gesetz der öffentlichen Meinung das eigentliche Gravitationsgesetz der Weltgeschichte geblieben ist« – um mit dem spanischen Philosophen José Ortega y Gasset zu sprechen.
Die Menschen zwischen Werra und Oder haben die Gültigkeit dieses Lehrsatzes bewiesen. Mit ihrer friedlichen Revolution vom Herbst 1989, die dem machtpolitischen Kollaps des größten Staates der Erde namens UdSSR folgte, gaben sie auch der Warnung Talleyrands recht, der einst an Napoleon schrieb: »Bajonette, Sire, taugen zu vielem auf der Welt – nur nicht dazu, sich allzu lange darauf stützen zu wollen.«
Jahrzehntelang aufgestaute Freiheitsliebe, Frust über unausgesetzte Bevormundung und Ausgesperrtsein von der gesamten nichtkommunistischen Welt brachen sich mit der Wucht eines Naturereignisses Bahn. Wie Schnee in der Sonne schmolz das alles hinweg – die Grenzkontrollen mit Fahndungsbüchern, die Schlagbäume, das Durchschnüffeln von Briefen und Paketen, die lächerlichen Einfuhrverbote für jedwedes gedruckte Wort aus dem Westen. Es war längst absurd gewesen, daß man Tageszeitungen beschlagnahmte, obwohl die Fernsehnachrichten mehrfach am Tage ja doch die Grenze übersprangen.
Und es ging in atemberaubender Geschwindigkeit weiter, für manche vielleicht zu schnell, aber unaufhaltsam. Noch im Sommer 1990 kamen Währungsunion und Einigungsvertrag zustande. Und was den Menschen aus Ost und West noch immer wie ein Wunder erschien: Es gab keine Reisebeschränkungen, keine Aufenthaltsgenehmigungen, keine »Transitstrecken« mehr. Der persönlichen Erkundung des jeweils anderen Teils von Deutschland stand nichts mehr im Wege.
Fast ein halbes Jahrhundert lang war es leichter gewesen, von Lübeck zu Schiff in die Antarktis zu kommen als ins benachbarte Wismar. Wie es dort und in den drei anderen Hansestädten des »Wendischen Quartiers« – Rostock, Stralsund und Greifswald – aussah, war nur noch wenigen »Westlern« aus eigenem Augenschein bekannt. Das Bild war widersprüchlich. Einem erschreckenden Verfall der Altbausubstanz stand ein vitaler Schiffbau mit erstaunlichen Produktionsleistungen gegenüber. Die Seeschiffahrt genoß als Devisenbringer Priorität. Der Staat ließ sich schon die vorseemännische Ausbildung begeisterungsfähiger junger Menschen einiges kosten, die natürlich in der Seefahrt die beinahe einzige Möglichkeit sahen, in die Welt hinauszugelangen.
Mit den Handelsschiffen von »VEB Seereederei« und »VEB Deutfracht« war man als »Westler« noch am ehesten in Berührung gekommen, weil man sie regelmäßig in Hamburg und in vielen Häfen der Welt sah. Sie waren immer recht gut »in Schuß«.
Im Hochsommer 1990, unmittelbar nach der Währungsunion, aber noch vor der eigentlichen Wiedervereinigung,

lief der Verfasser dieses Buches mit dem Dampfeisbrecher STETTIN, Deutschlands letztem kohlegefeuerten Seedampfer, mit der Gastflagge der noch existierenden DDR unter der Rah, zu zwei Freundschaftsbesuchen erstmals Wismar und danach auf einer separaten Reise Rostock-Warnemünde an.

Der Anblick der Reede von Warnemünde war unerwartet, denn sie war vollgepackt mit Schiffen. Aber das Bild vermeintlicher Geschäftigkeit trog. Es handelte sich großenteils um Auflieger, für die im Rostocker Hafen einfach kein Platz mehr war. Als wir dieses Geschwader ankernder Schiffe durchfuhren, gab es prompt ein Wiedersehen mit zwei alten Bekannten. Es waren die einstigen Laeisz-Fruchtkühlschiffe PARMA und PADUA, die 1967 in Greenock/Schottland gebaut und sieben Jahre später an VEB Deutfracht verkauft worden waren. Sie trugen seither die Namen FERDINAND FREILIGRATH und GEORG WEERTH an Bug und Heck. Auflieger, Auflieger, so weit das Auge blickte. Sogar in der Wohlenberger Wiek hatte man zwei weitere Fruchtkühlschiffe an einem vormaligen Panzerverladekai der Nationalen Volksarmee vertäut. Sie lagen dort Bord an Bord. Und wie sich bald herausstellte, versuchte man sogar, D-Mark-Einnahmen damit zu erzielen, daß man die Wohneinrichtungen der beiden »Reefer« an quartiersuchende Sommergäste vermietete.

Alles war gleichzeitig weggebrochen. Es gab keine Transferrubel, keine Ostblock-Exporte und keine Weiterbeschäftigung für die ehemals Rußland beliefernden Produktions-

Dampfeisbrecher STETTIN, größtes temporär immer wieder in Fahrt gesetztes kohlegefeuertes Seeschiff der Welt, nahm im Frühsommer 1990 erstmals Kurs auf die Hansestädte Wismar und Rostock. Seit 1991 nimmt es alljährlich an der »Hanse Sail Rostock« teil und ist an der Warnow höchst populär.

betriebe mehr. Überall auf den Werften blieben die Rümpfe von Neubauten halbfertig liegen, weil der östliche Auftraggeber sie nicht mehr bezahlen und abnehmen konnte. Die Lage war in Boizenburg und Roßlau nicht anders als in Wismar, Rostock-Warnemünde, Stralsund oder Wolgast.

Die monopolisierte Seeschiffahrt der DDR war plötzlich dem rauhen Wind einer Marktwirtschaft ausgesetzt, genau im Augenblick erneuten Ratenverfalls und Dollarkurs-Tiefstandes. Nun wurde auch den Führungskräften des seefahrttreibenden Staatskonzerns klar, was die Privatreedereien im Westen längst bis zur Schmerzgrenze erfahren hatten: Alttonnage ist in einer solchen Weltmarktsituation am wenigsten konkurrenzfähig.

Wir waren auf eine Friedhofsruhe in Rostock, auf deprimierte Menschen in Untergangsstimmung gefaßt.

Aber da hatte man die Rostocker völlig falsch eingeschätzt. In ihnen schwingt nach wie vor das Bewußtsein mit, daß ihre über 750 Jahre alte Stadt um 1870 mit fast 400 dort registrierten Schiffen die größte Frachtseglerflotte der gesamten Ostsee beherbergte und daß sie im 14. und 15. Jahrhundert als Mitglied der Hanse beträchtlichen Wohlstand erworben hatte. Auch daß sich Rostock schon 1419 die »Leuchte des Nordens« leisten konnte – die älteste Universität von ganz Nordeuropa –, bietet Grund zur Genugtuung. Die Zweiteilung Deutschlands nach dem Zweiten Weltkrieg hatte den forcierten Ausbau dieses Hafenplatzes zur Folge gehabt. Im Mai 1960 wurden nach nur zweieinhalb Jahren Bauzeit die ersten Liegeplätze des neuen Überseehafens Rostock-Petersdorf in Betrieb genommen. Der seitdem mehrfach erweiterte Hafen mit modernen Umschlagsanlagen für Schüttgut, Flüssigladungen, Metalle, Holz, Container, RoRo-Güter und zunehmend auch für Getreide war Grundlage dafür, daß der »VEB Seehafen Rostock« im letzten Jahr vor dem Fall der Mauer 23 Millionen Tonnen Umschlag verzeichnen konnte. Schiffen bis zu 70.000 tdw war das Anlaufen möglich.

Schon 1952 war Rostock Sitz des staatlichen »VEB Deutsche Seereederei« (DSR), seit 1974 auch des »VEB Deutfracht« geworden. Diese beiden Staatsreedereien für den Liniendienst und die Trampschiffahrt bedienten schließlich 70 Länder. Die unter dem »VEB Kombinat Seeverkehr und Hafenwirtschaft« konzentrierte DDR-Handelsflotte umfaßte rund 2,2 Millionen BRT Schiffsraum mit ca. 4 Mio. tdw Tragfähigkeit.

Das Verwachsensein der Einwohner Rostocks mit der Seeschiffahrt ist also nicht verwunderlich. Was wir alle aber nach dem Festmachen der STETTIN in Warnemünde erlebten, das sprengte jede Vorstellungskraft. So viele hundert Menschen drängten auf den Dampfer, daß man allein vom Händeschütteln einen Muskelkater bekam. Völlig erschöpft mußte um Mitternacht die Gangway abgesperrt werden. Und am nächsten Morgen – schon vor Tau und Tag – stand die nächste Schlange von Interessierten da. Vor allem quollen Seeleute der Deutschen Seereederei Rostock, der Deutfracht, des Fischereikombinats zum Fachsimpeln an Bord, bald auch die Besatzung des Eisbrechers STEPHAN JANTZEN. Es strömten immer neue Begeisterte auf unser fahrendes Museumsschiff.

Die Hansestadt Rostock wahrt eine große maritime Tradition. Dieses Stadtsiegel stammt aus dem Jahre 1257.

Harte Zeiten, neue Wege

Wie aber sah es nach der Wiedervereinigung bei Deutschlands größter Reederei, dem Staatsbetrieb Deutsche Seereederei, aus?

Zunächst einmal mußten die zu großen Schiffsbestände der völlig veränderten Sachlage angepaßt werden. Man wußte es bei der »Treuhand«, und man erkannte in Rostock sehr wohl, daß Schrumpfung von Tonnage und Personalbestand unvermeidlich wurde. Es war eine Riesenaufgabe, die in Rostock geleistet werden mußte. Der DSR-Hauptgeschäftsführer Harry Wenzel brachte es später auf den Punkt: »Wir haben seit Mitte 1990 bis etwa 1992 in der Umstellung des Unternehmens auf marktwirtschaftliche Erfordernisse viel erreicht. Von diesem Zeitpunkt an mußten wir jedoch mit merklichen Rückschlägen rechnen.«

Aufgrund der weltweit abwärts gerichteten konjunkturellen Entwicklung hatte man bis Ende 1992 Erlöseinbußen bis zu 30 % hinzunehmen. Es waren harte Zeiten für alle Beteiligten. Tagtäglich stürmte ungewohnt Neues auf die Schiffahrtsfachleute ein. Alles Altgewohnte, für festgefügt Gehaltene war plötzlich nicht mehr praktikabel. Eine lange Phase der Ungewißheit wurde zur psychologischen Belastung.

Aber nach und nach verschwanden die Auflieger. Vom Tag der Währungsunion (1. Juli 1990) bis Ende 1993 wurden 123 Schiffe des Altbestandes verkauft und damit die Flotte auf ein Viertel des früheren Umfangs reduziert. Parallel dazu mußte die Zahl der Beschäftigten um 8.600 verringert werden, davon 5.600 von der Flotte. Es war ein ebenso schmerzlicher wie unvermeidlicher Prozeß.

Daß die Radikalkur im Sinne einer marktfähigen Schiffahrt richtig war, zeigte sich bald mehr und mehr.

Für einige gut eingespielte DSR-Liniendienste gab es zunächst Überlebenschancen. Die vorhandene Grundsubstanz verdient Beachtung: Da gab es seit anderthalb Jahrzehnten Container-Liniendienste in die Levante, die in Zusammenarbeit mit anderen europäischen Reedereien weiterliefen. Weiterhin betrieb die Deutsche Seereederei einen Semi-Container-Liniendienst mit vier 26.000-Tonnern vom Typ DSR-Shanghai, der in 120tägigen Rundreisen in die Volksrepublik China führte – mit den Anlaufhäfen Hamburg, Antwerpen, Shanghai, Busan, Dalian, Xingang und Qingdao. Mit einem in diese Fahrt eingebrachten Schiff betrieb die Seereederei zusammen mit zwei ausländischen Reedereien sogar einen Liniendienst von Europa zum Roten Meer und außerdem immer noch einen Westafrikadienst.

Seit Anfang 1992 arbeitete die Deutsche Seereederei mit der Hugo Stinnes Schiffahrtsgesellschaft in Linienverkehren nach Westindien zusammen.

Seit 1993 boten die Containerschiffe Sachsen, Mecklenburg und Brandenburg auf dem St.-Lawrence-Strom einen gewohnten Anblick, denn der neue Mediterranean Canada Container Service (MCCS) verband regelmäßig Montreal mit den Haupthäfen des Mittelmeers. Auch in diesem Fahrtgebiet sollte in Zukunft mit anderen Anbietern kooperiert werden.

Furore machte bald etwas ganz anderes. In rascher Folge entstanden beim Bremer Vulkan, bei HDW Kiel und bei den Thyssen Nordseewerken Emden sechs Vollcontainerschiffe vom Typ VC 2700, deren jedes für 2.680 TEU ausgelegt ist. In dem kurzen Zeitraum vom Februar 1992 und Juli 1994 war ein ganzes Sextett vollständig: DSR-Baltic, DSR-Europe, DSR-Atlantic, DSR-America, DSR-Pacific und DSR-Asia. Die 45.698 tdw tragenden, 19 Knoten schnellen Schiffe wurden gemeinsam mit der Bremer Senator Linie und der südkoreanischen Reederei Cho Yang im sogenannten »Tricon«-Konsortium eingesetzt. Das Sextett war der bedeutendste Neubauauftrag in der DSR-Unternehmensgeschichte. Mit diesem Zuwachs fuhr das Reedertrio »Tricon« mit nunmehr 24 typgleichen Schiffen Round-the-World (RTW). Diese Zusammenarbeit führte im Laufe des Jahres 1994 zur Gründung der DSR-Senator Lines Holding GmbH, die ihren Sitz sowohl in Rostock als auch in Bremen hatte.

Aber dieser Konstellation ging eine bedeutende Änderung voraus:

An der gesamten Waterkant schlug es wie eine Bombe ein, als schwarz auf weiß in der Zeitung zu lesen war: »Am 28. Mai 1993 stimmte in Berlin das Präsidium des Verwaltungsrates der Treuhandanstalt dem Beschlußvorschlag des Treuhand-Vorstands zur Privatisierung der Deutschen Seereederei Rostock zu. Danach wird die Privatisierung der Deutschen Seereederei durch Vergabe an das mittelständische Hamburger Konsortium Rahe/Schües erfolgen.«

Der zu diesem Zeitpunkt 54 Jahre alte Horst Rahe, Gründer der Norddeutschen Vermögensanlage (NV) und erfolgreicher Finanzierer von Schiffsneubauten, widmete sich seit 1985 dem Ausbau seiner BGS, Beteiligungsgesellschaft für Grund- und Schiffsvermögen, einem Unternehmen, das in den Bereichen Schiffahrt, Industrie, Touristik und Immobilien dauerhaft erfolgreich wurde.

Der drei Jahre ältere Nikolaus W. Schües war seit 1983 alleiniger Gesellschafter der F. Laeisz Schiffahrtsgesellschaft m.b.H. + Co. Er hatte die FLS mit souveräner Entschlußfreudigkeit und instinktsicherem Weitblick zu einer hochmodernen, breitgefächert abgesicherten Reederei reformiert. In der heikelsten Phase wirtschaftlicher Depression kam die F. Laeisz Schiffahrtsgesellschaft m.b.H. zur Blüte. Pioniergeist und unverzagter Einfallsreichtum erwiesen sich als die besten Krisenbewältiger.

Da hatte nun alle Welt eine Art Elefantenhochzeit erwartet. Sicherlich würde der Bremer Vulkan Verbund als Staatskonzern eines deutschen Bundeslandes bei der Übernahme eines unter Treuhand-Aufsicht stehenden anderen Staatskonzerns das Rennen machen.

Aber schließlich war Privatisierung angesagt, in Berlin ließ man sich nicht beirren. Und so hatte die Pressemeldung von 1993 einen beachtlichen Zusatz: »Die Hamburger Investorengruppe wird 2.225 Arbeitsplätze in Mecklenburg-Vorpommern und auf den Schiffen der Deutschen Seereederei sichern, es werden 1,1 Milliarden DM investiert.«

Als Anfang 1994 die Privatisierung vollzogen war, brachte die Seereederei eine Flotte von 48 Frachtschiffen – darunter sechs Vollcontainerschiffe und sechs moderne Großkümos, zwei Eisenbahnfährschiffe – in den neuen Firmenverbund ein, die FLS hingegen sieben Vollcontainerschiffe, sechs Kühlschiffe und einen OBO-Carrier.

Die beiden dynamischen, auf fester Grundlage erfolgreichen Unternehmer Horst Rahe und Nikolaus W. Schües haben vor der Belegschaftsversammlung der Seereederei am 24. August 1993 ungeschminkt und überzeugend dargelegt, wie es weitergehen sollte.

Nikolaus W. Schües sprach als erster und versicherte, daß ein Scheitern für ihn undenkbar sei, nachdem er sein ganzes Berufsleben der Schiffahrt gewidmet habe. Der Erfolg sei wichtig, nicht nur für das Unternehmen, sondern auch für die Region und die nächsten Generationen. Es gelte daher, ein konkurrenzfähiges und krisensicheres Unternehmen zu schaffen.

Und wieder gewann die Laeisz-Philosophie an Durchschlagskraft: Die Schiffe müssen in die Gewinnzone kommen, damit neu investiert werden kann und künftig mehr Schiffe in Dienst als außer Dienst gestellt werden können. Horst Rahe folgte und benannte die einzelnen Geschäftsfelder der Deutschen Seereederei in der Zukunft: Wesentlicher Bestandteil werde die Linienfahrt bleiben. Die großen Linien werden ausgebaut und stabilisiert, d.h. die Kooperationen mit Senator Linie, Cho Yang und gegebenenfalls zusätzlichen Partnern des RTW-Dienstes, AMA-Dienstes; Kanada und Intermed werden fortgeführt.

Die beiden Inhaber der privatisierten DSR waren schon 1983 und damit seit Anbeginn Minderheits-Anteilseigner der Senator Linie und kannten infolgedessen sehr wohl diese diffizile Art Schiffahrtsgeschäft. Als Konsequenz ihrer gemachten Erfahrungen brachten sie eine Verschmelzung des DSR-Liniendienstes mit der Senator Linie zustande. Nun war die DSR-Senator Linie GmbH geschaffen – zur Hälfte im Eigentum der Bremer Vulkan AG und zur anderen Hälfte der DSR-Holding GmbH, die Nikolaus W. Schües und Horst Rahe gemeinsam gehörte.

Der breiten Öffentlichkeit erschien die neue Konstellation als geglückter Anfang, als wirklich erfolgversprechender

Das Sextett DSR-Baltic, DSR-Europe, DSR-Atlantic, DSR-America, DSR-Pacific, DSR-Asia, je 2.680 TEU. Die unten abgebildete vormalige DSR-Pacific fährt heute als Pacific Senator. (Verkleinerte Wiedergabe.)

Es herrschte Aufbruchstimmung. Am 14. Juli 1994 lief das Vollcontainerschiff DSR-PORT SAID als erster nach Privatisierung in Dienst gestellter Neubau zur Jungfernreise in die Levante aus.

großer Schritt. Gerade im Selbstverständnis der DSR-Mitarbeiter, im weiteren Sinne der Rostocker überhaupt, entstand ein neuer Stolz auf die Art, wie das Sextett der in Rostock beheimateten Schiffe der neuen Gruppierung »reüssierte«. Als beispielsweise die DSR-AMERICA mit ihrer 20-Mann-Besatzung ihre 26.000 Seemeilen lange Jungfernreise am 7. Mai 1994 in Bremerhaven beendete, hatte sie unterwegs 18 Häfen angelaufen. Auf dem ersten Abschnitt der Reise nach den Vereinigten Staaten betrug die Auslastung 50 %, von den USA nach Fernost 80 % und auf der Heimreise von dort nach Europa immerhin schon 90 %. Aber das bedeutet noch längst keine schwarzen Zahlen! Dieses Beispiel steht für das ganze Sextett. Und es gereicht der Deutschen Seereederei zur Ehre, daß ihr Kapitän Dieter Walther als erster von der Port of Singapore Authority (PSA) mit der kurz zuvor neu gestifteten »PSA Commendable Act Award« geehrt wurde. Diese Auszeichnung wurde verliehen zur Anerkennung von »heroism or civicmindedness in saving lives or property under circumstances of personal danger at sea«.

Mancher hört das Wort »Heldentum« nicht mehr gern, das freilich außerhalb Deutschlands keineswegs seine alte Bedeutung verlor. Und der Begriff »civicmindedness« bedeutet gemeinschaftsorientiert, zum Wohle der Mitmenschen handelnd, unter persönlicher Gefahr.

Die von Kapitän Walther geführte DSR-ATLANTIC hat eine Rettungsaktion vollbracht, die höchsten Mut und hervorragendes seemännisches Können zum Ausdruck brachte.

Von Ostasien heimreisend, erreichten drei Tage vor Colombo Mayday-Notrufe den Container-Liner: Am Westausgang der Malakka-Singapur-Straße war der dänische Supertanker MAERSK NAVIGATOR nach einer Kollision in Flammen aufgegangen. Es waren 108 »kurze, aber unter solchen Umständen besonders lange Minuten voller Konzentration, Aufregung und Anspannung, bis man sich dem riesigen Feuerberg auf 1,5 Seemeilen genähert hatte«. Die DSR-AT-

Der Zulauf des Sextetts der neuen Containerschiffe fiel in die Phase des Übergangs von alt zu neu. So verkehrte vorerst das Containerschiff THÜRINGEN als DSR-SHANGHAI (1.164 TEU) in die VR China.

LANTIC wagte sich in den rasch immer größer werdenden brennenden Ölteppich hinein und brachte es fertig, alle 24 Insassen des darin gesichteten Rettungsbootes herauszuholen. Damit war die gesamte 24köpfige Besatzung in Sicherheit, sie bestand aus Dänen und Singapur-Malaien. Sie wurden bestens aufgenommen und drei Tage später in Singapur an Land gesetzt.

Doch blenden wir noch einmal zurück:

Anfang 1994 ließ eine neue Nachricht aufhorchen: Die Reederei F. Laeisz GmbH, bisher persönlich haftende Gesellschafterin der FLS und im alleinigen Besitz von Nikolaus W. Schües, verlegt ihren Firmensitz von Hamburg nach Rostock und übernimmt die Bereederung aller 47 Schiffe der Seereederei. Die F. Laeisz Schiffahrtsgesellschaft eröffnet eine Zweigniederlassung in Rostock, die zum Exclusiv-Makler für die gesamte Gruppe ernannt wird. In Hamburg bleibt die F. Laeisz Schiffahrtsgesellschaft bestehen. Marketing und Frachtverkauf der Linien wird dezentralisiert und auf die Euroseabridge Fährdienst GmbH und die DSR-Senator Lines Holding GmbH übertragen.

Zur Abrundung und Stabilisierung des Unternehmens sollen die in der Deutschen Seereederei befindlichen Immobilien optimal genutzt und in Mecklenburg-Vorpommern sich bietende Chancen für weitere Aktivitäten auf diesem Gebiet erarbeitet werden.

Die vier Unternehmensziele, die sich die geschäftsführenden Gesellschafter zusammen mit den Geschäftsleitungen gesetzt haben, sind unmißverständlich klar: schnellstmögliches Verlassen der Verlustzone. Der Standort Rostock wird nicht nur erhalten, sondern ausgebaut. Es sollen durch entsprechende strukturelle Maßnahmen möglichst viele deutsche Arbeitsplätze, die auch in der Zukunft Bestand haben, entstehen und gesichert werden. Durch Kooperation mit anderen Unternehmen soll die Deutsche Seereederei als eine der internationalen großen Schiffahrtsunternehmen wieder ihren Platz in der Weltschiffahrt finden und festigen.

Am 12. August 1994 hatten die Wirtschaftsteile der großen deutschen Tageszeitungen ihr Thema des Tages: Nach langwierigen Verhandlungen waren am Vortag die Senator Linie GmbH & Co. KG, Tochtergesellschaft des Bremer Vulkan, sowie die Container-Liniendienste der Deutschen Seereederei, die den Hamburger Kaufleuten Horst Rahe und Nikolaus W. Schües gehört, rückwirkend zum 1. Januar 1994 fusioniert worden. Sitz der DSR Senator Lines Holding

Nichts auf der Welt ist so unberechenbar wie das Wetter auf See, die Turbulenzen der Frachtraten und die beinharten Verdrängungskämpfe in der globalen Seeverkehrswirtschaft.

GmbH werden paritätisch Rostock und Bremen sein. Es sollen 50 Schiffe (18 eigene mit 15.000 Containern und einem Verkehrswert von 535 Mio. DM und 32 gecharterte Schiffe) weltweit eingesetzt werden.

Jeweils 200 Mitarbeiter werden in Rostock und in Bremen beschäftigt, 200 weitere im Ausland in dortigen Regional Centers. Mit besagten 50 Schiffen und 20 Linien, darunter dem großen Rund-um-die-Welt-Dienst der Senator Linie, zeichnete sich schon bei der Vertragsunterzeichnung ab, daß 1994 von diesen Linien rund 670.000 Container befördert werden dürften. Man peilte als Ziel ein Transportvolumen von einer Million Containern pro Jahr an.

Der Wirtschaftsteil der Tageszeitung DIE WELT sprach von einem »Global Player auf hoher See«. Aus der Zusammenführung aller Liniendienste der beiden Vertragspartner ist auf den ersten Blick in der Tat ein imposantes Gebilde entstanden.

An der Waterkant gibt es das plattdeutsche Sprichwort »Nimm di nix vör, denn sleit di nix fehl«.

Es gibt Dinge, die außerhalb der eigenen Planungsabläufe liegen und eigentlich kaum vorstellbar sind.

Wieder ging die Zeit allzu rasch ins Land. Es war aber nicht möglich, mit der Container-Logistik Gewinne zu erzielen. Der Bremer Vulkan drängte außerdem, daß er seine Anteile an der Holding nicht aufrechterhalten werde und forderte diese sogar zurück. Die »Bremer Investitions-Gesellschaft« (BIG) übernahm vorübergehend den Anteil des Bremer Vulkan-Verbundes.

80 % der Senator Linie wurden an die große koreanische Hanjin-Schiffahrts-Gesellschaft verkauft.

Die Hanjin Shipping Co. erwies sich als der richtige Partner. Er brachte professionelle Sachkenntnis, Knowhow und Hingabe mit. Karl-Heinz Sager verließ nun die Gesellschaft.

Die Jahre 1996/1997 waren erfüllt von Dramatik. Der völlig überdehnte Vulkan-Verbund, zu dem auch die Senator Linie einstmals gehört hatte, brach zusammen. Die Großwerft Bremer Vulkan in Bremen-Vegesack geriet in Konkurs. Eine unseriöse Zweckentfremdung von Fördermitteln aus dem Aufbauwerk Ost konnte den marode gewordenen Werft-Betrieb nicht retten. Der Entzug dieser Summe hatte für die Werftindustrie in Mecklenburg-Vorpommern bittere Folgen. Es waren bei allen vorherigen Betriebsteilen des Vulkan-Verbundes Neuorientierung und buchstäblicher Neuanfang angesagt. Ein in der Ostasienfahrt langjährig tätig gewesener Kapitän fand den richtigen Kommentar: »Kein Taifun und kein Seebeben konnten schlimmer zusammenwirken als der Zusammenbruch des Vulkan-Verbundes und obendrein auch noch der großen fernöstlichen Container-Reederei Cho Yang Shipping.« Nun war eine Situation entstanden, bei der starke Nerven erforderlich waren. Aber die neue Partnerschaft mit Hanjin versprach, daß man bald wieder Land unter den Füßen haben werde.

Ein Grund mehr, der »Philosophie des Hauses« bis aufs I-Tüpfelchen verschworen zu bleiben, die vom Laeisz-Leitbild zu dem der Unternehmensgruppe der Deutschen Seereederei gemacht worden ist: »Wir sind ein Dienstleistungsbetrieb, dessen wichtigste Qualifikation sich in gutem zuverlässigen und konkurrenzfähigen Service manifestiert. Unser Handeln ist sach- und fachkundig sowie schnell ... Spitzenleistungen vollbringen bedeutet, uns auf unsere Stärken konzentrieren.

Um konkurrenzfähig bleiben zu können, müssen wir fortwährend an uns arbeiten, damit unser Wissensstand in technischer, sprachlicher und auch kaufmännischer Hinsicht den heutigen und zukünftigen Anforderungen entsprechen kann ...

Unsere Mitarbeiter sind unser wichtigstes Kapital. Erfolgreiche Mitarbeiter schaffen erfolgreiche Unternehmen. Unser Verhalten ist geprägt von Offenheit, Kreativität, Fairneß und gutem Willen zur ständigen Verbesserung ... Wir bekennen uns zu kontrolliertem Wachstum und verzichten auf Expansion um jeden Preis.«

Dienstleistungen müssen preiswert sein, bei bester Qualität, versteht sich ... Mit dem Argument, wir sind aber schneller, sicherer, zuverlässiger oder auch pünktlicher, bekommen wir nur den Fuß in die Tür, über den **Preis** schließt man ab. Und dafür ist es erforderlich, ein optimales EDV-gestütztes Logistiksystem zu besitzen, beste Terminal-Konditionen zu haben, gute und kosteneffiziente Schiffe einzusetzen und Mitarbeiter zu beschäftigen, die über eine hohe Motivation verfügen, die der großen Verantwortung und den Aufgaben gewachsen sind.

Die Einnahmen sind mehr oder weniger für alle Anbieter gleich hoch, der **Wettbewerb** wird auf der **Kostenseite** ausgetragen.

In Partnerschaft mit Hanjin Shipping befahren die neun größten Containerschiffe der Pusan-Klasse (4.545 TEU) die Route 2 von Europa über Südostasien und Fernost nach Seatlle und Vancouver.

Mit voller Kraft durch bewegte See

Inzwischen hatten die beiden Partner der DSR-Holding, Nikolaus W. Schües und Horst Rahe, sich entschlossen, nach fünf Jahren gemeinsamen Managements – das eine der Vertragsklauseln bei der Privatisierung durch die Treuhand-Gesellschaft gewesen war – aufzusplitten. Die künftigen Aufgabenbereiche wurden so aufgeteilt, daß sie von jedem der beiden Partner gemäß ihren Spezialinteressen und Zielrichtungen wahrgenommen werden konnten: Nikolaus W. Schües betrieb das gesamte Frachtschiffahrtsgeschäft, Horst Rahe hingegen die Kreuzfahrtschiffe, die Hotelkette und das Immobiliengeschäft.

Die beim Ankauf der DSR gemachte Zusage, 1,1 Milliarden DM zu investieren und in Mecklenburg-Vorpommern 2.225 Arbeitsplätze zu sichern, wurde übererfüllt.

Gewagte Ausfahrt in eine Zukunft, die sich doch recht bald als stabiler bewies, als es Bedenkenträger zu glauben wagten.

Die Treuhand hat das ausdrücklich anerkannt.

Die Containerschiffe der PUSAN-Klasse, die sämtlich den Zusatz SENATOR im Namen trugen, erwiesen sich recht bald als das Rückgrat und die größten Einheiten der Laeisz-Containerflotte. Jedes der Schiffe hat eine Kapazität von 4.545 TEU. Sie waren sämtlich zwischen 1997 und 1998 in Fahrt gekommen und fuhren jeweils in Hanjin-Charter. Die Verläßlichkeit und Kompetenz des Partners Hanjin paarten sich mit denen von Laeisz. Natürlich hat es Turbulenz in die gesamte Verkehrswirtschaft gebracht, als die Cho-Yang-Gruppe so unerwartet zusammenbrach und plötzlich mehrere Containerschiffe von jeweils rund 3.000 TEU »arbeitslos« auf das Ratenniveau für diese Schiffsgröße drückte. Es fiel damit innerhalb eines mißlichen Jahres von 27.000 auf nur noch 10.000 US-Dollar pro Tag!

POHANG SENATOR
PORTUGAL SENATOR
PUDONG SENATOR
PUGWASH SENATOR
PUNJAB SENATOR
PUSAN SENATOR
PEKING SENATOR
PENANG SENATOR
PORTLAND SENATOR

Der vom 11. September 2001 ausgelöste Schock hatte zunächst blitzartig zum Konsumabschwung der amerikanischen Bevölkerung geführt, was zuallererst auf die Containerschiffahrt zurückschlug. Das geschah ausgerechnet in einer Phase, in der die Weltmärkte ohnehin »auf dem Weg zu einer harten Landung« waren. Auf die Chartermärkte wirkte sich dies besonders negativ aus, zumal sich, wie gesagt, ein Tonnageüberangebot entwickelt hatte: Die Stellplatzkapazität der Container-Weltflotte wurde durch die Neubauten-Ablieferung der Werften allein im genannten Jahr um 30 % erhöht!

In den Jahren 2001 und 2002 konnte die Reederei auch die fünf »maßgeschneiderten« 4.380-TEU-Neubauten der PRAHA-Klasse hinzufügen. Mit guter Stabilität und der ebenfalls hohen Dienstgeschwindigkeit von 24 Knoten fuhren sie seither bei Hanjin Shipping in Langzeit-Charter. Beim gesamten Quintett konnte der Ablieferungstakt präzise eingehalten werden.

Als das erste Schiff der neuen Serie pünktlich am 17. Dezember 2001 übergeben und am 25. Januar 2002 in Hamburg von Frau Kati Salamon, der Ehefrau des geschäftsführenden Gesellschafters der Dr. Peters GmbH, Jürgen Salamon, auf den Namen HANJIN PRAHA getauft wurde, lag freilich ein äußerst unerfreuliches Jahr hinter der Seeverkehrswirtschaft, die stets wie ein Seismograph auf jede Klimaveränderung der Weltpolitik und der Finanzmärkte reagiert.

Als am 27. Mai 2002 Johanna Beecken, die jüngste Tochter von Nikolaus W. Schües, den letzten Neubau des Quintetts von 4.360-TEU-Schiffen in Pusan, Südkorea, auf den Namen HANJIN PRETORIA taufte, war die unter Laeisz-Kontorflagge laufende Flotte auf 45 Einheiten mit einer Tragfähigkeit von über zwei Millionen tons-deadweight angewachsen. Wegen des neuen Laeisz-Quintetts blieben Unkenrufe natürlich nicht aus. Eingeweihte wußten freilich, daß die Reederei F. Laeisz im Jahr 2001 nur bedingt von der schwieriger gewordenen Marktlage getroffen werden konnte, weil sich ein Großteil ihrer Flotte in langfristiger Beschäftigung befand. Und sicherlich nur Schiffahrtsfachleute vermochten das Gewicht eines in den »Fleet News« der Reederei (Dezember 2001) eher beiläufig eingestreuten Satzes richtig einzuschätzen: »Die prospektierten bzw. bei eigener Tonnage die budgetierten Betriebskosten konnten im Durchschnitt erneut deutlich unterschritten werden.«

Es zeigte einmal mehr die richtige Philosophie des Hauses Laeisz, wenn unverzagt mitten im Jahr 2001 ausgesagt wurde: »Das ist uns Ansporn für die Zukunft, zeigt aber auch, wie richtig konservative Kalkulation und strenges Kostenmanagement sind. Wir werden weiter an der Verbesserung unserer Dienstleistungen arbeiten. Erfahrene Segler nutzen ruhiges Wetter auf See nur selten zum Ausruhen.«

Aufmerksame Wetterbeobachtung, das Ziehen von Konsequenzen aus dem Verhalten des Barometers und der vorliegenden Funkfax-Wetterkarten zeichnet seit je eine Reederei aus, die sich schon in den Tagen des »Düwels vun Hamborg«, Kapitän Robert Hilgendorf, mit der meteorologischen Navigation in hoher Vollendung befaßt hat.

Der Mut zu unverdrossenem Optimismus erwies sich bereits zu diesem Zeitpunkt als guter Ratgeber, denn es gab erste Anzeichen einer Erholung des Marktes.

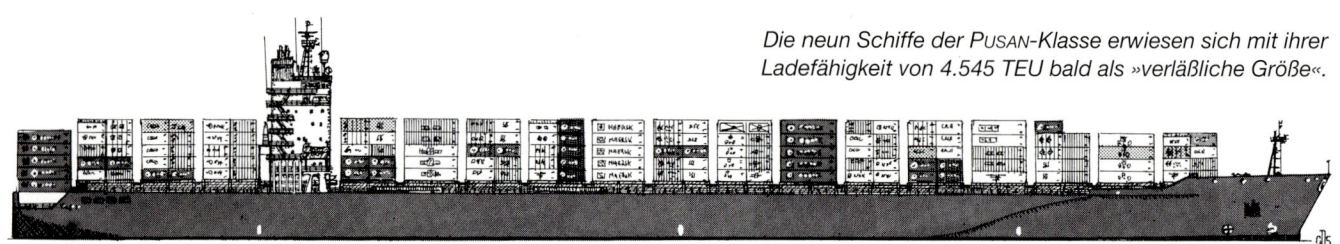

Die neun Schiffe der PUSAN-Klasse erwiesen sich mit ihrer Ladefähigkeit von 4.545 TEU bald als »verläßliche Größe«.

Jedenfalls hatte die weltweite Rezession ihre Talsohle durchschritten, ein Frachten-Aufschwung wurde mit hoher Wahrscheinlichkeit erwartet.

Man war also guter Dinge und frei von Zukunftsängsten, als im Jahr 2002 Laeisz-Containerschiffe mit größter Fahrplangenauigkeit die Meere durchpflügten.

In solchen Augenblicken scheiden sich die Geister: Die einen verfallen dem vermeintlichen Zauber der Gigantomanie. Sie wollen mit immer größeren Kapazitäten ihrer Schiffe manchen zusätzlichen Marktanteil an sich reißen. Manche träumen vom »Ultra-Large-Containerschiff«, das durch horrend vermehrte Ladung phantastische Zusatz-Frachteinnahmen zu versprechen scheint.

Im Hamburger Laeiszhof hält man nichts davon, mit allzu großen Sprüngen übermütig zu werden. Man hat sehr wohl in Erinnerung, welches Schicksal letztlich auch Ultra-Large-Tankern beschieden war. Jedes übergroße Containerschiff wird eines Tages zum Dinosaurier, weil es nicht flexibel genug auf Routenänderungen reagieren kann.

In der Seeschiffahrt spricht man hinsichtlich der Maximalgröße von Bulkcarriern und Containerschiffen, die aufgrund ihrer Abmessungen gerade noch die Schleusen des Panamakanals befahren können, von »Panmax«-Schiffen.

Man hat im Laeiszhof einen betriebswirtschaftlich-mathematischen Lehrsatz geprägt, der geradezu amüsant einfach erscheint: »Panmax-Schiffe sind ökonomischer, wenn sie mit 85–90 % Auslastung fahren, als Postpanmax(-Giganten), die halbleer bleiben.«

Betrachtet man die Größe der Flotte maschinengetriebener Schiffe aller Art, die unter Laeisz-Flagge in Fahrt kamen, dann spricht die Tatsache nur eines einzigen Totalverlustes in allen Jahren bis 2002 für den hohen Sicherheitsstandard der Schiffe und die gute Ausbildung der Besatzungen.

Zum besagten Totalverlust wurde 1978 der von Laeisz bereederte Stückgutfrachter Eva Maria im Golf von Mexiko nach einer schweren, in der Ursache niemals geklärten Explosion im Vorschiffsbereich. Mit großer Umsicht konnte Kapitän Lunau die gesamte Besatzung in beide Rettungsboote bergen und damit nach dreitägiger Segelfahrt auf einer Bohrinsel in Sicherheit bringen.

Bei der Containerfahrt stand man völlig neuen Imponderabilien gegenüber, denn man »lade« mit jedem einzelnen dem Schiff anvertrauten Container sozusagen »eine Katze

Hanjin Praha, der Erstling im Quintett der 4.380-TEU-Neubauten, eingesetzt im Liniendienst USA–Ostasien.

HANJIN PENNSYLVANIA, HANJIN PHILADELPHIA, HANJIN PHOENIX, HANJIN PRAHA, HANJIN PRETORIA – *das neue Quintett.*

im Sack«. Der Einblick ins Innere dieser »magischen Kisten« war anfangs überhaupt nicht möglich. Die Schiffsleitungen mußten wohl oder übel den Angaben der Konossemente und den Deklarierungen über den jeweiligen Containerinhalt und dessen Gewicht vertrauen. Das ging nicht immer ohne das »Zahlen von Lehrgeld« ab.

Die Sicherheitsvorschriften der »International Maritime Organization« (IMO) und der Assekuradeure werden immer besser und zunehmend strenger gehandhabt. Man hat z.B. die Ladung exakt nach Gefahrgutklassen voneinander zu separieren. Container mit gefährlichen Gütern dürfen niemals in den Laderaumzellen gefahren werden, sondern nur – getrennt nach Brandklassen – im vorderen Bereich an Deck.

Dieses eingespielte Ritual wird auf allen Laeisz-Containerschiffen seit jeher streng und gewissenhaft eingehalten. Noch während der Beladung bzw. kurz nach Auslaufen wird vom Ladungsoffizier ein Sicherheitsstauplan angefertigt, der die Lage, den Stau aller gefährlichen Güter im Schiff mit Name, Menge, Anzahl und Verpackung nach dem IMO-Code aufführt. Dieser Sicherheitsstauplan ist genauso wichtig wie die Sicherheitsrolle, da er alle Maßnahmen und Verhalten bei außergewöhnlichen Ereignissen (Erste Hilfe, Brandbekämpfung, Personenschutz etc.) klar und deutlich enthält. Dem Ladungsoffizier zur Seite steht ein Assistent, der u.a. bei Kühlladung die vorgeschriebenen Temperaturen kontrolliert, elektrische Zuleitungen für Kühlcontainer installiert usw.

In der Maschine wird auch im Hafen aus Sicherheitsgründen volle Seewache durchgegangen. Auf Wache befinden sich ein Ingenieur und ein Assistent. Als Sicherheits- und Feuerwache sind außerdem je nach Größe des Schiffes 3–5 Mann der Besatzung eingeteilt und stehen zur Verfügung des Wachoffiziers bzw. Wachingenieurs.

Der Schiffsbetrieb darf auf keinen Fall durch einseitiges Profitdenken gefährdet werden. Die Bauweise der Schiffe, ihre Instandhaltung und Führung müssen gleichermaßen erstklassig sein.

Ein Schiff wird zum Vulkan

»Zwischen der tiefen Schwärze des Himmels und der See brannte die Bark mitten in einem purpurnen Feuerkreis auf dem unheimlich glitzernden Wasser. Eine hohe, klare Flamme, eine ungeheure, einsame Flamme stieg vom Ozean empor, und von ihrem Gipfel kräuselte sich unaufhörlich der Rauch in den Himmel. Die Bark stand in hellen Flammen und brannte ehrfurchtgebietend wie ein Scheiterhaufen in der Nacht, umgeben von der See, von den Sternen gehütet ... Es war ergreifend anzusehen, wie die Bark triumphierend ihre müde Seele der Obhut der Sterne und der See übergab. Die Masten stürzten gerade bei Tagesanbruch, und einen Augenblick lang gab es einen wilden Funkenregen, der die geduldige und wachsame Nacht, die weite Nacht, die schweigend über der See lag, mit fliegendem Feuer zu erfüllen schien. Bei Tageslicht war die Bark nur noch ein verkohltes Wrack, das still unter einer Rauchwolke dahintrieb und einen Haufen glühender Kohle in sich trug.«

Mit diesen bewegenden Worten schildert Joseph Conrad in seiner Novelle »Jugend« das Ende einer Bark, deren Kohlenladung sich im Indischen Ozean selbst entzündet hatte.

Die Geschichte der Schiffsbrände ist sicherlich so alt wie die Schiffahrt selbst. Früher, auf den hölzernen Seglern, war gegen ein ausgebrochenes Feuer kaum ein Kraut gewachsen, obwohl der Ozean ja eigentlich Löschwasser genug enthielt. Aber es gab noch keine wirksamen Feuerlöschpumpen, keine Kohlensäure-Löschanlagen und vor allem keinen vorbeugenden Brandschutz an Bord von Schiffen. Wenn ein Windjammer gar eine Ladung Faßpetroleum oder Ammonsalpeter an Bord hatte, dann war sein Schicksal meistens beim Herausquellen der ersten Rauchwolke aus den Laderaumlüftern besiegelt.

In der Segelschiffahrt gab es vor 1914 noch keine Funktelegrafie. In der Regel war kein Hilferuf möglich, wenn sich in der Einsamkeit des Weltmeeres ein Schiffsschicksal erfüllte. Bitter war für den Reeder und besonders für die Angehörigen der Besatzungsmitglieder jener Zeitpunkt, wenn nach Monaten bangen Wartens auf die Rückkehr des Seglers und Ablauf der Überfälligkeitsfrist die gesetzlich vorgeschriebene Erklärung abgegeben werden mußte, daß das Schiff endgültig verschollen war. Es mußte offiziell zum Totalverlust und die gesamte Besatzung für tot erklärt werden.

In Segelschiffstagen gingen von den Laeisz-Rahseglern auf ungeklärte Weise »mit Mann und Maus« verloren: 1860 die hölzerne Brigg PACIFIC in der Nordsee, 1885 die hölzerne Bark REPUBLIC auf der Reise zwischen den chinesischen Häfen Cheefo und Amoy, 1870 die hölzerne Brigg PERU im Chinesischen Meer, 1877 die hölzerne Bark PACHA

Foto: Bergungsfirma Wijsmuller, Rotterdam

auf einer Australien-Reise, 1883 die eiserne Bark PAVIAN auf dem Weg von Niederländisch-Ostindien nach Montreal und 1891 die stählerne Bark PERGAMON auf der Reise von Shields/England nach Iquique.

Sechs Schiffe verschwanden also spurlos – Schiffe, bei denen niemand weiß, ob sie den Feuertod erlitten oder einem Orkan zum Opfer fielen. Bei einem siebten Laeisz-Rahsegler wurde jedoch die Untergangsursache durch Großfeuer an Bord eindeutig geklärt, weil die Besatzung nach völligem Ausbrennen des Schiffes in die Boote gehen konnte und später von einem britischen Dampfer aufgenommen wurde. Es handelte sich um das stählerne Vollschiff POSEN, die vormalige PREUSSEN I (die ihren Namen für das neue Fünfmastvollschiff hatte abgeben müssen). Auf der Reise nach Valparaiso war auf unbekannte Weise in Luke 1 Feuer ausgebrochen. Mit Todesverachtung brachte es die Besatzung zuwege, unter der Ladung befindliche 500 Kisten Dynamit über Bord zu werfen. Aber unter den übrigen Ladungsgütern Fett, Öl und Teer fand das Feuer doch so reiche Nahrung, daß der Kampf dagegen schließlich aussichtslos wurde. Das Schiff mußte aufgegeben werden.

Aber das alles war eine lange zurückliegende Vergangenheit. Im Zeitalter der Dampfer und Motorschiffe hatten Laeisz-Schiffe mit Ausnahme des besagten Zwischenfalles mit dem Stückgutfrachter EVA MARIA niemals Probleme gehabt. Auch die unter höchstem Sicherheitsstandard betriebene Containerfahrt war von Zwischenfällen frei geblieben. Man wähnte sich also weitgehend in Sicherheit, für die man alles nur Erdenkliche zu tun pflegte.

Als oberstes Gebot wird eine schon in den Tagen der Tiefwassersegler zum Gütesiegel des Unternehmens gewordene Grundregel beachtet: An der Ausrüstung der Schiffe darf nie gespart werden.

Was dann freilich, buchstäblich aus heiterem Himmel, geschah, ist in der Ursache noch immer unerforscht. Auf jeden Fall brach ausgerechnet über diese Reederei mit derart sprichwörtlichem Sicherheitsstandard auf allen Schiffen am 11. November 2002 eine Katastrophe herein, die alles Vorstellbare übertraf. Man war bei der nautisch-technischen Inspektion ebenso fassungslos wie bei den Geschäftsleitungen der Reederei F. Laeisz und beim Charterer Hanjin Shipping: Die erst acht Monate alte HANJIN PENNSYLVANIA sandte plötzlich um 06.00 Uhr Ortszeit »Mayday-Mayday-Notrufe« aus, die den früheren SOS-Rufen des Telegrafiezeitalters entsprechen: »Position 88 sm vor Dondra Head, Sri Lanka. Nach Explosion an Bord Großfeuer ausgebrochen.«

150 Meilen südlich vom früheren Ceylon und damit auf hoher See bedeutet das im Klartext zunächst: Hilf dir selbst, dann hilft dir Gott – sofern er überhaupt noch helfen kann. Ein Mann der Besatzung wurde vermißt, er blieb spurlos verschwunden. Ein weiterer erlitt so schwere Brandverletzungen, daß er kurze Zeit später verstarb.

Wie Dutzend Male fachgerecht eingeübt, ging nach der Explosion und dem Gellen der Alarmglocken der Brandstoßtrupp sofort unter größter Lebensgefahr zum Löschangriff über.

Das 282 m lange Schiff, mit 50.242 BRT vermessen, hatte insgesamt sieben Laderäume. Das Schiff war auf der Reise von Singapur nach Hamburg. Es befanden sich 3.509 TEU-Container aus mehreren Fernosthäfen an Bord.

Die Explosion hatte sich im Laderaum 4 ereignet. Den davon sofort ausgelösten Folgebrand versuchte man durch Auslösen der in allen Laderäumen installierten CO_2-Löschanlage unter Kontrolle zu bringen. Das war ebenso vergebliche Liebesmüh wie der Versuch, mit kühlendem Löschwasser und Schaum zum Niederkämpfen herausleckender Flammen das »Durchgehen« des Feuers zu verhindern. Es breitete sich unkontrollierbar schnell in Richtung der auf angrenzenden Stellplätzen an Deck gestapelten Container aus. Jedermann an Bord wußte, was das bedeutete: Die Gefahrgut-Container gerieten in den Flammenbereich, wenn man sich nicht mit allen Kräften dagegen wehrte.

Natürlich hatten die Notrufe der HANJIN PENNSYLVANIA sofort alle in der Nähe stehenden Schiffe sowie den in Colombo postierten Bergungsschlepper aufgescheucht. Unter den zur Hilfeleistung herbeigeeilten Fahrzeugen befand sich auch das Containerschiff WEHR ALTONA des Hamburger Reeders Oscar Wehr.

Es wurde ein verzweifelter Kampf der zunächst allein auf sich gestellten Besatzung der HANJIN PENNSYLVANIA. Der Bergungsschlepper MAHANUWARA traf erst am folgenden Tag, dem 12. November, ein und erhielt die Order, mit seinen Feuerlöschmonitoren die Bordwand rings um den Brandbereich zu kühlen. Damit hatte er dann noch tagelang zu tun.

Als das Feuer allen Löschbemühungen zum Trotz auf Gefahrgutcontainer mit Feuerwerkskörpern überzugreifen drohte, mußte die Besatzung das Schiff verlassen. Einen Teil der Leute nahm der Bergungsschlepper auf, den anderen das Containerschiff WEHR ALTONA.

Inzwischen hatte die holländische Bergungsfirma Wijsmuller Spezialisten mit Spezialgerät zur Unfallposition entsandt. Auch ihr Kampf blieb zunächst vergeblich.

Es war ein Bild von schauriger Grandiosität, als sich am 15. November weitere Explosionen in den Ladungscontainern ereigneten. Eine turmhohe Feuerlohe stand über dem Schiff, eine pechschwarze ungleich höhere Qualmwolke war noch vom 150 Meilen entfernten Sri Lanka aus sichtbar.

Das Feuer war auch im Laderaum 6 ausgebrochen. Die »Luke 6«, wie man in der Seefahrt sagt, befand sich genau vor dem Maschinenraum und dem Wohnblock samt

Brücke. Durch die starke Hitze entzündete sich dieser Aufbau und brannte völlig aus. Auch Teile des Maschinenraums wurden nun sengender Hitze ausgesetzt.

Auf dem Containerschiff eingesetzte Männer des Bergungsschleppers und Teile der beim Löschen mithelfend auf ihr Schiff zurückgekommenen Besatzung mußten ins Wasser springen, um einem neuerlichen Inferno zu entkommen.

Mehrere Lukendeckel-Pontons waren durch die neuen Explosionen über Bord geschleudert worden, zum Glück ohne jemanden zu treffen. Bald wurden weitere Brandherde in den Laderäumen 2 und 3 festgestellt.

Der Schiffsrumpf blieb allen Torturen zum Trotz wasserdicht, aber die Riesenmengen des an Bord geschleuderten Lösch- und Abkühlwassers hatten die Laderäume 3 und 6 vollaufen lassen. Auch der Maschinenraum stand zum Teil unter Wasser. Das brennende Schiff machte dadurch einen halb versunkenen Eindruck.

Es war alles wie verhext: Am 18. November und damit eine geschlagene Woche nach der Erstexplosion »gingen« weitere Ladungspartien »hoch«. Bereiche, in denen sich gemäß Sicherheitsstauplan weitere als gefährlich deklarierte Ladung (einschließlich weiterer Partien Feuerwerkskörper) befanden, wurden ständig gekühlt. Das brennende Schiff konnte auch fortan noch nicht wieder betreten werden.

Mittlerweile erreichten zwei weitere, von der Bergungsfirma angeforderte Hilfsschiffe mit Feuerlöschkapazitäten den Havaristen am 19. November. Erst am 25. November, 14 Tage nach Brandausbruch, war das Feuer so weit unter Kontrolle, daß die HANJIN PENNSYLVANIA in Schlepp genommen werden konnte, während die Löscharbeiten noch immer weiterlaufen mußten.

Auf einer Position 40 Seemeilen vor Sri Lanka konnten zusätzliche Löschgeräte und tragbare Pumpen an Bord gebracht und eine erste Schätzung des Schadensumfangs durch Fachgutachter vorgenommen werden. Damit war aber die Schleppreise der »fahrbaren Brandstelle« noch längst nicht beendet. Erst am 16. Dezember führte sie nach Singapur weiter, wo man nach Löschen des letzten offenen Feuers und unter Kühlung weiterer noch schwelender Container am 3. Januar 2003 auf der Singapur-Reede Raffles Anchorage eintraf.

Erst am 28. Januar konnte das Löschen aller beschädigten und unbeschädigt gebliebenen Container abgeschlossen werden. Der Schutt in den Laderäumen 4 und 6 und in den Bunkern sowie der Wasserballast und das Löschwasser in den Laderäumen wurden insgesamt an Bord gelassen.

Der Sachschaden war total, er war der größte in der Reedereigeschichte. Zugleich wurde die HANJIN PENNSYLVANIA zum teuersten und erheblichsten Verlust in der Geschichte der norwegischen Rückversicherungs-Kette des Norwegian Hull Clubs, bezogen auf ein einzelnes Ereignis. Er war Versicherer bei der Schiffskasko- und Ladungsversicherung. Das Schiff wurde später von dem Schiffsversicherer aufgegeben. Es wurde, wie es in der Fachsprache heißt, »abandoniert«.

Die Ostsee – Brücke der Völker

Schon vor Jahren redete der Oberbürgermeister der finnischen Stadt Turku einer »Revitalisierung« der Hanse das Wort, die der Kulturphilosoph Johann Gottfried Herder als »den wohl erfolgreichsten Pakt der Geschichte« bezeichnete. Die alljährlich stattfindenden »Hansetage der Neuzeit«, jeweils in einem anderen Anrainerland der Ostsee oder Nordsee, zielen genau in diese Richtung. Dreihundert Jahre Blütezeit des Seeverkehrs waren auf den ersten Gemeinsamen Markt im Norden Europas zurückzuführen. Mit einheitlich leistungsfähigen Schiffstypen, einheitlicher Rechtsgrundlage und einer stabilen Leitwährung zeigte sich schon damals die überragende Bedeutung grenzüberschreitender Seewege.

Die in sämtlichen Partnerländern der Hanse gemeinsame Sprache der Kaufleute, Diplomaten, Versicherer und Behörden war Plattdeutsch in Form von Altniederdeutsch. Diese Form »Lingua franca« verwendete man im lettischen Riga, im schwedischen Stockholm und im finnischen Turku ebenso wie im russischen Großfürstentum Nowgorod.

Schwerpunkt der Hanse-Aktivitäten war die Ostsee, deren acht Anrainerstaaten in unserer heutigen Zeit über dieses klassische Meer der Fähr- und RoRo-Schiffahrt 20 % des gesamten Welthandels abwickeln. Zum Vergleich dürfte interessieren, daß die achtzehn Anrainerstaaten des Mittelmeeres demgegenüber nur acht Prozent »erwirtschaften«. Die Ostsee verbindet nicht weniger als 50 Großstädte Europas direkt miteinander.

Vor allem aber ist die Ostsee jenes Vorfeld von Ländern des ehemaligen COMECON-Bereichs, deren freiheitliche Wirtschaftsentwicklung in hohem Maße von der Qualität und Verläßlichkeit ihrer Seeverkehrsanbindung an die übrige EU abhängen wird. Die Erholung der Volkswirtschaften geht von den Küsten aus vor sich, getreu dem historischen Vorbild der Ausstrahlungskraft hansischer Seestädte. Das gilt ganz besonders für die Wirtschaftsräume Polen, Litauen, Lettland und Estland, die am 1. Mai 2004 der EU beitreten werden.

Neue Fährdienste und RoRo-Linien machen die Ostsee zur Brücke der Völker, zum Meer der Zukunft. Man wählte ein schönes Wort mit dem neuen Begriff »Euroseabridge Fährdienst GmbH«, in den alle Fähr- und RoRo-Fährdienste von der Deutschen Seereederei übernommen und neue noch hinzugefügt wurden. Die Standortgunst von Rostock – in der Mitte der deutschen Ostseeküste – liegt auf der Hand. Die kürzeste Verbindung von Berlin nach Gedser in Dänemark und die Strecke Warnemünde–Trelleborg in Schweden ist immerhin zwei Fahrtstunden kürzer als die von Travemünde dorthin. Dementsprechend geringer ist auch die nautische Distanz nach Finnland.

Anfang Mai 1993 konnte am Warnowkai des Rostocker Hafens der erste Bauabschnitt eines modernen, großzügig und mit Weitblick konzipierten Fähranlegers seiner Bestimmung übergeben werden. Schon bald umfaßte der Warnow-Fährterminal 40.000 qm Vorstellfläche. Eine sechsspurige Straße bildet die Zufahrt, kreuzungsfrei erreichen Bahngleise den Eisenbahn-Fähranleger. Im Frühjahr 1994 zog der Südanleger mit eigener Fährbrücke für Gleis- und »Rollenden« (gummibereifte Fahrzeuge aller Art) Verkehr nach. Die Schiffsabfertigung ist an beiden Anlegern zugleich möglich. Die Steuerungsprozesse übernimmt ein einziger Terminal-Operator.

Der von Euroseabridge zusammen mit Poseidon Schiffahrt GmbH und Finncarriers OY AB, Helsinki, aufgezogene Ro/Ro-Gemeinschaftsdienst Rostock–Finnland brachte am 15. Dezember 1993 auf ihrer 100. Reise schon die zehnmillionenste Gütertonne nach Rostock.

RoRo-Schiff PASEWALK (II) *ex* AUERSBERG

Die »Brücke der Völker« bewies Zugkraft, die »schwimmende Autobahn« war das Gebot der Stunde. Es wird angeknüpft an die große lehrreiche Tradition der Hanse. Rostock wurde folgerichtig zum Schiffahrtszentrum der Ostsee ausgebaut.

Und so hatte es einige Symbolkraft, als Euroseabridge Anfang Februar 1994 mit der Frachtfähre GLEICHBERG die erste Fährverbindung von Rostock zum lettischen Hafen Libau (Liepaja) eröffnete und am 13. April die zum Kombipassagierfährschiff umgebaute Eisenbahnfähre GREIFSWALD, weiß gestrichen, mit gelben Laeisz-Schornsteinen, in Neu Mukran auf Rügen erstmals die Leinen zur Fahrt nach Memel (Klaipeda) loswarf. Aus einer schwarzen, recht monströs wirkenden Eisenbahnfähre mit russischer Breitspur war ein schmuckes Schiff geworden, das gleichermaßen Waggons, Straßenfahrzeuge aller Art sowie bequem untergebrachte Fahrgäste nach Litauen brachte.

Anfang 1997 wurde der neue Fährhafen Sassnitz in Neu Mukran feierlich eröffnet. Er entstand aus einem weitläufigen Komplex, der 1985/1986 für je drei riesige Sowjet- und DDR-Eisenbahnfähren mit rund 70 km langen Gleisanlagen buchstäblich aus dem Boden gestampft worden war. Zwei Fähranleger mit Doppelstock-Gleisbrücken, Umladehallen und Umachsanlage für russische Eisenbahn-Breitspur entstanden in einem gewaltigen Kraftakt, wie er nur in einer Kommandowirtschaft möglich ist. Der Fährhafen Neu Mukran war als Gegenstück zu einem adäquat angelegten in Memel, dem litauischen Klaipeda, aus rein strategischen Gründen angelegt worden.

Die damalige Volksrepublik Polen war Ende der siebziger Jahre durch abweichlerische Tendenzen für die UdSSR immer unberechenbarer geworden. Die Kreml-Machthaber schätzten mit eiskaltem Realismus Polen als den mit Sicherheit unzuverlässigsten Bündnispartner ein. Er war in seinen immer deutlicher gezeigten Aversionen gegen die Moskauer Vormundschaft sicherlich mit Ungarn vergleichbar.

Die militärische Führung der Roten Armee wappnete sich für einen etwaigen Spannungsfall im Gefüge des Warschauer Paktes oder gar in einem bewaffneten Konflikt, indem sie Polen weiträumig durch die strategische Fährlinie Neu Mukran–Klaipeda umfuhr. Die Westgruppe der Roten Armee in Deutschland sollte damit auf dem Seeweg vor Sabotageakten und Überfällen gegen die sowjetischen Nachschubstränge per Schiene und Straße bewahrt werden.

Nach der friedlichen Revolution und dem Rückzug der Westgruppe der Roten Armee – weitgehend über die besagte Fährlinie und via Litauen – ergab sich der Zwang, die überdimensionierte Fährhafen-Brache aufzulassen oder einer neuen Nutzung entgegenzuführen.

Die Schweriner Landesregierung entschloß sich zu einem positiven Schritt: Mit einem Aufwand von 176 Millionen DM wurde der Fährhafen modernisiert und für den zivilen Ver-

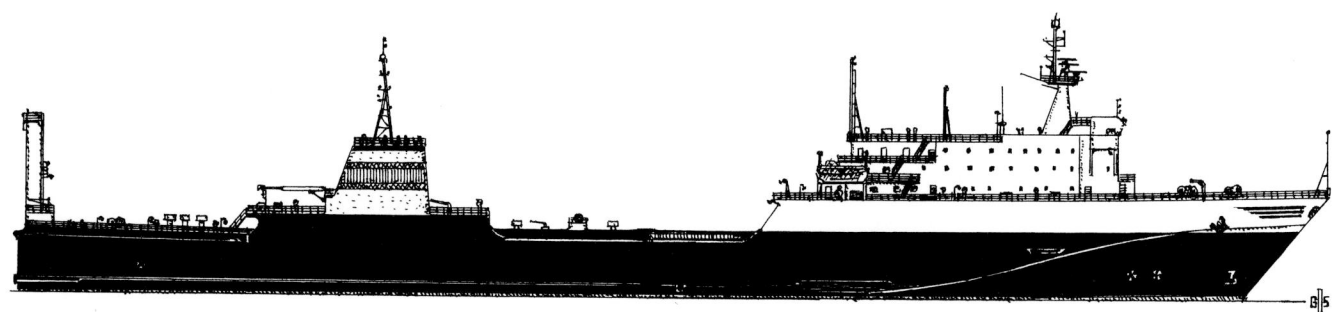

Die beiden deutschen Klaipeda-Eisenbahnfähren vor ihrem Umbau.

kehrsbedarf umgestaltet. Fortan wurde der zu enge, in seiner Verkehrsanbindung unzulängliche alte Fährhafen Sassnitz stillgelegt. Die seit 1909 bestehende Eisenbahn- und Mehrzweckverbindung Sassnitz–Trelleborg wurde in den dafür besser geeigneten »Neuen Fährhafen Sassnitz« verlegt, über den künftig auch die Bornholmfähre sowie versuchsweise betriebene RoRo-Linien nach Königsberg/Kaliningrad, Pillau/Baltysk und St. Petersburg liefen. Als Rückgrat des Ganzen blieb die Fährlinie vom Neuen Fährhafen Sassnitz nach Memel/Klaipeda weiterhin bestehen.

Gewiß gab es gegen den Neuen Fährhafen Sassnitz auch Rostocker Widerstände. Sie waren bei näherer Betrachtung unnötig, denn sozusagen automatisch entstand künftig eine Arbeitsteilung der Fährverkehre via Rostock und via Sassnitz, wie sie etwa vergleichbar ist mit jener zwischen den Seehäfen Hamburg und Bremerhaven oder Antwerpen–Rotterdam. Für die Fährlinien in Richtung Osten waren die natürlichen Standortvorteile des modernisierten Hafens auf Rügen nicht zu übersehen. Er bot bis zu 50 % kürzere Wegstrecken oder »Distanzen« und war außerdem mit der einzigen in der gesamten EU vorhandenen Breitspur-Umachs-Anlage ausgestattet. Schon 1994 hat die Europäische Kommission in Brüssel den Neuen Fährhafen Sassnitz offiziell als Festlands-Endpunkt des gesamten transeuropäischen Verkehrsnetzes anerkannt.

»Euroseabridge« war dieser vorhersehbaren Entwicklung entgegengegangen und hatte die beiden deutschen Großraum-Eisenbahnfähren der vormaligen strategischen Linie nach Klaipeda mit hohem Aufwand zu den besagten, vom Publikum gern angenommenen Mehrzweckfähren umgestaltet (das ursprünglich vorgesehene dritte deutsche Fährschiff wurde infolge der Wende von 1989/1990 gar nicht mehr realisiert).

Mit den »weißen Schwänen« GREIFSWALD und PETERSBURG sollte die Klaipeda-Linie als die kürzeste und bestgeeignete Fährlinie in die baltischen Staaten nach dem Grundprinzip der »Paarigkeit« betrieben werden.

Zwei Schiffe gleicher Qualität sollten täglich, wie Weberschiffchen pendelnd, Deutschland und Litauen verbinden. Mit ständig gleicher Fahrzeit von nur 20 Stunden – im Nachtsprung mit eigener Passagierkabine – war man mitsamt dem PKW oder Bus, mit Wohnmobil oder LKW am Ziel. Eine solche Linie konnte nur das werden, was beabsichtigt war: das Rückgrat einer Direktverbindung zwischen der EU und ihren baltischen Beitrittsländern in spe. Was nun jedoch einsetzte, war auch mit viel Phantasie nicht vorhersehbar: Die drei seinerzeit sowjetischen und nunmehr der staatlichen LISCO (Litauischen Schiffahrts-

Der Unterschied ist deutlich:
die PETERSBURG ex MUKRAN nach dem Umbau.

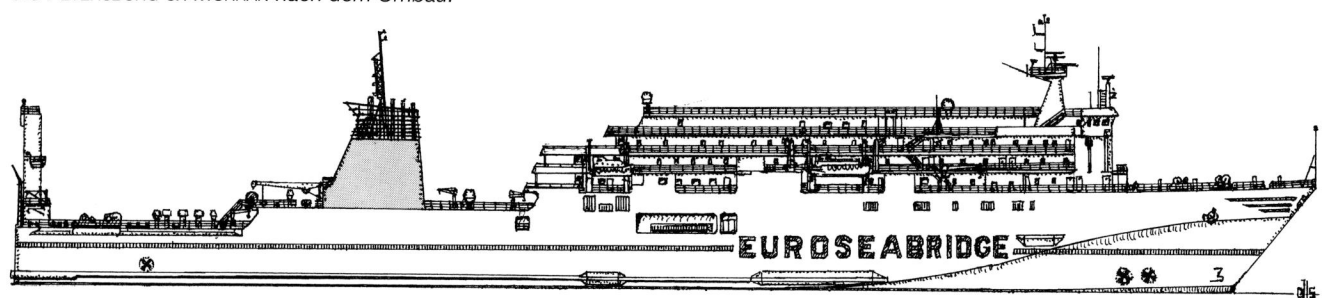

Kompanie) übertragenen Fähren betrieben als subventioniertes Unternehmen mit allen nur denkbaren Mitteln »Dumping« gegenüber »Euroseabridge«. Im Vertrauen darauf, daß geschlossene Verträge und Gemeinschaftsverkehre auf der Grundlage betriebswirtschaftlicher Vernunft und partnerschaftlicher Fairneß eingehalten werden, hielt sich »Euroseabridge« strikt an die Abmachungen, der Pool-Partner jedoch nicht.

Man hatte einen Poolvertrag geschlossen, der eine wirkliche Verkehrsgemeinschaft vorsah. Was dabei herauskam, führte zu einem Defizit von vielen Millionen DM. Die inzwischen an die dänische DFDS verkauften »Staatsschiffer« hebelten mit allen Mitteln die Paarigkeit von GREIFSWALD und PETERSBURG aus. So wechselten jeweils ein »weißer Schwan« und eine nicht umgebaute Frachtfähre auf der Route Sassnitz–Klaipeda einander ab.

»Euroseabridge« bemühte sich einen solchen Würgegriff zu umgehen. Mit der PETERSBURG versuchte man einen leistungsfähigen Verkehr nach St. Petersburg aufzuziehen. Schikanöse Behandlung durch Staatsfunktionäre und Tarifwucher machte ungeachtet zweier Startversuche auf dieser Linie jede Hoffnung zunichte.

Von fairer Marktwirtschaft konnte keine Rede sein. Die GREIFSWALD wurde Ende 2002 aus dem »Euroseabridge«-Verkehr gezogen und die PETERSBURG an die »Scandlines« verchartert. Das Nicht-Aufgehen der Saat im Sinne eines richtig strukturierten Verkehrs mit RoRo-Frachtfähren und Ro-Pax Carriern war schmerzlich, zumal die Reederei F. Laeisz seinerzeit mit der Harwich-Linie zu den ersten Schiffahrtsunternehmen gehörte, die das RoRo-Zeitalter beizeiten erfaßt hatten.

Schiffe für den Roll-on-Roll-off-Verkehr mit ihren rasant kurzen **Lade- und Löschzeiten** waren bei ihrem Aufkommen

Es war ein hoffnungsvoller Neuanfang, als die mit beträchtlichen Mühen und umfangreicher Technik-Umstellung von einer schwarzen Eisenbahnfähre in eine ansprechend gestaltete Mehrzweckfähre für Waggons, Kraftfahrzeuge und Passagiere umgebaute GREIFSWALD als weißes Schiff mit gelben Laeisz-Schornsteinen den Liniendienst zwischen Rügen und Litauen aufnahm. Doch die Hoffnung trog.

in den siebziger Jahren noch radikalere Novitäten als die durchaus »revolutionären« Containerschiffe. Der RoRo-Verkehr sprengte den Rahmen des Altgewohnten in solchem Maße, daß sich hierzulande die meisten Seeverkehrswirtschaftler erst allmählich in dieses Neuland vorgetastet haben. In Deutschland konnte man Reedereien, die sich schon relativ früh auf diese neue Art der Seefrachtgüter-Verschiffung umstellten, an den Fingern einer Hand abzählen. Eine davon war auch die Deutsche Seereederei gewesen.

Allerdings wurden die bereits vorhandenen sowie die neu hinzukommenden herkömmlichen Fährschiffslinien zunehmend Schrittmacher für RoRo-Umschlagstechniker. Neben Fahrgästen, LKWs und PKWs transportierten sie immer mehr Auflieger- oder Sattelanhänger, sogenannte Trailer. Im Hamburger Laeiszhof hatte man die neue Umschlagsart sehr früh aufmerksam zur Kenntnis genommen und kam zu dem Ergebnis, daß man sich auf diesem Sektor das bestmögliche Know-how durch die Praxis aneignen wollte. F. Laeisz wurde Gründer und Teilhaber an der KG Deutschland-England Fährexpreß GmbH & Co. (DEFEX), die wiederum an der von Hamburg und Bremerhaven aus fahrenden Prinzenlinien Schiffahrtsgesellschaft mbH & Co., Hamburg, hälftig beteiligt war. Die andere Hälfte wurde von der Lion Ferry AB, Halmstad/Schweden, gehalten.

Dieses Konsortium zog einen kombinierten Fracht-Fahrgastverkehr von Hamburg nach Harwich, unweit von London, auf, in Zusammenarbeit mit dem wenige Jahre vorher begonnenen Dienst von Bremerhaven nach Harwich. Im Wechseltakt boten die Schiffe PRINZ HAMLET (Hamburg) und PRINS OBERON (Bremerhaven) tägliche Abfahrten nach Großbritannien. Die 8.000 BRT große PRINS OBERON hatte beispielsweise eine Frachtkapazität von 47 Trailern/40 Fuß oder 250 Personenkraftwagen, die 6.000 BRT große PRINZ HAMLET (III) eine solche von 37 Trailern/40 Fuß oder 208 PKWs.

Frachtagent für die Prinzenlinien war die F. Laeisz Agenturabteilung. Sie verwaltete 40-Fuß- und 20-Fuß-Mafi-Roll-Trailer zum Roll-on-Roll-off-Umschlag von Containern ohne

RoRo-Schiff KAHLEBERG, 1996 Umbau zum modernen Ro-Pax-Schiff mit 60 Passagierbetten.

Aufliegerfahrzeug, außerdem DEFEX-eigene bzw. angemietete 40-Fuß-Trailer. Schon Anfang 1979 war ein Park von 200 Trailern samt Containern jederzeit für den Abruf durch Spediteure verfügbar, die beides für den Haus-zu-Haus-Verkehr unter eigener Regie anmieten konnten.

Die Deutsche Seereederei ließ 1983 drei Einheiten des sogenannten »Schiffstyps 15«, des ersten in der damaligen DDR entwickelten RoRo-Typs, bei der Mathias Thesen-Werft in Wismar bauen, mit der damals neu aufgekommenen Bruttoraumzahl von 10.243 BRZ vermessen.

Was lag also näher, daß Laeisz und die gekaufte DSR mit der jeweilig einschlägigen Spezialerfahrung auf diesem Gebiet zusammen ein recht gutes Gespann ergeben dürften. Die Mißerfolge beim raschen Wahrnehmen der Ostsee als »Brücke der Völker« und besondere Zukunftschance waren nicht fachtechnischer Art, sondern Folgen des Zusammenbruches der ehemaligen Sowjetunion.

Es ist wie in den Tagen einstiger Hochblüte der Segelschiffahrt an Elbe und Warnow. Den Wahrern solcher Tradition, in Hamburg und Rostock, hinterließ der tragisch früh verstorbene Historiker Professor Hellmut Diwald ein wertvolles Rezept: »Keine Zeit, auch nicht unsere Gegenwart, gibt Anlaß, verlorenen Horizonten nachzutrauern; sie gibt Anlaß, sich nach neuen Horizonten umzusehen.«

Völlig neue Dimensionen

Der griechische Philosoph Heraklit aus Ephesos hatte schon ein halbes Jahrtausend vor Christus mit seiner These »Pantha rhei – alles fließt« den ewigen Wandel der Dinge gelehrt. Ein zeitlos gültiger Begriff – allerdings ist das Fließen inzwischen zu einem reißenden Strom geworden. Jede verkrustete Besitzstandwahrung, jedes Nichtreagieren auf radikal veränderte Gegebenheiten führt angesichts der heutigen Weltlage zu beträchtlichen »navigatorischen Fehlleistungen«. Erst jener beherrscht die große Rechenkunst der Gegenwart, der Weltkenntnis und Realismus in sich vereint und daraus zu ziehende Schlußfolgerungen zum Gesetz seines Handelns macht.

Die Erdbevölkerung hat sich in rasanter Entwicklung von rund 3,28 Milliarden im Jahr 1964 auf heute mehr als sechs

Milliarden verdoppelt. Allein die Volksrepublik China hat die Einwohnerzahl von 1,3 Milliarden bereits überschritten – und auch Indien hat jetzt die Milliardengrenze seiner Bevölkerungsziffer erreicht, ganz zu schweigen von der Kaufkraft des »Mittelstandes« in diesen Megaländern, deren Volumen sich dem in den USA und der EU angleicht.

Mit solch ungestümen Veränderungen sind Akzentverschiebungen hohen Grades verbunden. Sie machen Eurozentrik zur Makulatur und erzwingen ein Umdenken auf neue Dimensionen. Der von Unwissenden oft geschmähte wie falsch verstandene, bisweilen als Kampfwort mißbrauchte Begriff »Globalisierung« bedeutet aus ökonomischer Sicht die Zunahme internationaler Wirtschaftsbeziehungen und Verflechtungen – seit Jahrhunderten die Basis für Frieden und Wohlstand, ganz besonders der Hansestädte –, nämlich ein Austausch von Gütern und Dienstleistungen über die Grenzen einzelner Staaten und Kontinente hinaus. Er bedeutet Zunahme der Intensität und Reichweite grenzüberschreitenden wirtschaftlichen Zusammenwachsens.

Die Welthandelsflotte ist der bestgeeignete Gradmesser für solche Entwicklungen: 1965 transportierte sie 1,638 Milliarden Tonnen Seefrachtgüter aller Art, 1985 bereits 3,295 und 1999 gar schon 5,1 Milliarden Tonnen! Adäquat zum nunmehr erreichten Wachstum der Weltbevölkerung hat der Weltseeverkehr einen nie dagewesenen Umfang erreicht. Ja, ohne Seeschiffahrt kein Welthandel, ohne Welthandel keine Seeschiffahrt.

Die Ursache ist klar: Die Industrialisierung immer weiterer Teile der Erde führt zu einem steigenden Rohstoffbedarf. Mit erheblichem Abstand dominieren die Rohöltransporte über die Ozeane. Das »Lebensblut der technischen Zivilisation« muß aus den Gewinnungsländern in die Verarbeitungs- und Verbraucherländer verbracht werden. An zweiter Stelle liegen die globalen Transportbedürfnisse für feste Rohstoffe. Seit je haben alle Rohstofftransporte der »nassen« wie die der »trockenen« Fracht aber einen betriebswirtschaftlichen »Pferdefuß«: Der Empfang in den Seehäfen der verarbeitenden Länder ist doppelt so hoch wie deren Versand veredelter Produkte und hochwertiger Industrie-Erzeugnisse. Für Containerschiffe, für die inzwischen rar gewordenen herkömmlichen Frachter und sogar für Autotransporter gibt es Rückladungen und damit einen rentableren Zweiseiten-Verkehr, für Massengutfrachter im allgemeinen nicht.

Dieser mißliche Umstand hatte seinerzeit zur Entwicklung der Erz-Öl-Frachter (OBO Carrier) geführt. Die damit erhofften Dreiecksverkehre funktionierten jedoch nur in seltenen Fällen. Für Bulkcarrier (wie auch für Tanker) blieb das Dilemma unrentabler Ballastreisen in die Herkunftsländer der Rohstoffe. Restriktionen zur Begrenzung von Kohleimporten aus Übersee sowie politisch bedingte Veränderungen in der Getreidefahrt führten angesichts der zu groß gewordenen Tonnage von Massengutfrachtern zu einem langanhaltenden Ratenverfall. Die große Kunst eines erfolgreichen, auf Diversifikation basierenden Reederei-Geschäftes besteht darin, in Tagen langanhaltender Niedrigraten nicht über schlechte Zeiten zu jammern, sondern das Aufkommen solcher Misere vorher zu erkennen.

Erinnern wir uns, daß Laeisz ungeachtet aller Erfolge mit den Panmax-Bulk-Carrier-Neubauten PROPONTIS und PROSERPINA beizeiten von konventioneller auf spezialisierte Massengutfahrt umstieg und in rechtzeitiger Erkenntnis der gebotenen einmaligen Chance mit modernsten Neubauten in die Gips-, wenig später in die Zementfahrt eindrang. Der Bauboom in den Ölscheichtümern ermöglichte über Jahre den speziell dafür hergerichteten Neubauten PRIMULA und PRIMAVERA langfristige Transportkontakte und zeitweilig narrensichere Einnahmen, zumal infolge der geglückten Lösung infrastruktureller Entlöschungs- und Zwischenlager vor Ort, wie bereits in diesem Buch berichtet.

Wer aber Jahr für Jahr höchst erfolgreich von einem Bauboom ersten Ranges profitiert, verfällt allzu leicht der Versuchung, sich auf seinen Lorbeeren auszuruhen und die vermeintlich immerwährende Produktionskraft von »Goldeseln« zu verkennen. Zu einer intakten, wirksam zukunfts-

Massengutfrachter PREMNITZ, *Chartername* LUISE OLDENDORFF
(Massengutfrachter POWHATAN *siehe Vorseite)*

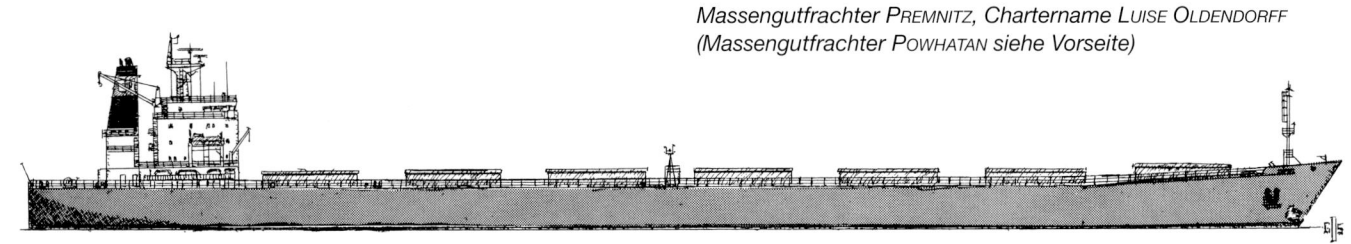

orientierten Geschäftspolitik gehört daher stets die Erkenntnis der uralten Weisheit, daß »niemandes Bäume in den Himmel wachsen«.

Das Abflachen des Baubooms im Nahen Osten, die Sättigung des allzu ungestüm expandierten Neubaumarktes war eine Frage der Zeit. Es lag eine hohe Kunst darin, sich beizeiten aus dem Sattel der Erfolge hypertrophischer Entwicklungen wieder herabzuschwingen und das irgendwann fällige Knistern im Gebälk gar nicht erst abzuwarten. Laeisz stieg genau zum richten Zeitpunkt aus der Zementfahrt von Europa und Japan zum Persisch-Arabischen Golf wieder aus.

Was bei flüchtiger Betrachtung der Dinge wie ein Bocksprung anmutet, in Wirklichkeit eher einem kunstvollen Dreisprung gleicht, das ist die konsequente Rückkehr in die – Jahre zuvor wohlweislich »ad acta« gelegte – herkömmliche Massengutfahrt mit Panmax-Bulkcarriern. Perfekte Marktbeobachtung und realistische Analysen mittlerweile eingetretener Entwicklungen führten dazu, daß genau zur rechten Zeit eine unerwartete Renaissance für Massengutfrachter wahrgenommen wurde: Der mit fast unheimlicher Konsequenz im Vormarsch befindliche Wirtschaftsriese China brachte schlagartig neue Nachfrage nach Bulkcarriern hervor. Der Handelsverkehr mit dem volkreichsten Staat der Erde bot darüber hinaus die sonst fast überall schmerzlich vermißte Chance, solche Schiffe sogar im Zweiseiten-Verkehr einzusetzen. Der Bedarf an Erzen und Spezialrohstoffen für die sich stürmisch entwickelnde Industrie des früher primär agrarisch orientierten Staates steigert sich eskalierend, ebenso die Zufuhr an Getreide, während China preisgünstig qualitativ wertvolle Kohle zu exportieren vermag. Wer dank neuer Laderaum-Säuberungsverfahren leistungsfähige Massengutfrachter anzubieten vermag, kann Ballastreisen der Vergangenheit zuordnen.

Schon Anfang der fünfziger Jahre hatte Sven Hedin, der sicherlich bedeutendste Entdecker im 20. Jahrhundert und profilierteste Asienkenner, gegenüber dem Verfasser dieses Buches in einem Stockholmer Vier-Augen-Gespräch prophezeit: »Es ist ein unerklärliches historisches Gesetz, daß alle Staaten und Kulturen von Rang Aufstieg und Blüte, aber zu irgendeinem Zeitpunkt Abstieg und Verfall erleben. China aber bleibt stets China, das Land einer geheimnisvoll ungebrochenen Kraft, dessen Energien sich immer wieder erneuern.«

Die Vorgänge unserer Tage bestätigen diese Analyse. Sozusagen auf leisen Sohlen hat China einen Stabhochsprung ohnegleichen vollzogen. Der Strukturwandel dieses Landes ist atemberaubend. Bereits 30.000 chinesische Dollar-Millionäre und 2.000 Dollar-Multimillionäre lassen erahnen, daß dieser Boom sogar die Nachkriegsentwicklung Japans übertrifft. Sicherlich werden eines Tages auch in China Konjunkturüberhitzung und andere Aufstiegsfolgen früheren japanischen Vorgängen ähneln. Aber der große Schritt einer de jure noch kommunistischen Volksrepublik aus der Planwirtschaft »in den Markt« ist mit dem Eintritt in die Welthandelsorganisation (WTO) schneller als vorstellbar gelungen. Zwei Drittel der chinesischen Wirtschaft befinden sich schon jetzt in Privathand. Erinnern wir uns: Ferdinand und Carl Laeisz hatten Mitte des 19. Jahrhunderts den Blick beizeiten nach Fernost gerichtet und dort in der Frühzeit des deutschen Handelsverkehrs nach China Erfolge erzielt. Nun galt es anderthalb Jahrhunderte später wieder Kurs auf jene Gewässer zu nehmen, in denen die weiße Kontorflagge mit den roten Buchstaben FL schon einmal zum gewohnten Anblick geworden war. Der unerwartet große Bedarf an Bulkcarriern in der Chinafahrt bot Anlaß genug – und nicht nur dieser.

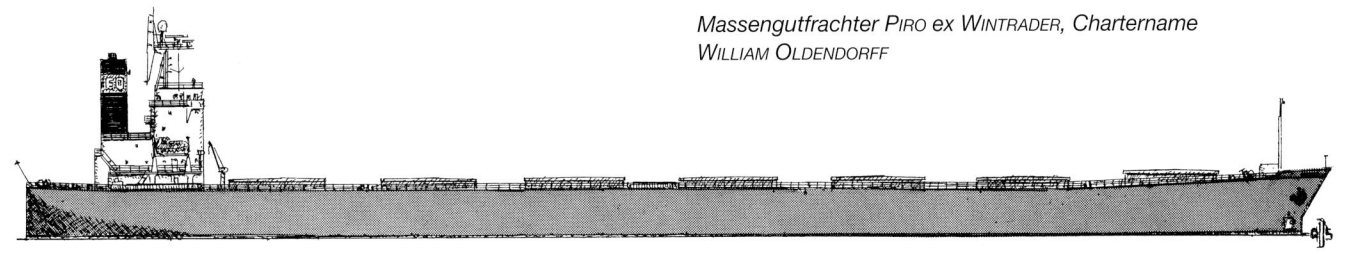

*Massengutfrachter P*IRO *ex W*INTRADER*, Chartername*
W*ILLIAM* O*LDENDORFF*

Wie Castor und Pollux

Wer freilich zur rechten Zeit mit optimal geeigneten Schiffsgrößen in einem fast vergessenen Fahrtgebiet wieder zum Zuge kommen will, der benötigt mehr als Entschlußkraft, guten Willen und gewachsene Erfahrungen im Massengutgeschäft.

Überseeschiffe sind nun einmal die größten aller Verkehrsmittel. Jedes von ihnen stellte einen derart großen Investitionswert dar, daß auch die solventeste Reederei überfordert wäre, wenn sie zur Wahrnehmung neuer Marktchancen jedesmal auf Anhieb mehrere solcher riesigen Transportgefäße aus dem Hut zaubern müßte.

Die Problematik der Schiffsfinanzierungen ergab sich übrigens schon in jener Epoche, in der die ursprüngliche Bauernschiffahrt der Waterkant zur Küstenschiffahrt auch für fremde Rechnung geworden war und schließlich in weite Bereiche der Europäischen Fahrt und sogar der Großen Fahrt vordrang.

Panmax-Massengutfrachter PREMNITZ.

Konnte zuvor ein erfolgreicher Eignerkapitän den Neubau eines Hukers, eines frachttragenden Kutters oder gar einer Galeaß noch aus erarbeitetem Eigenkapital finanzieren, so entstanden bei der Auftragsvergabe für einen Dreimastschoner, eine rahgetakelte Brigg oder gar eine Bark doch die Notwendigkeit, weitere Kapitalgeber »mit an Bord« zu holen. In der späteren Blütezeit der Segelschiffahrt entstand der Begriff des Partenreeders. Ein Kapitänsreeder gewann Geschäftsfreunde, Verwandte oder auch andere Anleger hinzu, die jeweils eine Parte, einen Eigentumsanteil am künftigen Schiff, erwarben. Dadurch wurde ausreichend Kapital zusammengebracht und zugleich das Risiko »auf mehrere Schultern« verteilt.

Seitdem freilich moderne Übersee-Handelsschiffe mehr und mehr zu Investitionsobjekten größerer Art geworden sind, verbietet sich die einstige Methode mittelständischer Partenreedereien weitgehend, denn jede einzelne Parte, für die gemäß Handelsgesetzbuch persönlich gehaftet werden muß, würde einen mehrfachen Millionenwert erreichen. Mit der Eskalation der Schiffsgrößen und Beschaffungskosten entstand der Zwang zu einer breiteren Streuung der Investitionssumme unter eine Vielzahl von Anteilseignern, die Steuervorteile durch Abschreibungen suchten und ihre Haftungsbegrenzungen wollten. Die Sparte der Schiffsfinanzierer und Emissionshäuser wurde zu einem neuen Gewerbezweig hochkarätiger Kapitalsammler und Sachwalter der einzelnen Anleger.

Der Erfolg solcher Schiffsfonds-Aufleger steht und fällt freilich mit der Qualität jener Reedereien, denen das große Wertobjekt »Schiff« nachher anvertraut wird. Solidität ist oberstes Gebot. Die Erfolge des fachgerecht disponierten und betriebenen Schiffes müssen absehbar sein. Fondsaufleger und Schiffsbetreiber sind in der heutigen Seeverkehrswirtschaft sozusagen Dioskuren im Sinne der griechischen Mythologie. Diese »Götter der Freundschaft« – in der römischen Antike zu den unzertrennlichen Castor und Pollux geworden und im Sternbild der Zwillinge verewigt – galten in vorchristlicher Zeit bezeichnenderweise als Schutzherren der Seefahrer.

Containerschiffe POTSDAM, POMMERN

Gleich und gleich gesellt sich gern. Die Laeisz-Schiffe hatten mit ihren Fondsauflegern stets ebensoviel Glück wie mit ihren Charterverträgen. Von drei ihrer Finanzierungsgesellschaften war bereits die Rede. Inzwischen kam eine neue hinzu, der nicht nur das genau zeitgerechte Infahrtkommen der Containerschiffe PATMOS SENATOR, PACIFIC SENATOR,, PARADIP SENATOR,, PALERMO SENATOR, POMMERN, POTSDAM, HANJIN PHILADELPHIA und HANJIN PHOENIX zu verdanken war, sondern auch das zügige Comeback im indopazifischen Raum mit den Massengutfrachtern PREMNITZ, POWHATTAN, PEQUOT, PIRO und PILSUM.

Diese Bulker verdanken ihre Existenz den Beteiligungsangeboten der erst in den neunziger Jahren begründeten »Hamburgischen Seehandlung Gesellschaft für Schiffsbeteiligungen mbH & Co. KG«, an der Laeisz hälftig beteiligt ist. Sie ist also in jener Stadt ansässig, die Stammsitz der Reederei F. Laeisz ist und überdies Deutschlands Zentrum für den China-Seeverkehr und -Überseehandel wurde.

Schon die Wahl des Firmennamens spricht für eine geschichtsbewußte und wertkonservative Orientierung. Es lohnt sich deshalb, den Blick zurückzuwerfen auf das historische Vorbild des Begriffs »Seehandlung«.

Bereits in der Überseeschiffahrt der Entdeckernationen im 16. Jahrhundert mußten die dort eingesetzten Schiffe auf den neu erschlossenen Routen immer größer und kostspieliger werden, um die umfangreicher und wertvoller gewordenen Seefrachtgüter – allen Risiken zum Trotz – mit ausreichender Rentabilität zu transportieren.

Wir Deutschen besaßen zu jener Zeit keine überseeischen Besitztümer und Stützpunkte, waren aber dennoch mehr als nur Zaungäste. Die Bankhäuser der Fugger und Welser trugen in hohem Maße zur Finanzierung portugiesischer und spanischer Handelsschiffe und damit zur Entdeckerschiffahrt bei. Die hohe Verschuldung der Spanier bei ihren deutschen Kreditgebern wurde später sogar in besonderem Maße Ursache für den Zusammenbruch der Welser-Finanzdynastie.

Weitblickende maritime Visionen hatte hierzulande erst der Große Kurfürst in Berlin, der die Brandenburgisch-Afrikanische Compagnie und noch in demselben Jahr in Emden die Brandenburgisch-Ostindische Compagnie – beide mit staatlicher Beteiligung initiierte. Aber die Nachfolger dieses »Shipping-minded«-Herrschers besaßen kein Gespür für die Richtigkeit solchen Denkens.

Ein Jahrhundert später hatte der Preußenkönig Friedrich der Große aus zwingenden Einsparungsgründen zwar auf eine ernstzunehmende Kriegsflotte verzichtet. Aber er gründete zur Überraschung vieler Historiker als vermeintlich nur kontinental orientierter Monarch am 14. Oktober 1772 in Berlin

Leitfigur der »Hamburgischen Seehandlung« ist Friedrich der Große mit seinen auch heute noch gültigen Werten »Tüchtigkeit, Disziplin, Weitblick«. Er hat seinerzeit die Geschäftsidee der »Seehandlung« als erster in die Tat umgesetzt und 1772 die Preußische Seehandlung gegründet.

175

die Seehandlungs-Gesellschaft zur Hebung der überseeischen Ein- und Ausfuhr durch eigene Seeschiffe. In Stettin beheimatet, fuhren schließlich 14 Einheiten unter preußischer Flagge nach Frankreich, Spanien, West- und Südafrika, Westindien, Nordamerika und sogar Ostindien.

Das Bankhaus Warburg und die Reederei F. Laeisz waren Anfang 1995 grundsätzlich übereingekommen, als gleichberechtigte Partner eine Plazierungsgesellschaft für Schiffsbeteiligungen zu gründen. Bald stellte sich die Frage der optimalen Firmierung. Es sollten möglichst Beziehungen zu Hamburg, zur See oder Schiffahrt zum Ausdruck kommen – keine anonymen Phantasienamen, keine Abkürzungen oder »Drei-Buchstaben«-Gebilde entstehen.

Geschichtskenntnisse können hilfreich sein: Vom »genius loci« angeweht, schlug Nikolaus W. Schües den Traditionsbegriff »Seehandlung« als Kernnamen vor.

Der Name war deshalb treffend, weil nach 1945 das Bankhaus Warburg die westdeutsche Adresse der alten Preußischen Staatsbank (Seehandlung) gewesen ist.

Firmenrechtlich war der Name »Seehandlung« 1995 erloschen. Nun wurde »Hamburg« für »Hamburgische Seehandlung« vorangestellt. Die damalige Devise Friedrichs des Großen »Tüchtigkeit, Disziplin, Weitblick« ist ein gutes Motto auch in unseren Tagen.

Im Leitbild der Seehandlung leben dieselben geschäftlich-ethischen Grundgedanken fort, wie sie von der Laeisz-Gruppe mit ihren 1.100 in- und ausländischen Mitarbeitern an Bord und weiteren 110 an Land in Hamburg, Rostock und Bremerhaven auf die heutige Zeit umgesetzt und kontinuierlich weiterentwickelt werden.

Im bereits 1789 gegründeten Bankhaus M.M. Warburg & Co. wußte man den Qualitätsbegriff F. Laeisz seit langem zu schätzen. Laeisz war als erste deutsche Reederei bereits 1997 mit dem Umwelt-Management-System DIN EN ISO 14001 zertifiziert worden. Außerdem wurde die Reederei vom weltweit operierenden Germanischen Lloyd mit dem Qualitäts-Management-System DIN EN ISO 9002 und dem »International Safety Management Code« (ISM-Cod) zertifiziert.

Zwei Top-Adressen hatten sich also zusammengetan. Das unternehmerische Gelingen jedes Fonds gestaltet während seiner Laufzeit ein Fondsmanagement. Es wird von zwei Geschäftsführern geleitet, deren einer von der »Hamburgi-

schen Seehandlung«, der andere jedoch aus dem Bereich des als grundsolide erprobten Bereederungsunternehmens stammt.

Für jedes einzelne Beteiligungsangebot werden gesonderte Fonds mit dem betreffenden Schiffsnamen aufgelegt. Die Zeichner des Fonds beteiligen sich jeweils an einer Einzelschiffsgesellschaft mit klar begründeter Zielsetzung und überschaubarem Nutzeffekt. Jede Fonds-Gesellschaft ist als eigenständige Institution beim Amtsgericht eingetragen. Sie wird vom Emissionshaus initiiert und vom Mittelverwendungskontrolleur des Bankhauses mit jener Akribie überwacht, wie sie auch in der Seehandlung Friedrichs des Großen üblich gewesen sein dürfte.

Wenn von einem kunstvollen »Dreisprung« die Rede war, dann wird er versinnbildlicht durch die erfolgversprechenden Kontrahierungen eines potentiellen Finanziers und der Reederei F. Laeisz mit einem namhaften Langzeitcharterer. Die FL-Kontorflagge weht über mehr als einem halben Dutzend Massengutfrachtern der Panmax-Kategorie und der noch größere Cape-Size-Kategorie für die Route um Kap Hoorn und/oder das Kap der Guten Hoffnung mit jeweils klar überschaubaren Ergebnisprognosen. Diese 160.000 tdw großen Schiffe PASADENA und PATAGONIA wurden allerdings mit dem angesehenen »Emmissionshaus Hei« realisiert.

Die Laeisz-Flagge weht auch über der PEENE ORE, dem größten unter allen Schiffen der Laeisz-Reederei-Geschichte. Es ist eins der beiden größten Handelsschiffe Deutschlands überhaupt. Die PEENE ORE wurde mit dem befreundeten »Emmissionshaus Gebab« finanziert.

Die Hamburgische Seehandlung hat einen Lehrsatz geprägt, der sicherlich auch Nichtfachleute aufhorchen läßt: »Während große Containerschiffe sich in obligopolitisch aufgeteilten Märkten mit relativ wenigen Marktteilnehmern bewegen und Rohöltanker nur eine einzige Produktart transportieren, befördert der Bulker, insbesondere bis zur Größe des Panmax-Bulkers, unterschiedlichste Rohstoffe und wird weltweit von sehr vielen Betreibern eingesetzt.

Die Bulkschiffahrt bewegt sich also in einem breiten, transparenten Markt mit vielen Akteuren. Dadurch entstehen keine Abhängigkeiten von einzelnen Nutzern, was sich positiv auf eine spätere Weitervercharterung und einen möglichen Wiederverkauf auswirkt.«

Kooperationsvertrag mit der Marine

Abhilfe des drohenden Engpasses an qualifiziertem Personal brachte 1990 die Wiedervereinigung. Westdeutsche Schiffahrts-Unternehmen sahen sehr schnell, daß die staatliche Deutsche Seereederei (DSR) in Rostock sehr gute praxisorientierte Nautiker hervorgebracht hatte. Sie waren nach alter Methode drei Jahre lang als Junggrade zur See gefahren und ausgebildet worden, ehe sie den Matrosenbrief erlangten. Dann folgten zwei weitere Jahre Fahrzeit »vor dem Mast«, ehe sie zum Studium an der Fachhochschule Seefahrt in Wustrow zugelassen wurden.

Aber dieses wertvolle Reservoir an gestandenen Nautikern der Deutschen Seereederei Rostock hatte letztlich nur aufschiebende Wirkung. Es bewahrt nicht vor einem unleugbar bevorstehenden erneuten Engpaß: Angesichts zunehmender Abwanderungen aus dem Borddienst der großen Fahrt und des Erreichens der Altersgrenze vieler Kapitäne tritt nach Mitte des jetzigen Jahrzehnts eine Situation ein, an der kein Augenschließen vorbeihilft. Ob wir es wahrhaben wollen oder nicht:

»Unsere Handelsflotte – gemessen nach wirtschaftlichem Eigentum – besteht heute aus ca. 2.300 Schiffen mit ca. 31 Millionen BRZ (Bruttoraumzahl). Das ist gemessen nach Tonnage eine Verdopplung in nur fünf Jahren. Nach Griechenland und Norwegen ist die deutsche Handelsflotte inzwischen in Europa die drittgrößte – und dieser Platz ist nicht nur zu halten, sondern vielleicht sogar noch auszubauen.«*

Laut dem Gesetz ist ein Marineoffizier, der Jahre oder sogar Jahrzehnte als Navigationsoffizier und schließlich sogar als Kommandant große Kriegsschiffe auch in überseeischen Gewässern geführt oder sogar Weltreisen mit ihnen vollbracht hat, in der zivilen Seeschiffahrt nichts anderes als ein Vollmatrose oder, wie man heute sagen müßte, Schiffsmechaniker.

Die nautisch dem zivilen Patentexamen AGW (Seesteuermann auf großer Fahrt) gleichwertige Offizier-Hauptprüfung an der Marineschule wird außerhalb der Marine nicht anerkannt.

Die allzu dürftige Begründung des Gesetzgebers lautet, daß ein solcher Nautiker im Fach Ladungskunde nicht unterrichtet worden sei und keine Erfahrung auf ladungstragenden Schiffen erwerben konnte.

Der simple Ausweg hätte sich schon vor Jahrzehnten angeboten: Ein Ex-Marineoffizier wird zwei Reisen lang als nautischer Assistent dem Ladungsoffizier beigegeben. Nach solchem »Learning on the job« absolviert er eine Zusatzprüfung in den Fächern Ladungskunde und Seeversicherungsrecht und rückt danach zum 3. Offizier auf.

Das Argument mit der »fehlenden Ladungspraxis« ist ohnehin an den Haaren herbeigezogen. Wenn nämlich jemand Jahre nur auf Tankern gefahren ist, dann ist ihm der Ladungstransport eines Fruchtkühlschiffes ebenso ein Buch mit sieben Siegeln wie einem vormaligen Massengutfahrer die Lade- und Löschvorgänge eines Containerschiffes.

Auf der einen Seite also besorgniserregender, sich immer deutlicher abzeichnender Mangel an nautischen Fachkräften, auf der anderen Seite einschlägig erfahrene »Kollegen« dieses Metiers, die nach Beendigung ihrer befristeten Dienstzeit als Zeitoffiziere bei der Marine gern weiter zur See fahren möchten, aber eben dieses im Sinne ihrer erworbenen Qualifikation als Offizier nicht dürfen.

Den gordischen Knoten vermochte Nikolaus H. Schües, seit 1997 Partner und Geschäftsführer der Reederei F. Laeisz, zu durchschlagen. Ihm wurde bei einer Informationswehrübung für Führungskräfte der Wirtschaft in Flensburg ein nachhaltiges Aha-Erlebnis zuteil: Er war an Bord von Schiffen der Deutschen Marine mit hochmotivierten, hervorragend ausgebildeten, tatkräftigen und verantwortungsbereiten Zeitoffizieren zusammengekommen. Diese »Zet-Zwölfer« waren von einer Kategorie, wie sie sich ein Seeverkehrsunternehmen nur wünschen kann. Diese hätten in der zivilen Seeschiffahrt nach zwölf Jahren Dienstzeit bei der »Grauen Dampfercompagnie« und damit in den besten Jahren ihres Lebens – allenfalls als Mannschaftsdienstgrade anheuern dürfen. Die Groteske war offensichtlich.

---

* Originalzitat aus der Dankansprache des Seniors Nikolaus W. Schües nach seiner Ernennung zum 12. Ehrenkapitän der Hamburger Museumsbark RICKMER RICKMERS am 6. September 2003.

Doch wo ein Wille ist, ist bekanntlich auch ein Weg: Beim sicherheitspolitischen Seminar des Deutschen Marine-Instituts (DMI) wurde im Rahmen der Hanse Sail 2001 in Rostock von dem höchst intensiv seebefahrenen Amtschef des Marineamtes, Konteradmiral Wolfgang Nölting, und Nikolaus H. Schües der entsprechende »Koop«-Vertrag zwischen der Deutschen Marine und der Reederei zur Verbesserung von Ausbildungs- und Qualifizierungsaktivitäten geschlossen.

Das Seepersonal ist ein wesentlicher Schlüssel für ein erfolgreiches Schiffsmanagement. Es handelt sich praktisch um einen »Triple-Win-Vertrag«. Es wird also drei Gewinner geben: Zeitoffiziere mit gesicherter Zivilverwendung, die künftig vor Abwerbungsversuchen der zivilen Seite bewahrte Marine und die in personelle Bedrängnis geratenden deutschen Reedereien.

Den Schües-Argumenten ist wohl nichts hinzuzufügen:

»Auf dem Gebiet der maritim geprägten Berufe des Seeverkehrs, aber auch der maritimen Forschung gibt es vergleichbare, vielfältig sich überschneidende Interessensbereiche mit den Ausbildungs- und Qualifizierungsaktivitäten der Deutschen Marine. Die besonderen Strukturen und Rahmenbedingungen der maritimen Berufswelt, aber auch die regional unterschiedlichen (!) Zuständigkeiten haben bisher ein mit den landgebundenen Aktivitäten vergleichbares Zusammenwirken erschwert. Damit konnte das seitens der Deutschen Marine in ausscheidende Zeitsoldaten investierte Qualifikationspotential durch die zivilen maritimen Interessenbereiche nur in geringem Maße genutzt werden. Der Vertrag zielte darauf ab, ein ganzheitliches maritimes Berufsbild aufzubauen, in dem die Ausbildung und ein zeitlich begrenzter Dienst in der Deutschen Marine, gefolgt von weiterer Qualifizierung, in die Verwendungsbereiche der deutschen Seeschiffahrt möglichst reibungslos übergeleitet wird.«

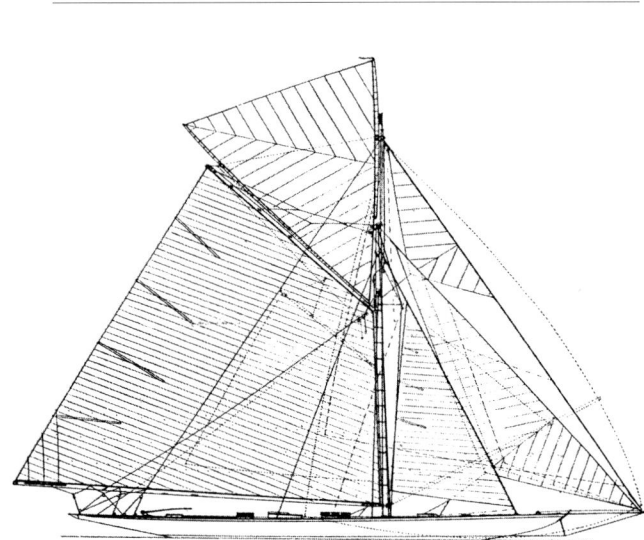

Auch Förderung des Segelsportes hilft mit, junge Menschen für die Seefahrt zu motivieren. Aus vollem Herzen unterstützt die Reederei F. Laeisz auch die Restaurierung der letzten noch vorhandenen gaffelgetakelten Yacht vom großen Typ 12 KR, die 1908 von Max Oertz gebaut wurde.

Dieses auf den Namen HETI getaufte, im Laufe von fast 100 Jahren marode gewordene aber historisch wertvolle »Schiff« wurde durch die Aktion »Jugend in Arbeit e. V.« unter fachgerechter Anleitung von sieben Tischler- und Bootsbauer-Lehrlingen restauriert. Die HETI wird Teil der von Laeisz mitgetragenen »Stiftung Hamburg Maritim« und später in der Hafen City zu besichtigen sein.

Wenn die Yacht wieder segelfertig ist, dürfte es alljährlich von den Teilnehmern des Hamburger Hafengeburtstages begeistert begrüßt werden und künftig bei den Niederelbe-Regatten mit jüngeren Exemplaren der Kreuzer-Rennformel-Klasse 12 die Kräfte messen.

Führend in der Polarforschung

Es erregt immer wieder einiges Aufsehen, wenn Besucher des Deutschen Schiffahrtsmuseums in Bremerhaven im davorliegenden Alten Hafen die dort vertäute, noch immer temporär wieder in Fahrt kommende »Nordische Yacht« GRÖNLAND als ältestes deutsches Segelschiff vorgestellt bekommen und dabei zugleich erfahren, daß mit diesem kleinen Schiff schon 1868 der damals erst 31jährige Kapitän Carl Koldewey die erste deutsche Arktis-Expedition unternommen hat. Sie führte in die Gewässer von Grönland und Spitzbergen.

Damit begann sich mit ersten tastenden Schritten die Vision des Professors Dr. August Petermann zu erfüllen, der drei Jahre zuvor auf der Geographen-Versammlung in Frankfurt die anwesenden Fachkollegen beschworen hatte, der Erforschung des Polarbeckens als der »bedeutendsten geographischen Aufgabe, die es auf unserer Erde noch zu lösen gibt«, die notwendige Aufmerksamkeit zuzuwenden. Und er fügte hinzu: »Nicht bloß, daß ein Raum, … etwa so groß wie der gesamte Kontinent Australien, noch völlig unbekannt ist und in seinen topischen (sprich topographischen) Grundzügen der Entdeckung harrt, sondern die mit jedem Tage wichtiger und gemeinnütziger werdende Meteorologie (!), Hydrographie, die Meeresströmungen, der Erdmagnetismus, die Zoologie, Botanik und Ethnographie zu erfassen sind. Sie kulminieren mit ihren interessantesten Problemen in der zentralen arktischen Region und haben dort ihren Kern und Schlüssel.«

Diese geradezu seherisch richtigen Erkenntnisse ergänzte gleich am nächsten Tag der deutsche Geophysiker Dr. Georg Neumayer dadurch, daß er »auf ein zweites, nautisch-geographisches Problem die Aufmerksamkeit« lenkte: »auf die Erforschung (auch) der antarktischen Regionen«.

Der Frankfurter Geographenkongreß des Jahres 1865 mit den unüberhörbaren Forderungen der beiden namhaften Wissenschaftler kann mit Fug und Recht als Geburtsstunde der deutschen Polarforschung bezeichnet werden. Tatsächlich war der deutsche Beitrag zur Erforschung der Polargebiete weitaus bedeutender als er hierzulande der breiten Öffentlichkeit bewußt ist. Vielleicht liegt das auch daran, daß sich Deutschland nicht an spektakulären Wettrennen zum Nordpol und Südpol beteiligt hat, sondern mehr in der Stille die wissenschaftlichen Aufgaben in den Vordergrund stellte. In der Arktis initiierte der deutsche Geophysiker Dr. Alfred Wegener 1929/1930 die erste große Überwinterungsexpedition auf dem grönländischen Inlandeis und krönte damit die bedeutenden Vorarbeiten von Dr. Emil Bessels, Dr. Erich von Drygalski, von Carl Koldewey (auf seiner zweiten Expedition) und anderer.

Dr. Wilhelm Dege erforschte auf seinen Expeditionen 1936, 1937 und 1938 West- und Nordspitzbergen und 1944/1945 (!) das zum gleichen Archipel gehörende Nordostland. In der Antarktis wurden die von Dr. Erich von Drygalski 1901–1903 mit dem Forschungsschiff GAUSS und die 1910–1912 von Dr. Wilhelm Filchner mit dem Forschungsschiff HAMBURG durchgeführten Expeditionen ebenso richtungweisend und bedeutend wie die von Kapitän Alfred Ritscher 1938–1939 mit dem Lufthansa-Katapultschiff SCHWABENLAND vollbrachte. Mit Hilfe der beiden an Bord mitgeführten, für diesen speziellen Zweck umgebauten Flugboote des Typs Dornier WAL gelang die Entdeckung von Neu-Schwabenland und die photogrammetrische Erfassung von 350.000 qkm unbekannten antarktischen Gebietes.

Wohl nur Eingeweihten ist bekannt, daß die Ritscher-Expedition Deutschland die Aufnahme in den »Antarktis-Club« ermöglichte, nämlich die Unterzeichnung des internationalen Antarktis-Vertrages von 1959. Sie stand nur Nationen offen, die in den letzten 30 Jahren vor Ratifizierung dieses Vertragswerks gravierende Leistungen zur Erforschung des 6. Kontinents erbracht hatten.

Der Neuanfang der deutschen Polarforschung wuchs mehr und mehr aus einem Stückwerk vormaliger Einzelaktionen zu einem Gemeinschaftswerk von Fachinstituten zusammen. Dabei brachte das Deutsche Hydrographische Institut (DHI, heute aufgegangen in der Bundesanstalt für Seeschiffahrt und Hydrographie, BSH) seinen seit 1896 einschlägig erfahrenen Eisdienst ebenso mit ein wie sein 1964 in Dienst gestelltes Forschungsschiff METEOR.

Auch das Fischereiforschungsschiff WALTHER HERWIG, der Bundesanstalt für Fischereiforschung gehörend, nahm an zwei wichtigen Polarprogrammen teil. Es reiste 1975 als erstes deutsches Expeditionsschiff nach dem Zweiten Weltkrieg ins Südpolarmeer. Es befaßte sich mit der Erfassung der Krillbestände und einer vielleicht möglichen Nutzbarmachung dieser beträchtlichen Eiweißreserven.

Die westdeutsche, in Hannover ansässige Bundesanstalt für Geowissenschaften und Rohstoffe (GBR) charterte das geoseismische Forschungsschiff EXPLORA und begann 1977–1978 mit offshore-geophysikalischen Arbeiten im südpolaren Weddell-Meer.

Zu jener Zeit herrschte ein besonderer Pioniergeist. Erstmals seit der SCHWABENLAND-Expedition hatte mit der »German Antarctic North Victoria Land Expedition« (GANOVEX) eine deutsche wissenschaftliche Unternehmung das antarktische Festland zum Ziel, als Expeditionsschiff mußte der eisbrechende Bohrinsel-Schleppversorger SCHEPELSTURM dienen. Die GANOVEX I war 1978–1979 Auftakt für mehrere Expeditionen ähnlicher Art. Sie fiel zusammen mit der 1979 gefällten Entscheidung der Bundesregierung über ein breitgefächertes, koordiniertes Antarktis-Forschungsprogramm, das gemeinsam mit der Deutschen Forschungsgemeinschaft, dem Max-Planck-Institut, den Universitäten und der Industrie gemeinsam erarbeitet wurde.

1980 wurde in Bremerhaven das Alfred-Wegener-Institut (AWI) für Polarforschung gegründet, in das 1985 auch das Institut für Meeresforschung Bremerhaven eingegliedert wurde. In dieser Großforschungseinrichtung AWI mit dort tätigen 250 Mitarbeitern entstand ein Zentrum für eigene und die Koordinierung fremder Forschungsprojekte, das zugleich längst weltbekannt gewordene Kontaktstelle für internationale Vorhaben und das eigentliche Logistik-»Hauptquartier« für die gesamte Polarforschung Deutschlands ist. Es hat keineswegs nur Symbolcharakter, daß der Bau des AWI-Gebäudes genau am 9. Dezember 1982 begann, an dem der Forschungseisbrecher POLARSTERN in Dienst gestellt wurde.

Der Bundesminister für Forschung und Technologie hatte seinerzeit den Bauauftrag an die Arbeitsgemeinschaft Howaldtswerke/Deutsche Werft AG (HDW) Kiel und Werft Nobiskrug, Rendsburg, erteilt. Dieser größte jemals gebaute Eisbrecher Deutschlands ist mit der Wasserverdrängung von 16.000 t ein High-Tech-Spitzenprodukt und gilt nach wie vor als das leistungsfähigste Polarforschungsschiff der Erde. Seit ihrer Indienststellung hat die POLARSTERN 40 Expeditionen in die Arktis (21) und Antarktis (20) abgeschlossen. An rund 320 Tagen im Jahr bereist sie zwischen November und März die antarktischen und im Nordmeer die arktischen Gewässer.

Vier umsteuerbare Mittelschnelläufermotoren von je 3.670 kW (4.991 PS) Leistung treiben eine Verstellpropeller-Doppelanlage dieselmechanisch mit elastischer Kupplung an. Die Konstruktion ihres Stahlschiffskörpers wurde für die hohen Belastungen ausgelegt, die beim Eisbrechen im Rammverfahren bei zwei und mehr Metern Festeisdicke auftreten oder beim Einfrieren des Schiffes durch Eispressungen entstehen können.

Die Außenhaut der POLARSTERN weist im Eisgürtel eine Plattenstärke von 43,5 Millimetern (!) auf. Die Notwendigkeit, einen auch für Temperaturen von −50° Celsius noch geeigneten Stahl mit ausreichender Sprödbruchsicherheit verwenden zu müssen, stellte metallurgisch und schweißtechnisch höchste Anforderungen.

Die in arktischen sowie antarktischen Gewässern meistbefahrene Publizistin Dr. Christine Reinke-Kunze hat in ihrem hervorragenden Buch »Aufbruch in die weiße Wildnis« die Atmosphäre an Bord sehr lebendig zu schildern vermocht: »Krachend schiebt sich der breite Bug der POLARSTERN auf die schneebedeckte weiße Fläche einer großen Eisscholle. Für Sekunden scheint selbst die Natur vor Spannung den Atem anzuhalten – dann birst das Eis unter dem Druck von 16.000 Tonnen Stahl. Langsam – wie im Zeitlupentempo – sinkt der Rumpf in das Eis hinein. Und ebenso langsam

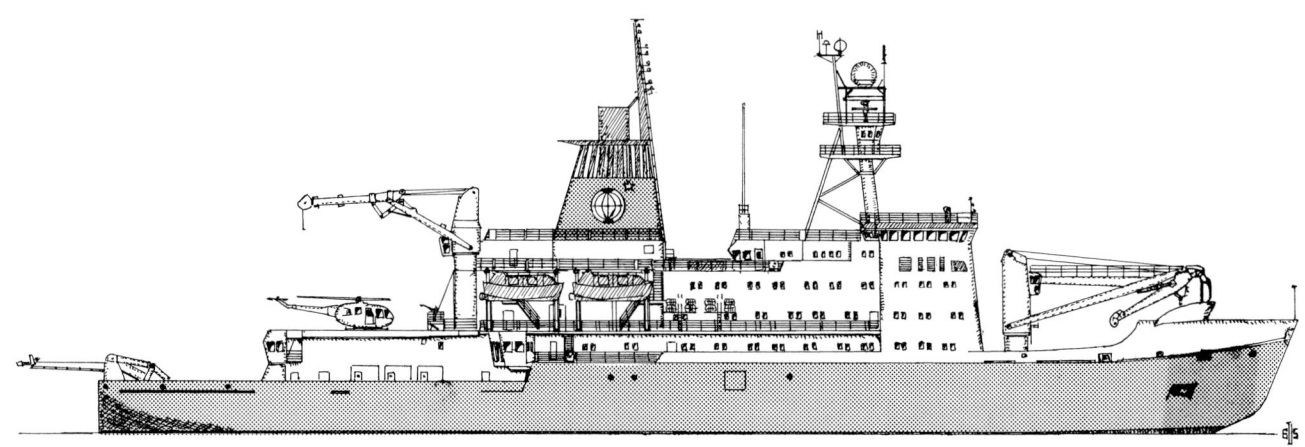

Polarforschungsschiff Großeisbrecher POLARSTERN, 19.964 PS

bricht der Eispanzer auseinander, spaltet sich: Wie von Geisterhand dirigiert, öffnet sich für das Schiff eine schmale schwarze Fahrrinne. Unter donnerndem Getöse bricht ein Eisstück an der Kante ab. Die türkisblaue Unterseite dreht sich nach oben, Licht bricht sich darin, millionenfach gleißend, es ist der rötliche Schein der Mitternachtssonne. Minutenlang schrammt die POLARSTERN weiter durch die schmale Rinne. Dann stößt ihr Bug erneut auf Eis. Das Spiel beginnt von vorn. Unzählige Male noch wird es sich wiederholen …«

Während der ersten Antarktis-Expedition im südpolaren Sommer 1982/1983 hatte das Schiff seine Bewährungsprobe glänzend bestanden. In kontinuierlicher Fahrt durchschnitt die POLARSTERN 1,5 m »mächtiges« Festeis, während sie fast vier Meter starke Eisplatten mit Schneeauflage in schrittweise durchgeführten Vor- und Zurückmanövern bezwang. Und der damalige Expeditionsleiter sagte aus: »Selbst bei sechs Meter hohem Eis schob sich das Schiff wie eine Robbe auf das Eis und knabberte es stückweise an. Bei dieser ersten Expedition vollbrachte die POLARSTERN die erste systematische Ost-West-Durchquerung der zentralen Weddellsee.«

Einige Jahre später erreichte die POLARSTERN als einziger Eisbrecher mit konventionellem Antrieb sogar den Nordpol – was in Fachkreisen zur Sensation wurde.

Schon vorher hatte dieser Herkules unter den Schiffen im Norden von Spitzbergen auch das Brechen von 7–12 m mächtigen Preßeisrücken problemlos gemeistert. Es war nicht schwieriger als das Durchbrechen von Preßeisrücken aus weichem einjährigen Meereis, weil in dem spröden Eis sich Risse leichter ausbreiten und das Eis in viele kleine Stücke zerfällt.

In der Konstruktionsphase hatten sich also die Modellversuche im Eistank der hamburgischen Schiffbau-Versuchsanstalt weitgehend als exakte Vorhersage für die Funktion der Großausführung bestätigt.

Es hatte sich ausgezahlt, daß man in systematischen Testreihen 15 verschiedene Vorschiffsformen sowie mehrere Mittel- und Hinterschiffe hinsichtlich der günstigsten Eisbrechleistung untersucht hatte, ehe man sich konstruktiv endgültig festlegte. Jedenfalls dürfte sich die Investition von 59,5 Millionen Euro (118 Millionen DM) in die POLARSTERN gelohnt haben.

Das Schiff ist für biologische, geologische, geophysikalische, glaziologische, chemische, ozeanographische und meteorologische Forschungsarbeiten ausgerüstet und verfügt über neun wissenschaftliche Labors.

Zusätzliche Laborcontainer können auf und unter Deck gestaut werden. Kühlräume und Aquarien erlauben den Transport von Proben und lebenden Meerestieren.

Das Schiff hat eine Besatzung von 44 Personen und bietet Arbeitsmöglichkeiten für 50 Wissenschaftler und Techniker. Wie international die wissenschaftliche Arbeit auf der POLARSTERN vor sich geht, das mag an einem Zahlenbeispiel erhärtet werden. Bei den von Oktober 1988 bis März 1989 im Südpolarmeer durchgeführten Feldarbeiten beteiligten sich 130 Wissenschaftler von 44 Instituten aus 11 Ländern. Im Vordergrund der damaligen »European POLARSTERN Study«, abgekürzt EPOS, stand die Erforschung der komplexen Zusammenhänge des antarktischen Ökosystems. Es waren also wissenschaftliche Instrumente von höchster Präzision und Forschungsprogramme unterschiedlichster Art zu handhaben und zu erfüllen.

Die komplizierte Disposition, die nautisch-technische Besetzung und Betreuung sowie die perfekte Ausrüstung für monatelange Reisen ohne Ergänzungsmöglichkeiten erfordert die Bereederung durch ein Seeverkehrsunternehmen höchster Qualität.

Und so spricht es sich allmählich herum, daß die POLARSTERN das Wappen der Reederei F. Laeisz führt. Das Alfred-Wegener-Institut für Polar- und Meeresforschung hat wohlweislich diese in weltweiten Einsätzen aller Transportarten erfahrene private Schiffahrtsgesellschaft mit der Bereederung dieses Flaggschiffs der internationalen Polarforschungsflotte beauftragt.

Ein Schiff dieses Komplikationsgrades an technisch-wissenschaftlicher Ausrüstung, personeller Besetzung und exakter Dispositionsnotwendigkeit auch unter extremen Klimaverhältnissen erfordert weitaus mehr als eine Schiffsbereederung im herkömmlichen Sinne. Sie konnte keinesfalls eine Art Appendix in einem Konzern sein. Hier mußte ein eigener Fachstab kompetenter Sachkenner mit Polarerfahrung und der nautisch-technische Apparat eines vielfach spezialisierten Seeverkehrsunternehmens eine organisatorische Symbiose bilden und die gestellten Aufgaben ebenso unbürokratisch, in voller Erkenntnis ihrer Tragweite und in ständiger Zusammenarbeit mit allen einschlägigen Fachinstituten des In- und Auslands, meistern können. Jede Art von Routinearbeit versagt in solchem Metier.

Feste antarktische Station(en)

Daß eine ständig besetzte Antarktis-Station einschließlich jeweiliger Überwinterungen von Forscherteams unabdingbar ist, war jedem Experten klar. Auch bestand Einigkeit in der Zielsetzung, in wissenschaftliches Neuland vorzudringen. Man wählte den zentralen Sektor der Westantarktis dafür aus und wußte sehr wohl, was man damit auf sich nahm. Aufgrund der Schwere des Packeises zählt diese Region im südwestlichen Weddell-Meer zu den unzugänglichsten überhaupt. Der Leiter des Bereiches Logistik im Alfred-Wegener-Institut, Dr. Heinz Kohnen, hatte es wohl am treffendsten ausgedrückt: Man hatte sich »die Eigernordwand der Antarktis als Feld künftiger Aktivitäten ausgesucht«. Auf dem westlichen sowie dem zentralen Filchener-Schelfeis hatte es noch keine Forschungsstation gegeben, auch Expeditionen hatten diesen weitgehend noch »jungfräulichen« Raum kaum berührt.

Dr. Christine Reinke-Kunze erläutert diese Standortwahl präzise: »Das Filchner-Schelfeis ist mit über 500.000 qkm Fläche nächst dem Ross-Schelfeis das größte seiner Art überhaupt. Die großen Schelfeisgebiete stellen die Hauptausflußbereiche des Inlandeissees dar und sind für die Massenbilanzen von entscheidender Bedeutung. Diese wollten die Meteorologen für die atmosphärische Zirkulation, den

Das Filchner-Schilfeis ist mit über 500.000 qkm Fläche das größte seiner Art überhaupt.

Energieaustausch und den Transport von Spurenstoffen über den Südatlantik zur Forschungsgrundlage machen, denn kaum eine andere Gegend der Antarktis eignet sich so gut für die Atmosphärenphysiker, den Energieaustausch zwischen Ozean, Eis und Atmosphäre zu beobachten, auch die Beschaffenheit und Dynamik der Magnetosphäre.«

Der richtige Stations-Standort ist beim besten Willen nicht am grünen Tisch zu ermitteln. Es mußten umfangreiche Erkundungen auch vor Ort vorausgehen. Auch war von vornherein gewiß, daß eine Nutzungsdauer nur für etwa 11 Jahre angesetzt werden konnte. Der Stationsort stand auf einem wandernden Untergrund, er würde in dem genannten Zeitraum die Abbruchkante des Schelfeises erreichen. Zum anderen konnte man die zusätzliche Begrenzung für unterirdische Stationen, die sich aus der pro Jahr um etwa 60 cm zunehmenden Belastung durch Schneeüberdeckung ergeben, präzise vorausberechnen.

Anfang März 1981, gerade noch rechtzeitig vor Einbruch des Südwinters, war die auf den Namen »Georg-von-Neumayer-Station« getaufte erste Forschungsstätte bezugsbereit. Aber sie mußte notgedrungen an anderer Stelle errichtet werden, weil eine gewaltige Eisbarriere rund 170 km vor dem Ziel das Durchkommen eines eisbrechenden norwegischen Forschungsschiffes, des Hochseebergungsschleppers TITAN und des Frachtschiffs GOTLAND II unmöglich gemacht hatte (die POLARSTERN gab es ja noch nicht).

Man wurde gezwungen, nordnordöstlich der vorgesehenen Position den Ausweichstandort auf dem Ekström-Schelfeis zu benutzen und die Bauteile der Station in der Atka-Bucht anzulanden.

Zwei je 50 m lange Stahlröhren von je 7,5 cm Durchmesser bildeten Blöcke von isolierten Wohn- und Laborcontainern. Die meteorologische Meßwarte, das geophysikalische Observatorium, eine Funkzentrale, Werkstatt und

Die »Georg-von-Neumayer-Station« war die erste im Eis der Antarktis. Nur Antennenmasten und meteorologisches Instrumentarium blieben davon sichtbar.

Lüfteranlage, Schneeschmelze zur Trinkwassergewinnung und Abwasseraufbereitung, eine Arztstation sowie ein Treibstoff- und Proviantlager bildeten die Station, der Schlaf- und Wohnräume für 30 Personen angegliedert waren. Die »Filchner-Station« als sommerliche Beobachtungswarte auf dem Filchner-Schelfeis und eine ganzjährig betriebene seismologische Außenstation, 150 km von der »Georg-von-Neumayer-Station« entfernt, kamen 1988 hinzu. Alles war rechtzeitig in Gang gebracht und eingespielt worden, als 1986 bei den Klimatologen der ganzen Welt sozusagen die Alarmglocken schrillten: Im Spätwinter des genannten Jahres war die Ozonkonzentration in der hohen Atmosphäre über der Antarktis um 30 bis 40 % gegenüber dem Normalwert zurückgegangen. Das wurde als Vorbote einer grundlegenden Klimaveränderung betrachtet, deren Anzeichen mittlerweile weltweit offensichtlich wurden.

Inzwischen ist die »Georg-von-Neumayer-Station« Vergangenheit. Man hat sie längst durch eine modernere und leistungsfähigere Nachfolgerin ersetzt, die zur Unterscheidung von der Vorgängerin nur noch »Neumayer-Station« heißt. Seit 1996 bereedert die Reederei F. Laeisz nicht nur die POLARSTERN, sondern seit 1999 führt sie auch die deutsche Forschungsstation »Neumayer«. Sie ist gegenüber der ersten Station noch vergrößert worden: »Im Kern besteht sie aus zwei rund 100 m langen, parallelen Stahlröhren von acht Metern Durchmesser, in denen sich alle Container mit Wohnräumen, Küche, Messe und Hospital sowie alle Laboratorien, Werkstätten, die Funk- sowie zwei Energiezentralen befinden. Die ebenso lange Querröhre enthält Vorrats-, Abfall- und Tankcontainer und bietet sogar Stellplätze für die Fahrzeuge. Ein Tunnel verbindet die Station mit einer weiteren Halle, die vom Motorschlitten bis zur Schneefräse alle Fahrzeuge der

Station aufnehmen kann. Die gesamte Konstruktion ist vollständig mit einer Schneeschicht bedeckt, deren Dicke jährlich um ca. 0,8 m zunimmt. Die Station »versinkt« also langsam.« Mit diesen Worten beschreibt die Abteilung Forschung der Reederei Forschungsschiffahrt Laeisz (RFL), Bremerhaven, die neue Station, in der im antarktischen Winter neun, maximal zehn Personen arbeiten. Sie müssen jeweils 14 bis 15 Monate auf der Station bleiben. Während der Überwinterung (März–November) ist die Besatzung auf sich allein gestellt. Die Wetter- und Eisbedingungen des arktischen Winters lassen keinen Schiffs- oder Flugverkehr mehr zu.

Die Kommunikation mit der Heimat erfolgt dann über Funk, Satellitentelefon oder das Internet. Einzige Abwechslung bringen damals wie heute Abfahrt und Ankunft der Eisbrecher sowie die Feste zu Weihnachten und Neujahr sowie das im folgenden beschriebene Mittwinterfest.

Die »Neumayer-Station« beherbergt drei Observatorien. Das meteorologische ist als Strahlungs- und Klimastation konzipiert … Seit 1992 gehören ebenfalls vertikale Ozonprofile zum Meßprogramm.

Das geophysikalische Observatorium zeichnet Erdbeben aus der ganzen Welt auf und registriert kontinuierlich die zeitlichen Veränderungen des Erdmagnetfeldes sowie die Gezeitenbewegungen des Schelfeises.

Im luftchemischen Observatorium werden atmosphärische Spurengase wie z.B. Ozon und winzige Staubteilchen in der Luft gemessen. Die isolierte Lage macht es zu einem wertvollen Meßplatz unter extremen Reinluftbedingungen. Das Forschungsprogramm ist flexibel, so daß neue Nachweismethoden und aktuelle Probleme der Luftchemie rasch einbezogen werden können … Über ihre Aufgaben als wissenschaftliche Observatorien hinaus dient die Station als logistische Basis für Expeditionen ins Landesinnere. Die »Neumayer-Station« ist ebenso wie der Forschungseisbrecher der Sicherheitstechnik und Überwachung des Germanischen Lloyd zugeordnet. Die Logistik-Probleme der Station ähneln denen eines Schiffes.

Am 7. Juni 2002, im Anschluß an die Werftliegezeit nach Rückkehr aus der Antarktis, fand an Bord der POLARSTERN, in Bremerhaven anläßlich der zu Ende gehenden Generalreparatur ein großes Fest des Alfred-Wegener-Instituts statt, zu dem die Besatzung und alle Beschäftigten der Reederei F. Laeisz in Bremerhaven eingeladen waren. Man feiert mit diesem Fest zugleich – das ist mittlerweile zur Tradition geworden – das Mittwinterfest der einsamen Überwinterer in der fernen Antarktis. Dazu werden jeweils alle Überwinterer der vergangenen Jahre ebenfalls eingeladen. Und so bevölkerten ungefähr 500 Gäste das Arbeitsdeck, die Laderäume und – zum Tanzen – das Helideck. Bei einem ausgezeichneten kalten Buffet, zubereitet von allen Köchen der POLARSTERN, bei gutem Bier und Wein sowie unter Mitwirkung dreier Kapellen wurde das Fest zum ausgesprochenen Höhepunkt der Liegezeit jenes Schiffes, das genau anno 2002, im Jahr der Geowissenschaften, seinen 20jährigen Geburtstag feierte und seither zwischen den Polen mehr als eine Million Seemeilen zurückgelegt hat.

Am 9. Juni 2002 fand ein »Tag der offenen Tür« auf der POLARSTERN statt, die von 5.000 Besuchern überschwemmt wurde.

Während dieses Buch erscheint, ist die POLARSTERN längst wieder zu ihrer 21. Antarktis-Expedition unterwegs. Zehn der an Bord befindlichen 60 Wissenschaftler werden auf der zuerst angesteuerten Neumayer-Station überwintern. Auch auf der langen Anreise zum sechsten Kontinent herrscht auf dem Schiff kein Müßiggang: Auf der gesamten Fahrt entlang der afrikanischen Küste soll die Verteilung von Saharastaub in der Atmosphäre gemessen werden. Die Diagnose des Patienten Erde wird gewissenhaft immer gründlicher erarbeitet, zum Wohle von uns allen.

Ebenso wie das Forschungsschiff Uthörn werden auch die Forschungskutter AADE, der Forschungskatamaran MYA und das Tauchereinsatzboot DIKER für die Biologische Anstalt Helgoland von Laeisz bereedert.

Naturschönheit pur

Als die Berliner Philharmoniker unter Stabführung ihres Gastdirigenten Kurt Masur in der Nacht vom 2. zum 3. Oktober 1990 im Schauspielhaus am Berliner Gendarmenmarkt Ludwig van Beethovens Neunte Symphonie und damit das »Lied an die Freude« intonierten, gab es die sicherlich höchste Einschaltquote unserer bisherigen Fernsehgeschichte. Das Konzert war Höhepunkt des Festaktes aus Anlaß der Wiedervereinigung beider deutscher Nachkriegs-Teilstaaten.

Die auch jenseits unserer Landesgrenzen und sogar des Atlantiks auf den Bildschirmen miterlebte und bewunderte friedliche Revolution der DDR-Bevölkerung trug ihre Früchte. Zwischen Saar und Oder gab es fortan nur noch ein Deutschland ohne trennende Grenze. Und es war bereits zu diesem Zeitpunkt klar, daß Deutschland von der Westgruppe der Roten Armee geräumt wird.

Inzwischen sind alle vier Hansestädte des »Wendischen Quartiers« längst wieder vorzeigenswert. Die Bürger von Wismar, Rostock, Stralsund und Greifswald haben mit Genugtuung oder sogar Stolz den Buchstaben »H« für Hansestadt in ihrem Autokennzeichen, nach dem vorher heimlich beneideten Muster ihrer hansischen Schwesterstädte Hamburg, Bremen und Lübeck.

Die vier oberen Etagen des umgebauten Hochhauses »Lange Straße 1« sind Rostocker Firmensitz der Reederei F. Laeisz.

Zügig wurde renoviert und restauriert, die Geschäftsstraßen, Restaurants und Cafés der Ostseestädte sind voller Leben. Die Hansestadt Rostock kann wieder ohne ironischen Beigeschmack an die frühere Bedeutung erinnern. Ihre bereits 1419 gegründete Universität ist die älteste von Nordeuropa und als »Leuchte des Nordens« ein Begriff. Die imposante Kirche von St. Marien steht mit ihrer sanierten Bausubstanz wieder ebenbürtig neben den großen Marienkirchen von Lübeck, Stralsund, Greifswald und Danzig – sämtlich repräsentative Gotteshäuser der deutschen Kaufmannschaft. Alljährlich bringt die hervorragend organisierte und in ganz Deutschland zum Begriff gewordene »Hanse Sail Rostock« mit ihren großen Veranstaltungen und Windjammerparaden jeweils weit über eine Million Besucher an die Warnow. Unweit des Kröpeliner Tores, am Anfang der Langen Straße, hatte man 1963 in Rostock das zwölfstöckige »Haus der Schiffahrt« als Zentrale der staatlichen Deutschen Seereederei (DSR) errichtet. Nach 1993 mußte der privatisierte Seereederei-Konzern, der in dieser Form bis 1998 existierte, zunächst mit einem dafür hergerichteten Gebäude im Rostocker Überseehafen vorlieb nehmen. Das Hochhaus in der Langen Straße 1 wurde ab 1990 kontinuierlich asbestentsorgt und nach modernen Ansprüchen, von der Wärmedämmung bis zur Verkabelung, renoviert. Noch im Jahre 2002 konnte die Reederei F. Laeisz die stilvoll neugestalteten oberen vier Etagen des Hochhauses beziehen und damit den Firmensitz wieder ins Zentrum der Hansestadt Rostock verlegen.

Die beiden Laeisz-Standorte Hamburg und Rostock bringen mit sich, daß die oberste Geschäftsleitung abwechselnd in beiden Städten zu tun hat. Außerdem mußte aus organisatorischen Gründen mehr als ein Hamburger von der Elbe an die Warnow umziehen. Aber das Fremdsein in dieser wieder aufgeblühten Hansestadt Rostock dauerte bei keinem lange. Sehr bald begriff jeder Neu-Rostocker die ideale Lage dieser traditionsreichen 200.000-Einwohner-Stadt. Eine Perlenkette von Ostseebädern liegt im Nahverkehrsbereich – vom direkt zur Hansestadt gehörenden Warnemünde bis hinüber nach Heiligendamm, Kühlungsborn oder Rerik auf der einen oder nach Markgrafenheide, Graal-Müritz oder Dierhagen auf der anderen Seite. Die gesamte nähere und weitere Umgebung verdient höchste Prädikate. Die von der Weichseleiszeit geprägte anmutige Landschaft mit 2.000 Binnenseen, sanften Moränenhügeln und Höhenzügen, mit Mooren, Wäldern und Heideflächen machen Mecklenburg-Vorpommern zu einem Juwel. Mit insgesamt nur 1,784 Millionen Einwohnern ist dieses Küstenland bei einer Bodenfläche von 23.171 Quadratkilometern das am dünnsten besiedelte und deshalb besonders naturnah gebliebene deutsche Bundesland. Man zählt dort pro Quadratkilometer nur 77 Einwohner, in Nordrhein-Westfalen hingegen 528! Und sogar im benachbarten Schleswig-Holstein findet man immerhin eine Siedlungsdichte von 176 Köpfen pro qkm vor.

Hinter den Halbinseln Fischland, Darß und Zingst sowie den benachbarten Inseln Hiddensee, Rügen, Usedom und Wollin erstreckt sich ein traumhaft schönes zusammenhängendes Wassersportrevier. Die gesamte Boddenkette zwischen Ribnitz-Damgarten und dem Mündungsdelta der Oder ergibt das größte Schilfmeer Europas, das Donaudelta weit übertreffend. Und es ist beglückend, daß es im Einigungsvertrag von 1990 durch Beschlüsse des Bundestages und der Volkskammer noch rechtzeitig gelang, die Nationalparks Vorpommersche Boddenlandschaft, Jasmund/Rügen und Müritz ebenso gesetzlich zu verankern wie die Biosphärenreservate Schaalsee, Mecklenburgisches Elbetal und Südost-Rügen. Die Naturparks Usedom, Mecklenburgische Schweiz und Kummerower See, Nossentiner-Schwinzer Heide und Feldberger Seenlandschaft ergänzen den Reigen. Alle genannten Gebiete werden seitdem vor entstellenden Bodenspekulationen und Betonburgen bewahrt.

Das fünfte deutsche Küstenland beherbergt zwischen Warnow und Stettiner Haff die größte Population von Weißstörchen, Gabelweihen und sogar Seeadlern. Vor allem aber

Eine anmutige Landschaft mit rund 2000 Binnenseen sowie mit einer malerischen Boddenkette, machen das Land zum Juwel.

Kraniche im Anflug auf die Insel Kirr.

bietet es alljährlich im März/April und September/Oktober das faszinierende Schauspiel der Kranichzüge. Zu Tausenden bevölkern diese eleganten Flieger mit ihren zumeist keilförmigen Formationen den Himmel, bevor sie auf dem Weg nach oder von Skandinavien auf frisch besäten oder abgeernteten Feldern einfallen, um nach dortiger Nahrungssuche ihre Nachtruhe zum Schutz vor Füchsen und Wildschweinen stehend im seichten Wasser der Bodden verbringen. Vorpommerns Bodden sind der größte Kranich-Rastplatz Mitteleuropas bei den rund 2.000 km langen Vogelzügen zwischen Spanien bzw. Frankreich und Skandinavien. Die Zugrichtung der seit dem Altertum als Glücksbringer geltenden Kraniche führt in West-Ost-Richtung über die Halbinseln Fischland–Darß–Zingst und von Norden her über Hiddensee. Bis zu 35.000 oder gar 40.000 Kraniche fallen jeweils zur Zugzeit in Vorpommern ein.

Die sogenannte Rügen-Bock-Region im Nationalpark Vorpommersche Boddenlandschaft ist dabei der bedeutendste aller Kranich-Rastplätze. Auf den Nachtplätzen der Zingst vorgelagerten Vogelschutzinseln Bock und Werder schlafen bis zu 25.000 und auf der Insel Kirr bis zu 8.000 Kraniche. Was sich allabendlich vor der in Hohendorf und an den Bodden eingerichteten Beobachtungsstationen vor den Augen des Publikums vollzieht, ist derart großartig, daß man sich eher als Zuschauer eines von Meisterhand gedrehten Naturfilms wähnt und das Erlebte als Wirklichkeit kaum zu fassen vermag.

Stichwort Insel Kirr: Dieses 370 Hektar große Eiland liegt südlich vom Ostseebad Zingst und bildet mit der benachbarten, nur 130 ha großen Insel Barther Oie das bedeutendste Brutgebiet für Wiesen- und Schlammvögel (Lemikolen oder Knutt) im deutschen Ostseebereich. Auch sonst bilden sie ein ausgesprochenes Vogelparadies, in dem Stock-, Löffel-, Kolben- und Schnatterente, Austernfischer, Kiebitz, Rotschenkel, Säbelschnäbler, Uferschnepfe ebenso heimisch sind wie Flußseeschwalbe, Alpenstrandläufer, Kampfläufer, Großer Brachvogel, Bekassine, Zwergmöwe und Kranich. Gemeinsam mit dem Nationalparkamt sorgt Laeisz für die Erhaltung der Kirr-Naturschutzbelange. Die Reederei sponsert während der Brutsaison und der herbstlichen Kranichrast Ornithologen zur Betreuung, aber auch Registrierung und Erforschung der Brut- und Rastbestände. Störungen werden von diesem Schutzgebiet behutsam ferngehalten. Die Wiedervereinigung brachte es mit sich, daß dieses damit möglich gewordene Wohlwollen einer Reederei gegenüber einem Naturwunder kurioserweise zugleich ein Stück Familiengeschichte bedeutet. Zu nicht geringem Erstaunen stellte der Firmenchef Nikolaus H. Schües fest, daß sein Schwiegervater Dr. Wolfgang Schütz der Urenkel jenes Johann Gustav Prützmann ist, der ab 1865 das Rittergut Hoikenhagen unweit des Barther Boddens gepachtet hatte. Dessen Sohn Karl Bernhard, der die Pacht geerbt hatte, zog auf die damals noch landwirtschaftlich genutzte Insel Kirr, zusammen mit seiner Frau Marie, die unweit des heutigen Kranich-Informationszentrums Groß Mohrdorf geboren war. Eins ihrer fünf Kinder, Karl Matthias Ernst Prützmann, auf dem Kirr geboren, wurde von Laeisz zum ersten Kapitän des Seglers PASSAT ernannt und später Amtsvorsteher in Zingst, dessen Verwaltungsaufsicht damit auch die Insel Kirr unterstand. So rundet sich ein Kreis in bezug auf das heutige Vogelparadies, auf dem Nikolaus H. Schües meistens gern übernachtet, wenn er für mehrere Tage in Rostock ist.

Aller guten Dinge sind drei

Auf ungewöhnliche Weise war es der Reederei F. Laeisz beschieden, bestimmte Schiffahrts-Sparten nach zeitweise erzwungener oder für notwendig befundener Abstinenz zum zweiten oder sogar dritten Male mit Erfolg neu zu beginnen. Zählt man richtigerweise die Segelschiffahrt auf der Kap-Hoorn-Route mit dazu, dann ist das Unternehmen im Jahr 2003 tatsächlich zum dritten Mal – genau zum richtigen Zeitpunkt – in der Massengutfahrt aktiv geworden. Bemerkenswert ist, daß es gegenüber der ersten Massengutfahrt mit Chile-Salpeter noch ein weiteres Comeback gegeben hat, und zwar durch die Ammoniak-Fahrt.

Erinnern wir uns: Die Salpeter-Importe aus Chile, einst ausgelöst infolge der durch Justus von Liebig bewirkten Agrarchemie, machten das Zeitalter der künstlichen Düngung mit einer rasanten Steigerung der landwirtschaftlichen Erzeugung möglich. Der für die Pflanzennahrung wichtige Stickstoff – Ausgangselement für die Herstellung von Mineraldünger – ermöglichte durch die Salpetersäure-Ammoniak-Verbindung die Produktion von Kalkammonsulfat. Die starke Nachfrage nach solchem Kunstdünger bescherte Chile – als einzigem Land der Erde mit natürlichen Salpetervorkommen – einen gewaltigen Boom. Er fand sein Ende, als nach dem Ersten Weltkrieg das Haber-Bosch-Verfahren in den Leunawerken bei Merseburg die Erzeugung von Ammoniak aus Luftstickstoff ermöglichte.

Der Flüssiggastanker BUSSEWITZ auf Ballastfahrt im Nord-Ostsee-Kanal. Das Schiff wurde mehrere Jahre nacheinander an erster Stelle mit dem Safety Award von »Norsk Hydro« ausgezeichnet.

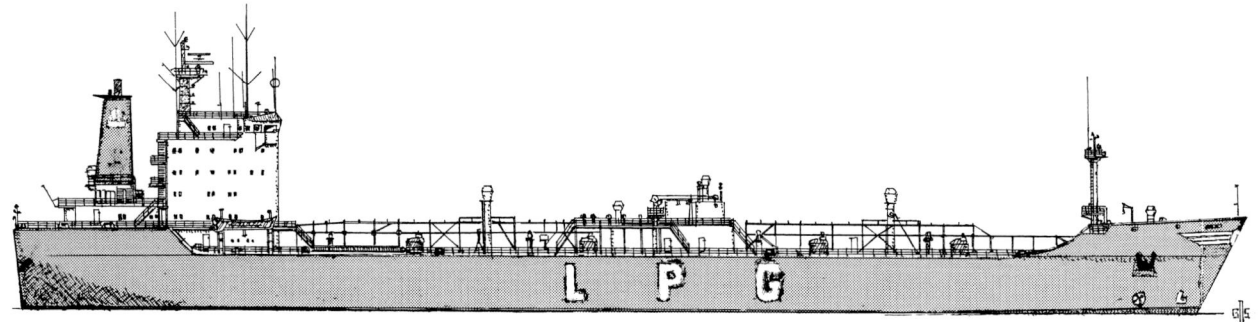

Die positiven und systematisch erworbenen Erfahrungen mit der BUSSEWITZ (siehe oben) gaben den Ausschlag für den Bauauftrag zweier neuer Flüssiggastanker.

Die devisenknappe DDR-Planwirtschaft mußte für den Eigenbedarf und sogar für Exportzwecke die Produktion von Mineraldüngern forcieren. 1985 wurde in Poppendorf bei Rostock das VEB Düngemittelwerk Rostock (DMW) gebaut. Die ebenfalls staatliche Seereederei Rostock (DSR) versorgte das Werk laufend mit druckverflüssigtem Ammoniak, das zumeist auf dem Seeweg herangebracht wurde.

Speziell dafür wurde 1983 der große, mit 14.377 BRZ vermessene Gastanker BUSSEWITZ in Fahrt gebracht. Er importierte Ammoniak* in erster Linie aus Ventspils (Windau) in Lettland, teilweise auch aus Yushni am Schwarzen Meer. Die technisch komplizierte Ammoniak-Flüssiggasfahrt wurde von M/S BUSSEWITZ so präzise gemeistert, daß dieses rot angestrichene Spezialschiff gelegentlich sogar im Crosstrade-Einsatz für Kemira und für die »Norsk Hydro« fuhr.

1991 wurde das Poppendorfer Düngemittelwerk privatisiert und von der Norsk Hydro ASA in Oslo, dem weltgrößten Hersteller von Mineraldüngern, übernommen.

Die jetzige Hydro Agri Rostock GmbH & Co. KG in Poppendorf hat mit ihren modernen Produktionsanlagen im globalen Vergleich hohe Kapazitäten zur Herstellung von Salpetersäure, Ammoniumnitrat-Schmelze, granuliertem Kalkammonsalpeter (KAS), schwefelhaltigen Stickstoffdüngern, Ammoniumnitrat-Harnstoff-Lösung (AHL) und technischem Ammoniumnitrat.

Dank Privatisierung der DSR und dem Erwerb durch Laeisz entwickelte sich die Zusammenarbeit mit »Norsk Hydro« konstruktiv. Die 1983 bei HDW Kiel für die DSR gebaute BUSSEWITZ, zur Zeit der Buchherausgabe in bewährter Weise noch immer in Fahrt, erwies sich als besonderer Erfahrungsträger für diese schwierige Ladungsart, auch im Hinblick auf die künftige Erweiterung der Flüssiggasfahrt. Im gegenwärtigen Kunststoff-Zeitalter müssen immer höhere Quoten von druckverflüssigten Gasen der sog. C 3- und C 4-Schnitte über See verschifft werden. Es handelt sich um Propan, Propylen, Butan-n und Butan-i, Butadien und Butylen, die in Mineralölraffinerien als Nebenprodukte (sog. »Raff-Gase«) anfallen und zur weiterverarbeitenden Industrie zu transportieren sind.

Enger Erfahrungsaustausch und planerisches Einvernehmen führten dazu, daß im Jahr 2003 von »Norsk Hydro« und Laeisz gemeinsam die Bauaufträge für zwei neuartige große Flüssiggastanker bei der Werft Hyundai Heavy Industries in Ulsan/Korea unterzeichnet werden konnten. Die beiden rund 205 m langen 16-Knoten-Schiffe werden im November 2004 und Januar 2005 abgeliefert und als POLAR VIKING und PACIFIC VIKING von Laeisz bereedert in »Norsk-Hydro«-Langzeitcharter fahren.

Aller guten Dinge sind auch auf einem anderen Sektor drei: Nach der erfolgreichen Kamerun-Bananenfahrt, die durch den Kriegsausbruch 1939 ein jähes Ende fand, orientierten sich Laeisz und die AFC ab 1951 mit dem zweiten Aufbau einer Flotte von Kühlschiffen vor allem in der Bananenfahrt neu, zunächst mit Schwerpunkt Ecuador. Aber die 1993 in Brüssel diktatorisch beschlossene und in diesem Buch als unsinnig gebrandmarkte Marktordnung für Bananen, mit erzwungenen Schutzquoten für deren Einfuhr aus mit Frankreich und Großbritannien assoziierten Territorien, verringerte den Bananenkonsum in Deutschland um 40%. Der Schwarzhandel mit zugeteilten Einfuhrlizenzen für sogenannte Dollarbananen nahm so absurde Ausmaße an, sodaß es schließlich 2001 zu einer neuen, alle EU-Länder, die USA und die Produktionsländer zufriedenstellenden Regelung kam.

---

* Gasförmiges Ammoniak läßt sich bei einer Temperatur von 20° Celsius bei nur 8–9 at verflüssigen. Es siedet unter stärkstem Wärmeverbrauch bei –33° C. Dieses Ladungsgut reagiert weitgehend atypisch und erfordert besonderen Umgang.

Fruchtkühlschiffe
PILGRIM, PITTSBURG, PRIDE UND PRIVILEGE

So mag es keine Verwunderung hervorgerufen haben, daß die Reederei F. Laeisz im Jahr 2003 mit den vier hochmodernen Fruchtkühlschiffen PILGRIM, PRIDE und PRIVILEGE sowie mit der PITTSBURG ex CRYSTAL PIONEER gezielt wieder in der Bananenfahrt aus Mittelamerika, Kolumbien und sogar Ecuador tätig ist.

Die »Barometer« trogen nicht: Die Zentralstelle für Marktforschung und Preise in der Gesellschaft für Konsumforschung konnte schon im Jahr 2002 eindeutig feststellen, daß in Deutschland der Pro-Kopf-Verbrauch von Bananen bei 12,13 kg angelangt war. Mehr denn je steht beim Obstverzehr die »Frucht mit dem Reißverschluß« im Beliebtheitsgrad hinter den Äpfeln (17,4 kg) an zweiter Stelle.

Alle Anzeichen sprachen dafür, wieder einmal antizyklisch zu reagieren:

Der Bananenhandel hat sich normalisiert. Zugleich gibt es ab Mai 2004 zehn neue EU-Länder, für die auch der Neuzugang für den Bananenkonsum verläßlich geregelt werden muß. Der Bedarf ist groß. Die Renaissance der Bananenfahrt ist eine aussichtsreiche Option für Laeisz.

Goethe hatte wohl recht mit seiner These: »Es kommt vor allem darauf an, daß man die anderen überdauert.«

Generalplan und Raumaufteilung der beiden neuen Flüssiggastanker POLAR VIKING *und* PACIFIC VIKING, *die 2004 in Fahrt kommen werden.*

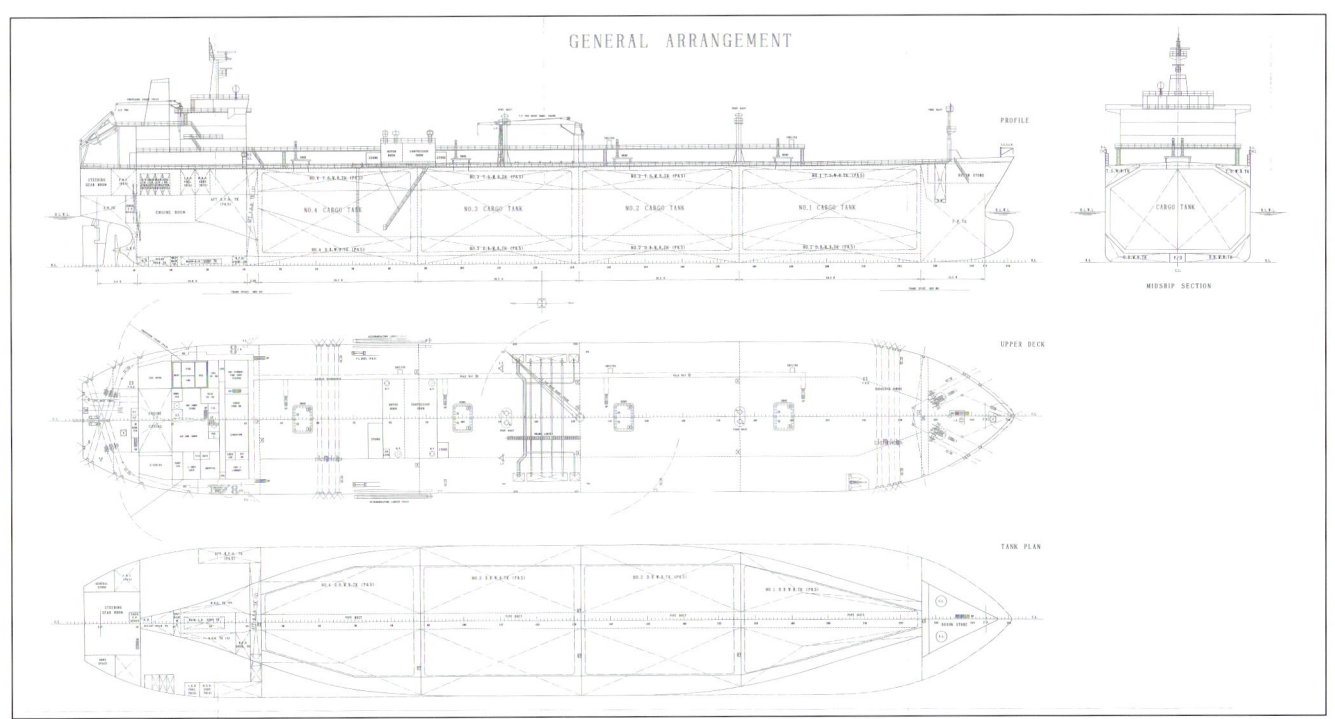

Das weltweite Netz

Die Aktivitäten der Reederei F. Laeisz sind weit gefächert, wie es eine gesunde Diversifikation erfordert. Das Rückgrat bilden die auf 25 Einheiten angewachsenen und vorwiegend in globalen Liniendiensten eingesetzten Containerschiffe.

Eine Flotte solcher »High-Tech-Vessels« erfordert besonders hohe Investitionen. Sie kann nur rentabel sein, wenn die besonderen Relationen und Umschlagverhältnisse der Fahrtgebiete genau bekannt sind. Es gilt, die Transportkapazität der Schiffe ebenso realistisch den Gegebenheiten anzupassen wie die Technik des Ladens und Entlöschens in Häfen, die noch nicht über Containerbrücken verfügen.

So hat Laeisz z.B. die PARIS ex PARIS SENATOR und die PANAMA ex PANAMA SENATOR durch Einbau von jeweils drei Deckskränen mit je 40 t Hebevermögen nachgerüstet. Der bei der Flensburger Schiffsbau-Gesellschaft entstandene Neubau PRIWALL, für 2.400 TEU ausgelegt, wurde von vornherein mit Deckskränen ausgerüstet und ebenso in der Trampfahrt plaziert wie auch MS PEMBROKE.

Die als erste nach Privatisierung und Total-Modernisierung der nunmehrigen Kvaerner Warnow Werft in Rostock-Warnemünde entstandenen Neubauten POMMERN und POTSDAM wurden mit besonders hoher Kapazität an Kühlcontainern und 22 Knoten Dienstgeschwindigkeit den speziellen Anforderungen ihres Fahrtgebietes angepaßt. Überall galt es also, Marktnischen gerecht zu werden, die mit Bedachtsamkeit auszufüllen waren.

Ozeanische Hauptrouten werden mit uhrwerkartiger Präzision und stundengenauen Fahrplänen »bedient«:

Die neun größten Containerschiffe vom PUSAN-Typ (je 4.545 TEU) laufen in jeweils 84tägiger Rundreise von den Häfen Hamburg, Rotterdam und Felixstowe nach Singapur, Yantian, Hongkong, Osaka, Tokio, Long Beach, Oakland, Tokio, Osaka, Kaoshiung, Hongkong, Singapur, Colombo, Le Havre und zurück zu den Ausgangshäfen. (Route 2)

Die Route 3 befahren PATMOS SENATOR und PACIFIC SENATOR im MIX-Service Nordamerika–Mittelmeer–Pakistan–Indien mit den Anlaufhäfen New York, Norfolk, Savannah, Valen-

Der für 2.400 TEU ausgelegte Neubau PRIWALL, vor dem Stapellauf in der Schiffbauhalle der Flensburger Schiffsbau-Gesellschaft, erhielt von vornherein eine Ausrüstung mit Deckskränen.

Die mit drei Deckskränen ausgestattete PARIS ex PARIS SENATOR.

Die mit Deckskränen ausgerüstete PRIWALL ist im Einsatz zu Häfen, die noch keine Containerbrücken haben.

Die großen Schiffe der PUSAN-Klasse und des HANJIN-Quintetts verkehren zu Großhäfen, die eigenes Ladegeschirr überflüssig machen.

Die 2.700-TEU-Schiffe wie P̆alermo S̆enator befahren die Route 3.

Die H̆anjin P̆hoenix beim Auslaufen in die VR China. (Skizze dieses Schiffstyps siehe unten).

cia, Genua, Gioia Tauro, Jeddah, Khor Fakkan, Jebel Ali, Karachi, Nhava Sheva, Jebel Ali, Jeddah, Alexandria, Gioia Tauro, La Spezia, Fos, Barcelona, Valencia, New York.

Das Quartett der H̆anjin-P̆raha-Klasse (je 4.380 TEU) befährt die Route 4 mit den Anlaufhäfen Seattle (USA), Vancouver (Kanada), Portland (USA), Seattle, Tokio (Japan), Pusan (Korea), Kaohsiung (Taiwan), Yantian (China), Hongkong, Kaohsiung, Kwangyang (Korea), Pusan, Seattle.

Die P̆ort S̆aid S̆enator ist auf der Route 1 noch immer in der klassischen Levantefahrt engagiert. Sie läuft in jeweils 35 Tagen Rundreise – von Hamburg, Rotterdam und Antwerpen ausgehend – Alexandria/Ägypten, Beirut/Libanon, Lattakia/Syrien, Mersin und Izmir/Türkei sowie Salerno/Italien an. Und wiederum sind aller guten Dinge drei: Zum dritten Mal kehrte Laeisz auch ins Passagiergeschäft zurück.

Auf den Kamerun-Reisen der Fruchtkühlschiffe waren in den Jahren 1931–1939 die Fahrgastkabinen ebenso begehrt wie auf den Mittel- und Südamerika-Reisen der Zeit 1951–1975. Die meisten dieser Schiffe boten 12 Fahrgastplätze in Doppelkabinen und einen erstklassigen Service.

Das Netz der Containerfahrt führte dazu, daß im Laeiszhof erneut ein Buchungsbüro für Frachtschiffsreisen entstanden ist. Die Containerschiffe verfügen über 4–8 Fahrgastplätze in Doppelkabinen. Diese haben WC und Dusche, Video, Fernseher und Kühlschrank. Ein gemütlicher Aufenthaltsraum, Bibliothek, Videothek, Sportraum, Badepool, teilweise sogar Bordsauna machen die Seereisen zu einem durchaus komfortablen Genuß.

Höchst präzise eingehaltene Fahrpläne und die Bedeutung der angelaufenen Häfen ergeben auf allen vier Routen die Möglichkeit, entweder in Europa, im Mittelmeer oder aber in Asien und den USA »einmal große Städte der Erde mit einem Frachtschiff anzulaufen«.

Frachtschiffsreisen waren seit je eine Sache für Kenner, frei von irgendwelchen gesellschaftlichen Zwängen einer Kreuzfahrt und von jeglichem Touristenrummel. Solche Reisen bieten echte Entspannung vom Trubel des Alltags – einen Urlaub auf dem Meer bei gleichzeitiger Möglichkeit, die Seeschiffahrt so kennenzulernen, wie sie wirklich ist. Bei vorzüglicher Verpflegung und jederzeit möglicher Betreuung durch die Schiffahrtsagenturen in den angelaufenen Auslandshäfen kann man im Liniendienst der vier Routen auf originelle Weise die Welt kennenlernen. Auch auf weiteren Routen wie z.B. nach Brasilien oder Australien sind Buchungen möglich.

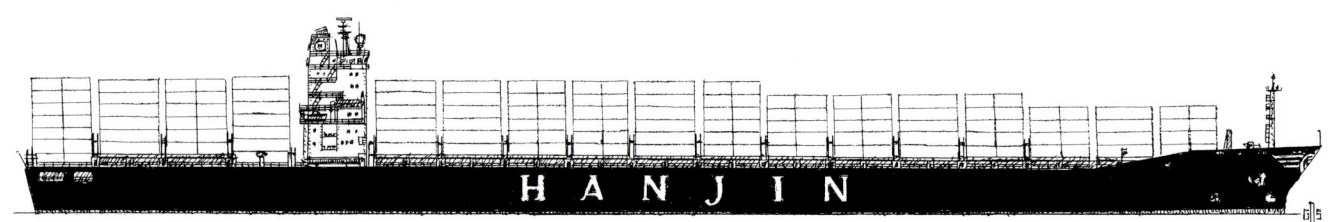

Die globale Linienfahrt und die ebenfalls weltweite Trampfahrt machen Laeisz-Schiffe auch für eine wichtige Institution zur Sicherung des menschlichen Lebens auf See interessant. Für die beiden größten Weltmeere, Pazifik und Atlantik, wurde unter Federführung der für den Such- und Rettungsdienst auch auf hoher See zuständige U.S. Coast Guard das »American Merchant Vessel Report System« (AMVER) aufgebaut. Heute sind keine Küstenfunkstellen mehr erforderlich, um Seenothilferufe zu empfangen. Geostationär positionierte Satelliten nehmen sie auf und stellen sofort die Position der Notrufenden fest. Das ist auch Tausende von Seemeilen von einer Küste entfernt exakt möglich.

Notrufe ergeben jedoch nur dann Sinn, wenn die Einsatzzentralen weitgehend darüber informiert sind, welche nächststehenden Schiffe zur Hilfeleistung aufgefordert und zur Unfallposition beordert werden können.

Gegenwärtig beteiligen sich 143 Länder mit mehr als 12.000 Schiffen an dem weltweiten Schiffsmeldesystem. Rund 3.000 Schiffe pro Tag melden ihre Positionen. Allein im Jahr 2002 sind dadurch 588 Menschenleben gerettet worden. Je mehr Schiffe am Meldedienst teilnehmen, desto enger wird dieses Sicherheitsnetz.

Mehrere Laeisz-Schiffe wurden mit dem AMVER AWARD ausgezeichnet, einige mit dem Spezialpreis für fünfjährige Teilnahme. Und es bleibt nicht aus, daß gerade wegen dieser intensiven Mitarbeit nahezu allmonatlich Laeisz-Schiffe selbst zu Rettern werden. Allein die Liste solcher Einsätze ist inzwischen beachtlich lang.

Rund 71 % des Erdballs sind von Meeren bedeckt. Allein der riesige Pazifik hat in Luftlinie eine Breite von 20.000 Kilometern. Gäbe es AMVER nicht, dann gliche das Auffinden von Schiffbrüchigen weitgehend der oft zitierten Suche nach der Stecknadel im Heuhaufen.

Der weltweite Betrieb der legendären »Flying P-Line« erfordert immer wieder einfallsreiche Neuorientierungen, weiteren Ausbau bewährter Geschäftsbereiche und perfekte Kommunikation zwischen den langjährig erfahrenen, motivierten Mitarbeitern und Mitarbeiterinnen. Der Informationsfluß zwischen den Schiffsleitungen draußen auf See und den Büros an Land muß jederzeit lückenlos gewährleistet sein.

Professor Diwald sprach vom »Urphänomen des Segelns«: »Der Mensch bewegt sich mit Hilfe des Windes auf dem Meer, er setzt sich mit Hilfe des Wetters und der Naturkräfte gegen das Wetter und die Naturkräfte durch.«

In ihrer Schlußphase war die Segelschiffahrt, wie Joseph Conrad sagte, »zur Kunst in ihrer höchsten Form« geworden. Ihr Vermächtnis kann nur darin liegen, daß man heute mit hochmodernen maschinengetriebenen Schiffen ebenso klar die Kurse abzusetzen weiß und auch in der Geschäftspolitik präzise navigiert. Nur durch entschlossenes Gegenankreuzen wird man mit allen Widrigkeiten auf dem Weltmarkt des Seeverkehrs fertig, auch mit rauher See und unberechenbaren Böen der Weltwirtschaft und Weltpolitik. Wie hieß es doch Ende 1982 im Laeiszhof: »Wir müssen auch an Land gute Seeleute sein: Unsere Reederei muß die Stürme abwettern, vorsichtig und mutig, kundig und ruhig.« Wer heute auch in den Kontoren und Terminals ebenso richtig navigiert wie an Bord und alle für richtig befundenen Kurse durchzuhalten versteht, dem steht die »Hochstraße des Weltverkehrs und Welthandels« weiterhin offen – er behält Zugang zu den Handelsschiffsrouten über die Ozeane, »deren Salzwasser der Freiheitstrank der Völker« ist.

Im Suez-Kanal

Bekannte FL-Kapitäne

(keine Vollzähligkeit möglich)

Robert Hilgendorf

Der seglerische Draufgänger Robert Hilgendorf wurde nicht nur der berühmteste aller Laeisz-Kapitäne, sondern aller Segelschiffsführer seiner Zeit. Er ist 66mal um Kap Hoorn gesegelt – und auf fast allen Reisen – bis auf zwei – hat die Kap-Hoorn-Umrundung nicht länger als zehn Tage (statt der sonst üblichen drei Wochen) gedauert. Auf 18 Chile-Rundreisen war Hilgendorfs Ausreise-Durchschnitt Kanal–Chile 64, der Heimreise-Durchschnitt (12.000 Seemeilen) 74 Tage. Vorher galt jede Reise unter 90 Tage als gut. Hilgendorf segelte in zwei Kapitäns-Jahrzehnten neun schwer beladene Rahschiffe mit 7,5 Knoten Durchschnittsfahrt. Ein normaler Trampdampfer lief damals nur sechs Knoten! Erst 25 Jahre später erreichten Dampfer die Dauergeschwindigkeit der Hilgendorf-Reisen, deren erstaunliche Regelmäßigkeit nur mit wissenschaftlichen Mitteln erreichbar war. (Rundreise-Durchschnitt POTOSI fünf Monate und 19 Tage statt allgemein üblichen zehn Monaten!)

Robert Hilgendorf wurde 1852 in Schievelhorst bei Stepenitz am Stettiner Haff als Sohn eines armen Torfschiffers geboren. Schon mit 12 Jahren führte er den Torfkutter seines Vaters souverän. Mit 18 Jahren ging der junge Seemann zur Hamburger Reederei Sloman. Es folgten zwei Jahre Marinedienstzeit auf Segelkorvette ARCONA und dann Besuch der Navigationsschule. Zwei Jahre nach dem Steuermannsexamen bekam Hilgendorf das Patent zum Schiffer auf Großer Fahrt und meldete sich 1879 bei F. Laeisz. Carl Laeisz übertrug dem 29jährigen Kapitän zwei Jahre später seinen ersten Windjammer in alleinige Verantwortung. Nacheinander führte Hilgendorf die neun FL-Segler PARNASS, PARISFAL (Totalverlust bei Kap Hoorn, Mannschaft vollzählig gerettet), PROFESSOR, PIRAT, PERGAMON, PALMYRA, PLACILLA, PITLOCHRY und POTOSI. 1901 wurde Hilgendorf zum »Schifferalten«, d.h.. nautischen Sachverständigen der Handelskammer ernannt. Nach 10 Ruhestandsjahren ist er 1937 verstorben.

Max Heinrich Jürgen Jürs

Wie Hilgendorf umrundete auch dieser Kapitän Kap Hoorn 66mal. Jürs war in Valparaiso derart bekannt, daß jeder Polizist vor ihm salutierte. 1881 in Elmshorn geboren, ging Jürs 1897 als Schiffsjunge auf die PIRAT, danach als Leicht- und Vollmatrose auf PAMELIA und POTOSI. Nach dem Steuermannsexamen (1904) fuhr er als Dritter und Zweiter Offizier auf PISAGUA, PREUSSEN und PEIKO. 1907 Patent zum Schiffer auf Großer Fahrt. Als Erster Offizier Dienst auf PIRNA, PANGANI und PREUSSEN. Mit 29 Jahren übernahm er 1911 die PIRNA als Kapitän, 1913 die PARMA, 1914 die PAMIR. Nach mehrjährigem Kriegsaufenthalt vor Palma/Kanarische Inseln führte Jürs nacheinander die Frachtsegler PRIWALL, PINNAS, PASSAT und PEKING mit glänzenden, schnellen Reisen. Zuletzt befehligte er das frachttragende Schulschiff PADUA hervorragend, vor allem in der Australien-Weizenregatta. 1938 krankheitshalber in den Ruhestand versetzt, ist Kapitän Jürs 1945 verstorben.

Joachim Hans Hinrich Nissen

Die Schnellreisen dieses »Grand Old Mans« unter den Hartseglern standen denen seines Vorbildes Hilgendorf kaum nach. In 50 Jahren Fahrzeit hat Nissen Kap Hoorn 68mal umrundet – zweimal mehr als Hilgendorf und Jürs!

1862 in Heiligenhafen geboren, fuhr Nissen zunächst auf Rostocker Seglern, dann bei Amsinck/Hamburg. 1891 wurde er, nach Schifferexamen und Offizier-Fahrzeit, »Erster« auf PLUS, 1895–98 »Erster« auf PLACILLA und PARCHIM, danach Kapitän der PARCHIM, mit der er zwei Weltreisen unternahm. 1902 Kapitän der PITLOCHRY, 1903 – als Auszeichnung – Übernahme der POTOSI. Nach fünf erfolgreichen Jahren als deren Schiffsführer 1908 Kapitän der PREUSSEN, die er 1910 schuldlos verlor. 1911 Bauaufsicht und Übernahme PEKING. 1914 Entsendung in die USA, Übernahme der angekauften PERKEO. Nach Kriegsausbruch im Kanal aufgebracht, Besatzung interniert. Nissen war nach dem Krieg Kapitän von PARMA, PEKING und PAMIR. 1926 pensioniert, 1936 verstorben.

Boye Petersen

Führte ohne Zwischenfall das einzige Fünfmastvollschiff der Welt, die PREUSSEN, nach Chile und Japan. Vollbrachte in fünfeinhalb Jahren zehn Rundreisen Hamburg–Chile–Hamburg und verlor dabei keinen einzigen Mann.

1869 auf Hallig Langeneß geboren, ging Petersen sehr jung zur See. Nach dem Steuermannsexamen wurde er 1892 »Dritter«, 1893 »Zweiter« auf der PISAGUA, 1895/96 unter Hilgendorf »Erster« auf PITLOCHRY und POTOSI. 1896 übernahm er die PESTALOZZI als Kapitän, 1898 die POSEN und – nach vorheriger Bauaufsicht – auf Hilgendorfs Vorschlag die PREUSSEN. 1910 wurde er Nautischer Inspektor der von Laeisz mitgegründeten Austral-Linie, danach Leiter der Heuerstelle Vereinigter Reeder in Hamburg. 1912 Kapitän der in England angekauften FL-Viermastbark PINGUIN, danach Assistent und (ab 1922) Leiter der Nautisch-Technischen Abteilung von F. Laeisz. 1936 pensioniert, 1944 verstorben. – Kapitän Boye Petersen hatte sich um die Rückführung der in Chile (1914–1920) verbliebenen deutschen Segler große Verdienste erworben.

Robert Karl Miethe

Geboren 1877 in Lippe, Kr. Plön. Ging als Fünfzehnjähriger zur See. Nach Steuermannsexamen 1903/04 »Zweiter« auf POSEN und PANGANI, nach Schifferexamen 1905 »Erster« auf der PROMPT. Nach einer Rundreise Kapitän dieses Schiffes 1908 Kapitän der PITLOCHRY, er schlug mit diesem Viermaster 1909 den Fünfmaster PREUSSEN um 20 Tage! 1911 Übernahme der extrem schwer gebauten PAMIR (s. Schiffsliste) für eine Reise. Ab 1912 Kapitän der POTOSI. Blieb während des Krieges in Chile bis zum Verkauf der Fünfmastbark an Bord, wurde dann chilenischer Staatsbürger. Zwei Jahre lang Dampferkapitän, dann Nautischer Inspektor einer Reederei in Valparaiso, nautischer Sachverständiger und Havarie-Sachbearbeiter für chilenische Versicherungen. »Roberto« Miethe hat 30 Jahre auf See verbracht und Kap Hoorn 42mal umrundet. Er hatte bis zum 97. Lebensjahr alljährlich sein Kapitänspatent erneuert und verstarb 1986.

Heinrich Oellrich

Geboren 1883 in Altendorf/Elbe. Nach Seefahrtzeit bei anderen Reedereien und Steuermannsexamen 1906–08 »Dritter« und »Zweiter« auf PAMIR, 1908–09 »Zweiter« auf PANGANI. Nach Schifferexamen 1909–10 »Erster« auf PERA, 1910–12 auf PIRNA und 1912–14 auf PETSCHILI. 1914 Kapitän der PINNAS, Kriegsverbleib in Chile. Führte 1921 die PEKING von Chile nach London und, zur Ablieferung an Italien, nach Genua. Übernahm das Schiff nach Rückkauf 1923 wieder. 1925 Kapitän der PAMIR. Bei Sturm im Kanalausgang wurde er so schwer verletzt, daß die Seefahrt aufgegeben werden mußte. Wurde Regierungsrat der Deutschen Seewarte. 1965 verstorben.

Hermann Piening

Geboren 1888 in Hamburg-Ottensen. Nach Realschule 1904 Schulschiffausbildung auf der GROSSHERZOGIN ELISABETH, danach Vollmatrose auf norwegischen, amerikanischen, australischen und britischen Seglern sowie auf der deutschen Bark SUSANNE, die mit 99 Tagen die längste aller Kap-Hoorn-Umrundungen durchlitt. 1910 Steuermannsexamen, »Dritter« auf PETSCHILI, danach »Zweiter« auf PARCHIM und PONAPE, 1913 »Erster« auf PINGUIN. Im Krieg Reserveoffizier und U-Boot-Wachoffizier. 1919 Kapitän der Bark YILDIZ, 1927 »Erster« auf der PRIWALL, kurz danach Kapitän von PEKING und PADUA. 1930 Wechsel zum Kapitän des Bananendampfers PUMA. 1936–1959 Nautischer Inspektor der Reederei F. Laeisz. Im Krieg Korvettenkapitän d.R. Als Einschiffungsleiter im damaligen Gotenhafen seit Anfang 1945 größte humanitäre Verdienste um die Rettung von vielen zehntausend Ostflüchtlingen. 1959 pensioniert, 1968 mit 80 Jahren verstorben.

Robert Clauß

Geboren 1884 in Berga an der Elster. Nach Seefahrtzeit und Steuermannsexamen 1923 Zweiter Offizier auf PRIWALL, nach Kapitänsexamen 1924–29 Zweiter und Erster Offizier auf PASSAT und PAMIR, 1929 Kapitän der PAMIR, später – bis 1937 – Kapitän der PADUA, der PRIWALL und schließlich wiederum der PADUA. Dann Kapitän von Fruchtkühlschiffen. 1939–1945 bei der Kriegsmarine. Nach dem Krieg zunächst als 1. Offizier und schließlich als Kapitän erneut zur See. Lebte zuletzt als Pensionär in Hamburg, verstarb 1974. Heinrich Hauser setzte ihm mit seinem Buch und Film »Die letzten Segelschiffe« ein Denkmal.

Hans-Richard Wendt

Geboren 1908 in Rostock. Ging 1924 zur See und nach der seemännischen Ausbildung auf Schulschiff GROSSHERZOGIN ELISABETH zur Hamburg-Süd, dazwischen 1926–27 Vollschiff OLDENBURG (Vollmatrose). Nach den Seefahrtschul-Examen 1930–38 Dritter, Zweiter und Erster Offizier auf PEKING, PAMIR und PRIWALL. 1938, im 30. Lebensjahr, als Kapitän der PADUA Kanal–Chile in 61 Tagen. Anschließend Weltrekordreise Valparaiso–Port Lincoln/Australien (53 Tage). Vollendete danach Weltreise in weitere Bestzeit. Im Krieg Kapitän des FL-Rohstoff-Blockadebrechers IRENE. Aus Japan heimkehrend, kurz vor dem Ziel aufgebracht, Selbstversenkung und Internierung (s. Schiffsliste). Nach dem Krieg Lagerrevisor, seit 1957 Prokurist bei Fa. Rethe-Speicher Mackprang. Präsident der Deutschen Sektion der »Amicale Internationale des Captaines Au Long-Cours Cap-Horniers«. Nach einstimmiger Wahl zum neuen »Grand Mat« (Weltpräsidenten) der A.I.C.H. im April 1975 unerwartet an schwerer Erkrankung verstorben.

Walter Schaer

Geboren 1901 in Minden. Nach seemännischer Ausbildung 1922 Vollmatrose auf PRIWALL. Nach dem Steuermannsexamen 1923 »Dritter« auf PINNAS, nach Kapitänsexamen 1926 »Erster« auf der neuerbauten PADUA. 1930 Kapitän der PAMIR. Ende 1931 für ein Jahr Hafenkapitän Tiko/Kamerun. Danach mehrere Reisen als »Erster« auf PLANET und Bananenschiffen. 1934 endgültig Kapitän, führte er fortan die jeweils neuesten Fruchtkühlschiffe. Während des Krieges zur Marine eingezogen. 1945–47 abermals als Kapitän unter FL-Flagge. 1951 Kapitän der PROTEUS. 1960 als letzter Großsegler-Kapitän Nautischer Inspektor der Reederei F. Laeisz. 1969 pensioniert, wenig später verstorben.

Johannes Behrens

Geboren 1908 in Hamburg-Finkenwerder. Aus der dortigen Kutterfischerei hervorgegangen. 1931 nach Steuermanns- und Funkerexamen »Dritter« und Funker auf Bananendampfer PANTHER. Nach 21 Tiko-Reisen und Kapitänsexamen 1934 »Zweiter«, 1936 »Erster«. Erlebte Kriegsausbruch auf Dampfer PLUS. Anlaufen von Vigo als Nothafen, schließlich Blockadedurchbruch nach Deutschland. November 1939 Kapitän auf PONTOS, ab 1941 auf PANTHER (II), ab 1944 auf PLANET. Anfang 1945 nach drei Grundminentreffern vor Swinemünde gesunken. Bis März 1946 Kapitän der PELIKAN, Repatriierung polnischer DPs nach Gdingen, danach Rückkehr in die Kutterfischerei. 1951 »Erster« auf PROTEUS, kurz darauf Kapitän der PEGASUS. In der Folgezeit Fahrzeiten immer wieder durch Bauaufsichten unterbrochen. 1969 Leiter der Nautisch-Technischen Abteilung, 1973 Pensionierung. 1983 verstorben.

Klaus Fanger

Geboren 1938 in Krakow, trat er mit 15 Jahren die Lehre als Hochseefischer an. Nach drei Jahren dortiger Fahrzeit Matrose und Bootsmann bei der DSR. Nach Erwerb der Befähigungszeugnisse A 5 (1962) und A 6 (1966) an der Ingenieurhochschule für Seefahrt Warnemünde/Wustrow Fahrzeiten als Schiffsoffizier und ab 1968 als Kapitän in der Stückgut-, Massengut- und Kühlschiffahrt sowie auf sieben DSR-Tankern. Ab 1983 zunehmend spezialisiert auf Flüssiggasfahrt und nachheriger Stammkapitän des Gastankers BUSSEWITZ. Von 1994 bis zur Pensionierung im Herbst 2003 bei der Reederei F. Laeisz.

Peter Lunau

Geboren 1938 in Schleswig, 1956 Seemannsschule. Nach Fahrzeiten bei vier Reedereien und Erwerb der Patente auf der Seefahrtschule Hamburg bei Laeisz. Kapitän der PEKARI und von zehn weiteren Kühlschiffen sowie der »Bananenfähre« PURITAN, vor allem aber der Bulker PROPONTIS und am längsten PROTEKTOR, von fünf Containerschiffen sowie des Clubschiffs AIDA. Zwischenzeitlich führte Lunau auch den Zementtransporter FLORIDA SILVERBOW und den Stückgutfrachter EVA MARIA, den 1978 eine Detonation im Golf von Mexiko schwer beschädigte. Nach eintägigem verzweifeltem Kampf um das Schiff ließ sich dessen Untergang westlich der Halbinsel Yucatan nicht verhindern. In dreitägiger Segelfahrt mit beiden Rettungsbooten brachte Kapitän Lunau seine gesamte Besatzung auf einer Bohrinsel in Sicherheit.

Die Seeschiffe der Reederei F. Laeisz

(ohne Schlepper, Salpeter- und Bananenleichter sowie sonstige Reede- und Flußfahrzeuge)

(Die laufenden Nummern entsprechen der Reihenfolge des Erwerbs)
L = Länge, B = Breite, T = Tiefgang

Rubriken:
1 – Lfd. Nr. (Zugangs-Reihenfolge)
2 – Name, Gattung, Baujahr/Bauwerft, Abmessungen
3 – BRT (NRT)
4 – Laeisz-Flagge (Dauer)
5 – Verbleib

Die Liste der Segelschiffe wurde hauptsächlich nach amtlichen Unterlagen zusammengestellt. Außer Bielbriefen, Schiffspässen, Zertifikaten aus dem Archiv der Registerbehörde wurden die Register der Klassifikationsgesellschaften (Germanischer Lloyd, Lloyd's Register, Bureau Veritas) nebst den Hamburger Schiffslisten benutzt. Einzelne biographische Angaben wurden ergänzt nach den Forschungsergebnissen von Dr. Jürgen Meyer (»Hamburgs Segelschiffe 1795–1945«) und nach Aufzeichnungen im Archiv von F. Laeisz.

Die Fahrtgebiete wurden nach Walter Kresse »See-Schiffsverzeichnis der Hamburger Reedereien 1824–1888« (Teil 2) ergänzt.

Bis April 1868 fuhren die Laeisz-Segler mit einer Ausnahme (Louis Kniffler = preußische Flagge) unter Hamburger Flagge. Diese wurde von da ab durch die schwarzweißrote Flagge des Norddeutschen Bundes, ab 1871 identisch mit der des Deutschen Reiches abgelöst. Außerdem führten die Schiffe als Erkennungszeichen im Vortopp die ihnen zugeteilte Nummernflagge. Nach Einführung des Internationalen Signalbuches im Jahre 1870 bekam jedes Schiff ein aus vier Buchstabenflaggen bestehendes Unterscheidungssignal, die Nummernflagge entfiel.

Die Längenangaben aller Schiffe gelten für die »Länge über alles« (Bug–Heck), nicht die Länge in der Konstruktionswasserlinie (CWL). Alle Abmessungsangaben sind auf volle Dezimeter abgerundet. Die Tiefgangsangaben der Kühlschiffe beziehen sich auf den »Bananentiefgang« im Seewasser. Der Laderauminhalt wird in Kubikfuß angegeben.

A – Segelschiffe

3	ADOLPH Brigg, Holz 1854 Reihenstiegwerft Hamburg L 23,0 m B 6,2 m T 3,9 m	164 (133)	1857–62	Erworben aus dem Besitz von Joh. Cesar Godeffroy & Sohn. Unter zwei Laeisz-Kapitänen gesegelt. Fahrtgebiete Mexiko, Westindien. Nach FL-Fahrzeit 1862 an C. Reimers, Wevelsfleth/Schleswig-Holstein verkauft. 1870 nach Norwegen weiterverkauft. (Die laufenden Nummern entsprechen der Reihenfolge des Erwerbs)
1	CARL Brigg, Holz 1839 J. Meyer, Lübeck L 28,0 m B 7,2 m T 4,6 m	220 (206)	1840–47	Erstes Schiff der Laeisz-Flotte. Reisen nach Ecuador und Brasilien verbürgt. Wurde für 42.000 Mark Banco in Auftrag gegeben und zunächst nur mit 96 CL (Commerzlasten) vermessen. Verkauft im Jahre 1847 an A. J. Schön, Hamburg. Dort bis 1869 im Register. Von dort Weiterverkauf an A. Loege, Laurvig/Norwegen, im Jahre 1880 an Gustav Joh. Sørensen, Laurvig. Ausgesprochen schmuckes Schiff mit weißem Portenband auf schwarzem Rumpf, führte Leesegel.
21	CAROLINA Bark, Holz 1864 H.C. Stülcken, Hamburg L 36,6 m B 9,2 m T 4,7 m	425 (402)	1867–81	Angekauft aus dem Besitz der Reederei Julius Theodor Bahr, Hamburg. Fahrtgebiete Ecuador, Thailand, Malaya, China, Chile. Zeitweilig in der chinesischen Küstenfahrt. Wurde noch mit 189 CL (Commerzlasten) vermessen. Während eines Hurrikans 1881 nach Ankerkettenbruch bei Mazatlan an der Westküste von Mexiko gestrandet. Totalverlust.
8	COSTA RICA Bark, Holz 1860 Die Oltmanns, Brake L 35,7 m B 7,0 m T 4,5 m	330 (311)	1860–70	Wurde noch mit 136 CL (Commerzlasten) vermessen. Unter drei Laeisz-Kapitänen in der Alaska-, Chile-, China-, Peru- und Westafrika-Fahrt. Im April 1870 an Jacobsen, Freberg bei Sandefjord/Norwegen, verkauft. Schiff ging am 20.12.1870 durch Strandung auf dem Whitehouse Sand bei Amble/England verloren.
22	DON JULIO Bark, Holz 1863 H.C. Stülcken, Hamburg L 42,2 m B 8,5 m T 5,5 m	457 (?)	1867–70	Ankauf von Reederei Julius T. Bahr. Vornehmlich in der Salpeterfahrt Chile–Europa, auch in der Fahrt zur Westküste von Mexiko. Am 30.11.1870 durch Frankreich als Prise genommen. Segelte für P.M. Poujade, Nantes, als VILLE DU TEMPLE. Ab 1888 neuer Name FRIDTJOF NANSEN, Heimathafen Arendal, Norwegen (Eigner: Kapitän N. Nissen, Mitreeder: Smith & Hansen).
32	HENRIETTE BEHN Bark, Holz 1872 J.P. Dircks, Ovelgönne (Behn'sche Werft) L 49,2 m B 8,8 m T 5,4 m	644 (625)	1875–85	Im Jahre 1875 angekauft von der Hamburger Reederei Theodor August Behn. 1884 Reise Hamburg–Valparaiso–Hamburg. Auf zweiter Reise am 15.10.1885 bei schwerem Norder vor Mazatlan/Westküste Mexiko gestrandet. Gesamte Besatzung von 14 Mann konnte gerettet werden.
23	HENRIQUE THEODORO Bark, Holz 1865 H.C. Stülcken, Hamburg L 42,3 m B 9,0 m T 5,2 m	452 (408)	1867–83	Angekauft aus dem Besitz von Reederei Julius T. Bahr. In der Fahrt zur Westküste von Mexiko und Nordamerika sowie in der Salpeterfahrt Chile–Europa. Segelte unter sieben Laeisz-Kapitänen. Im Jahre 1882 an Kapitän Joh. Havemann in Rudköbing verkauft, neuer Name AAGE. 1888 auf dem La Plata auf Grund gelaufen und verbrannt.

24	Hunsingo Bark, Holz 1868 M. Woldringh Zoutkamp/Holland L 37,0 m B 7,4 m T 4,8 m	243 (?)	1871–73	In Holland erworben. Schiff unternahm für Laeisz 1871–73 unter holländischer Flagge (formaljuristische Gründe) eine bemerkenswerte Reise nach Nikolajewsk am Amur, nördlich Sachalin. Das Gebiet war kurz vorher durch Rußland annektiert worden, es gehörte vorher zu China. Im Juli 1873 Verkauf der Bark an Kopenhagener Reeder J.H. Walloe, neuer Name: Henrietta. Später Weiterverkauf, neuer Name: Visconde Do Livramento. 1908 als Dreimastschoner Corga (3) des Reeders Corga/Pernambuco im Register.
7	India Bark, Holz 1860 Die Oltmanns, Brake L 35,5 m B 7,0 m T 4,5 m	330 (?)	1860–63	Noch mit 132 CL (Commerzlasten) vermessen. Segelte unter zwei Laeisz-Kapitänen. Fahrtgebiete Westküste Nordamerika, Peru, Ecuador und Chile. 1863 gestrandet, Totalverlust.
18	Los Hermanos Brigg, Holz 1855 Williamsburg, New York/USA L 27,7 m B 6,7 m T 4,4 m	298 (?)	1864–65	Ex North Point. Noch mit 125 CL (Commerzlasten) vermessen. Im Jahre 1864 angekauft und bereits 1865 an den Reeder Claus Heydorn weiterverkauft. Neuer Name: Johanna Heydorn. (Unter Laeisz-Flagge eine Reise nach Brasilien, möglicherweise über New York.)
14	Louis Kniffler Bark, Holz 1860 Sundström, Bumboda/Schweden L 36,5 m B 8,2 m T 4,2 m	433 (?)	1863–68	Ex Cecilia. Erstes deutsches Schiff im Direktdienst nach Japan. Aus juristischen Gründen in Stettin registriert, weil Preußen, nicht aber Hamburg einen Handelsvertrag mit Japan hatte. 1868 ins Ausland verkauft.
24	Mercedes Bark, Holz 1862 H.C. Stülcken, Hamburg L 35,8 m B 8,7 m T 4,4 m	368 (354)	1867–81	Angekauft aus dem Besitz von Reederei Julius Th. Bar. Vornehmlich in der Fahrt zur Westküste Mexikos und Salpeterfahrt Chile–Europa. Eine Westafrika-Reise. Noch mit 163 CL (Commerzlasten) vermessen. Unter drei Laeisz-Kapitänen. Schiff wurde am 15.7.1881 an Friedrich Wilhelm Drillwitz in Neuenhagen und von dort an L.S. Christensen in Nibe/Dänemark weiterverkauft. Es ging auf nicht mehr bekannte Weise 1889 verloren.
10	Neptun Bark, Holz 1851 Wittenberg, Ückermünde L 37,5 m B 9,6 m T 4,7 m	450 (?)	1862–63	Angekauft von Biancone & Co., Hamburg. Stand in der Alaska-, Peru- und Chile-Fahrt. Dieses Schiff wurde noch mit 220 CL (Commerzlasten) vermessen. Schon nach einem Jahr (1863) an L. Dahl & Co. in Tønsberg/Norwegen verkauft.
29	Pacha Bark, Holz 1866 J. Marbs, Hamburg L 42,1 m B 8,8 m T 5,4 m	450 (432)	1872–77	Ex Isabelita. Laeisz-Reisen nach Westmexiko, Chile, Australien und Westafrika. Das aus Spanien angekaufte Schiff 1876/77 ist auf der Reise von England nach Newcastle/New South Wales (Australien) verschollen (Kapitän Jacobsen).

6	PACIFIC Brigg, Holz 1860 Schau & Oltmanns, Geestemünde L 32,0 m B 7,2 m T 4,5 m	223 (211)	1860–64	Noch mit 94 CL (Commerzlasten) vermessen. Unter drei Laeisz-Kapitänen. 1866 an Knöhr & Burchard, Hamburg, verkauft. Von dort 1874 an Canel & Sohn, Hamburg, 1876 an P. Berg, Nexö/Bornholm. Neuer Name: VILLA. 1878 in der Nordsee verschollen. (Laeisz-Fahrtgebiete waren Westmexiko und Peru).
82	PADUA Viermastbark, Stahl 1926 Joh. C. Tecklenborg, Geestemünde L 97,6 m B 14,1 m T 7,8 m	3064 (2678)	1926–46	Letzter großer Frachtsegler-Neubau der Weltgeschichte. Unter sechs Laeisz-Kapitänen. Anfangs noch im Liniendienst Chile–Europa, später in der Australien-Fahrt. Vollbrachte 1938 zwei international beachtete Rekordreisen. Im Zweiten Weltkrieg wurde PADUA Segelschulschiff für die Handelsschiffahrt, Einsatz in der Ostsee. Januar 1946 in Swinemünde Übergabe an die UdSSR, später in Rostock umgebaut, eingerichtet für 400 Kadetten. Jetziger Name: KRUZENSTERN.
33	PALADIN Bark, Holz 1877 Schau & Oltmanns, Geestemünde L 41,7 m B 8,9 m T 5,4 m	564 (547)	1877–83	Nach rund siebenjähriger Mexiko-Bolivien-Malaya-Fahrt (drei Laeisz-Kapitäne) in der Nacht zum 3.10.1883 beim Norder vor Mazatlan/Westküste Mexiko schwer havariert und gestrandet. Drei Todesopfer, Teile der Ladung geborgen.
52	PALMYRA Vollschiff, Stahl 1889 Blohm & Voss, Hamburg L 79,6 m B 11,7 m T 6,9 m	1797 (1721)	1889– 1908	Unter sieben Laeisz-Kapitänen ausschließlich in der Chile-Fahrt. Am 2.7.1908 auf der Reise Vlissingen–Valparaiso nach Kap-Hoorn-Umrundung auf Wellington–Island, südlich des Golfs Ladrillero, gestrandet. Nur Kapitän Lessel und der 1. Offizier Thiel kamen mit dem Leben davon. Sie erreichten in der Kapitänsgig nach drei schlimmen Wochen die Leuchtturminsel Evangelistas. Dort wurden sie von einem Regierungsdampfer abgeholt. Insgesamt hatte die Strandung 21 Todesopfer gefordert.
48	PAMELIA Bark, Stahl 1888 Blohm & Voss, Hamburg L 73,3 m B 11,6 m T 6,3 m Schwesterschiffe: POTRIMPOS, PROMPT, PERGAMON, POTSDAM	1438 (1364)	1888– 1910	Unter sieben Laeisz-Kapitänen in der Chile-Fahrt. Gehörte zu einer erfolgreichen, schnellen Bauserie. Segelte 1895 Hamburg–Valparaiso und zurück je 68 Tage. Anfang 1910 an A.T. Simonsen, Christiania/Oslo, verkauft. 1912 Weiterverkauf an H. Christensen, Langesund. 1927 an Abwrackwerft. Schiff blieb bis zuletzt unter seinem Taufnamen.
65	PAMIR Viermastbark, Stahl 1905 Blohm & Voss, Hamburg L 96,3 m B 14,0 m T 7,9 m Ähnlich PETSCHILI	3020 (2777)	1905–21 1924–31	Ursprünglich als zweites Fünfmastvollschiff bestellt. Materialstärken bei Änderung des Bauauftrages beibehalten. Deshalb schweres, steifes Schiff, lief sehr hoch am Wind. Wurde darin von keinem anderen FL-Segler übertroffen. Unter elf Laeisz-Kapitänen. Zunächst nur in der Chile-Fahrt. Das Schiff wurde 1914 auf der Heimreise von Iquique vom Kriegsausbruch überrascht und blieb bis Kriegsende mit voller Salpeterladung in einer Bucht von Palma/Kanarische Inseln liegen. 1921 wurde PAMIR nach Genua gesegelt und an Italien ausgeliefert. 1924 für 7.000 Pfund zurückgekauft und wieder im Linien-

	Fortsetzung Pamir			dienst nach Chile und der Australien-Weizenfahrt eingesetzt. Die Viermastbark vollbrachte 1925 und 1929 die schnellsten Nachkriegs-Ausreisen um Kap Hoorn. Sie erreichte beide Male Talcahuano 75 Tage nach dem Auslaufen aus Hamburg. Im Dezember 1925, auf der nächsten Ausreise, bei schwerem Wetter drei Todesopfer, Verlust beider Anker, der Steuerbordkette und mehrerer Segel. 1931 Verkauf an Gustav Erikson, Mariehamn/Ålandinseln. Eingesetzt in der Weizenfahrt von Australien. Im Zweiten Weltkrieg von Neu-Seeland als Prise aufgebracht und dort als Frachtsegler in Fahrt. 1946 zurück an Erikson. 1951 von Hamburger Reederei Heinz Schliewen durch Ankauf vorm Verschrotten in Belgien gerettet, nach Umbau zum Frachtschulschiff in der La-Plata-Fahrt eingesetzt Nach Zusammenbruch der Reederei Übernahme durch »Stiftung Pamir-Passat«. Das Schiff kenterte am 21.9.1957 im Hurrikan auf Position 35°57' Nord und 40°20'West. (80 Todesopfer, 6 Gerettete.)
56	Pampa Vollschiff, Stahl 1891 A.G. Neptun, Rostock L 79,1 m B 12,2 m T 6,9 m	1777 (1676)	1891– 1913	Einziger in Rostock gebauter Laeisz-Segler und zugleich letzter Vollschiffneubau der Reederei. Unter sieben Laeisz-Kapitänen in der Fahrt nach Chile, zur US-Westküste und nach Australien. Schnelles, graziles Schiff. Viele Chile-Reisen unter 70 Tagen Dauer. 1913 an J. Tengström, Åbo/Finnland verkauft. Neuer Name: Aura. 1922 nach Sturm-Entmastung in Sunderland abgewrackt.
12	Panama (I) Bark, Holz 1852 J. Marbs, Hamburg L 41,0 m B 8,5 m T 5,2 m	455 (?)	1862–68	Ex Marbs. Angekauft aus dem Besitz von Buhrow & Schmidt, Hamburg. Noch mit 120 CL (Commerzlasten) vermessen. In der gesamten Laeisz-Fahrzeit vom selben Kapitän geführt. 1868 an H.P. Samuelsen, Drøbak/Norwegen weiterverkauft. (Laeisz-Fahrtgebiete waren Chile, Westmexiko und Peru.)
27	Panama (II) Bark, Holz 1869 J. Oltmanns Wwe., Brake L 38,0 m B 9,0 m T 5,0 m	455 (411)	1869–87	Als neuwertige Bark aus dem Besitz von J. Oltmanns Wwe. in Brake angekauft und unter sechs Laeisz-Kapitänen in Fahrt. Das Schiff wurde am 18.5.1887 an A.H. Arnold in Brake verkauft. (Laeisz-Fahrtgebiete waren Hongkong, Birma, Bolivien, Chile und Mexiko.)
34	Pandur Bark, Holz 1877 Schau & Oltmanns, Geestemünde L 44,9 m B 8,9 m T 5,6 m	610 (532)	1877–89	Unter drei Laeisz-Kapitänen. 1899 an F. Harboe, Skjelskör, verkauft. 1901 Weiterverkauf an Chr. Larsson, Arildsläge/Schweden. Im Februar 1907 im Nordatlantik von der Besatzung verlassen und gesunken. (Laeisz-Fahrtgebiete waren die Philippinen, Mexiko und vorwiegend Chile.)
63	Pangani Viermastbark, Stahl 1903 Joh. C. Tecklenborg, Geestemünde L 98,2 m B 14,1 m T 8,0 m	3054 (2822)	1903–13	Unter zwei Laeisz-Kapitänen in der Chile-Fahrt. Am 28.1.1913 im Englischen Kanal, querab Kap de la Hague, von französischem Dampfer Phryne überrannt und gesunken. 30 Todesopfer. Nur der 1. Offizier und drei Mann gerettet.

19	PAPA Bark, Holz 1865 J. Oltmanns Ww., Brake L 38,1 m B 8,5 m T 5,0 m	420 (392)	1865–82	Noch mit 175 CL (Commerzlasten) vermessen. Unter sieben Laeisz-Kapitänen in der Nordamerika-, Mexiko-, Westafrika-, China-, Südseefahrt. (Schiff machte schnelle Reisen. Benötigte u.a. für die Fahrt vom Kanal nach Shanghai trotz ungünstiger Winde nur 150 Tage.) 1882 an J. H. Havemann, Rudkjøbing/Dänemark verkauft. 1890 bei Orfordness vor der englischen Küste durch Strandung schwer havariert und anschließend abgewrackt.
53	PAPOSO Bark, Eisen 1885 Blohm & Voss, Hamburg L 64,4 m B 10,4 m T 6,1 m Schwesterschiffe: PESTALOZZI, PIRAT	1062 (1038)	1889–1904	September 1889 aus dem Besitz von H. Fölsch & Co., Hamburg, erworben. Unter sechs Laeisz-Kapitänen in der Chile- und Mexiko-Fahrt. 1905 an C.L. Endresen, Kristiansand/Norwegen verkauft. Die Bark wurde im Februar 1918 auf nicht mehr bekannter Position in sinkendem Zustand verlassen.
39	PAQUITA Bark, Eisen A. Leslie & Co., Newcastle/Tyne L 49,7 m B 8,3 m T 4,8 m	484 (460)	1881–88	Ex IRMA ex MAGGIE LESLIE. Am 29.7.1881 aus dem Besitz von E. Hagen & Cons., Hamburg, erworben. Segelte sieben Jahre unter demselben Laeisz-Kapitän. Am 3.7.1888 an neuen Eigner August Burchard, Rostock, verkauft, 1897 an C. Beug, Stralsund, weiterverkauft. 1903 auf See wrackgeschlagen und gesunken. (Laeisz-Fahrtgebiete waren Chile und Mexiko.)
35	PARADOX Bark, Holz 1876 J.P. Dircks, Ovelgönne (Behn'sche Werft) L 51,5 m B 8,9 m T 5,8 m	716 (683)	1877–88	Unter drei Laeisz-Kapitänen nach Chile, Philippinen, Mexiko. Das Schiff wurde am 3.9.1888 an Karl Liljequist, Nikolaistad, verkauft und von dort 1892 an I.T. Chiggini, La Spezia, weiterverkauft. Neuer Name: PARADISO. 1897–99 war die Bark als GESINE bei H.A. Witte, Bremerhaven, in Fahrt. 1900 als LAURINHA bei F. R. Leao & Co., Oporto/Portugal, noch im selben Jahr als AFRICANA bei Ferreira & Co., Lissabon, 1912–17 unter demselben Namen bei F. Soares, Lissabon. Im Jahre 1917 wurde das Schiff von einem deutschen U-Boot versenkt.
51	PARCHIM Vollschiff, Stahl 1889 Joh. C. Tecklenborg, Geestemünde L 77,6 m B 12,0 m T 7,0 m Schwesterschiff: PERA	1808 (1714)	1889–1912	Erster Laeisz-Bauauftrag für Tecklenborg. Das konstruktiv gelobte Schiff (Kanal–Valparaiso 65 Tage) wurde unter zehn Laeisz-Kapitänen in der Chile-, Japan-, Austral- und US-Westküsten-Fahrt eingesetzt. 1899 Weltreise Europa–Sydney–Chile–Südfrankreich. Am 26.4.1912 an Mathias Lundquist, Mariehamn/Ålandinseln, verkauft, von dort 1925 an Abwrackwerft.
73	PARMA Viermastbark, Stahl 1902 A. Rodger & Co., Port Glasgow L 99,8 m B 14,2 m T 7,9 m	3090 (2971)	1911–31	Ex ARROW. Das Schiff wurde 1911 für 15.000 Pfund von der Anglo-American Oil Company, London, erworben. Unter acht Laeisz-Kapitänen bis zuletzt in der Chile-Fahrt. In Iquique wurde es vom Ausbruch des Ersten Weltkrieges überrascht und lag dort bis 1920. Versegelte dann mit Salpeterladung nach Delfzijl und wurde am 22.4.1921 an die Engländer abgeliefert, jedoch bereits am 8. November desselben Jahres für 10.000 Pfund zurückgekauft. 1.1.1928 querab Lowestoft Kollision mit britischem Trawler, ein Anker verloren. 1931 an Ruben de Cloux/ Mariehamn und Alan Villiers für 34.000 RM verkauft und segelte dabei Weizenregatten Australien–Europa. Belegte dabei 1933 den zweiten Platz unter 721 Schiffen (83 Tage Australien–Europa). 1936 nach einer Havarie abgetakelt und als Hulk nach Haifa veräußert.

36	PARNASS Bark, Holz 1878 Schau & Oltmanns, Geestemünde L 49,8 m B 10,0 m T 5,6 m	646 (608)	1878–90	Das recht schnelle Schiff segelte unter vier Laeisz-Kapitänen nach Chile und Guatemala. Es wurde im August 1890 an die Reederei J.C. M. Block in Hamburg verkauft. 1893 Weiterverkauf an O. Johannsen, Scarpsborg/Norwegen. Im November 1916 vom deutschen U-Boot U 47 in der Nordsee versenkt. PARNASS war das letzte hölzerne Schiff, das von F. Laeisz in Auftrag gegeben wurde.
41	PARSIFAL Bark, Eisen 1882 Blohm & Voss, Hamburg L 63,1 m B 10,3 m T 6,1 m	1080 (1051)	1882–86	Das Schiff stand unter drei Laeisz-Kapitänen in der Chile-Fahrt. Es umsegelte 1884 in nur sechs Tagen 20 Stunden Kap Hoorn von 50°Süd bis 50°Süd. Am 4. Mai 1886 bei Kap Hoorn nach Übergehen der Ladung und Kappen der Takelage (zum Vermeiden des Kenterns) gesunken. Gesamte Besatzung unter Kapitän Hilgendorf in beiden Booten gerettet, von der britischen Bark SARACA aufgenommen und nach Cork/Irland gebracht.
72	PASSAT Viermastbark, Stahl 1911 Blohm & Voss, Hamburg L 98,1 m B 14,4 m T 6,1 m Schwesterschiff: PEKING	3091 (2882)	1911–21 1922–32	Unter sechs Laeisz-Kapitänen in der Chile-Fahrt. Das Schiff verbrachte den Ersten Weltkrieg in Iquique. Nach Überführung mit Salpeterladung von Chile nach Marseille am 27.5.1921 an Frankreich abgeliefert und bereits am 22. Dezember desselben Jahres für 13.000 Pfund zurückgekauft. Erneut im Liniendienst nach Chile. 25.8.1928 vor Dungeness/Kanal Kollision mit französischem Dampfer DAPHNE, der den Bug von PASSAT zu kreuzen versuchte und binnen zehn Minuten sank. PASSAT hatte demolierten Vorsteven und Wassereinbrüche in der Vorpiek. Zur Reparatur nach Rotterdam, dann zurückgeschleppt. 10.6.1929 erneut Kollision mit einem Dampfer unweit Feuerschiff ROYAL SOVEREIGN. Von Bergungsschlepper HERMES nach Rotterdam zurückgebracht. 1932 Verkauf an G. Erikson, Mariehamn/Ålandinseln, der das Schiff in der Weizenfahrt Australien–Europa einsetzte. Im Zweiten Weltkrieg in Mariehamn aufgelegt. 1944–46 schwimmender Getreidespeicher in Stockholm. 1946 noch eine Australienreise. Anschließend als schwimmender Lagerraum in England. PASSAT ging 1952 zum Abwracken nach Belgien, wurde jedoch nach Umbauten zum Frachtschulschiff der Reederei Heinz Schliewen vorm Verschrotten gerettet (La-Plata-Fahrt). 1957 erfolgte die Übernahme durch die »Stiftung PAMIR-PASSAT«. 1958 wurde die Viermastbark nach der PAMIR-Katastrophe aus Sicherheitsgründen aufgelegt. Sie dient heute vorm Priwall-Jachthafen von Lübeck-Travemünde als Wellenbrecher, Museumsschiff.
30	PATAGONIA Bark, Holz 1873 J. Oltmanns Ww., Brake L 41,9 m B 8,8 m T 5,2 m	510 (491)	1873–76	Das Schiff segelte unter vier Laeisz-Kapitänen nach Chile, Malaya, Mexiko und zu den Philippinen. 1886 an P. Margaronis in Syra/Griechenland verkauft. PATAGONIA blieb dort unter ihrem alten Namen in Fahrt.

15	PATRIA Bark, Holz 1863 J. Oltmanns Ww., Brake L 38,5 m B 8,5 m T 5,1 m	424 (391)	1863–84	Das Schiff wurde noch mit 182 CL (Commerzlasten) vermessen und von sieben Laeisz-Kapitänen geführt. Es wurde im Jahr 1884 an G. Kindler, Rostock, verkauft und von dort 1894 an C.A. Fahlgren, Stockholm, weitergegeben. (Laeisz-Fahrtgebiete waren Argentinien, Chile, Hongkong, Indochina, Westmexiko und Westafrika.)
40	PAVIAN (Vollschiff) umgebaut zur Bark, Eisen 1864 Millwall, London L 65,3 m B 10,6 m T 7,0 m	1190 (1162)	1882–83	Ex TIVERTON. Das Schiff wurde in London erworben. Es ist im Jahre 1883 – nach einer glücklichen Ausreise mit Kohle und Stückgut von Hamburg nach Anjer/Java – auf der Weiterreise mit Zuckerladung von den Sunda-Inseln nach Montreal mit der gesamten achtzehnköpfigen Besatzung auf See verschollen. War größter Laeisz-Segler seiner Zeit.
66	PEIHO Vollschiff, Stahl 1902 A. McMillan & Sohn, Dumbarton L 81,5 m B 12,6 m T 7,5 m	2136 (1980)	1906–19 1921–23	Ex ARGO ex BRYNYMORE. Das von M.G. Amsinck erworbene Schiff unternahm unter acht Laeisz-Kapitänen ausschließlich Valparaiso-Reisen und verbrachte den 1. Weltkrieg in Caleta Buena. 1920 wurde es mit Salpeterladung nach Delfzijl/ Niederlande gesegelt. Das Schiff mußte an die Entente abgeliefert werden, wurde jedoch bereits am 13.7.1921 für 6.100 Pfund zurückgekauft. Die PEIHO ist am 15.3.1923 beim Kap San Diego, Straße von Le Marie/ Feuerland, ohne Verschulden der Schiffsleitung gestrandet und einen Tag später auseinandergebrochen. Die Besatzung erreichte mit den Booten Tage später New Years Island und wurde dort von einem Regierungsdampfer aufgenommen.
71	PEKING Viermastbark, Stahl 1911 Blohm & Voss, Hamburg L 98,2 m B 14,4 m T 8,1 m Schwesterschiff: PASSAT	3152 (2883)	1911–21 1923–32	Das Schiff stand unter sieben Laeisz-Kapitänen ausschließlich in der Chile-Fahrt und verbrachte den Ersten Weltkrieg in Valparaiso. Nach Salpeterreise aus Chile wurde der Viermaster am 10.5.1921 an Italien abgeliefert, jedoch schon am 11.1.1923 für 8.300 Pfund zurückgekauft. Im September 1932 wurde PEKING an die Shaftesburgy Homes & Arethusa Training Ship Co., London, veräußert. Sie lag bis 1974 auf dem Medway bei Upnor in der Nähe von Rochester als Internatsschiff ARETHUSA. 1975 Schlepp-Überführung in die USA. Seit 1976 Museumsschiff auf dem East River von New York. Name wieder PEKING.
75	PELIKAN Vollschiff, Stahl 1905 Rijkée & Co., Rotterdam L 82,7 m B 12,2 m T 7,0 m	2103 (1933)	1912–21	Ex DIONE (II). Das Schiff entstammt der Reedereiflotte Wachsmuth & Krogmann. Das verhältnismäßig langsame Schiff machte vor Kriegsausbruch unter drei Laeisz-Kapitänen drei Chile-Reisen und lag in den Jahren 1914–1920 in Valparaiso. Nach Salpeterreise von Caleta Buena nach Dünkirchen wurde PELIKAN am 5.4.1921 an Frankreich abgeliefert. 1923 Weiterverkauf an James Bell in Hull. Neuer Name: BELLCO. Gleich darauf Weiterverkauf an A. Monsen, Tønsberg/Norwegen. 1926 an N. Novaretto, La Spezia, weitergegeben. Neuer Name: IGNAZIO NOVARETTO. Verwendung als Hulk. Später zum Abwracken veräußert. PELIKAN war letzterworbenes Laeisz-Vollschiff.

81	PELLWORM Vollschiff, Stahl 1902 Chant. & Atel, Saint-Nazaire-Penhoet L 85,7 m B 12,4 m T 6,9 m	2270 (1991)	1924–25	Ex FAITH ex MARECHAL SUCHET. Das aus dem Besitz des Osloer Reeders E. Friis für 3.100 Pfund erworbene Schiff machte nur eine höchst unglückliche Reise von Hamburg mit Order Taltal/Chile, umrundete auch Kap Hoorn, wurde dann jedoch durch Orkan am weiteren Eindringen in den Pazifik gehindert. Es erlitt beträchtliche Seeschäden und schwere Kompaßfehlweisung durch Blitzschlag. Mit verrutschtem Sandballast lag das Schiff mit schwerer Schlagseite quer zur See. Es entging nur durch Zufall einer Strandung bei Kap Hoorn. Nach vier Tagen Umtrimmen wieder auf ebenem Kiel, war das Schiff nach Süden bis zu den South Georgia Islands abgetrieben. Erneute Kap-Hoorn-Umrundung durch abermaligen Sturm fehlgeschlagen. Montevideo wurde nach Zusammenbruch der Lenzpumpe als Nothafen angelaufen. Da inzwischen die Frachtraten für Salpeter verfallen waren, kehrte das Schiff in übermäßig langer Reise mit schwerem Proviantmangel unverrichteter Dinge nach Hamburg zurück. 1926 an Syndikatsreederei Hamburg verkauft, diente nach Umbau dem Deutschen Jugendherbergswerk und von 1934 an als die schwimmende Jugendherberge HEIN GODENWIND in Hamburg. 1943 bei Luftangriff schwer beschädigt. In der Ostsee als Zielschiff der Luftwaffe verwendet und 1944 versenkt.
70	PENANG Bark, Stahl 1905 Rickmerswerft, Geestemünde L 80,9 m B 12,2 m T 7,5 m	2039 (1830)	1911–17	Ex ALBERT RICKMERS. Das 1911 von der Rickmers Reismühlen, Reederei & Schiffbau AG, Geestemünde, angekaufte Schiff stand unter vier Laeisz-Kapitänen in der Chile-Fahrt und erlebte den Kriegsausbruch im Hamburger Hafen. Es wurde im Oktober 1917 zur Verwendung als schwimmendes Lagerhaus verkauft an J.H. Bachmann, Bremen, 1919 Ablieferung an die Entente. 1920 an John Nurminen, Danzig, verkauft. 1924 Weiterverkauf an Gustav Erikson, Mariehamn/Ålandinseln. Im Dezember 1940 auf der Reise Port Lincoln–Cork vom deutschen U-Boot U 140 durch Torpedo versenkt. Keine Überlebenden.
54	PERA Vollschiff, Stahl 1890 Joh. C. Tecklenborg, Geestemünde L 78,2 m B 12,2 m T 6,8 m Schwesterschiff: PARCHIM	1758 (1661)	1890– 1910	Das Schiff segelte unter sechs Laeisz-Kapitänen vorwiegend nach Chile, unternahm jedoch auch zwei Reisen in die USA, eine nach Japan, 1910 ins Ausland verkauft an Mathias Lundquist/Mariehamn. Am 13.3.1917 vom deutschen U-Boot U 70 versenkt.
49	PERGAMON Bark, Stahl 1888 Blohm & Voss, Hamburg L 74,5 m B 11,6 m T 6,3 m Schwesterschiffe: PAMELIA, POTRIMPOS, POTSDAM, PROMPT	1447 (1411)	1888–91	Unter zwei Laeisz-Kapitänen in der Chile-Fahrt. Seit dem 31.5.1891 mit der gesamten Besatzung (Kapitän Kayser und 19 Mann) auf der Reise von Shields nach Iquique auf See verschollen.

77	PERIM Bark, Stahl 1903 A. Rodger & Co., Port Glasgow L 80,7 m B 12,2 m T 7,2 m	1944 (1845)	1912–17	Ex RADIANT. Für 10.000 Pfund im Jahre 1912 von der Anglo-American Oil Company angekauft. Nur wenige Reisen – unter dem-selben Kapitän – für Laeisz. Bei Kriegsausbruch in Antwerpen. Am 3.11.1917 an H. Kayser & Sohn GmbH, Hamburg, verkauft, von dort an Ölfirma Stern & Sonneborn. 1921 an Italien abgeliefert. 1923/24 Weiterverkauf an In- und Ausland Handelsgesellschaft, Hamburg. 1925 zum Abwracken nach Genua veräußert. Die Bark PERIM war für ihre Zeit ungewöhnlich klein.
78	PERKEO Viermastbark, Stahl 1901 Russel & Co., Port Glasgow L 107,4 m B 14,9 m T 8,6 m	3765 (3609)	1914	Ex BRILLANT. Dritter angekaufter Petroleumsegler der Anglo-American Oil Company, London. Am 6.8.1914 auf der Reise New York–Hamburg kurz vor Dover von britischem Kreuzer aufgebracht, Kapitän hatte vom Kriegsausbruch keine Kenntnis. – Als Beuteschiff für 12.000 Pfund nach Norwegen verkauft. Neuer Name: BELL. Am 30.3.1916 am Westausgang des Kanals vom deutschen U-Boot U 44 angehalten und nach Feststellung von Bannware versenkt.
17	PERLE Brigg, Holz 1864 E. Dreyer, Hamburg-Neuhof L 40,2 m B 9,4 m T 5,0 m	421 (406)	1864–81	Noch mit 190 CL (Commerzlasten) vermessen. Unter sechs Laeisz-Kapitänen in weltweiter Fahrt. Nach 17 Jahren Fahrzeit an Reimers & Jansen, Hamburg, verkauft. Später im Besitz von John Sharp, Shanghai. (Nachgewiesene Laeisz-Reisen zur Westküste Nordamerikas, nach Westmexiko, Westafrika, Chile, Neufundland und Kuba.)
13	PERSIA Bark, Holz 1862 J. Oltmanns Wwe., Brake L 39,9 m B 7,5 m T 5,0 m	416 (405)	1862–77	Noch mit 176 CL (Commerzlasten) vermessen. Unter sieben Laeisz-Kapitänen nach China, Malaya, Mexiko, Chile, Ecuador. Im Jahre 1878 verkauft an Gebroeders Wittering, Amsterdam. Neuer Name: ANNA & BERTHA.
61	PERSIMMON Viermastbark, Stahl 1891 Ramage & Ferguson, Leith/England L 97,4 m B 13,8 m T 7,9 m	3100 (2217)	1899–1913	Ex DRUMROCK. Angekauft aus dem Besitz der »Drum« Line, England. Nächst POTOSI damals das größte Schiff der Reederei. Einziges Schiff in Laeisz-Flotte, das nur mit Bramsegeln, Royals und Skysails getakelt war. Unter vier Laeisz-Kapitänen Einsatz in der Chile-Fahrt. 2.6.1903 bei schwerstem Norder in der Bucht von Valparaiso mit Schwimmdock kollidiert und beschädigt. 1910 durch Seeunfall acht Todesopfer. Im April 1913 an Reederei Bremer Stahlhof AG – später in Reederei F.A. Vinnen aufgegangen – verkauft, umbenannt in HELWIG VINNEN, 1919 amerikanische Kriegsbeute Reederei R. Dollar & Co., San Franzisko. 1924 weiterverkauft. Leichter LOG TYEE bei der Hecate Straits Towing Co., Vancouver. 1925 als Holzleichter DRUMROCK bei der Pacific Coyle Navig. Co. Am 1.2.1927 in der Tikush Bay, Vanc., British Columbia, gestrandet und abgewrackt.
11	PERU Brigg, Holz 1862 Schau & Oltmanns, Geestemünde L 33,6 m B 7,1 m T 4,3 m	? (255)	1862–70	Noch mit 120 CL (Commerzlasten) vermessen. Gesamtfahrt unter demselben Kapitän. Am 9.1.1870 Totalverlust im Chinesischen Meer (Kapitän Truelsen), nachdem das Schiff in der China-Küstenfahrt eingesetzt war.

44	PESTALOZZI Bark, Eisen 1884 Blohm & Voss, Hamburg L 64,3 m B 10,5 m T 6,1 m	1065 (1039)	1884– 1904	Unter acht Laeisz-Kapitänen Reisen nach Chile, US-Ostküste und Australien. Im September 1904 nach Lillesand/Norwegen verkauft, 1916 an O. Christensen, Arendal/Norwegen, 1919 an R. K. Bager, Marstal/Dänemark. Neuer Name: CLAUDIA. 1934 wieder unter altem Namen PESTALOZZI bei Gustav Erikson, Mariehamn/Ålandinseln. Hatte 1936 Kollision in der östlichen Ostsee und wurde 1937 an eine Abwrackwerft in Libau verkauft.
64	PETSCHILI Viermastbark, Stahl 1903 Blohm & Voss, Hamburg L 98,1 m B 14,4 m T 8,0 m Ähnlich: PAMIR	3087 (2855)	1903–19	Unter vier Laeisz-Kapitänen in der Chile-Fahrt. 1914 vom Kriegsausbruch in Valparaiso überrascht. Dort aufgelegt. Am 12.7.1919 bei heftigem Norder infolge Ankerkettenbruches nahe Valparaiso gestrandet. Totalverlust. Besatzung vollzählig gerettet. PETSCHILI war erstes Schiff einer Blohm & Voss-Bauserie von sechs Viermastbarken.
76	PINGUIN Viermastbark, Stahl 1903 Soc. Esercizio Baccini, Riva Trigoas/Italien L 88,1 m B 12,7 m T 6,7 m	2102 (1935)	1912–17	Ex ERASMO. Kleinste Viermastbark unter Laeisz-Flagge. Angekauft von E. Raffofu in La Spezia. Segelte unter zwei Laeisz-Kapitänen jeweils nach Valparaiso. Bei Kriegsausbruch 1914 in Hamburg. Am 15.9.1917 an Carl J. Klingenberg & Co., Bremen, verkauft. 1920 abgeliefert an Frankreich. Unter dem Namen JACOBSEN bei Soc. Aon. Les Veiliers de Dunkerquois in Fahrt. 1924–25 abgewrackt.
69	PINNAS Vollschiff, Stahl 1902 W. Hamilton & Co., Port Glasgow L 80,0 m B 12,2 m T 7,2 m	1946 (1790)	1909–19 1922–29	Ex FRITZJAMES. Erworben aus dem Besitz von W. Montgomery & Co., London. Letztes FL-Vollschiff. Wurde von acht Laeisz-Kapitänen in der Chile-Fahrt geführt. Bei Kriegsausbruch 1914 in Valparaiso aufgelegt. Nach Salpeter-Rückreise aus Chile am 21.2.1921 in Dünkirchen in Frankreich abgeliefert. Am 22. Dezember desselben Jahres für 6.000 Pfund zurückgekauft. Am 27.4.1929 bei Kap Hoorn im Sturm entmastet und leckgesprungen. Schiff mußte aufgegeben werden. Die gesamte 25köpfige Besatzung (Kapitän Lehmann) konnte trotz schweren Seegangs vom chilenischen Passagierdampfer ALFONSO gerettet werden.
43	PIRAT Bark, Eisen 1863 Blohm & Voss, Hamburg L 64,8 m B 10,5 m T 6,1 m Schwesterschiffe: PAPOSO, PESTALOZZI	1059 (991)	1883– 1902	Segelte unter zehn Laeisz-Kapitänen nach Chile, Birma, Australien. Im August 1902 an Kapitän F. C. Bramslöw, Hamburg, verkauft. Im Januar 1911 erlitt das Schiff während eines Sturmes im Englischen Kanal so schwere Beschädigungen, daß es in Cardiff kondemniert werden mußte.
67	PIRNA Vollschiff, Stahl 1894 Joh. C. Tecklenborg, Geestemünde L 77,8 m B 12,0 m T 7,0 m	1789 (1687)	1907–16	Ex OSORNO ex BEETHOVEN. Angekauft aus dem Besitz von P. H. Schuldt, Hamburg. Unter sechs Laeisz-Kapitänen in der Chile-Fahrt, fast ausschließlich nach Valparaiso. Bei Kriegsausbruch 1914 in Hamburg. Am 20.4.1916 an Schiffahrtsgesellschaft »Lignum«, Hamburg, verkauft. Neuer Name: LIGNUM. 1919 an Italien abgeliefert, neuer Name PINUS. 1924 an Firma Chirlesse in La Spezia veräußert und abgewrackt.

58	PISAGUA Viermastbark, Stahl 1892 Joh. C. Tecklenborg, Geestemünde L 95,8 m B 13,9 m T 7,9 m Schwesterschiff: PLACILLA	2852 (2652)	1892– 1912	Unter sieben Laeisz-Kapitänen in der Chile-, Indien- und Japan-Fahrt. Am 16.3.1912 auf der Salpeterreise von Mejillones nach Hamburg bei Beachy Head im Englischen Kanal Kollision mit britischem P. & O.-Liner OCEANA, der seiner Ausweichpflicht nicht nachkam, vom Segler gerammt wurde und sank (!). PISAGUA wurde nach Dover eingebracht, provisorisch abgedichtet und nach Hamburg geschleppt. Als Wrack an A/S Ørnen (S.L. Christensen), Sandefjord/Norwegen, verkauft. Umbau zur Walkocherei. Bei der Ausreise im Januar 1913 auf den South Shetlands/Antarktis gestrandet, Totalverlust.
59	PITLOCHRY Viermastbark, Stahl 1894 A. Stephan & Sons, Dundee L 95,9 m B 13,8 m T 8,1 m	3088 (2904)	1894– 1913	Schon im Bau von britischem Besteller übernommen. Unter sieben Laeisz-Kapitänen in der Chile-Fahrt, stets nach Valparaiso, in einem Falle (1898) auf der Route Philadalphia–Hiogo/Kobe (Japan). 1905 in schwerem Wetter bei Kap Hoorn havariert, u.a. Verlust von Vortopp, Großtopp und Kreuzbramstenge. Unter Notrigg und Schlepphilfe des britischen Dampfers JUMNA Montevideo als Nothafen angelaufen. Am 28.11.1913 im Englischen Kanal nach unverschuldeter Kollision mit dem britischen Dampfer BOULAMA rasch gesunken. Gesamte Besatzung konnte gerettet werden.
57	PLACILLA Viermastbark, Stahl 1892 Joh. C. Tecklenborg, Geestemünde L 95,9 m B 13,6 m T 7,9 m Schwesterschiff: PISAGUA	2845 (2681)	1892– 1901	Unter zwei Laeisz-Kapitänen in der Chile-Fahrt. Auf der Jungfernreise 1892 unter Kapitän Hilgendorf auf Anhieb internationaler Schnelligkeitsrekord, der erst nach der Jahrhundertwende von den Fünfmastern POTOSI und PREUSSEN sowie der britischen Viermastbark EUDORA unterboten, aber von PITLOCHRY und PAMPA wieder erreicht wurde: 58 Tage von Lizard nach Valparaiso. Im Jahre 1901 wurde PLACILLA an die Rhederei-Actiengesellschaft von 1896 verkauft. Im Januar 1905 auf den Haisbro-Sänden (Schweden) gestrandet und verlorengegangen. PLACILLA war erste Viermastbark von Laeisz. Sie gehörte bereits zum Drei-Insel-Typ, der bei F. Laeisz allgemein üblich wurde.
45	PLUS Bark, Eisen 1885 Blohm & Voss, Hamburg L 69,1 m B 10,9 m T 7,2 m	1268 (1160)	1885– 1908	Letztes Eisenschiff von Laeisz vor Übergang zur Stahlbauweise. Unter sechs Laeisz-Kapitänen in der Chile-Fahrt sowie Einzelreisen nach USA/Südstaaten, Ecuador, Wladiwostok. (Rekordreise 1898/99 Lizard-Wladiwostok in 125 Tagen!) Am 15.3.1908 an H. Hansen, Lillesand/Norwegen, verkauft. 1917 Weiterverkauf an Lauritz Schübeler, Fredrikstadt/Norwegen, 1927 an H. Lundquist/Mariehamn/Ålandinseln. Holzfahrt Finnland–England. 13.12.1933 auf Heimreise von London bei Sturm westlich Finnenbusen nach Grundberührung gesunken. 11 Todesopfer. Vier Mann konnten sich durch Anlandschwimmen retten.
37	PLUTO Vollschiff, Eisen 1862 Jones, Quiggin & Co., Liverpool L 65,2 m B 10,7 m T 7,0 m	1159 (1133)	1881–91	Ex AMINTA. Aus britischem Besitz erworben. Segelte unter fünf Laeisz-Kapitänen. März 1891 an Wilhelm Maack, Rostock, verkauft. August 1892 auf der Reise von Blyth/England nach Iquique verschollen. (Laeisz-Fahrtgebiet war ausschließlich Chile.)

80	POLA Viermastbark, Stahl 1916–19 Blohm & Voss, Hamburg L 94,3 m B 14,4 m T 8,2 m Schwesterschiff: PRIWALL	3104 (2878)	Nicht unter FL-Flagge gesegelt	Das Schiff wurde 1916 von Laeisz in Auftrag gegeben, jedoch infolge der Kriegsverhältnisse erst 1919 fertiggestellt. Mußte im Oktober 1920 nach Dünkirchen geschleppt und an Frankreich ausgeliefert werden. Neuer Name: RICHELIEU. Unter französischer Flagge – als Schulschiff – im November 1926 in Baltimore bei der Übernahme einer Ölladung in Fässern explodiert. Schwer beschädigt, kondemniert und abgewrackt.
31	POLYNESIA Vollschiff, Eisen 1874 Reiherstieg Schiffswerft & Maschinenfabrik, Hamburg L 61,6 m B 10,2 m T 6,4 m	1070 (985)	1874–90	POLYNESIA war das erste Laeisz-Vollschiff. Unter sechs Laeisz-Kapitänen in der Fahrt nach Hongkong, Java, Mexiko, Kalifornien, Australien Birma und Chile. 22.4.1890 bei Eastbourne/Englischer Kanal auf Grund gelaufen. Chance der Abbringung versäumt, Totalverlust. Mai 1890 an Abwrackfirma verkauft. Dem letzten Kapitän der POLYNESIA wurde vom Seeamt das Patent entzogen.
68	POMMERN Viermastbark, Stahl 1903 J. Reid & Co. Ltd., Glasgow L 89,9 m B 13,2 m T 7,6 m	2413 (2266)	1907–21	Ex MNEME. Von Rhederei A.G. Hamburg erworben. Unter drei Laeisz-Kapitänen in der Chile-Fahrt. 1908 Kap-Hoorn-Umrundung in acht Tagen. Im selben Jahr Kollision mit britischer Viermastbark ENGELHORN in der Elbmündung. Beschädigt nach Hamburg zurück. In Valparaiso 1914 vom Kriegsausbruch überrascht und aufgelegt. Nach Wiederinstandsetzung 19.11.1920 Salpeterreise Pisagua–Delfzijl/Holland. 29.3.1921 in Delfzijl entlöscht. 1924 Verkauf an Gustav Erikson, Mariehamn/Ålandinseln. Einsatz in der Australien-Fahrt. Schiff liegt dort unter dem Namen POMMERN als schwimmendes Museum bis zum heutigen Tage auf.
74	PONAPE Viermastbark, Stahl 1903 Soc. Esercizio Baccini, Genua L 86,5 m B 12,8 m T 7,2 m	2318 (2177)	1911–14	Ex REGINA, ELENA. Im Jahre 1911 aus dem Besitz von Cav. P. Milesi, Genua, angekauft. Unter zwei Laeisz-Kapitänen in der Chile-Fahrt, 51 Tage nach Kriegsausbruch, am 20.9.1914, im Atlantik von britischem Linienschiff MAJESTIC aufgebracht. Als Prise nach Falmouth. 1915 an den Reeder James Bell, Hull, verkauft und im selben Jahr an Alf. Monsen, Tønsberg/Norwegen, übergeben. Neuer Name: BELL HOUSE. 1925 an H. Lundquist, Mariehamn. Zurückgetauft auf den alten Namen PONAPE. 1929 an Gustav Erikson, Mariehamn, weiterverkauft. Einstz in der Australienfahrt. 1936 zum Abwracken nach Litauen veräußert.
38	PONCHO Bark, Eisen 1858 J. Reid & Co., Port Glasgow L 56,9 m B 9,8 m T 6,4 m	841 (819)	1881–92	Ex WEYMOUTH. Im Jahr 1881 durch Laeisz vom Hamburger Reeder und Schiffmakler H. D. J. Wagner erworben. Unter vier Laeisz-Kapitänen nach Java, Birma, Mexiko, Manila. Das schnelle Schiff umrundete 1866 Kap Hoorn in zehn Tagen. Im Jahre 1893 von H.D.J. Wagner zurückgekauft. Am 2.2.1898 nach Zusammenstoß mit Dampfer KARNAK bei Borkum mit Kapitän und 14 Mann untergegangen.
55	POSEN Vollschiff, Stahl 1891 Blohm & Voss, Hamburg L 79,7 m B 12,3 m T 6,8 m	1761 (1670)	1891– 1909	Ex PREUSSEN (I). Unter fünf Laeisz-Kapitänen, mit Ausnahme einer Brasilienreise ausschließlich in der Chile-Fahrt. Im Jahre 1902 umbenannt, weil der Name PREUSSEN für das in jenem Jahr vom Stapel gelaufene Fünfmastvollschiff vorgesehen war. Am 14.10.1909 auf die Reise nach Valparaiso aus unbekannter Ursache Feuerausbruch in Luke I. Zwar wurde eilends eine Ladungpartie von 500 Kisten Dynamit über Bord geworfen. Die Feuerlöschversuche erwiesen sich dennoch als vergeblich, weil der Brand unter den Ladungsgütern Fett, Öl und Teer reiche Nahrung fand. Nach völligem Ausbrennen des Schiffes andertags Aussetzen der Boote. Beim Versuch, das 250 Seemeilen

60	POTOSI Fünfmastbark, Stahl 1895 Joh. C. Tecklenborg, Geestemünde 5.000 t Ladung L 111,6 m B 15,2 m T 8,7 m	4026 (3755)	1895–1920	entfernte Pernambuco damit zu erreichen, wurde die Besatzung durch den britischen Dampfer EARL OF CARRICK aufgenommen und in Rio gelandet. Seinerzeit größtes Schiff von F. Laeisz. Als Herausforderer der französischen Fünfmastbark FRANCE konzipiert. Fünf Laeisz-Kapitäne holten aus dem allein in der Chile-Fahrt beschäftigten Fünfmaster glänzende Leistungen heraus, deren bestechende Gleichmäßigkeit die Fachwelt verblüffte. Rekordetmal 345 Seemeilen, höchste Durchschnittsfahrt 16,5 Knoten! POTOSI segelte bereits auf der Jungfernreise den britischen Wollklipper CIMBA aus und überrundete häufig Dampfer. Während des 1. Weltkrieges in Valparaiso aufgelegt, 1920 an Bremer Reederei F. A. Vinnen verkauft. April 1920 jedoch Ablieferung an Frankreich erzwungen. Von dort an Gonzales, Soffia & Co., Chile, verkauft. Neuer Name: FLORA. 1925 mit einer Ladung Salpeter nach England und Hamburg und von Swansea mit einer Ladung Steinkohlen, Koks und Briketts nach Chile zurück. Schiff geriet von der argentinischen Küste durch Selbstentzündung der Ladung in Brand. Alle Löschversuche scheiterten, auch im Nothafen Comodoro Rivadavia, obwohl sogar Spezialpumpen von den Regierungsölfeldern herbeigeschafft wurden. Auch das Einblasen von Dampf in die Laderäume blieb nutzlos. Am 1.10.1925 ereigneten sich zwei Explosionen. Der Großmast fiel über Bord. Schiff wurde auf Strand gesetzt und von der Besatzung verlassen. Das Wrack trieb jedoch vom Strand ab. Es mußte als Schiffahrtshindernis auf 45° Süd 66° West von argentinischem Kreuzer PATRIA durch Artillerie versenkt werden.
47	POTRIMPOS Bark, Stahl 1887 Blohm & Voss, Hamburg L 69,4 m B 10,9 m T 6,3 m Schwesterschiffe: PAMELIA, PERGAMON, POTSDAM, PROMPT	1273 (1245)	1887–96	Unter drei Laeisz-Kapitänen in der Chile-, Brasilien-, Mexiko- und USA-Fahrt. Am 19.12.1896 querab Ilwaco (Long Beach), nördlich von Columbia River/Kalifornien, gestrandet. Totalverlust, Besatzung vollzählig gerettet.
50	POTSDAM Bark, Stahl 1889 Blohm & Voss, Hamburg L 74,5 m B 11,6 m T 6,3 m	1463 (1405)	1889–91	Die unter Kapitän Blöse in der Chile-Fahrt beschäftigte Bark fand das eigenartigste Ende unter allen Laeisz-Seglern. Sie geriet am 16.1.1891 auf der Reede von Valparaiso während eines ausgebrochenen Bürgerkrieges in die Schußlinie des Gefechtes zwischen Landtruppen und dem Kreuzer BLANCO ENCALADA. Sie sollte deshalb mit Schlepperhilfe den Liegeplatz verlassen. Aber die durch Granateinschläge nervös gewordene Schlepperbesatzung slippte die Trosse zu früh. Die POTSDAM konnte sich nicht freisegeln und strandete auf einer Klippe im Westen der Bucht. Die Besatzung wurde von den Booten der Laeisz-Bark PONCHO und des Vollschiffes KLIO vollzählig geborgen. Wrack und Ladung wurden an eine chilenische Firma veräußert.
55	PREUSSEN (I) siehe POSEN			

62	PREUSSEN (II) Fünfmastvollschiff, Stahl 1902 Joh. C. Tecklenborg, Geestemünde 8.000 t Ladung oder 550 t Wasserballast L 124,4 m B 16,3 m T 8,2 m	5081 (4765)	1902–10	Einziges Fracht-Fünfmastvollschiff der Schiffahrtsgeschichte. Dieses größte aller Laeisz-Schiffe und der Welt größtes Segelschiff seiner Zeit übertrumpfte auch die 1.000 BRT kleinere Fünfmastbark POTOSI. Unter zwei Laeisz-Kapitänen segelte das bis zu 17 Knoten schnelle Schiff in glänzenden Zeiten nach Chile, USA und Japan. 1903 meisterte das Schiff die Distanz Lizard–Iquique in 58 Tagen. Segelfläche: 5.560 Quadratmeter. Mittelmasthöhe: 68 Meter. PREUSSEN (II) hatte zwei Hilfskessel, Dampfballastpumpe, vier Dampfwinden, Dampfankerspill und Rudermaschine, jedoch keinen Hilfsantrieb. Fünf Ladeluken in Haupt- und Zwischendeck. Am 5.11.1910 im Englischen Kanal (ausreisend) Kollision mit vorschriftswidrig fahrendem Dampfer BRIGHTON. Beim Versuch, mit drei Schleppern Dover als Nothafen anzulaufen, in der Crab Bay gestrandet. Abbringungsversuche durch 12 Schlepper vergeblich. Nach Abbergung von Besatzung, eines Großteils der Ladung und der Takelage wurde das Wrack allmählich von der See zerstört.
16	PRINCESS Brigg, Holz 1863 D. Denker, Brake L 32,9 m B 8,1 m T 3,6 m	271 (257)	1863–74	Noch mit 116 CL (Commerzlasten) vermessen. Segelte unter drei Laeisz-Kapitänen. Verkauft im August 1874 an Peter Kromann Rasmussen, Marstal/Dänemark. Am 5.11.1880 auf Reise Charlestown–Korsör auf der Nordseite von Skagen gestrandet. Totalverlust, Besatzung vollzählig gerettet. (Laeisz-Fahrtgebiete waren Westküste Nordamerikas, China, Westmexiko, Malaya.)
79	PRIWALL Viermastbark, Stahl 1916/1920 Blohm & Voss, Hamburg L 94,5 m B 14,4 m T 8,0 m Schwesterschiff: POLA	3104 (2878)	1920–41	Das schon 1916 vom Stapel gelaufene Schiff konnte infolge der Kriegsverhältnisse erst 1920 übernommen werden. Segelte unter sechs Laeisz-Kapitänen im Liniendienst nach Chile und in der Australien-Fahrt. 1938 Kap-Hoorn-Umsegelung in unübertroffener Rekordzeit von etwas über 5 Tagen. Das frachttragende Segelschulschiff (72 Mann Beatzung, darunter 45 Zöglinge) lag im Zweiten Weltkrieg in der Bucht von Valparaiso und wurde im Juni 1941 vom Deutschen Reich »als Geschenk« (!) an die chilenische Marine übergeben. Es erhielt einen starken Hilfsmotor und den neuen Namen LAUTARO. Im März 1945 fing das Schiff mit einer Salpeterladung vor der peruanischen Küste Feuer und ging verloren. Es gab 20 Todesopfer.
28	PROFESSOR 1865 Reiherstieg Schiffswerft & Maschinenfabrik, Hamburg L 43,6 m B 8,4 m T 5,2 m	536 (512)	1869–89	Ex FLOTTBECK. Im Jahre 1869 aus dem Besitz von Julius Hüniken, Hamburg, erworben. Unter sieben Laeisz-Kapitänen in der Chile-Fahrt. Im Mai 1889 an J. H. Christiansen, Nordby/Fanø (Dänemark), verkauft. Im November 1889 vor Tchial/Neukaledonien (Südsee) gestrandet und kondemniert. (Laeisz-Fahrtgebiete waren Birma, Chile, Peru, Westmexiko und die Westküste Nordamerikas.)
46	PROMPT Bark, Stahl 1887 Blohm & Voss, Hamburg L 72,1 m B 11,6 m T 6,3 m Schwesterschiffe: PAMELIA, PERGAMON, POTRIMPOS, POTSDAM	1446 (1354)	1887– 1908	Unter fünf Laeisz-Kapitänen in der Fahrt nach Chile, Mexiko und zur US-Westküste. 1905 schaffte das schon 18 Jahre alte Schiff die Distanz Lizard–Valparaiso in 76 Tagen. Im Jahre 1908 an August Troberg in Mariehamn/Ålandinseln verkauft. 1912 Weiterverkauf an H. Lundquist, Mariehamn. 1936 zum Abwracken veräußert.

42	PUCK Bark, Eisen, 1863 Marshall Bros., Newscastle/Tyne L 48,5 m B 8,4 m T 5,7 m	494 (474)	1883–88	Ex PEEP O'DAY. Im Jahre 1883 aus England im Alter von 20 Jahren erworben. Unter drei Laeisz-Kapitänen gesegelt. 1888 nach Verkauf an Jens P. Clausen, Nordby/Fanø (Dänemark), weiter in Fahrt bis zur Strandung im November 1901 bei Neu-Hannover (Bismarck-Archipel). Abgeborgen, aber in Herbertshöhe (B.A.) kondemniert. Letzte Nachricht aus dem Jahr 1902 Kohlenhulk in Miokko/Bismarck-Archipel.
4	PUDEL Bark, Holz 1856 H.C. Stülcken, Hamburg L 39,5 m B 8,6 m T 4,9 m	485 (411)	1856–70	Noch mit 194 CL (Commerzlasten) vermessen. Unter fünf Laeisz-Kapitänen nach Birma, China, Chile, Malaya. 1870 an J.H. Parlow, Pillow/Ostpreußen, verkauft. Weiterverkäufe im Juni 1970 an Fritz Dultz, Pillau, und im Jahre 1883 an J.H. Meyer, Königsberg. Diente in den neunziger Jahren als Leichter im Seekanal zwischen Pillau und Königsberg. Die Bark PUDEL gab das Namensvorbild, schließlich alle Laeisz-Schiffe auf »P«-Namen zu taufen.
20	PYRMONT Bark, Holz 1866 J. Oltmanns Ww., Brake L 39,5 m B 8,7 m T 5,0 m	413 (365)	1866–82	Von vier Laeisz-Kapitänen als schnelles Schiff gesegelt, in der Mexiko-, Amerika- Chile-, Australien-, Fernost-Fahrt, z.B. 1880/81 in 120 Tagen von Cardiff nach Hongkong, in nur 19 Tagen von New York zum Kanal. 1882 an Oetling Gebr., Hamburg, verkauft. Am 1.9.1887 an Reederei J. Sonneo & Co., Kopenhagen, weiterverkauft. Neuer Name: LIBERTAS. Weiterverkäufe nach Rosario/Brasilien (neuer Name: IRMA) und nach Heveskes/Niederlande (neuer Name: GEORGE). Im Jahre 1904 wurde die Bark als verloren gemeldet.
9	REPUBLIC Bark, Holz 1861 Peter Sager, Vegesack L 28,0 m B 6,7 m T 4,0 m	? (267)	1861–65	Noch mit 115 CL (Commerzlasten) vermessen. Unter drei Laeisz-Kapitänen in der China-Fahrt. Seit November 1865 auf der Reise von Cheefo/China nach Amoy/China verschollen.
25	RICARDO Bark, Holz 1864 H.C. Stülcken, Hamburg L 36,7 m B 9,2 m T 4,7 m	421 (402)	1867–70	Im Jahre 1867 von der Firma Julius Theodor Bahr, Hamburg, erworben. Drei Jahre Laeisz-Fahrzeit unter demselben Kapitän in der Westküstenfahrt Mexiko–Chile. Im März 1870 an die Gebrüder Vorwerk & Co., Hamburg, verkauft. Neuer Name: CHRISTIANE. Im Juli 1873 weiterverkauft an Stephansen, Eyde & Co., Arendal/Norwegen. Am 10.11.1901 vor Shields gestrandet. Totalverlust.
26	ROSA Y ISABEL Bark, Holz 1865 H.C. Stülcken, Hamburg L 41,8 m B 6,7 m T 5,2 m	443 (407)	1867–84	Im Jahre 1867 aus dem Besitz von Firma Julius Theodor Bahr, Hamburg, erworben. Unter sechs Laeisz-Kapitänen in der Chile-, Mexiko- und USA-Fahrt. Im Jahre 1884 an Aug. Burchard, Rostock, verkauft. Das Schiff wurde 1887 in stark leckem Zustand nach St. Thomas/Westindien eingebracht. Es wurde dort kondemniert und zum Abwracken verkauft.
5	SCHILLER Brigg, Holz 1855 Werft v. Somm, Hamburg L 26,5 m B 6,7 m T 3,7 m	220 (192)	1858–59	Im Jahre 1858 aus dem Besitz von John R. Möller erworben. Das in der Ostasien-Fahrt stehende Schiff wurde bereits im Jahre 1859 in Batavia verkauft, um – in Laeisz-Charter – unter holländischer Flagge nach China und in der Cross-Tradefahrt zwischen China und Japan segeln zu können.

2	SOPHIE & FRIEDERICKE Schoner, Holz 1844 Unbekannte Werft, Stettin L 25,8 m B 6,5 m T 3,5 m	? (195)	1856–60	Ex GLADIATOR. Noch mit 87 CL (Commerzlasten) vermessen. Im Jahre 1856 aus dem Besitz von W. & S. Hauer erworben. Unter zwei Laeisz-Kapitänen nach Costarica, Venezuela, Chile und Neufundland. 1860 an J. C. Godeffroy & Co., Hamburg, verkauft und im Juni 1863 nach China weiterverkauft.
83	LOHENGRIN Bark, Eisen 1862 T. Vernon & Son, Liverpool L 53,8 m B 8,2 m T 5,3 m	602 (578)	1891	Ex PASITHEA. Im Jahre 1891 aus dem Besitz von C. M. Matzen erworben und bereits fünf Tage (!) später an einen neuen Eigner in Dänemark weiterverkauft. Die Gründe für das schnelle Abstoßen des Schiffes lassen sich nicht mehr ermitteln.
84	GUAYMAS Bark, Eisen 1863 A. Williamson & Sohn, Harrington	512 (497)	1889	Ex SANCTA BERGA. Im Jahre 1889 aus dem Besitz von Oetling Gebr., Hamburg, erworben, jedoch gleich an Ole Christian Hirth, Kolding/Dänemark, weiterverkauft. Später noch einmal bei Mentz, Decker & Co., Hamburg, unter deutscher Flagge. Die Gründe für den schnellen Weiterverkauf lassen sich ebensowenig rekonstruieren wie im Falle LOHENGRIN.

Anmerkung:
Die laufenden Nummern beziehen sich auf die Reihenfolge der Anschaffungen (Neubau oder Erwerb von Vorbesitzern). Die beiden zuletzt genannten Nummern 83 und 84 werden in den Listen der Reederei F. Laeisz als Nachtragsnummern geführt, weil der Erwerb der Barken LOHENGRIN und GUAYMAS Sonderfälle darstellten. Tatsächlich haben diese Schiffe keine Reisen unter der FL-Flagge unternommen. Deshalb stehen die beiden Schiffe auch außerhalb der alphabetischen Reihenfolge, die sich nur auf wirkliche FL-Schiffe bezieht.

B – Dampfer, Motorschiffe, sonstige Fahrzeuge
(Die vierte Rubrik gibt jeweils die Anzahl der Fahrgäste an)

78	PACIFIC SENATOR Motorschiff Vollcontainerschiff 2.700 TEU 16.440 kW 19,0 Knoten 1992 Howaldtswerke-Deutsche Werft AG, Kiel L 201,20 m B 32,20 m T 12,50 m Schwesterschiffe: PALERMO SENATOR, PATMOS SENATOR, SHANGHAI SENATOR	34231	4	1993	Ex DSR-PACIFIC. Zunächst im »Tricon«-Konsortium mit der Bremer Senator Linie und der Südkoreanischen Cho Yang. Ursprünglich im Sextett mit fünf Schwesterschiffen bedeutendste Neubauserie der DSR-Geschichte.
38	PADUA Motorschiff Kühlschiff Kühlrauminhalt 325.000 cbft 10.900 PS 1967 Scotts Shipsbuilding & Engineering Co., Greenock, Großbritannien L 152,60 m B 19,30 m T 7,60 m Schwesterschiff: PARMA Namensvorgänger unter den Segelschiffen	3932	4	1967–74	Eingesetzt in der weltweiten Bananen-, Frucht- und Fleischfahrt, hauptsächlich im eigenen Bananendienst von Ecuador nach Hamburg; dazwischen Zeitcharter bei amerikanischen, skandinavischen u.a. Firmen. Die PADUA hat sich bei einem schweren Seenotfall besonders ausgezeichnet. Kapitän Böhnke und sechs Besatzungsmitglieder wurden jeder mit der Bronzenen Medaille für Rettung aus Seenot am Bande der Deutschen Gesellschaft zur Rettung Schiffbrüchiger ausgezeichnet. Ein Rettungsboot des Kühlschiffes hat bei schwerem Wetter in der Nacht vom 2. zum 3. Juni 1968 die dreiköpfige Besatzung des vor der Emsmündung gekenterten Motorschiffes WILHELM LÜHRING aus höchster Not gerettet. Eine zweite große Rettungsleistung folgte bald. Schiff Juli 1974 verkauft an VEB Deutfracht, Rostock. Neuer Name: G. WEERTH. 1.6.1991 verkauft an Ganymed Shipping Co. Ltd., Hamburg. Neuer Name: TRAVEFROST. 17.9.1993 Abbruchbeginn in Chittagong/Bangladesh.
52	PALAPUR Mehrzweckfrachter 844.026 cbft Schüttgut 863 TEU 11.203 PS 15,7 Knoten 1981 MTW, Wismar L 178,2 m B 22,9 m T 10,1 m Schwesterschiffe: PALOMA (II), PAMINA, PAPAGENA	15780 (8853)	–	1981–82	Eingesetzt unter Liberia-Flagge. Am 25.11.1982 verkauft an China Navigation Co. Ltd., Hongkong. Neuer Name: KWEILAN.
79	PALERMO SENATOR Motorschiff Vollcontainerschiff 2.700 TEU 16.440 kW 19 Knoten 1992 Bremer Vulkan Werft GmbH, Bremen-Vegesack L 215,7 m B 19,4 m T 11,0 m Schwesterschiffe: PACIFIC SENATOR, PATMOS SENATOR, SHANGHAI SENATOR	34231	4	1992–	Ex DSR-BALTIC. In Charter für Hanjin Shipping bis Sommer 2003. Anschließend in Charter bei MSC unter dem Namen MSC PALERMO zwischen China und Californien.

14	PALIME Motorschiff Fruchtkühlschiff Kühlrauminhalt 166.000 cbft 3.600 PS 16 Knoten 1937 Deutsche Werft AG, Hamburg-Finkenwerder L 116,7 m B 14,4 m T 5,2 m	–	12	1937–40	Auf Reise Hamburg–Kamerun vom Kriegsausbruch überrascht. 28.8.1949 Einlaufen nach Santa Cruz de Teneriffa. Tags darauf Auslaufen zum Durchbruch in die Heimat über Island-Faröer-Enge und Murmansk. 23. Oktober Eintreffen in Hamburg. 14.4.1940 Übernahme durch Kriegsmarine. Diente als Torpedoklarmachschiff beim Torpedo-Erprobungskommando (T.E.K.). Erhielt am 5.6.1940 bei Jædevensrev unweit Stavanger Minentreffer und sank.
16	PALOMA Motorschiff, Trockenfrachter 830 PS 11,2 Knoten 1941 N.V.E.J. Smith & Zoon's, Westerbrook-Groningen/Holland L 64,1 m B 9,6 m T 5,6 m	932	–	1941–46	Versah Nord- und Ostseedienst in der Frachtfahrt, rettete 557 verwundete Flüchtlinge und wurde am 5.4.1946 in Rotterdam an die UdSSR übergeben, nachdem es seit November 1945 für Repatriierungstransporte polnischer »DPs« nach Gdingen eingesetzt war. Das Schiff galt als »Ersatz« für die in Chile verbliebene, der dortigen Regierung zum Geschenk gemachten Viermastbark PRIWALL.
	PALOMA (II) Motorschiff Mehrzweckfrachter 844.026 cbft Schüttgut 863 TEU 11.203 PS 15,7 Knoten 1981 MTW, Wismar L 178,2 m B 22,9 m T 10,1 m Schwesterschiffe: PALAPUR, PAMINA, PAPAGENA	15780 (8853)	–	1981–83	Eingesetzt unter Singapur-Flagge. Zeitweiliger Chartername FINNSAILOR. Am 9.9.1983 verkauft an Navilloyd, Basel. Neuer Name: MIRA.
55	PAMINA Motorschiff Mehrzweckfrachter 844.026 cbft Schüttgut 863 TEU 11.203 PS 15,7 Knoten Schwesterschiffe: PALAPUR, PALOMA (II), PAPAGENA	15780 (8853)	–	1980–81	Eingesetzt unter Singapur-Flagge, zeitweiliger Chartername CP HUNTER. Am 20.1.1983 verkauft an Vega Shipping, Singapur. Neuer Name: VEGA.
63	PANAMA Motorschiff Vollcontainerschiff Typ BV 1800 1.743 TEU 12.180 kW 18,6 Knoten 1989 Bremer Vulkan, Bremen-Vegesack L 176,6 m B 22,0 m T 8,4 m	18037		1989–	Ex PANAMA SENATOR. Als ECON-Typ für besonders ökonomischen Betrieb konzipiert. Unter Langzeit-Chartervertrag der Senator Linie GmbH & Co. KG, Bremen. 70 Kühlcontainer an Deck. Zunächst im RTW-Dienst (Round-The-World). Um den Anforderungen eines neuen Fährgebietes gerecht zu werden, 1997 Einbau von drei 40-Tonnen-Deckskränen.

6	PANTHER (I) Dampfer Fruchtkühlschiff Kühlrauminhalt 100.000 cbft 1.600 PS 12,5 Knoten 1930 Bremer Vulkan, Bremen-Vegesack L 92,2 m B 13,9 m T 4,6 m Schwesterschiff: PUMA	2171	12	1930–38	Eingesetzt in der Bananenfahrt zwischen Kamerun und Europa. Am 13.6.1938 an die Kriegsmarine verkauft. Umbau zum U-Boot-Begleitschiff (Tender) LECH. Einsatz ab 10.6.1939. Bis Ende 1947 in deutschem Marinedienst. 1948 als US-Kriegsbeute an Italien. Umbau zum Motorschiff. Neuer Name: MARE LIGURE, 1949 an Israel: ARTSA. 1963 in Israel abgewrackt.
17	PANTHER (II) Motorschiff Fruchtkühlschiff Kühlrauminhalt 225.000 cbft 4.100 PS 16 Knoten 1940–41 Deutsche Werft AG, Hamburg-Finkenwerder L 119,6 m B 16,1 m T 5,0 m Ähnlich: POMONA (I)	3649 (2970)		22.11.40 (ein Tag!)	Das Schiff wurde am 22.11.1940 von der Werft übernommen und am selben Tag an die Kriegsmarine abgeliefert. Im Mai 1941 wurde PANTHER zur Vornahme der Restarbeiten nach Århus gebracht. Am 13.10.1941 Probefahrt von Kopenhagen aus. Unter dem Namen SALZBURG Einsatz als Zielschiff der 25. U-Flottille, ab 1942 bei der 27.U-Flottille. Am 25.9.1945 in Methil Ablieferung an Großbritannien. Neuer Name EMPIRE MOLE. Nach Verkauf 1947 REVENTAZON, 1963 KIMOLOS (Panama). Im August 1973 als griechischer Trockenfrachter unter dem Namen VASSILIA K beim Holzladen in Finnland gesichtet. 1973 in Kaohsiung/Taiwan abgewrackt.
54	PAPAGENA Motorschiff Mehrzweckfrachter 844.026 cbft Schüttgut 863 TEU 11.200 PS 15,7 Knoten 1980 MTW, Wismar L 178,2 m B 22,9 m T 10,1 m Schwesterschiffe: PALAPUR, PALOMA (II), PAMINA	15780 (8853)		1980–81	Eingesetzt unter Singapur-Flagge. Am 11.9.1981 verkauft an holländische Reederei »De Nieuwe Waterweg«. Neuer Name: WATERGEUS.
64	PARIS Motorschiff Vollcontainerschiff Typ BV 1800 1.743 TEU 12.180 kW 18,6 Knoten 1990 Bremer Vulkan L 176,6 m B 22,0 m T 8,4 m Schwesterschiff: PANAMA	18037	–	1990–	Ex PARIS SENATOR. Als ECON-Typ für besonders ökonomischen Betrieb konzipiert. Unter Langzeitchartervertrag der Senator Linie GmbH & Co. KG, Bremen. 70 Kühlcontainer an Deck. Zunächst im RTW-Dienst (Round-The-World), um den Anforderungen eines neuen Fahrgebiets gerecht zu werden. 1997 Einbau von drei 40-Tonnen-Deckskränen.

39	PARMA Motorschiff Kühlschiff Kühlrauminhalt 325.000 cbft 10.900 PS 21,9 Knoten 1967 Scotts Shipbuilders & Greenock, Großbritannien L 152,6 m B 19,2 m T 7,6 m Schwesterschiff: PADUA, Namensvorgänger unter den Segelschiffen	3932	4	1967–74	Eingesetzt in der weltweiten Bananen-, Frucht- und Fleischfahrt, hauptsächlich im eigenen Bananendienst von Ecuador nach Hamburg; zwischenzeitlich Zeitcharter bei amerikanischen, skandinavischen und anderen Firmen. 3.7.1974 verkauft über Schiffskommerz, Volkseigner Außenhandelsbetrieb des VEB Kombinats Schiffbau, Rostock, für VEB Deutfracht, Rostock. (Vorgang wie bei PADUA). Neuer Name F. FREILIGRATH. 1.6.1991 Management Ganymed Shipping Co. Ltd., Hamburg. Neuer Name: APPLE BLOSSOM. 1.6.1993 Abbruchbeginn in Chittagong/Bangladesh.
24	PARNASS Motorschiff Trockenfrachter 1.500 PS 12,5 Knoten 1953 Werft Nobiskrug GmbH, Rendsburg L 85,8 m B 11,5 m T 5,0 m Schwesterschiff: PELION Namensvorgänger unter den Segelschiffen	1779	1	1953–60	Trockenfrachtfahrt im Bereich Nordatlantik/Karibik. Cross-Trade-Fahrt zwischen US-Ostküste und Panama/Kolumbien. 18.4.61 verkauft an Smith's Coasters (Pty.) Ltd., Durban/Südafrika. Neuer Name: INKOSI. 1972 nach Panama verkauft. Neuer Name: GOLDEN EAGLE. 1977 ohne Namensänderung nach Malaysia verkauft.
28	PARTHENON Motorschiff Kühlschiff Kühlrauminhalt 190.000 cbft 4.670 PS 16,5 Knoten 1956 Deutsche Werft AG, Hamburg-Finkenwerder L 119,9 m B 14,9 m T 6,0 m Schwesterschiffe: PIRÄUS, PERIKLES	2659	12	1956–64	Ursprünglich für das Fahrtgebiet Liberia vorgesehen und entsprechend konstruiert. Eingesetzt in der weltweiten Bananen-, Frucht- und Fleischfahrt, hauptsächlich im eigenen Bananendienst von Ecuador nach Hamburg; zwischenzeitlich Zeitcharter bei amerikanischen, skandinavischen und anderen Firmen. 1.9.1964 verkauft an: Blue Star Line, London. Neuer Name: PADOVA STAR. Von dort weiterverkauft an eine italienische Gesellschaft. Neuer Name: CALAROSSA. 1974 nach Panama verkauft. Neuer Name: IMPERIA.
75	PASEWALK (II) Motorschiff RoRo-Schiff 10.590 kW 19,4 Knoten 1983 MTW Wismar L 138,5 m B 20,5 m T 7,2 m Schwesterschiff: KAHLEBERG	10243	26	1994–	Ex AUERSBEG. RoRo-Schiff Typ 15, Modernisierung 1999.

80	PATMOS SENATOR Motorschiff Vollcontainerschiff 2.700 TEU 16.440 kW 19 Knoten 1992 Bremer Vulkan Werft GmbH, Bremen-Vegesack L 215,6 m B 32,2 m T 12,5 m Schwesterschiffe: PACIFIC SENATOR, PALERMO SENATOR, SHANGHAI SENATOR	34231	4	1992–	Ex DSR-EUROPE. In Charter für Hanjin Shipping.
88	PEENE ORE Motorschiff Massengutfrachter 34.650 PS 14,5 Knoten 1997 Daewoo Heavy Industries, Seoul/Süd-Korea L 332,0 m B 58,0 m T 23,0 m	322000 tdw	5	1997–	VLOC (Very Large Ore Carrier). Größtes Schiff in der Reedereigeschichte. Gilt mit NECKAR ORE als eins der beiden größten deutschen Handelsschiffe. Anfangs in Charter der Krupp Seeschiffahrt. Nachher weltweiter Einsatz für Erztransporte der Neu-Schiffahrtsgesellschaft, Chartername PARADISE N.
22	PEGASUS Motorschiff Kühlschiff Kühlrauminhalt 220.000 cbft 4.100 PS 16,5 Knoten 1951 Howaldtswerke AG, Kiel L 126,2 m B 15,6 T 6,1 m	4827 (2690)	12	1951–60	Eingesetzt in der weltweiten Bananen-, Frucht- und Fleischfahrt, hauptsächlich im eigenen Bananendienst von Ecuador nach Hamburg; zwischenzeitlich Zeitcharter bei amerikanischen, skandinavischen und anderen Firmen. Mit der Goldenen Banane für hervorragende Fruchtbehandlung ausgezeichnet. 21.10.1959 verkauft an Mercantile Marine Engineering & Gravin Docks Co. S.A., Antwerpen. 1960 Weiterverkauf an Fischereikombinat Rostock. Fischerei-Fabrikschiff. Neuer Name: MARTIN ANDERSEN-NEXÖ. 1974 außer Dienst. Anschließend Verwendung als Schwimmendes Kühlhaus. 9.2.1977 an spanischen Abbrecher verkauft.
36	PEKARI Motorschiff Kühlschiff Kühlrauminhalt 300.000 cbft 11.420 PS 22 Knoten Deutsche Werft AG, Hamburg-Finkenwerder L 139,1 m B 18,0 m T 76,m Schwesterschiffe: PERSIMMON, PICA, PIROL	3431	4	1966–79	Eingesetzt in der weltweiten Bananen-, Frucht- und Fleischfahrt, hauptsächlich im eigenen Bananendienst von Ecuador nach Hamburg; zwischenzeitlich Zeitcharter bei amerikanischen, skandinavischen und anderen Firmen. Am 2.6.1979 verkauft nach Hongkong. Neuer Name: UNITED REEFER.

92	PEKING SENATOR Motorschiff Vollcontainerschiff 4.545 TEU 41.040 kW 23 Knoten 1998 Hyundai Heavy Industries Co. Ltd., Ulsan/Süd-Korea L 294,1 m B 32,2 m T 13,0 m Schwesterschiffe: PENANG SENATOR, POHANG SENATOR, PORTLAND SENATOR, PORTUGAL SENATOR, PUDONG SENATOR, PUGWASH SENATOR, PUNJAB SENATOR, PUSAN SENATOR	53.324	8	1998–	Ex CHO YANG ARK. In Langzeit-Charter für Hanjin Shipping.
10	PELIKAN Motorschiff Fruchtkühlschiff Kühlrauminhalt 129.000 cbft 3.050 PS 14,5 Knoten 1935 Bremer Vulkan, Vegesack L 114,9 m B 13,7 m T 6,2 m Schwesterschiffe: PIONIER (II), PONTOS (I), PYTHON	3264 (2745)	12	1935–40	In der Bananenfahrt Kamerun–Europa. Das Schiff kam am 30.8.1939 gerade noch vor Kriegsausbruch aus Afrika zurück und wurde von November 1939 bis März 1940 Lagerschiff für Äpfel im Hamburger Hafen. Am 20.3.1940 von der Kriegsmarine übernommen. Als PELIKAN II zunächst Hilfsbeischiff des Torpedo-Erprobungskommandos Gotenhafen. Ab 1942 Torpedoklarmach- und Wohnschiff. Am 11.3.1947 in London an Großbritannien ausgeliefert. Als EMPIRE ALDE bei Elders & Fyffes in Bananenfahrt. Nach Verkauf neuer Name: PACUARE. 1959 in England abgewrackt.
23	PELION Motorschiff Trockenfrachter 1.500 PS 12,5 Knoten 1953 Werft Nobiskrug GmbH, Rendsburg L 85,8 m B 11,6 m T 5,0 m Schwesterschiff: PARNASS	1774	1	1953–60	Trockenfrachtfahrt im Bereich Nordatlantik/Karibik. Cross-Trade-Fahrt US-Ostküste–Panama/Kolumbien sowie Israel–Ostafrika, Antwerpen–Westafrika und Schweden–Mittelmeer. 18.4.61 verkauft an Smith's Coasters (Pty.) Ltd., Durban/Südafrika. Neuer Name: INDUNA. 1977 ohne Namensänderung nach Panama verkauft.
91	PENANG SENATOR Motorschiff Vollcontainerschiff 4.545 TEU 41.040 kW 23 Knoten 1998 Hyundai Heavy Industries Co. Ltd., Ulsan/Süd-Korea L 294,1 m B 32,2 m T 13,0 m	53324	8	1998–	Ex CHO YANG ATLAS. In Langzeit-Charter für Hanjin Shipping.

	Fortsetzung PENANG SENATOR Schwesterschiffe: PEKING SENATOR, POHANG SENATOR, PORTLAND SENATOR, PORTUGAL SENATOR, PUDONG SENATOR, PUGWASH SENATOR, PUNJAB SENATOR, PUSAN SENATOR				
30	PENTELIKON Motorschiff Kühlschiff Kühlrauminhalt 250.000 cbft 7.270 PS 18,5 Knoten 1960 Deutsche Werft AG, Hamburg-Finkenwerder L 134,5 m B 11,1 m T 6,5 m	4747 (4299)	4	1960–73	Eingesetzt in der weltweiten Bananen-, Frucht- und Fleischfahrt, hauptsächlich im eigenen Bananendienst von Ecuador nach Hamburg; zwischenzeitlich Zeitcharter bei amerikanischen, skandinavischen und anderen Firmen. Erstes Laeisz-Schiff in der Bananen-Cross-Trade-Fahrt Ecuador–Japan. 1962 auf Vertikalkühlung umgebaut. Zeitweilig unter Singapur-Flagge in Fahrt. 29.12.1973 verkauft an Mediteransak Plovidba of Korcula/Jogoslawien. Neuer Name: PLOD.
107	PEQUOT Motorschiff Massengutfrachter 7.723 kW 13,5 Knoten 1996 Sumitomo Heavy Industries, Uraga/Japan L 225,0 m B 32,30 m T 13,3 m Schwesterschiffe: POWHATAN	36615	–	1996–	In Langzeitcharter für Cargill, Genf.
25	PERIKLES Motorschiff Kühlschiff Kühlrauminhalt 190.000 cbft 4.670 PS 16,5 Knoten 1954 Deutsche Werft AG, Hamburg-Finkenwerder L 119,9 m B 15,0 T 6,0 m Schwesterschiffe: PARTHENON, PIRÄUS	2721	12	1954–67	Ursprünglich für das Fahrtgebiet Liberia vorgesehen und entsprechend konstruiert. Eingesetzt in der weltweiten Bananen-, Frucht- und Fleischfahrt, hauptsächlich im eigenen Bananendienst von Ecuador nach Hamburg; zwischenzeitlich Zeitcharter bei amerikanischen, skandinavischen und anderen Firmen. 27.10.1967 verkauft an Ulysees Shipping Enterprises S.A., Piräus. Neuer Name: ULYSEES CASTLE. 1972 als ITHAKI CASTLE nach Griechenland. 1975 weiterverkauft nach Saudi-Arabien. Neuer Name: MOHAMMEDIA. Am 24.2.1975 gesunken.
21	PERSEUS Motorschiff Kühlschiff Kühlrauminhalt 230.000 cbft 5.130 PS 17 Knoten 1951 Deutsche Werft AG, Hamburg-Finkenwerder	2860	12	1951–56	Eingesetzt in der weltweiten Bananen-, Frucht- und Fleischfahrt, hauptsächlich im eigenen Bananendienst von Ecuador nach Hamburg; zwischenzeitlich Zeitcharter bei amerikanischen, skandinavischen und anderen Firmen. 1966 verkauft an Cardamylian Development Corporation, Panama. Neuer Name: KYRIOS STELIOS. 1974 in Split abgewrackt.

	Fortsetzung PERSEUS L 126,2 m B 15,2 m T 6,1 m Schwesterschiff: PROTEUS				
37	PERSIMMON Motorschiff Kühlschiff Kühlrauminhalt 300.000 cbft 11.420 PS 22 Knoten 1967 Deutsche Werft AG, Hamburg-Finkenwerder L 139,0 m B 18,0 m T 7,6 m Schwesterschiffe: PEKARI, PICA, PIROL Namensvorgänger unter den Segelschiffen	4914	4	1967–79	Eingesetzt in der weltweiten Bananen-, Frucht- und Fleischfahrt, hauptsächlich im eigenen Bananendienst von Ecuador nach Hamburg; zwischenzeitlich Zeitcharter bei amerikanischen, skandinavischen und anderen Firmen. Ab 10.5.1973 in Bareboatcharter der »Idonea«, Panama. 1975 wieder deutsche Flagge. Am 26.7.1979 verkauft nach Hongkong an »United Reefer«. Februar 1985 verkauft an spanischen Abbrecher.
87	PETERSBURG Breitspur-Eisenbahnfährschiff 1995 Umbau zum Mehrzweckfährschiff RoRo-Rail-Pax 10.600 kW 15 Knoten 1986 MTW Wismar L 190,8 m B 26,0 m T 7,2 m Ähnlich: GREIFSWALD	25353	139	1995–	Ex MUKRAN. Einsatz als Eisenbahnfähre auf der Linie Neu Mukran/Rügen–Klaipeda (Memel). 1995 Umbau zum Mehrzweck-Fährschiff für 139 Passagiere. Wechselnde Ostsee-Fährrouten, zeitweilig auch nach St. Petersburg. Nachher in Charter von »Scandlines« im Ostsee-Verkehr.
61	PHAROS Motorschiff Erz-Öl-Frachter (OBO) 87.200 cbm Schüttgut 88.950 cbm Ölladung 16.100 PS 14,5 Knoten 1983 Bremer Vulkan Bremen-Vegesack L 243,9 m B 32,2 m T 14,3 m	45051 (23414)	–	1983– 2003	Erstes Schiff der Reederei mit Grimschen Leitrad- und Schneekluth-Düse. Optimal wirtschaftlicher Treibstoffverbrauch. Tragfähigkeit 75.100 tdw. Als Tanker hauptsächlich Transport von Kondensat, als Bulker von Getreide und Kohle in weltweiter Fahrt. Nach 20 Jahren Einsatz unter FL-Flagge am 6. Juni 2003 ins Ausland verkauft.
35	PICA Motorschiff Kühlschiff Kühlrauminhalt 300.000 cbft 11.420 PS 22 Knoten 1966 Howaldtswerke AG, Hamburg L 139,1 m B 18,0 m T 7,6 m Schwesterschiffe: PEKARI, PERSIMMON, PIROL	4915 (4686)	4	1966–78	Eingesetzt in der weltweiten Bananen-, Frucht- und Fleischfahrt, hauptsächlich im eigenen Bananendienst von Ecuador nach Hamburg; zwischenzeitlich Zeitcharter bei amerikanischen, skandinavischen und anderen Firmen. Ab 1973 Bareboatcharter durch »Indonea«, Panama. 1975 wieder deutsche Flagge. 1978 verkauft an Porvis Shipping Corp., Panama (P.S. Li & Co., Hongkong). Neuer Name: GRAND UNION. Weiterhin in Zeitcharter bei F. Laeisz. September 1985 verkauft an spanischen Abbrecher.

72	PILGRIM Motorschiff Kühlschiff Kühlrauminhalt 377.100 cbft, 4.506 m² 3.500 Paletten, Container: 27 FEU 11.013 PS 19,7 Knoten 1994 Boelwerf N.V., Temse/Belgien L 131,3 m B 19,6 m T 7,0 m	7743 (3726)		1994–	Ex CRYSTAL PILGRIM, seinerzeit fünftes Schiff des CRYSTAL-Sextetts. Gemeinsam mit der Cool Carriers, Danderyd und der Ahlers N.V., Antwerpen, kontrahiert. Eingesetzt unter Luxemburg-Flagge in der Bananenfahrt Zentralamerika–Westküste USA. Seit 1998 Beschäftigung im weltweit tätigen Seatrade Reeder Pool. 2002 Rückkauf durch Reederei F. Laeisz. Die Abkürzung FEU bedeutet »Fourty Feet Equivalent Unit«.
5	PILOT Dampfer Trockenfrachter 3.000 PS 11,5 Knoten 1910 AG »Neptun«, Rostock L 126,5 m B 16,5 m T 7,7 m	4686 (2910)	–	1927–33	Ex TRURO CITY ex WISMAR. Dieser deutsche Frachter wurde nach dem Ersten Weltkrieg an Großbritannien ausgeliefert und am 28.10.1927 durch Phs. van Ommeren, Hamburg, in Belfast von der Constants Ltd., London, für F. Laeisz angekauft und von dieser Reederei in der Stückgutfahrt zwischen Europa und der Westküste von Südamerika beschäftigt. 18.2.1933 außer Dienst gestellt. In Bremen abgewrackt. Schiff hatte auch Einzelreisen nach Leningrad, ins Schwarze Meer, zu US-Golf- und Ostküstenhäfen sowie nach Pitea/Nordschweden unternommen.
109	PILSUM Motorschiff Massengutfrachter 12.070 PS 13.8 Knoten 1997 Sumitomo Heavy Industries Ltd., Uraga/Japan L 225,00 m B 32,26 m T 13,90 m	38.364 (24.713)		2003–	Ex CORONA CHALLENGE, ex ANDHIKA LORETO, Panmax-Bulker.
2	PIONIER (I) Dampfer Fruchtkühlschiff Kühlrauminhalt 130.000 cbft 3.200 PS 14 Knoten 1915 Joh. C. Tecklenborg, Geestemünde L 123,5 m B 15,0 m T 6,9 m Schwesterschiff: PUNGO	3285 (2745)	–	1915–19	Nach der Probefahrt am 15.3.1915 Dienst als Wohnschiff in Eckernförde. Stab der Navigationsschule. Am 2.4.1919 in Leith an Großbritannien ausgeliefert, bei Elders & Fyffes als MIAMI in der Bananenfahrt. 1934 von der Union Handels- und Schiffahrts-Gesellschaft Bremen zurückgekauft, als NORDENHAM in der Bananenfahrt. Im Zweiten Weltkrieg Verwundeten-Transportschiff. Am 7.12.1944 acht Seemeilen westlich Windau/Lettland durch sowjetisches U-Boot versenkt.
9	PIONIER (II) Motorschiff Fruchtkühlschiff Kühlrauminhalt 140.000 cbft 3.050 PS 13,5 Knoten 1933 Bremer Vulkan, Vegesack L 114,9 m B 13,7 m T 62 m Schwesterschiffe: PELIKAN, PONTOS (I)	2658	12	1933–40	PIONIER (II) war erstes Motorschiff der Reederei. Am 24.11.1938 rettete das Schiff (Kapitän Th. Meyer) in der Nordsee in zwei Rettungsbootfahrten unter schwierigen Umständen die 17köpfige Besatzung des estnischen Dampfers LENNA. Schiff war in der Bananenfahrt Kamerun–Europa beschäftigt. Verließ Tiko/Kamerun letztmalig am 25.8.1939 und erreichte bei Kriegsausbruch das neutrale (spanische) Fernando Poo. Am 28. Oktober nach Vernichtung Bananenladung und Verproviantierung Auslaufen nach Las Palmas, nach Bunkern von 340 t Dieselöl von dort am 12. Dezember zum Blockadebruch in die Heimat weiter. Südlich Island fahrend, gelangte das Schiff unbemerkt nach Narvik (28.12.) und auf dem Schären-

					weg nach Deutschland weiter (Hamburg 8.1.1940). Bei einem Truppentransport am 2.9.1940 ca. 15 Seemeilen nördlich Skagen torpediert, explodiert. 400 Todesopfer einschließlich Kapitän.
26	PIRÄUS Motorschiff Kühlschiff Kühlrauminhalt 190.000 cbft 4.670 PS 16,5 Knoten 1955 Deutsche Werft AG, Hamburg-Finkenwerder L 119,9 m B 14,9 m T 6,0 m Schwesterschiffe: PARTHENON, PERIKLES		12	1955–65	Ursprünglich für das Fahrtgebiet Liberia vorgesehen und entsprechend konstruiert. Eingesetzt in der weltweiten Bananen-, Frucht- und Fleischfahrt, hauptsächlich im eigenen Bananendienst von Ecuador nach Hamburg; zwischenzeitlich Zeitcharter bei amerikanischen, skandinavischen und anderen Firmen. 26.1.1965 verkauft an Blue Star Line, London. Neuer Name: BARCELONA STAR. 10.11.1965 weiterverkauft an Calmedia Solcieta per Azioni de Navigazioni, Cagliari. Neuer Name: CALASETTA. 1974 nach Zypern verkauft. Neuer Name: SAN STEFANO.
108	PIRO Motorschiff Massengutfrachter 12.070 PS 14 Knoten 1997 Sumitomo Heavy Industries Ltd., Uraga/Japan L 225,0 m B 32,26 m T 13,85 m	73726	–	2002–	Ex WINTRADER. In Langzeitcharter für Oldendorff Carriers GmbH & Co. KG, Lübeck. Chartername WILLIAM OLDENDORFF.
31	PIROL Motorschiff Kühlschiff Kühlrauminhalt 300.000 cbft 11.420 PS 22 Knoten 1967 Howaldtswerke AG, Hamburg L 139,1 m B 18,0 m T 7,6 m	4914	4	1967–79	Eingesetzt in der weltweiten Bananen-, Frucht- und Fleischfahrt, hauptsächlich im eigenen Bananendienst von Ecuador nach Hamburg; zwischenzeitlich Zeitcharter bei amerikanischen, skandinavischen und anderen Firmen. Am 30.3.1979 nach Hongkong verkauft. Fuhr unter Panama-Flagge. Neuer Name: GRAND FAIR. Im Februar 1985 an spanischen Abbrecher verkauft.
33	PISANG Motorschiff Kühlschiff Kühlrauminhalt 290.000 cbft 9.600 PS 20 Knoten 1964 Deutsche Werft AG, Hamburg-Finkenwerder L 141,8 m B 18,0 m T 7,3 m Schwesterschiffe: PONGAL, PUNA	5421	12	1964–70	Eingesetzt in der weltweiten Bananen-, Frucht- und Fleischfahrt, hauptsächlich im eigenen Bananendienst von Ecuador nach Hamburg; zwischenzeitlich Zeitcharter bei amerikanischen, skandinavischen und anderen Firmen. Am 1.6.1970 verkauft an die norwegische Reederei Skips A/S Hidlefjord und Skips A/S Byfjord, Stavanger. Name PISANG blieb zunächst erhalten. 1971 umgetauft in FROSTFJORD. Juli 1979 verkauft an United Maritime Enterprises, Piräus. Neuer Name: ICE PILOT. 1982 neuer Name: SAFINA NAJD. Im Oktober 1984 an Abbrecher in Taiwan verkauft.

73	PITTSBURG Motorschiff Kühlschiff 377.100 cbft, 4.500 m² 3.500 Paletten, Container: 27 FEU 11.013 PS 19,7 Knoten 1994 Boelwerf N.V. Temse/Belgien L 131,3 m B 19,6 m T 7,0 m	7743 (3726)		1994–	Ex CRYSTAL PIONEER. Seinerzeit letztes Schiff des CRYSTAL-Sextetts. Gemeinsam mit der Cool Carriers, Danderyd, und der Ahlers N.V., Antwerpen, kontrahiert. Eingesetzt unter Luxemburg-Flagge. In Zehn-Jahre-Charter bei Cool Carriers hauptsächlich in der Fruchtfahrt Chile–Europa. 2002 Rückkauf durch Reederei F. Laeisz.
6	PLANET Turbinenschiff (kohlegefeuert) Trockenfrachter 3.200 PS 12,5 Knoten 1922 Joh. C. Tecklenborg, Geestemünde L 142,7 m B 17,4 m T 7,7 m Schwesterschiff: POSEIDON	6067	12	1922–45	Das Schiff war in der Frachtfahrt zwischen Südamerika und Europa eingesetzt. Es verließ kurz vor Kriegsausbruch den La Plata und traf am 1.9.1939 in Hamburg ein. Einsatz in der Rohstoffahrt. Mußte mit 8.800 t Phosphat aus Murmansk Narvik anlaufen. Bei den schweren Kämpfen um Narvik am 15.4.1940 als Deckungsschiff gegen feindliche Torpedos längsseits der Walkocherei JAN WELLEM verholt, die unersetzliche Nachschubgüter für General Dietls Truppen an Bord hatte. Schiff gesunken, alle Aufbauten durch schwere englische Schiffsartillerie stark beschädigt. PLANET später gehoben, nach Tromsø geschleppt, dabei zusätzlichen Bodenschaden erlitten. In Tromsø Wohnschiff für Luftwaffe. Nach Freigabe an Reederei auf der Reise nach Hamburg bei Stadlandet Beschädigung durch britische Fliegerbomben. Nach längerer Liegezeit in Nakskov/Dänemark voll wiederhergestellt. 1944 in Stettin zum Truppentransporter hergerichtet. Nach Evakuierung von 5821 Flüchtlingen aus Ostpreußen am 2. Februar beim Auslaufen aus Swinemünde nach Danzig drei Grundminentreffer hintereinander. Schiff schnell gesunken, alle Menschen gerettet. Aufbauten ragten aus dem Wasser. 1955 im Wasser verschrottet.
53	PLANETA Motorschiff Vollcontainerschiff 652 TEU 13.600 PS 18,3 Knoten 1979 Schürenstedt KG, Elsfleth L 145,3 m B 22,1 m T 8,5 m Schwesterschiff: PLATA	9154 (5016)		1980–84	Ex SEAWAY DISPATCH. Am 24.10.1980 im Auftrag der Anteilseigner Bereederung des Schiffes von Maritime Services, Elsfleth, übernommen und in PLANETA umbenannt. Zeitweiliger Chartername INCOTRANS PROGRESS. Eingesetzt unter Singapur-Flagge. Mit 180 Stellplätzen für Kühlcontainer erfolgreich in der Australienfahrt. Am 21.11.1989 verkauft an Petersen & Söhne, Rendsburg.

52	PLATA Motorschiff Vollcontainerschiff 652 TEU 13.600 PS 18,3 Knoten 1978 Schürenstedt KG, Elsfleth L 145,3 m B 22,1 m T 8,5 m Schwesterschiff: PLANETA	9162 (5614)	1980–84	Ex SEAWAY EXPRESS. Am 1.10.1980 im Auftrag der Anteilseigner Bereederung von Maritime Services, Elsfleth, übernommen und in PLATA umbenannt. Am 19.9.1991 verkauft an Chung-Tai Transportation Co., Keelung/Taiwan.
18	PLISCH Fischkutter 150 PS 6 Knoten 1947 D.W. Kremer Sohn, Elmshorn L 21,0 m B 5,3 m T 3,0 m Schwesterschiff: PLUM	63,5	–	1947–49	In der Notzeit des alliierten Schiffbauverbots und Ausfalls der großen Fahrt Fischfang in der mittleren Nordsee und Ostsee. Verkauft an das Fischereikombinat Sassnitz. Dort abgeliefert am 3.11.1949.
19	PLUM Fischkutter 150 PS 6 Knoten 1948 D.W. Kremer Sohn, Elmshorn L 21,0 m B 5,5 m T 3,0 m Schwesterschiff: PLISCH	63,5	–	1948–49	In der Notzeit der alliierten Schiffbaubeschränkung und des Ausfalls der großen Fahrt Fischfang in der Nordsee und mittleren Ostsee. Verkauft an das Fischereikombinat Saßnitz. Dort abgeliefert am 21.10.1949.
8	PLUS Dampfer Fruchtkühlschiff Kühlrauminhalt 86.590 cbft 1.300 PS 12,5 Knoten 1922 Norddeutsche Werft GmbH, Wesermünde-Geeste L 84,9 m B 12,4 m T ? m Namensvorgänger unter den Segelschiffen	2441	–	1938–39	Ex BILBAO ex KAMERUN. Von der Oldenburg-Portugiesischen Dampfschiffs-Rhederei Kusen, Heitmann & Cie., Hamburg (OPDR), gechartertes Fruchtkühlschiff. Übernahme in »bare-boat charter« und damit in den zeitweiligen Besitz von Laeisz. Entlassung aus dem Charter am 8.9.1939. Das Schiff hatte zu kleine Kühlung und war nur bedingt für seine Aufgabe geeignet (Verlegenheitslösung). Auf See vom Kriegsausbruch überrascht. 3.9.1939 Vigo angelaufen. Aus diesem neutralen Hafen 20 Monate später Durchbruch nach Bayonne/Frankreich. Anschließend Transporteinsätze in der Nordsee. 16.6.1942 bei Borkum nach Minentreffer gesunken.

41	PLUTOS Motorschiff Containerschiff 17.500 PS 21 Knoten 1972 N.V. Scheepwerf »De Hoop«, Lobith/Niederlande L 172,6 m B 14,1 m T 8,0 m Schwesterschiff: PLUVIUS	13294	–	1972–80	Dieses moderne Schiff mit der Kapazität von 388 Vierzig-Fuß- und 28 Zwanzig-Fuß-Containern wird in der Cross-Trade-Fahrt zwischen der US-Westküste und Japan eingesetzt. 50 Container haben Kühlanlage. 1977 für US-Zeitcharter umbenannt in SEATRAIN LEXINGTON. Am 6.12.1980 verkauft an Cho Yang Shipping Corp., Seoul. Neuer Name: KOREAN LEADER.
42	PLUVIUS Motorschiff Containerschiff 17.500 PS 21 Knoten 1972 Van der Giessen de Noord Krimpen A.D., Ijssel/Niederlande L 172,5 m B 24,1 m T 8,0 m Schwesterschiff: PLUTOS	13294	–	1972–85	Dieses moderne Schiff mit der Kapazität von 388 Vierzig-Fuß- und 28 Zwanzig-Fuß-Containern wurde in der Cross-Trade-Fahrt zwischen der US-Westküste und Japan eingesetzt. 50 Container hatten Kühlanlage. 1977 für US-Zeitcharter umbenannt in SEATRAINE PRINCETON. Danach zwischenzeitlich weitere Charternamen: HELLENIC PRINCE, INCOTRANS PROMISE, MAERSK CLEMENTINE. 1985 an Abbrecher nach Taiwan verkauft.
48	POCAHONTAS Motorschiff Kühlschiff Kühlrauminhalt 474.998 cbft, 4.994 m² 16.540 PS 21 Knoten 1979/80 Boelwerf N.V. Temse/Belgien L 151,0 m B 21,6 m T 8,7 m Schwesterschiffe: POCANTICO, POTOMAC	7038 (3624)	–	1980–93	Großes Kühlschiff mit Einrichtung für den Decktransport von 57 Container/40 ft bzw. 72 Container/20 ft für Kühlladung. Zusätzliche Kühlraumkapazität damit 104.675 cbft. Eingesetzt unter belgischer Flagge. Zunächst Zeitcharter für United Brands Company. Später Zeitcharter für Transnave. Chartername dort ISLA PLAZA. Anschließend wieder unter POCAHONTAS in Zeitcharter bei Turbana. Verkauft nach Norwegen 1993. Neuer Name: SWAN LAGOON.
47	POCANTICO Motorschiff Kühlschiff Kühlrauminhalt 474.998 cbft, 4.994 m² 16.540 PS 21 Knoten 1979 Boelwerf N.V. Temse/Belgien L 151,0 m B 21,6 m T 8,7 m Schwesterschiffe: POTOMAC, POCAHONTAS	7038 (3624)	–	1979–93	Großes Kühlschiff mit Einrichtung für den Decktransport von 57 Container/40 ft bzw. 72 Container/20 ft für Kühlladung. Zusätzliche Kühlraumkapazität damit 104.675 cbft. Eingesetzt unter belgischer Flagge. Zunächst Zeitcharter für United Brands Company. Später Zeitcharter für Transnave. Chartername dort ISLA PONGAL. Anschließend wieder unter POCANTICO in Zeitcharter bei Turbana. Verkauft nach Norwegen 1993. Neuer Name: SWAN STREAM.
60	POGEEZ Turbinenschiff Öltanker (VLCC = Very Large Cruide Carrier) 32.000 PS	109.753 (94861)	–	1983–84	Ex ST. BENEDICT ex MINERVA. Dieses unter Liberia-Flagge eingesetzte Schiff mit 240.000 tdw Tragfähigkeit war das größte, das bis dahin jemals die Laeisz-Flagge führte und war auch der einzige Tanker. Er wurde jedoch wertvoller Erfahrungsvermittler für den Einsatz des Erz-Öl-Frachters

	Fortsetzung POGEEZ 14,5 Knoten 1974 Howaldtswerke Deutsche Werft AG (HDW), Kiel L 326,1 m B 49,1 m T 26,9 m				(OBO-Carrier) PHAROS. Am 25.7.1984 verkauft an Waveney Marine Services, Ipswich. Neuer Name: CARIBBEAN BREEZE.
96	POHANG SENATOR Motorschiff Vollcontainerschiff 4.545 TEU 41.050 kW 23,7 Knoten 1998 Hyundai Heavy Industries Co. Ltd., Ulsan/Süd-Korea L 294,1 m B 32,0 m T 13,0 m Schwesterschiffe: PORTUGAL SENATOR, PUDONG SENATOR, PUGWASH SENATOR, PUNJAB SENATOR, PUSAN SENATOR, PEKING SENATOR, PENANG SENATOR, PORTLAND SENATOR	53324	8	1998–	Einsatz in Langzeitcharter bei Hanjin Shipping.
85	POLARSTERN Polarforschungsschiff Großeisbrecher Motorschiff 19.198 PS 16,4 Knoten 1982 Howaldtswerke-Werft AG, Kiel und Nobiskrug GmbH, Rendsburg L 117,91 m B 25,07 m T 11,21 m	12614		1996–	Eigner: Bundesministerium für Forschung und Technologie. Seit 1996 bereedert von der Reederei F. Laeisz.
110	POLAR VIKING Flüssiggastanker Motorschiff 8.760 kW 16 Knoten 2004 Hyundai Heavy Industries Co. Ltd., Ulsan/Süd-Korea L 204,90 m B 32,20 m T 10,80 m			2004–	Bei Drucklegung des Buches im Bau. Ladekapazität bis zu 60.000 Kubikfuß. Schiff geeignet für Transporte von Ammoniak, Propan, Propyle, Butan-n, Butan-i, Butadiene und Butylehe. Ein Schwesterschiff befand sich ebenfalls Ende 2003 in Vorbereitung. Name noch nicht zugeteilt.

111	PACIFIC VIKING Flüssiggastanker Motorschiff 8.760 kW 16 Knoten 2004 Hyundai Heavy Industries Co. Ltd. Ulsan/Süd-Korea L 204,90 m B 32,20 m T 10,80 m		2005–	Bei Drucklegung des Buches im Bau. Ladekapazität bis zu 60.000 Kubikfuß. Schiff geeignet für Transporte von Ammoniak, Propan, Propyle, Butan-n, Butan-i, Butadiene und Butylehe. Ein Schwesterschiff befand sich ebenfalls Ende 2003 in Vorbereitung. Name: POLAR VIKING.
83	POMMERN Motorschiff Vollcontainerschiff 2.635 TEU 28.350 kW 21,6 Knoten 1996 Neubau Nr. 1 der Kvaerner Warnow Werft, Rostock-Warnemünde L 209,58 m B 32,25 m T 11,0 m Schwesterschiff: POTSDAM, Namensvorgänger unter den Segelschiffen	31131	1996–	Bei Langzeitvercharterungen fuhr das Schiff zeitweilig unter den Namen P & O NEDLLOYD UNITY, SEA EXCELLENCE, KOTA PUSAKA
15	POMONA (I) Motorschiff Fruchtkühlschiff Kühlrauminhalt 220.000 cbft 4.100 PS 16 Knoten 1938 Deutsche Werft AG, Hamburg L 128,8 m B 16,1 m T 5,0 m Ähnlich: PANTHER (II)	3457 (2970)	12	1938–39	Eingesetzt in der Jamaika- und Kamerun-Fahrt. Das Schiff traf am 27.8.1939 mit Bananen aus Kingston in London ein. Wurde dort festgehalten und am 3. September, nach Kriegseintritt Großbritanniens, als Prise beschlagnahmt und unter dem Namen EMPIRE MERCHANT in die britische Handelsflotte eingereiht. Das Schiff wurde 1940 von dem deutschen U-Boot U 100 versenkt.
40	POMONA (II) Motorschiff Kühlschiff Kühlrauminhalt 385.000 cbft 12.600 PS 22,5 Knoten 1969 Boelwerf N.V. Temse/Belgien L 149,2 m B 19,4 m T 6,3 m Schwesterschiff: PONTOS (II)	5824 (2963)	2	1969–82	Eingesetzt in der weltweiten Bananen-, Frucht- und Fleischfahrt, hauptsächlich im eigenen Bananendienst von Ecuador nach Hamburg; zwischenzeitlich Zeitcharter bei amerikanischen, skandinavischen und anderen Firmen. Das Schiff gehörte unter FL-Beteiligung einer belgischen Reedergemeinschaft, die als N.V. Europese Transportmaatschappij »Pomona« firmiert. Wurde von der Reederei Ahlers/Antwerpen und F. Laeisz gemeinsam betrieben. Führte belgische Flagge. Am 18.2.1982 verkauft an Reefer Express Line, Liberia. Neuer Name: KUROSHIO REX. Wurde von F. Laeisz als Manager für Betrieb und Personal bis 1983 weiter betreut. Ab 1984 neuer Name: AKAKIA TREE, Panama-Flagge.
31	PONGAL Motorschiff Kühlschiff Kühlrauminhalt 290.000 cbft 9.600 PS 20 Knoten 1964	3919 (3878)	12	1964–71	Eingesetzt in der weltweiten Bananen-, Frucht- und Fleischfahrt, hauptsächlich im eigenen Bananendienst von Ecuador nach Hamburg; zwischenzeitlich Zeitcharter bei amerikanischen, skandinavischen und anderen Firmen. 15.1.1971 verkauft an Reefer and General Shipping Co. Inc., Panama. FL-Rückcharter für drei Jahre. Dann nach Griechenland verkauft. Neuer

	Fortsetzung Pongal Deutsche Werft AG, Hamburg-Finkenwerder L 141,8 m B 18,0 m T 6,3 m Schwesterschiffe: Puna, Pisang				Name: Syros. Im Juni 1985 an Abbrecher in Karachi/Pakistan übergeben.
11	Pontos (I) Motorschiff Kühlschiff Kühlrauminhalt 146.000 cbft 3.150 PS 14,3 Knoten 1935 Bremer Vulkan, Vegesack L 111,6 m B 13,7 m T 6,1 m Schwesterschiffe: Pelikan, Pionier (II)	3410 (2820)	12	1935–40	Schiff war in der Bananenfahrt Kamerun–Europa beschäftigt. Traf vor Kriegsausbruch (20.8.1939) mit Bananen in Hamburg ein. Schiff wurde am 8.2.1940 von der Kriegsmarine übernommen. Zunächst Hilfsbeischiff, ab 1942 Torpedoklarmachschiff des Torpedo-Erprobungskommandos (T.E.K.). Als britische Kriegsbeute am 21.7.1945 in London an Elders & Fyffes abgeliefert. Neuer Name: Empire Mowddach. Nach Weiterverkauf 1947: Nicoya. 1959 in England abgewrackt.
39	Pontos (II) Motorschiff Kühlschiff Kühlrauminhalt 385.000 cbft 12.600 PS 22,5 Knoten Boelwerf N.V. Temse/Belgien L 149,2 m B 19,4 m T 6,3 m Schwesterschiff: Pomona (II)	5824 (2963)	2	1969–83	Eingesetzt in der weltweiten Bananen-, Frucht- und Fleischfahrt, hauptsächlich im eigenen Bananendienst von Ecuador nach Hamburg; zwischenzeitlich Zeitcharter bei amerikanischen, skandinavischen und anderen Firmen. Das Schiff gehörte unter FL-Beteiligung einer belgischen Reedergemeinschaft, die als N.V. Europese Transportmaatschappij »Pontos« firmiert. Wurde von der Reederei Ahlers/Antwerpen und F. Laeisz gemeinsam betrieben. Führte belgische Flagge. Am 25.1.1983 verkauft an die Astre Tanker Corporation, Monrovia. Neuer Name: Labrador Rex.
13	Porjus Motorschiff Zubringer-Trockenfrachter 865 PS 11,7 Knoten 1937 Flender Schiffs- & Dockbauwerft AG, Lübeck L 61,0 m B 9,6 m T 3,8 m	764	–	1937–40	Als Zubringer von Rotterdam und Hamburg nach Oslo und Göteborg eingesetzt. Im September 1939 von der Kriegsmarine übernommen, zunächst unter der Nummer V 108. Umbau zum Sperrbrecher 38 vorgesehen. Am 1.12.1940 bei Brunsbüttel vor Anker von Dampfer Tilsit gerammt und gesunken. Nach Hebung am 30.10.1942 zur Reparatur in Hamburg eingetroffen. Am Rethe-Ufer beim Kaliwerk Hamburg nach Bombentreffer gesunken. Am 29.1.1949 von Taucher Beckedorf gehoben und am 23. März desselben Jahres an die Reederei B.J. Schuchmann verkauft. Das zu 75 % erneuerte Schiff kam unter dem Namen Kronsberg in Fahrt. 1970 als Tasso G. nach Griechenland verkauft. 1974 umbenannt in Alkmini. Im selben Jahr als Vassilakis an die Sami Nav. Co. in Limassol/Zypern.
95	Portland Senator Motorschiff Vollcontainerschiff 4.545 TEU 41.040 kW 23 Knoten 1998 Hyundai Heavy Industries Co. Ltd. Ulsan/Süd-Korea	53.324	8	1998–	In Langzeit-Charter für Hanjin Shipping.

	Fortsetzung PORTLAND SENATOR L 294,1 m B 32,2 m T 13,0 m Schwesterschiffe: PEKING SENATOR, PENANG SENATOR, POHANG SENATOR, PORTUGAL SENATOR, PUDONG SENATOR, PUGWASH SENATOR, PUNJAB SENATOR, PUSAN SENATOR				
77	PORT SAID SENATOR Motorschiff Vollcontainerschiff 1.717 TEU 15.600 PS 19,6 Knoten 1994 Daewoo Heavy Industries Seoul/Süd-Korea L 174,47 m B 27,4 m T 9,90 m	19819	4	1994–	Ex DSR-PORT SAID. Längerfristig in Charter unter dem Namen NORTHERN PLEASURE.
97	PORTUGAL SENATOR Motorschiff Vollcontainerschiff 4.545 TEU 41.040 kW 23,7 Knoten 1998 Hyundai Heavy Industries Co. Ltd., Ulsan/Süd-Korea L 294,1 m B 32,2 m T 13,0 m Schwesterschiffe: POHANG SENATOR, PUDONG SENATOR, PUGWASH SENATOR, PUNJAB SENATOR, PUSAN SENATOR, PEKING SENATOR, PENANG SENATOR, PORTLAND SENATOR	53324	4	1998–	Einsatz in Langzeitcharter bei Hanjin Shipping.

27	PORTUNUS Motorschiff Kühlschiff Kühlrauminhalt 222.706 cbft 5.140 PS 17 Knoten 1955 Howaldtswerke AG, Kiel L 125,9 m B 15,6 m T 5,4 m Schwesterschiff: PRIAMOS	3057	12	1955–69	Zunächst für drei Jahre in Charter von Volker Anderson auf der Route Esmeraldas/Ecuador–New Orleans. Mit der »Goldenen Banane« für hervorragende Fruchtbehandlung ausgezeichnet. Für 103 Panamakanal-Passagen binnen zwei Jahren amerikanisches Diplom als »Most Frequent User« des Kanals. Später in der Bananenfahrt Ecuador–Europa. Am 3.9.1969 an die griechische Reederei Kardamylian (Development Corporation of Panama, Vlasopolisgruppe) verkauft. Neuer Name: AGHIA TRIADA. 1974 verkauft an die Orchard Reefer (Pte.) Ltd., Singapur. Neuer Name: ORCHARD GOLD.
5	POSEIDON Turbinenschiff (kohlegefeuert) 3.200 PS 12,5 Knoten 1922 Joh. C. Tecklenborg, Geestemünde L 142,7 m B 17,4 m T 7,7 m Schwesterschiff: PLANET	5864	12	1922–39	Vorwiegend in der Stückgutfahrt zwischen Europa und Südamerika eingesetzt. Am 1.9.1939 befand sich das Schiff auf der Ausreise von Hamburg nach Punta Arenas 100 Seemeilen südlich von Rio de Janeiro. Vom britischen Leichten Kreuzer AJAX gejagt, flüchtete das Schiff nach Mar del Plata, wo es am 5. September eintraf. Anfang Oktober auf Weisung des Reichsverkehrsministeriums Auslaufen zum Blockadedurchbruch in die Heimat. Am 21. Oktober wurde das Schiff bei Kap Nordisland in der Dänemarkstraße von den britischen Hilfskreuzern SCOTSTOUN und TRANSSYLVANIA angehalten und aufgefordert, in einen Hafen zu folgen. Die Wetterlage verbot die Entsendung eines Prisenkommandos. Beatzung im Versenkungsfalle mit Beschießung bedroht. Dennoch glückte Kapitän Nielsen am nächsten Tage die Selbstversenkung, bevor ein Prisenkommando endlich übersteigen konnte. Die gesamte POSEIDON-Besatzung konnte von den Engländern aufgenommen und in das Internment Camp Nr. 9, später in andere Lager verbracht werden.
49	POTOMAC Motorschiff Kühlschiff Kühlrauminhalt 460.000 cbft 16.540 PS 21 Knoten 1979/80 Boelwerf N.V. Temse/Belgien L 151,0 m B 21,6 m T 8,7 m Schwesterschiffe: POCANTICO, POCAHONTAS	7038 (3624)	–	1980–93	Großes Kühlschiff mit Einrichtung für den Decktransport von 50 Container/40 ft bzw. 72 Container/20 ft, die ebenfalls Kühlladung fahren. Zusätzliche Kühlraumkapazität damit 104.675 cbft. Eingesetzt unter belgischer Flagge. Zunächst Zeitcharter für United Brands Company. Später Zeitcharter für Transnave. Chartername dort ISLA PAYANA. Anschließend wieder unter POTOMAC bei »Transnave«. Verkauft nach Norwegen 1993. Neuer Name: SWAN OCEAN.
84	POTSDAM Motorschiff Vollcontainerschiff 2.635 TEU 28.350 kW 22,0 Knoten 1996 Kvaerner Warnow Werft, Rostock-Warnemünde L 209,58 m B 32,25 m T 11,00 m Schwesterschiff: POMMERN	31131	–	1996–	Fuhr bis 1999 unter dem Chartername IPEX EMPEROR.

106	POWHATAN Motorschiff Massengutfrachter 7.723 kW 15 Knoten 1995 Sumitomo Heavy Industries Ltd., Uraga/Japan L 225,00 m B 32,30 m T 13,30 m Schwesterschiff: PEQUOT	36615	–	1995–	In Langzeitcharter für Cargill, Genf.
105	PREMNITZ Motorschiff Massengutfrachter 11.033 kW 12,5 Knoten 1981 Samsung Shipbuilding & Heavy Industries Co. Ltd., Inchon/Süd-Korea L 199,80 m B 27,85 m T 11,21 m	23237	–	2000–	Langfristig verchartert an Oldendorff Carriers GmbH & Co. KG, Lübeck. Chartername LUISE OLDENDORFF.
29	PRIAMOS Motorschiff Kühlschiff Kühlrauminhalt 230.000 cbft 5.140 PS 17 Knoten 1959 Howaldtswerke AG, Kiel L 126,1 m B 15,6 m T 6,1 m	3027 (3228)	12	1959–69	Eingesetzt in der weltweiten Bananen-, Frucht- und Fleischfahrt, hauptsächlich im eigenen Bananendienst von Ecuador nach Hamburg; zwischenzeitlich Zeitcharter bei amerikanischen, skandinavischen und anderen Firmen. MS PRIAMOS hat am 14.12.1965 in der Karibischen See den havarierten und seit sechs Tagen vermißten dominikanischen Kutter SAN MARTIN DE LOBA gefunden und mit der gesamten Besatzung in Sicherheit geschleppt. Auszeichnung für den Kapitän Heel durch Deutsche Gesellschaft zur Rettung Schiffbrüchiger. PRIAMOS wurde am 12.12.1969 an Kardamylian Development Corp. Panama verkauft. Neuer Name: SANTA TRINIDAD. Weiterer neuer Name 1971: PHAON. 1974 an Orchard Reefer Ltd., Singapur. Neuer Name: ORCHARD REEFER. Am 22. November 1974 nach einem Brand im Maschinenraum von der Besatzung aufgegeben. Wrack im Schlepp nach Djibouti, vor dem Hafen auf Grund gesetzt. Am 21. Januar 1975 flottgemacht, jedoch am 25. Januar auf Position 11.37 N – 43.06 O gesunken.
69	PRIDE Motorschiff Kühlschiff 377.100 cbft, 4.500 3.500 Paletten, Container: 27 FEU 11.013 PS 19,7 Knoten 1992 Boelwerf N.V. Temse/Belgien L 131,3 m B 19,8 m T 7,0 m	7743 (3726)		1992–2000, 2003–	Ex CRYSTAL PRIDE. Seinerzeit zweites Schiff des CRYSTAL-Sextetts. Gemeinsam mit der Cool Carriers, Danderyd, und der Ahlers N.V., Antwerpen, kontrahiert. Eingesetzt unter Luxemburg-Flagge in Zehn-Jahre-Charter bei Turbana: Bananenfahrt Zentralamerika–Westküste USA. 2003 Rückkauf durch Reederei F. Laeisz.

45	PRIMAVERA Motorschiff Massengutfrachter 11.550 PS 15,2 Knoten 1977 Ishikawajima-Harima Heavy Industries Co. Ltd., Yokohama, Shipyard L 187,7 m B 28,4 m T 8,8 m Schwesterschiff: PRIMULA	22.269	–	1977–81	Bulk Cement Carrier, auf die Dammam-Fahrt (Saudi-Arabien) spezialisiert. Selbstentladeeinrichtung mit elektrohydraulischen Greiferkränen. Bald nach Indienststellung Zement-Laderäume zusätzlich mit Luftschiebern (Air slides) für pneumatische Entladung ausgestattet. Verkehrte hauptsächlich von Valencia, bald auch von Japan nach Dammam, um zusammen mit dem Schwesterschiff PRIMULA 600.000 t Zement pro Jahr dort anzulanden. 1980 eingesetzt unter Panamaflagge. Am 19.10.1981 verkauft an Pan Ocean Bulk, Seoul. Neuer Name: PAN QUEEN.
46	PRIMULA Motorschiff Massengutfrachter 11.550 PS 15,2 Knoten 1977 Ishikawajima-Harima Heavy Industries Co. Ltd., Yokohama, Shipyard L 187,7 m B 28,4 m T 8,8 m Schwesterschiff PRIMAVERA	22.269	–	1977–81	Bulk Cement Carrier, auf die Dammam-Fahrt (Saudi-Arabien) spezialisiert. Selbstentladeeinrichtung mit elektrohydraulischen Greiferkränen. Bald nach Indienststellung Zement-Laderäume zusätzlich mit Luftschiebern (Air slides) für pneumatische Entladung ausgestattet. Verkehrte hauptsächlich von Valencia, bald auch von Japan nach Dammam, um zusammen mit dem Schwesterschiff PRIMAVERA 600.000 t Zement pro Jahr dort anzulanden. 1980 eingesetzt unter Panamaflagge. Am 10.9.1981 verkauft an Pan Ocean Bulk, Seoul. Neuer Name: PAN EXPRESS.
70	PRIVILEGE Motorschiff Kühlschiff 377.100 cbft, 4.500 m^2 3.500 Paletten, Container: 27 FEU 11.013 PS 19,7 Knoten 1992 Boelwerf N.V. Temse/Belgien L 131,3 m B 19,6 m T 7,0 m	7743 (3726)		1992	Ex CRYSTAL PRIVILEGE. Seinerzeit drittes Schiff des CRYSTAL-Sextetts, Doppeltaufe am 14.2.1992 zusammen mit der CRYSTAL PRIMADONNA. Gemeinsam mit der Cool Carriers, Danderyd, und der Ahlers N.V., Antwerpen, kontrahiert. Eingesetzt unter Luxemburg-Flagge. In Zehn-Jahre-Charter bei Cool Carriers hauptsächlich in der Bananenfahrt Zentralamerika–Westküste USA. 2003 Rückkauf durch Reederei F. Laeisz.
86	PRIWALL Motorschiff Vollcontainerschiff 3.588 TEU 28.350 kW 20,3 Knoten 1997 Flensburger Schiffsbau-Gesellschaft mbH & Co. KG L 202,04 m B 30,65 m T 10,0 m	31131	2	1997–	Das Schiff befand sich bislang erfolgreich unter den beiden Charterer-Namen SEA PANTHER und MSC CHILE in Fahrt.
43	PROPONTIS Motorschiff Massengutfrachter 17.500 PS 15,5 Knoten 1973	43476	–	1973–82	Dieser moderne Bulkcarrier (80.000 tdw Tragfähigkeit) wurde weltweit in der Massengut-Trampfahrt eingesetzt. Das Schiff ist, wie sein Schwesterschiff, imstande, den Panamakanal noch passieren zu können. Weltweite Trampfahrt mit Kohle, Erz, Getreide im Euroscan-Pool: Am 23.2.1982 verkauft an italienische Reederei D'Amato. Neuer Name: MADDALENE D'AMATO.

	Fortsetzung PROPONTIS Flenderwerke AG, Lübeck L 255,7 m B 32,2 m T 14,2 m Schwesterschiff: PROSERPINA				
44	PROSERPINA Motorschiff Massengutfrachter 17.500 PS 15,5 Knoten 1973 Flenderwerke AG, Lübeck L 255,8 m B 32,2 m T 14,2 m Schwesterschiff: PROPONTIS	43479	–	1973–81	Dieser moderne Bulkcarrier (80.000 tdw Tragfähigkeit) wurde weltweit in der Massengut-Trampfahrt eingesetzt. Das Schiff ist, wie sein Schwesterschiff, imstande, den Panamakanal noch passieren zu können. Stand zusammen mit PROPONTIS und den schwedischen Schiffen FERROLADN und MALMLAND im Pool der »Euroscan Carriers«. Weltweite Trampfahrt mit Kohle, Erz, Getreide im Euroscan. Weltweite Trampfahrt mit Kohle, Erz, Getreide. Am 6.2.1981 verkauft an Alfios Compania Naviera SA, Panama (Golden Union, Piräus). Neuer Name: GOLDEN FLAG.
17	PROTEKTOR Motorschiff Massengutfrachter 12.600 PS 15 Knoten 1967 Flenderwerke AG, Lübeck L 252,5 m B 35,1 m T 13,7 m	43218	–	1977–88	Ex URSULA SCHULTE. Mit 80.185 tdw Tragfähigkeit war dieser Bulkcarrier der früheren, am 31. Oktober 1977 in Konkurs gegangenen Emdener Reederei Schulte & Bruns zeitweiliger größter deutscher Massengutfrachter. Das Schiff war nicht panamagängig, konnte jedoch dank seines relativ geringen Tiefgangs Barren überwinden und Verladehäfen anlaufen, die den beiden Bulkcarrrier-Neubauten PROSERPINA und PROPONTIS trotz ihrer Panama-Abmessungen verwehrt blieben. Laeisz übernahm die URSULA SCHULTE noch 1977 und stellte sie unter dem neuen Namen PROTEKTOR in Dienst. 1982 zeitweilig unter Panama-, 1986 unter Singapur-Flagge. Am 11.2.1989 verkauft an eine skandinavische Gruppe, die das Management einer Hongkong-Reederei übertrug. 1989 auf Erzreise von Quebec nach Schweden im Orkan bei Neufundland nach schweren Wassereinbrüchen gesunken. Dabei kam die gesamte 33köpfige Ostasiaten-Besatzung ums Leben.
20	PROTEUS Motorschiff Kühlschiff Kühlrauminhalt 220.000 cbft 5.130 PS 17 Knoten 1951 Deutsche Werft AG, Hamburg-Finkenwerder L 126,6 m B 15,2 m T 6,1 m Schwesterschiff: PERSEUS	2860	12	1951–66	Erster Nachkriegs-Neubau eines deutschen Kühlschiffes (3.500 tdw Tragfähigkeit). Eingesetzt in der weltweiten Bananen-, Frucht- und Fleischfahrt, hauptsächlich im eigenen Bananendienst von Ecuador nach Hamburg; zwischenzeitlich Zeitcharter bei amerikanischen, skandinavischen und anderen Firmen. 26.7.1966 verkauft an Societá Siciliana Geroigi Maritimi, Palermo. Neuer Name: SCEBELI. 1973 nach Panama verkauft. Neuer Name: DIAMOND FRUIT.

90	PUDONG SENATOR Motorschiff Vollcontainerschiff 4.545 TEU 41.040 kW 23 Knoten 1997 Hyundai Heavy Industries Co. Ltd., Ulsan/Süd-Korea L 294,1 m B 32,3 m T 13,0 m Schwesterschiffe: PEKING SENATOR, PENANG SENATOR, POHANG SENATOR, PORTLAND SENATOR, PORTUGAL SENATOR, PUGWASH SENATOR, PUNJAB SENATOR, PUSAN SENATOR	53324	8	1997–	In Langzeitcharter für Hanjin Shipping.
94	PUGWASH SENATOR Motorschiff Vollcontainerschiff 4.545 TEU 41.040 kW 23 Knoten 1997 Hyunday Heavy Industries Co. Ltd., Ulsan/Süd-Korea L 294,1 m B 32,2 m T 13,0 m Schwesterschiffe: PEKING SENATOR, PENANG SENATOR, POHANG SENATOR, PORTLAND SENATOR, PORTUGAL SENATOR, PUDONG SENATOR, PUNJAB SENATOR, PUSAN SENATOR	53324	8	1997–	In Langzeitcharter für Hanjin Shipping.
7	PUMA Dampfer Fruchtkühlschiff Kühlrauminhalt 100.000 cbft 1.600 PS 12,5 Knoten 1930 Bremer Vulkan, Vegesack L 92,3 m B 13,9 m T 4,7 m Schwesterschiff: PANTHER (I)	2171 (2500)	12	1930–38	Stand in der Bananenfahrt zwischen Kamerun und Europa. Es wurde am 3.8.1938 an die Kriegsmarine verkauft und zum U-Boot-Tender ISAR umgebaut. Das Schiff wurde am 25.7.1939 als Begleitschiff der U-Flottille »Hundius« in Dienst gestellt und diente während des Krieges als Begleitschiff der 2., 27., 20. und 25. U-Flottille. Im Jahre 1945 wurde das Schiff sowjetische Kriegsbeute. Neuer Name: NJEMAN. 1962 in den Schiffslisten gestrichen.

32	Puna Motorschiff Kühlschiff Kühlrauminhalt 295.000 cbft 9.600 PS 20 Knoten 1964 Deutsche Werft AG, Hamburg-Finkenwerder L 141,8 m B 18,0 m T 6,3 m Schwesterschiffe: Pongal, Pisang	5435	12	1964–70	Eingesetzt in der weltweiten Bananen-, Frucht- und Fleischfahrt, hauptsächlich im eigenen Bananendienst von Ecuador nach Hamburg; zwischenzeitlich Zeitcharter bei amerikanischen, skandinavischen und anderen Firmen. 22.6.1970 verkauft an die norwegischen Reedereien Skips A/S Hidlefjord und Skips A/S Byfjord, Stavanger. Name Puna blieb zunächst erhalten. 1971 umgetauft in Snefjord. September 1979 verkauft an United Maritime Enterprises, Piräus. Neuer Name: Ice Merchant. September 1981 neuer Name: Safina Riyadh. Eingesetzt unter Singapur-Flagge. Reederei A/S Safina, Riyadh. 1984 an Abbrecher in Taiwan verkauft.
1	Pungo Dampfer Fruchtkühlschiff Kühlrauminhalt 100.000 cbft 3.200 PS 14 Knoten 1914 Joh. C. Tecklenborg, Geestemünde L 123,9 m B 15,0 m T 6,9 m Schwesterschiff: Pionier (I)	3602	–	1914–15	Wurde für die Bananenfahrt Kamerun–Europa gebaut, jedoch erst nach Kriegsausbruch fertig und am 22. Oktober 1914 in Dienst gestellt. Die Kaiserliche Marine übernahm das Schiff am 2.11.1915 und rüstete es zu dem berühmt gewordenen Hilfskreuzer Möwe aus, der unter dem Kommando von Korvettenkapitän Graf Dohna-Schlodien zwei Kaperfahrten unternahm. Er versenkte bei der ersten (29.12.1915–4.3.1916) 59.400 BRT Handelsschiffsraum. Seinen gelegten Minensperren fiel u.a. das britische Linienschiff King Edward zum Opfer. Bei der zweiten Fernunternehmung (22.11.1916–22.3.1917) wurden 119.000 BRT versenkt. Dazwischen (Mitte 1916) hat das Schiff außerdem unter dem zeitweiligen Namen Vineta drei Handelskriegsfahrten im Skagerrak und Kattegat durchgeführt. Das danach in Möwe zurückbenannte Schiff nahm 1918 am Finnland-Unternehmen teil und kaperte am 3.4.1918 mehrere Dampfer sowie das russische Kanonenboot Dobr. Im Jahre 1919 mußte Möwe als britische Kriegsbeute an die Elders & Fyffes Co. Ltd. abgeliefert werden. Neuer Name: Greenbrier. Einsatz in der Bananenfahrt. 1925 Rückkauf nach Deutschland. Einsatz als Bananendampfer Oldenburg der Union Handels- und Schiffahrts GmbH Bremen. Am 7.4.1945 bei Vadheim/Sognefjord durch britische Fliegerbomben versenkt.
93	Punjab Senator Motorschiff Vollcontainerschiff 4.545 TEU 41.040 kW 23 Knoten 1997 Hyundai Heavy Industries Co. Ltd., Ulsan/Süd-Korea L 294,1 m B 32,2 m T 13,0 m Schwesterschiffe: Peking Senator, Penang Senator, Pohang Senator, Portland Senator, Portugal Senator, Pudong Senator, Pugwash Senator, Pusan Senator	53324	8	1997–	In Langzeitcharter für Hanjin Shipping.

62	PURITAN Motorschiff Vollcontainerschiff 286, später 290 Stellplätze für 40-Fuß-Kühlcontainer 8.630 PS 16 Knoten 1983 Ishikawajima-Harima Heavy Industries Co. Ltd., Aioi/Japan L 148,0 m B 25,6 m T 7,2 m	13998 (4199)	–	1983–2003	Erstes Kühlcontainerschiff der Welt. Langjähriger Pendeleinsatz auf der Route Puerto Cortes/Honduras–Gulfport/Golf von Mexiko. Transportierte schon auf den ersten 300 Reisen 1,5 Millionen Tonnen Bananen in die USA. Diesem Einsatz im Rahmen der Honduras Express Line für Chiquita folgte eine Zeitcharter für die Coboque Trading Company. Nach Umstellung der amerikanischen »Receiving Station« von 40- auf 43-Fuß-Container Abzug des Schiffes in ein anderes Fahrtgebiet. PURITAN verkehrte seit 1990 in Charter der American President Lines (APL) als Kühlcontainerschiff auf der Route Bombay–Fujairah/Vereinigte Arabische Emirate. Chartername: EAGLE PRESTIGE. Auf einzelnen Reisen auch Jiddah, Colombo und Singapur angelaufen. 2003 Verkauf des Schiffes an »Great White Fleet«.
89	PUSAN SENATOR Motorschiff Vollcontainerschiff 4.545 TEU 41.040 kW 23 Knoten 1997 Hyundai Heavy Industries Co. Ltd., Ulsan/Süd-Korea L 294,1 m B 32,2 m T 13,0 m Schwesterschiffe: PEKING SENATOR, PENANG SENATOR, POHANG SENATOR, PORTLAND SENATOR, PORTUGAL SENATOR, PUDONG SENATOR, PUGWASH SENATOR, PUNJAB SENATOR	53324	8	1997–	In Langzeitcharter für Hanjin Shipping.
12	PYTHON Motorschiff Fruchtkühlschiff Kühlrauminhalt 160.000 cbft 3.050 PS 15 Knoten 1936 Deutsche Werft AG, Hamburg-Finkenwerder L 116,7 m B 14,4 m T 6,1 m Schwesterschiff: PALIME	3665 (3415)	12	1936–39	Wurde in der Bananenfahrt Kamerun–Europa eingesetzt und erhielt südwestlich Dakar heimreisend die erste Warnnachricht vom drohenden Kriegsausbruch. PYTHON lief Las Palmas an (28.8.), um noch 56 t Treiböl zu bunkern. Dann wurde der Durchbruch in die Heimat angetreten, getarnt als norwegischer Frachter JAMAICA. Es gelang, nördlich der Färöer durchzubrechen. Ein britisches Flugboot ließ das Schiff unbehelligt. Am 6. September wurde Kranenes/Norwegen, am 13. September mit einem Restbunkerbestand von nur 8 t Hamburg erreicht. Die Bananenladung war in Oslo und Göteborg gelöscht worden. Die Kriegsmarine übernahm das Schiff am 25.10.1939 als U-Bootversorger und Blockadebrecher. Nach Aufnahme der Überlebenden des deutschen Hilfskreuzers ATLANTIS wurde MS PYTHON am 1.12.1941 südlich St. Helena durch den britischen Kreuzer DORSETSHIRE gestellt und unter Kapitän Lüders selbst versenkt. Die Besatzung trat, zusammen mit den ATLANTIS-Überlebenden, zunächst in Rettungsbooten, dann auf sechs U-Boote verteilt die Reise zur französischen Atlantikküste an. Am 29.12.1941 fand diese weiträumigste aller Rettungsaktionen in Saint-Nazaire ein glückliches Ende.

Aus technischen Gründen ließen sich drei nachgereichte Schiffe nicht mehr in die Schiffsliste einklinken. Es handelte sich um:

Küstenmotorschiff PELLWORM, Feeder 132 TEU, 2.200 PS, Baujahr 1983
Vollcontainerschiff PEMBROKE, 2.458 TEU ex PEMBROKE SENATOR
PREROW ex GLEICHBERG, RoRo-Schiff Typ 15, Daten wie KAHLEBERG.

C – Dampfer, Motorschiffe, sonstige Fahrzeuge
Schiffe ohne den Anfangsbuchstaben »P«

72	BUSSEWITZ Motorschiff Flüssiggastanker IMO Type II G Tankkapazität 17.287 cbm 4.840 kW 13 Knoten 1983 Howaldtswerke-Deutsche Werft AG, Kiel L 157,3 m B 22,7 m T 8,45 m	14377	–	1994–2004	Das vornehmlich für den Transport von Ammoniak konzipierte Schiff vermag auch druckverflüssigte N-Butane, Butane, Butadien, Propylene und Propan zu transportieren. In Charter der »Norsk Hydro Agri«, Oslo.
71	CRYSTAL PRIMADONNA Motorschiff Kühlschiff 377.100 cbft, 4.500 m² 3.500 Paletten, Container: 27 FEU 11.013 PS 19,7 Knoten 1992 Boelwerf N.V., Temse/Belgien L 131,3 m B 19,6 m T 7,0 m	7743 (3726)	–	1992–2001	
68	CRYSTAL PRINCE Motorschiff Kühlschiff 377.100 cbft, 4.500 m² 3.500 Paletten, Container: 27 FEU 11.013 PS 19,7 Knoten 1992 Boelwerf N.V., Temse/Belgien L 131,3 m B 19,6 m T 7,0 m	7743 (3726)	–	1992–2000	
82	GREIFSWALD Zunächst reines Breitspur-Eisenbahnfährschiff. Seit Umbau 1994 Mehrzweckfährschiff (RoRo-Rail-Passenger) Kapazität: 103 Waggons, 185 LKWs, 100 Fahrgäste 10.600 PS 15 Knoten 1988 MTW Wismar L 190,8 m B 25,0 m T 7,2 m Ähnlich: PETERSBURG	24084	100	1994– 2002	Einsatz als Eisenbahnfähre auf der Linie Neu Mukran/Rügen–Klaipeda (Memel). Dasselbe ab 1994 nach Umbau zum Mehrzweckfährschiff, schließlich auch mit den Abgangshäfen Kiel und Lübeck-Travemünde. 2002 Rückgabe an den Umbau-Finanzierer Conti-Corona, Putzbrunn b. München.

102	HANJIN PENNSYLVANIA Motorschiff Vollcontainerschiff 4.389 TEU 41.040 kW 24 Knoten 2001 Hanjin Heavy Industries, Seoul/Süd-Korea L 282,1 m B 32,2 m T 14,0 m Schwesterschiffe: HANJIN PHILADELPHIA, HANJIN PHOENIX, HANJIN PRAHA, HANJIN PRETORIA	50242	4	2002–2003	In Langzeitcharter für Hanjin Shipping. Nach nur acht Monaten Fahrt am 11. November 2002 südlich Sri Lanka Explosion im Laderaum 4. Das ausgebrochene Großfeuer wurde sofort mit Bordmitteln bekämpft, bald auch durch herbeigeeilte Hilfsschiffe. Das Feuer »ging« dennoch durch. Weitere Explosionen folgten. Erst nach 14 Tagen war der Brand so weit unter Kontrolle, daß das Schiff zunächst zur Küste, dann nach Singapur abgeschleppt werden konnte. Die Schäden waren derart umfangreich, daß das Schiff »kondemniert« werden mußte. Als Wrack verkauft und übergeben im April 2003.
103	HANJIN PHILADELPHIA Motorschiff Vollcontainerschiff 4.389 TEU 41.040 kW 24 Knoten 2002 Hanjin Heavy Industries, Seoul/Süd-Korea L 282,1 m B 32,2 m T 14,0 m Schwesterschiffe: HANJIN PENNSYLVANIA, HANJIN PHOENIX, HANJIN PRAHA, HANJIN PRETORIA	50242	4	2002–	In Langzeitcharter bei Hanjin Shipping.
101	HANJIN PHOENIX Motorschiff Vollcontainerschiff 4.389 TEU 41.040 kW 24 Knoten 2001 Hanjin Heavy Industries, Seoul/Süd-Korea L 282,1 m B 32,2 m T 14,0 m Schwesterschiffe: HANJIN PENNSYLVANIA, HANJIN PHILADELPHIA, HANJIN PRAHA, HANJIN PRETORIA	50242	4	2001–	In Langzeitcharter bei Hanjin Shipping.
99	HANJIN PRAHA Motorschiff Vollcontainerschiff 4.389 TEU 41.040 kW 23,5 Knoten 2001 Hanjin Heavy Industries, Seoul/Süd-Korea	50242	4	2001–	In Langzeitcharter bei Hanjin Shipping.

	Fortsetzung Hanjin Praha L 282,1 m B 32,2 m T 14,0 m Schwesterschiffe: Hanjin Pennsylvania, Hanjin Philadelphia, Hanjin Phoenix, Hanjin Pretoria				
104	Hanjin Pretoria Motorschiff Vollcontainerschiff 4.389 TEU 41.040 kW 24 Knoten 2002 Hanjin Heavy Industries, Seoul/Süd-Korea L 282,1 m B 32,2 m T 14,0 m Schwesterschiffe: Hanjin Pennsylvania, Hanjin Philadelphia, Hanjin Phoenix, Hanjin Praha	50241	4	2002–	In Langzeitcharter bei Hanjin Shipping.
74	Kahleberg Motorschiff RoRo-Passagier-Schiff 10.590 kW 19,4 Knoten 1984 MTW Wismar L 138,5 m B 23,0 m T 7,2 m Schwesterschiff: Pasewalk (II)	10.271	60	1994–	1996 Umbau vom RoRo-Schiff Typ 15 zur modernen RoRo-Fähre mit 60 Passagierbetten.
112	Mya Forschungskatamaran Motorschiff 136 PS 8,2 Knoten 1978 Schiffswerft Evers, Niendorf/Ostsee L 17,50 m B 6,55 m T 0,75 m (max.)	50,3 BRT			Eingesetzt für Biologische Anstalt Helgoland, ausgerüstet mit Heckgalgen und Spezialwinde sowie Wasserschöpfer-Steckdavit, Steinzeugpumpe und Bordlabor.
66	Norasia Pearl Motorschiff Vollcontainerschiff 1.742 TEU (100 Kühlcontainer) 14.929 PS 16,9 Knoten 1986	42336	–	1986–1994	Bereedert für die Norasia Shipping Lines Ltd., Hongkong und Fribourg/Schweiz. Eingesetzt unter deutscher Flagge im Liniendienst Ostasien–Nordeuropa.

	Fortsetzung Norasia Pearl Howaldtswerke-Deutsche Werft AG, Kiel L 187,7 m B 28,4 m T 11,3 m Schwesterschiffe: Norasia Al-Manzoorah, Norasia Princess, Norasia Sharjah				
67	Norasia Princess Motorschiff Vollcontainerschiff 1.742 TEU (100 Kühlcontainer) 14.929 PS 16,9 Knoten 1986 Howaldtswerke-Deutsche Werft AG, Kiel L 187,7 m B 28,4 m T 11,3 m Schwesterschiffe: Norasia Al-Manzoorah, Norasia Pearl, Norasia Sharjah	42323	–	1986–1994	Bereedert für die Norasia Shipping Lines Ltd., Hongkong und Fribourg/Schweiz. Eingesetzt unter deutscher Flagge im Liniendienst Ostasien–Hamburg.
81	Shanghai Senator Motorschiff Vollcontainerschiff 2.700 TEU 16.440 kW 19,0 Knoten 15 1997 Thyssen Nordseewerke GmbH L 215,0 m B 32,2 m T 12,5 m Schwesterschiffe: Pacific Senator, Palermo Senator, Patmos Senator	34231	4	1997–	Ex DSR-Baltic, ex Paradip, ex Palermo Senator. In Charter für Hanjin Shipping.
98	Uthörn Forschungskutter Motorschiff 462 kW 10 Knoten 1982 Gebr. Schlömer, Oldersum L 30,5 m B 8,5 m T 2,5 m	254 BRT (70,18 NRT)		1999–	Eingesetzt für Biologische Anstalt Helgoland, ausgerüstet mit zwei hydraulischen Netzwinden sowie einer Einleiter- und Serienwinde, Naß- und Trockenlabor.

Schiffe, von F. Laeisz im Auftrage anderer Eigner bereedert
(Die vierte Rubrik gibt jeweils die Anzahl der Fahrgäste an)

9	ALGOR Motorschiff Kühlschiff Kühlrauminhalt 186.000 cbft 2 x 3.000 PS 17,9 Knoten 1960 Hanseatische Werft GmbH, Hamburg L 108,0 m B 14,4 m T 6,1 m Schwesterschiff: CALOR	2121 (2395)	2	1968–71	Ex BODETAL. Eigner war die Iduna-Versicherung. Das Schiff wurde von der Reederei J.A. Reinecke, Hamburg, zur Bereederung übernommen. Das in der Fruchtfahrt eingesetzte Schiff mußte vom 23.7.–21.10.1968 im HDW-Betrieb Reiherstieg umfangreich maschinell umgebaut werden. Danach bereederung durch Laeisz. Ab 16.7.1971 unter Honduras-Flagge. Korrespondent-Reeder: Maritima Y Transportes, Honduras. Am 19.11.1972 verkauft an Intermaritime Carriers S.A., Panama. Neuer Name: ELLAKI, später SIBA BESCIA in neuer Eigenschaft als Viehtransporter (Italien).
10	CALOR Motorschiff Kühlschiff Kühlrauminhalt 186.000 cbft 2 x 3.000 PS 17,9 Knoten 1959 Werft und Abmessungen s. ALGOR	2117 (2395)	2	1968–71	Ex OKERTAL. Eigner war die Iduna-Versicherung. Das Schiff wurde von der Reederei J.A. Reinecke, Hamburg, zur Bereederung übernommen. Das in der Fruchtfahrt eingesetzte Schiff mußte vom 23.7. bis Oktober 1968 im HDW-Betrieb Reiherstieg umfangreich maschinell umgebaut werden. Danach Bereederung durch Laeisz. Ab 7.2.1972 unter Honduras-Flagge. Am 18.11.1972 verkauft an Asini Campania Naviera S.A., Panama. Neuer Name: LINDAKI. 1983 neuer Name: EL PODRERO.
59	DAGMAR REECKMANN Motorschiff Mehrzweckfrachter Typ »ELCK« 6 844.026 cbft Schüttladung 1.124 TEU 8.240 kW 15,7 Knoten 1982 MTW, Wismar L 178,5 m B 22,9 m T 10,1 m Schwesterschiff: STEPHAN REECKMANN	13483 (8597)		1982–83	Eingesetzt in Langzeit-Bareboatcharter als Containerschiff im Liniendienst Australien–Tasmanien. Chartername: UNION ENDEAVER. Ab 8.10.1983 neuer Chartervertrag durch die in Fribourg/Schweiz und Hongkong ansässige Norasia Shipping Lines Ltd. Neuer Chartername: NORASIA DAGMAR.

15	Eva Maria Stückgutfrachter Serienfrachtertyp 36 L 8.890 PS 16,5 Knoten 1971 A.G. »Weser«, Werft Seebeck, Bremerhaven L 149,8 m B 21,0 m T 12,25 m T 6,9 m	7024		1976–78	Ex Justinian. Von norwegischer Reederei übernommen. Unter Liberia-Flagge in Fahrt. Bereederung wurde der Firma F. Laeisz Maritime & Trading Co. Ltd., Hamilton/Bermuda, übertragen, einer damaligen Schwesterfirma der Hamburger Reederei F. Laeisz. (Dasselbe galt für das Schwesterschiff Josefa.) 25.1.1978 im Golf von Mexiko nach schwerer Detonation im Vorschiff (Ursache unbekannt) leckgeschlagen und gegen Mittag des folgenden Tages westlich der Halbinsel Yukatan gesunken. Besatzung unter Kapitän Lunau vollzählig in die beiden Rettungsboote gelangt und nach mehrtägiger Segelfahrt am 28.1.1978 von einer Bohrinsel aufgenommen worden.
11	Ellen Klautschke Motorschiff Stückgutfrachter 2.880 PS 12 Knoten 1962 Orenstein-Koppel und Lübecker Maschinenbau A.G., Lübeck L 97,0 m B 14,2 m T 6,9 m	3163 (5012)	2	1969–71	Eigner war die Doornkaat AG., Norden/Ostfriesland. Das Schiff wurde am 3.10.1969 von der Reederei Bernhard Schulte zur Bereederung übernommen. Vor weltweitem Einsatz in der Trampfahrt umfangreiche Umrüstungsarbeiten im HDW-Betrieb Reiherstieg. Ab 1.9.1972 unter Liberia-Flagge. Am 19.7.1972 verkauft an Zhakur Shipping Company Ltd., New Delhi. Neuer Name: Varuna Yan.
12	Fiepko Doornkaat Motorschiff Stückgutfrachter 2.880 PS 13 Knoten 1962 Jos. L. Meyer, Papenburg/Ems L 97,0 m B 14,2 m T 6,9 m	3169 (5015)	2	1970–71	Eigner war die Doornkaat AG., Norden/Ostfriesland. Am 4.4.1970 von der Reederei Bernhard Schulte, Hamburg, zur Bereederung übernommen. Vor Einsatz in weltweiter Trampfahrt umfangreiche Umrüstungsarbeiten im HDW-Betrieb Reiherstieg. Ab 1.8.1971 unter Liberia-Flagge. Korrespondentreeder: Maritima y Transportes, Honduras. Am 19.7.1972 verkauft an Zhakur Shipping Company Ltd., New Delhi. Neuer Name: Varuna Yamini.
13	Florida Silverbow Turbinenschiff Spezial-Zement-Carrier 8.500 PS 16,5 Knoten 1944 Oregon Shipbuilding Corp., Portland, Oregon/USA L 138,9 m B 18,9 m T 8,7 m	7629 (4582)		1971–78	Ex Permanente Silverbow, ex Silverbow Victory. Ehemaliges Victory-Schiff. 1947 zum Zement-Carrier umgebaut. Am 17.12.1971 an die Panamaericana Insurgentes S.A., Panama, übergeben. Korrespondentreeder: F. Laeisz Maritime & Trading Co. Ltd., Hamilton/Bermuda. 1977 an neuen britischen Korrespondentreeder übergeben.

14	FLORIDA STATE Dampfkolbenschiff Spezial-Zement-Carrier RT 6.338 NRT 3.850 TDW 9.000 2.500 PS 10,5 Knoten L 125,45 m B 17,37 m T 8,68 m	6338 (9000)	1975–78	Ex P.W. SPRAGUE. 1943 gebaut bei Bethlehem-Fairfield, Baltimore/USA. 1977 an neuen britischen Korrespondentreeder übergeben.
16	JOSEFA Stückgutschiff 8.890 PS 16,5 Knoten 1971 A.G. »Weser«, Werft Seebeck, Bremerhaven L 149,80 m B 21,00 m T 12,25 m Schwesterschiff: EVA MARIA	7024	1976–79	Ex TRAJAN. Von norwegischer Reederei angekauft durch die mexikanische Reederei Transportacion Maritime Mexicana S.A. (TMM). Bereederung wurde der Firma F. Laeisz Maritime & Trading Co. Ltd., Hamilton/Bermuda, übertragen, einer Schwesterfirma der Hamburger Reederei F. Laeisz. (Dasselbe galt für das Schwesterschiff EVA MARIA.) Eingesetzt unter Liberia-Flagge.
58	STEPHAN REECKMANN Motorschiff Mehrzweckfrachter Typ »ELCK« 6 844.026 cbft Schüttladung maximal 1.024 TEU 11.203 PS 15,7 Knoten 1982 MTW, Wismar L 178,2 m B 22,9 m T 10,1 m Schwesterschiff: DAGMAR REECKMANN	13483 (8597)	1982–83	Da das Schiff in 260 Kühlcontainern auch Tiefkühlladung transportieren kann, wurde das Schiff am 19.12.1983 in Bareboat-Charter von der Western Australia Shipping Commission übernommen und unter australischer Flagge eingesetzt. Neuer Name: IRENE GREENWOOD.
17	XIMENA Turbinenschiff Spezial-Zement-Carrier Ladekapazität 22.000 tons Zement 15.200 PS 16 Knoten L 202,90 m B 26,49 m T 11,15 m	13404 (7590)	–	1975–78	Ex ANAHUAC, ex SAMSON. 1961 gebaut bei Chantiers Navale de la Ciotat. 1975 umgebaut bei Avondale Shipyard, New Orleans. 1977 an neuen britischen Korrespondentreeder übergeben.

D – Schiffe, die der Reederei F. Laeisz von der Kriegsmarine zur Bereederung übertragen worden sind

Es handelte sich um acht Prisenschiffe. Hier zunächst fünf davon:

1. BATAVIER (III), 2.687 BRT, Fracht- und Fahrgastdampfer, für 162 Passagiere eingerichtet. Dieser Neubau für Niederländisch-Ostindien wurde am 1.1.1941 von der KMD Rotterdam zur Bereederung an F. Laeisz übergeben. Einsatz als Transporter. Am 25.10.1942 ca. 20 Seemeilen nördlich Ålborg nach Minentreffer gesunken.
2. GORDIAS ex JONGE WILLEM, 1.632 BRT, Frachtdampfer. Am 20.2.1942 von der Kriegsmarine zur Bereederung an F. Laeisz übergeben. Einsatz in der Norwegenfahrt. Am 24.6.1945 Besatzung in norwegischem Lager interniert. Rückgabe des Schiffes an holländischen Eigner.
3. KALDNES, 3.549 BRT, Fruchtkühlmotorschiff. Dieser norwegische Neubau wurde am 14.10.1941 von der KMD Horten zur Bereederung an F. Laeisz übergeben. Einsatz in der Norwegenfahrt. Am 29.1.1943 durch Flugzeugtorpedo versenkt.
4. LEDA, 2.415 BRT, Fracht- und Fahrgast-Turbinenschiff, für 145 Passagiere eingerichtet. Dieses norwegische Hurtigruten-Schiff wurde am 17.9.1940 von der Kriegsmarine zur Bereederung an F. Laeisz übergeben. Einsatz in der Norwegenfahrt. Mai 1944 bis Januar 1945 von der KM beschlagnahmt, am 17.1.1945 an Laeisz zurück. Flüchtlingstransporte aus den Ostgebieten. Am 25.3.1945 bei Ziegenort/Stettiner Haff durch sowjetisches Artilleriefeuer versenkt.
5. PERNAU ex DNEPR, 3.071 BRT, Tiefkühldampfer, 1929 von der Seebeck-Werft in Geestemünde für sowjetische Rechnung gebaut. Beim Angriff auf die UdSSR am 22.6.1941 von der Kriegsmarine beschlagnahmt und am 8.8.1941 zur Bereederung an F. Laeisz übergeben. Einsatz in der Skandinavienfahrt. Nach Grundminentreffer Dezember 1941 bis Februar 1943 in Kopenhagen repariert und umgebaut. Von der KM übernommen, jedoch mit Laeisz-Besatzung Einsatz als Beischiff und Transporter. Am 26.11.1945 in Bremerhaven an die UdSSR zurückgegeben.

Drei Prisenschiffe mit besonders ungewöhnlicher Biographie

8	IRENE Motorschiff Trockenfrachter 3.300 PS 1938 Kockums Aktiebolaget, Malmö/Schweden L 130,0 m B 17,0 m T 8,0 m	4793 (2824)	–	1942–43	Ex SILVAPLANA. Vormals norwegisches Motorschiff der Reederei Tschudi & Eitzen, Oslo. Wurde am 27.9.19141 im Pazifik auf 27° S 165° W mit einer Ladung Bannware (Kautschuk, Zinn, Häute u.a.) vom deutschen Hilfskreuzer ATLANTIS aufgebracht und nach Treibölergänzung durch das von Japan herbeigefunkte MS MÜNSTERLAND von einem Prisenkommando des Hilfskreuzers glücklich zur Gironde/Westfrankreich gebracht und dort entlöscht. Nach vorübergehendem Einsatz als Versorger der besetzten Kanalinseln am 13.5.1942 von der Kriegsmarine an F. Laeisz übergeben. Mit Ladung als Blockadebrecher nach Japan. Ankunft Kobe 20.12.1942. Zur Heimreise mit kriegswichtigen Rohstoffen aus Kobe 20.1.1943 wieder ausgelaufen. Am 17.5.1943 nördlich Kap Finisterre vom britischen Minenkreuzer ADVENTURE gestellt und selbst versenkt (Kapitän Hans-Richard Wendt).
7	KARIN Motorschiff Trockenfrachter 5.200 PS 13,5 Knoten 1931 Kon. Maatschap »De Schelde«, Vlissingen/Niederlande L 142,3 m B 18,5 m T 8,1 m	7322 (9410)	16	1942–43	Ex KOTA NOPAN. Vormals holländischer Frachter KOTA NOPAN vom Rotterdamschen Lloyd. Wurde am 14.8.1941 bei den Galapagos-Inseln vom deutschen Hilfskreuzer KOMET mit einer Ladung Bannware (Rohgummi, Zinn, Mangan, Chinin, Felle, Kaffee u.a.) aufgebracht und nach Treibölergänzung aus MS MÜNSTERLAND von einem Prisenkommando des Hilfskreuzers um Kap Hoorn glücklich nach Westfrankreich gebracht. Schiff wurde am 28.3.1942 der Reederei F. Laeisz von der Kriegsmarine zur Bereederung übergeben. Ausrüstung und Beladung als Blockadebrecher nach Südostasien. MS KARIN traf am 30.12.1942 in Singapore ein und wurde dort als erster deutscher Blockadebrecher entladen, neu ausgerüstet und mit kriegswichtigen Rohstoffen wieder beladen. 4.2.1943 Auslaufen zur Heimreise nach Westfrankreich. Am 10.3.1943 im Südatlantik von US-Kreuzer SAVANNAH und Zerstörer EBERLE gestellt und selbst versenkt (Kapitän Franz Gippe). Besatzung in den USA interniert.

5	Winrich von Kniprode Turbinenschiff Kombi-Kühlschiff 6.500 PS 15 Knoten 1922 Swan Hunter & Wigham Richardson Ltd., Newcastle/Tyne L 152,1 m B 18,0 m T 10,7 m	10123 (8700)	397	1941–45	Ex Kerguelen, ex Meduana. Das französische Fahrgastschiff wurde beim Westfeldzug im Juni 1940 von der deutschen Wehrmacht als Prise beschlagnahmt. Am 22.11.1941 von der Kriegsmarine an Reederei F. Laeisz zur Bereederung übergeben. Ab Januar 1945 Einsatz als Verwundetentransportschiff. Brachte trotz schwerer Treffer in Pillau Tausende von Flüchtlingen aus Pillau und Kolberg in den Westen. Bei der Räumung von Swinemünde am 1.5.1945 protestierte der Kapitän erfolgreich gegen die geplante Versenkung der Winrich von Kniprode als Blockschiff zwischen den Molen der Hafeneinfahrt und brachte mit seinem halbwracken Schiff abermals 5.200 Flüchtlinge in Sicherheit. Die Gesamtzahl der allein durch dieses Schiff in Sicherheit gebrachten Verwundeten und Flüchtlinge beträgt 10.123. Am 31.10.1945 Rückgabe in Kiel an Frankreich.

DSR-Schiffe, die nur bis zu drei Jahren vollständig unter Laeisz-Management gefahren sind:

Bis 1995:
Mehrzweckfrachter/Semicontainerschiffe Aken (5.993 BRT), Burg (5.999 BRT), Freital (5.993 BRT), Glauchau (12.685 BRT), Pritzwalk (10.520 BRT) und Radebeul (17.330 BRT).

Bis 1996:
Mehrzweckfrachter/Semicontainerschiffe Bergen (5.972 BRT), Crimmitschau (10.520 BRT), Hettstedt (6.171 BRT), Köthen (5.993 BRT), Sigmund Jähn (10.520 BRT), die Vollcontainerschiffe Havelland (13.769 BRT), Mecklenburg (18.353 BRT) und Pasewalk (I) (10.520 BRT).

Bis 1997:
Vollcontainerschiffe Brandenburg (16.794 BRT), DSR-Asia (45.696 BRT), DSR-Amerika (45.697 BRT) sowie die auch für Massengutfahrt geeigneten OBC-Carrier Henningsdorf (16.794 BRT), Maxhütte ex Bahia (22.466 BRT) und Stassfurt ex Olinda (22.466 BRT) sowie der Massengutfrachter Colditz (23.060 BRT).

Quellenverzeichnis

C. Bertelsmann Verlag: »Das Land, in dem wir leben – Deutschland« (Dokumentation), Gütersloh 1966
Jochen Brennecke: »Strandungen«, Herford 1969
Jochen Brennecke: »Windjammer«, Herford 1968
Fritz Brustat-Naval: »Unternehmen Rettung«, Herford 1970
Fritz Brustat-Naval: »Windjammer auf großer Fahrt«, Göttingen 1973
J. Ferrell Colton: »FL – A Century and a Quarter of Reederei F. Laeisz«, Flagstaff/Arizona 1957
Joseph Conrad: »Spiegel der See«, Hamburg 1958
Ludwig Dinklage: »Männer – Schiffe – Abenteuer«, Hannover 1966
Hans Domizlaff: »Die Viermastbark Passat«, Bielefeld-Berlin 1960
S.E. Ellacott: »The Story of Ships«, London 1955
Ernst Fredmann: »Sie kamen übers Meer«, Köln 1971
Erich Gröner: »Die deutschen Kriegsschiffe 1815–1945«, München 1968
Horst Hamecher: »Königin der See – Fünfmastvollschiff Preussen«, Norderstedt 1967
»Hansa« – Zeitschrift für Schiffahrt, Schiffbau, Häfen, Jahrgänge 1948–1973
Heinrich Hauser: »Die letzten Segelschiffe«, Reinbek 1952
Hellmut Jebens: »Passat im Novembersturm«, Herford 1969
Walter Kresse: »Materialien zur Entwicklungsgeschichte der Hamburger Handelsflotte 1765–1823«, Hamburg 1966
Walter Kresse: »Materialien zur Entwicklungsgeschichte der Hamburger Handelsflotte 1824–1888«, Hamburg 1972
Walter Kresse: »Seeschiffs-Verzeichnis der Hamburger Reedereien 1824–1888«, Teil 2, Hamburg 1969
Walter Laas: »Die großen Segelschiffe«, Berlin 1908/Kassel 1972
Paul Lächler/Hans Wirz: »Die Schiffe der Völker«, Olten-Freiburg 1962
Basil Lubbock: »The Nitrate Clippers«, Glasgow 1932
Hans Maack: »Reeder, Schiffe und ein Verband«, Hamburg 1957
Otto Martens/Oskar Karstedt: »Afrika-Handbuch«, Band I, Hamburg 1969
Otto Mathies: »Hamburgs Reederei 1814–1914«, Hamburg 1952
F.L. Middendorf: »Bemastung und Takelung der Schiffe« – Berlin 1903/Kassel 1971
Jürgen Meyer: »Hamburgs Segelschiffe 1795–1945«, Norderstedt 1971
Bernhard Meyer-Marwitz: »Merkur, Neptun und Hammonia«, Hamburg 1952
Ostasiatischer Verein Hamburg-Bremen: »Festschrift zum 60jährigen Bestehen«, Hamburg 1960
Hans Georg Prager: »Klar vorn und achtern«, Gütersloh 1967
Hans Georg Prager: »Blohm & Voss«, Herford 1977
Rolf Reinemuth: »Die Bremer Esel«, Herford 1973
Paul Rohrbach u. Mitw. Piening/Schmidt: »FL – Die Geschichte einer Reederei«, Hamburg 1954
Ernst Römer: »Der Wind weht von Anbeginn«, Hamburg 1962
Fred Schmidt: »Kapitäne berichten«, Berlin 1944
Gerhard Schott: »Die Geographie des Atlantischen Ozeans«, Berlin 1942
»Schiffahrt international/Seekiste«, Herford, Jahrgänge 1970–73
Alan Villiers: »Auf blauen Tiefen«, München 1967
Herbert Wendt: »Kurs Südamerika«, Bielefeld 1958
Bernd-Artin Wessels: »Das Bananendiktat«, Frankfurt/M. 1995
Hans Jürgen Witthöft: »Die deutsche Handelsflotte 1939–1945«, Band II, Göttingen 1971
Hans Jürgen Witthöft: »HAPAG – Hamburg-Amerika Linie«, Herford 1973
Hans Jürgen Witthöft: »Container«, Hamburg 2003

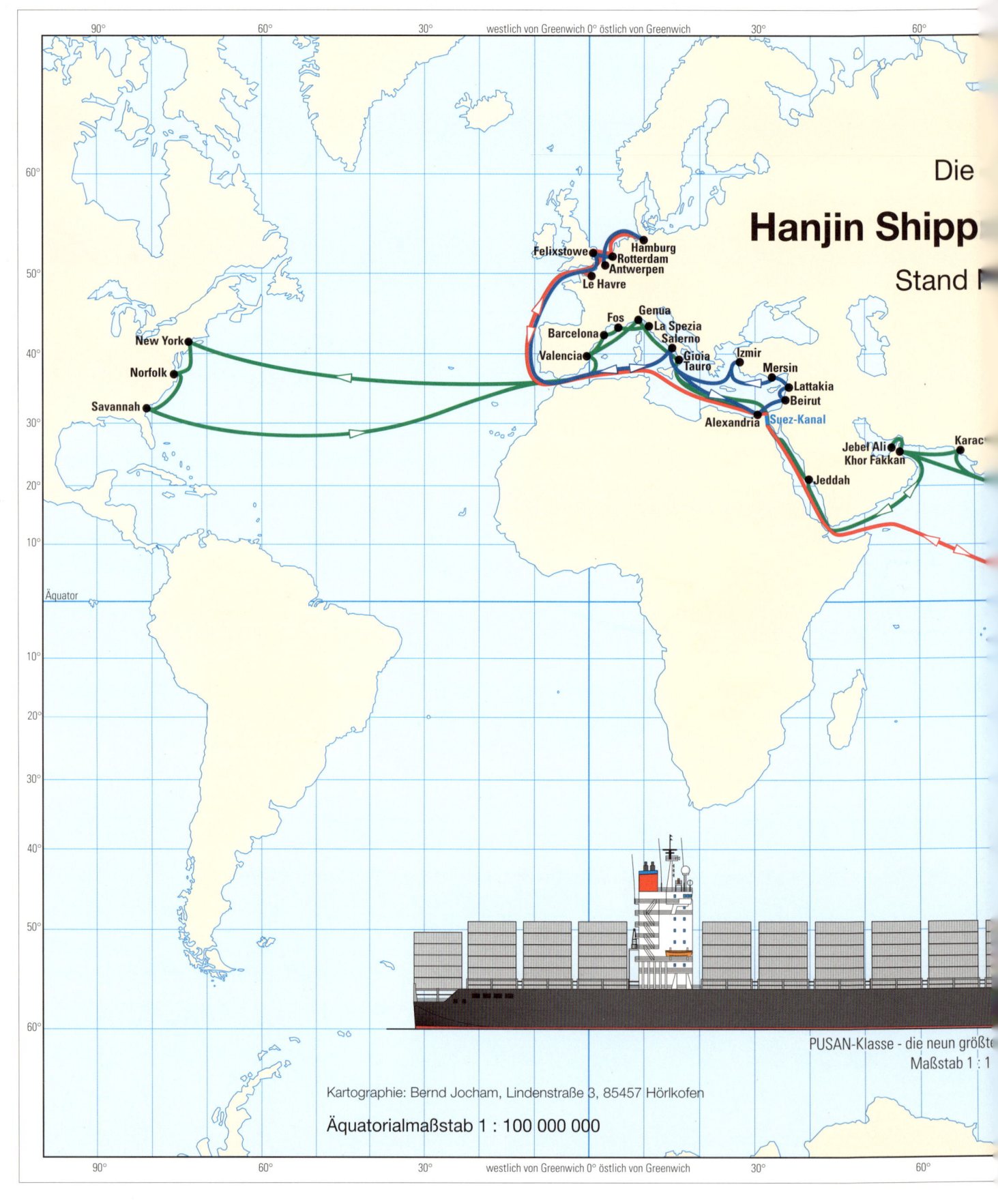